城市轨道交通职业教育系列教材 —— 城轨供电技术
CHENGSHI GUIDAO JIAOTONG ZHIYE JIAOYU XILIE JIAOCAI
CHENGGUI GONGDIAN JISHU

城市轨道交通供电系统运行与管理（第2版）

主　编 ◎ 刘让雄
副主编 ◎ 陈彦初　石　伟　林炳城
参　编 ◎ 陈文师　熊学友　杨海江
主　审 ◎ 刘建华

西南交通大学出版社
·成都·

内容提要

本书为城市轨道交通职业教育系列教材之一。全书共分 7 个项目 24 个子任务：项目 1 城轨供电系统管理基础，包括 3 个子任务；项目 2 城轨供电系统，包括 4 个子任务；项目 3 牵引供电系统，包括 4 个子任务；项目 4 动力照明系统，包括 4 个子任务；项目 5 综合接地系统与过电压防护，包括 2 个子任务；项目 6 电力监控与数据采集系统，包括 3 个子任务；项目 7 城轨供电系统管理实践，包括 4 个子任务。本书以任务为导向，每个子任务后都附有练习与评价，师生均可及时检验每项任务的学习完成情况。

本书是高等职业教育城市轨道交通供配电技术专业教学用书，也可作为相应的职业技能培训教材使用，同时还可供从事城轨交通供电运行与管理的相关人员参考。

图书在版编目（CIP）数据

城市轨道交通供电系统运行与管理 / 刘让雄主编.
2 版. -- 成都：西南交通大学出版社，2024.8.
ISBN 978-7-5774-0082-2

Ⅰ．U239.5

中国国家版本馆 CIP 数据核字第 20244SY623 号

Chengshi Guidao Jiaotong Gongdian Xitong Yunxing yu Guanli (Di-er Ban)

城市轨道交通供电系统运行与管理（第 2 版）

主　　编 / 刘让雄	策划编辑 / 张　波
	责任编辑 / 张少华
	封面设计 / 何东琳设计工作室

西南交通大学出版社出版发行
（四川省成都市金牛区二环路北一段 111 号西南交通大学创新大厦 21 楼　610031）
营销部电话：028-87600564　　028-87600533
网址：http://www.xnjdcbs.com
印刷：四川森林印务有限责任公司

成品尺寸　185 mm×260 mm
印张　23.25　　字数　581 千
版次　2015 年 9 月第 1 版　　2024 年 8 月第 2 版　　印次　2024 年 8 月第 5 次
书号　ISBN 978-7-5774-0082-2
定价　58.00 元

课件咨询电话：028-81435775
图书如有印装质量问题　本社负责退换
版权所有　盗版必究　举报电话：028-87600562

再版前言

为适应城市轨道交通行业的大发展对高等职业教育城市轨道交通类专业教材建设提出的新要求，西南交通大学出版社组织了城轨职业教育系列教材的开发与建设。作为这一系列教材之一的《城市轨道交通供电系统运行与管理》于 2015 年 9 月出版了第 1 版，填补了城轨供电技术职业教育系列教材的空缺。第 1 版教材在编写过程中，一是力求全面系统地阐述城轨供电系统，同时力争减少或避免同变配电所和接触网教材内容的重叠，二是内容选择力求结合行业企业实际，讲求实用易懂，方便阅读。该教材使用 8 年多来，有效推动了该课程改革，促进了该课程教学。但是，随着城市轨道交通行业的快速发展，教材也呈现出个别内容已不适宜、一些内容偏深，教学难度偏大以及新技术内容偏少等不足，需要及时修正调整与补充完善。为此，本次改版首先优化了编写团队，增加了行业企业生产一线的技术人员，实现企业技术人员与职业院校专业教师优势互补；团队深入调研了城轨供电系统岗位群的能力需求，并广泛征求了企业专家与院校教师对第I版教材的意见和建议，确立了"教材目标体现职业能力需求导向，教材内容体现岗位工作任务导向，教材成效体现学生学习成果导向"的原则，对第I版做了较大的调整与改进：

1. 立足岗位职业能力需求，设计学习项目

基于学生毕业以后"能做什么"而不是基于学生"知道什么"来设计学习项目，遵循职业学生从"新手→生手→熟手→能手→高手"的职业能力成长规律，设计了项目 1 城轨供电系统管理基础，让学生首先了解未来的主要就业岗位及这些岗位的主要工作任务等；关于如何胜任这些岗位，设计了项目 2 城轨供电系统～项目 6 电力监控与数据采集系统，让学生学习相关的专业知识，具备相应的专业能力；最后设计了项目 7 城轨供电系统管理实践，学习了解企业如何开展安全生产与管理，为步入职场开展热身。本教材以此为主线，对第 1 版教材内容进行了重组，同时删减了"第十章 短路计算"和"第十一章 直流牵引供电系统电压损失计算"等超出了高职课程标准要求的内容。

2. 基于完成工作任务需要，组织教材内容

运用职业教育是"基于学会工作的学习"这一理念，将职业岗位工作任务中的典型情境转化为学习任务，明确每项任务的知识目标、能力目标和素质目标，以完成工作任务（即学习任务）为主线组织所需的学习内容，将知识的学习与技能训练融入工作任务的完成过程中，实现理论课程也可以在课堂"做"起来，让学生"忙"起来、"乐"起来，有效培养专业能力与职业素质。

3. 以学习成果为导向，设计练习与评价环节

对每项学习任务，本教材都设置了"任务小结"，根据每项任务的目标设计了相应的"练

习与评价"，明确了每项练习的标准分值。每完成一项任务，学生就可以进行自评、互评，也可供教师考评，方便师生及时检验每项任务的学习完成情况与分析学习成果。

4. 坚持育人为本理念，融入思政教育元素

本次改版，在每项任务结尾增设了"格言语录"，结合高职学生的学习特点，有机融入中华传统优秀文化、行业安全意识与工匠精神等思政育人元素，增强教材的文化育人功能。

5. 基于行业新技术发展，更新相应内容

及时将行业发展的新技术、新工艺、新规范和反映主要岗位群及典型工作任务的职业能力要求纳入教材，修订了已不适宜的教材内容。

6. 充分融入数字资源，建设立体化教材

将国家教学资源库的建设成果融入教材内容，增强了教材配套的教学资源，以更好地满足师生们易教易学的期待与需求，改善教学和学习体验。

本书的编写充分考虑了高职学生的易读性要求，但却不是一本只追求简单容易的"简化版"教材，而是充分考虑了高职学生毕业以后便于自我学习与能力提升的需求，充分考虑了专业知识的系统性、结构的完整性和可拓展性。因此，教材内容相对偏多，教师在具体教学过程中宜根据课程标准，结合学生的具体实际，注意精选其中的内容来教学，重点讲懂讲透最基本、最基础的原理性知识。

本书由广州铁路职业技术学院刘让雄任主编，广州铁路职业技术学院陈彦初、中铁建电气化局集团有限公司石伟、广州地铁集团有限公司林炳城任副主编。全书共分 7 个项目 24 个子任务，其中刘让雄负责编写项目 2 和项目 3 的任务 1，并负责全书的校稿；陈彦初负责编写项目 4，并负责全书的统稿；石伟负责编写项目 3 的任务 2、任务 4 和项目 6；广州地铁集团有限公司林炳城负责编写项目 1；广州地铁集团有限公司陈文师负责编写项目 7；广州铁路职业技术学院熊学友负责编写项目 5；新疆铁道职业技术学院杨海江负责编写项目 3 的任务 3。全书由广州铁路职业技术学院高级工程师刘建华主审。在本书的编写过程中，得到了郑州铁路职业技术学院李学武、四川铁道职业学院唐玫、呼和浩特职业学院张健、包头铁道职业技术学院祁玚娟、湖南铁路科技职业技术学院张灵芝、柳州铁道职业技术学院程洋、广州地铁集团有限公司曾庆洪等同仁的支持与帮助，同时还得到了西南交通大学出版社张波的大力支持。大家就本书的提纲、体例以及内容的修改与完善均提出了很多宝贵意见。在此，一并深表感谢。

本书编写过程中的主要参考文献，附在书末。在此，对这些文献的作者或单位表示衷心的感谢！

因编者水平有限，书中难免存在疏漏与不妥之处，敬请广大读者与同行批评指正。

作　者
2024 年 1 月于广州

前　言

　　城市轨道交通具有运量大、快捷舒适、安全节能、污染轻、占地少等诸多优势，正成为我国众多城市发展公共交通的优先领域。截至 2014 年年底，我国内地已有 22 个城市开通运营 94 条城市轨道交通线路，运营线路总长已接近 3 000 km，位居世界第一。全国 48 个百万人口以上的大城市中已有近 40 个城市开展了城市轨道交通的建设或筹建工作。

　　城市轨道交通事业的大发展为我国高等职业院校的毕业生提供了大量的就业岗位。巨大的市场需求推动了我国高等职业教育城市轨道交通类专业的建设与发展，不少高等职业院校的城市轨道交通类专业学生总数已快速增至甚至超过轨道交通类专业学生总数的一半。然而，与人才培养数量快速增长的喜人形势相比，城市轨道交通类专业教材的建设却明显滞后于行业发展，难以适应高素质技能型人才培养的需求。"城市轨道交通供电系统"作为城轨供电专业的一门重要专业课程，近几年来，业内相继出版了几种与之相关的高职教材，但是这些教材的内容与变配电所以及接触网教材的重复率较高，而真正体现供电"系统"的内容又很少，因此，目前仍然难以选择合适的城轨供电系统教材。本书为此做了一些有益的探索与尝试。

　　全书共分为十二章。其中：

　　第一章，概述了城市轨道交通发展历程、电力系统与城市轨道交通供电系统。

　　第二章至第九章，从外部电源、主变电所、中压网络、牵引供电系统、动力照明系统、电力监控与数据采集系统、综合接地系统与过电压保护以及杂散电流防护共 8 个方面，系统介绍了城轨供电系统的构成、功能及相互关系等。

　　第十章与第十一章，介绍了城轨供电系统的短路计算与电压损失计算。计算分析是供电系统分析的重要内容，也是教学的难点。在编写这两章内容时，编者考虑了高职学生的知识基础，对一些内容作了适当删减。

　　第十二章，结合企业运行管理实际，较详细地介绍了城轨供电系统运行管理的原则任务、岗位职责、规程制度、接口划分以及安全管理等内容，有助于实现专业技术知识—设备运行—企业管理的融合，实现教学过程与生产过程较好的对接。

　　本书编写的总体指导思想是使学生较全面地了解与掌握城轨供电系统的相关知识，完善城轨供电系统的知识结构，培养系统分析问题的能力，增强学生的职业迁移能力和可持续发展能力。在编写过程中，一是力求全面系统地阐述城轨供电系统，同时力争减少或避免同变配电所和接触网教材内容的重叠，凡是涉及变配电所和接触网的具体设备与结构的内容，本书一概不予详细介绍；二是力求内容实用易懂，方便阅读。为此，在每章开始列出了本章的"教学目标"和"知识结构"，每节编写了"本节导读"，可以快速了解本节的内容要点；在相应章节配置了一定数量的实例；在每章末编写了形式多样的"综合练习"，既方便学生练习与自测，也方便教师布置作业与进行教学效果的检测。

本书的编写在充分考虑高职学生易读性要求的同时，也充分考虑了高职学生毕业以后的自我学习与能力提升对知识系统性和结构完整性的要求，而不是一味地追求内容的简易性。因此，本书是一本努力追求知识结构完整性的教材。与高职教育"城轨供电系统课程标准"要求相比，该书的内容更多一些，难度更大一些。其中加注了"*"号的章节，各个学校可根据各自的学时安排进行选学。其他未标注"*"号的章节，教师在具体教学过程中也应结合各自学校的具体实际，注意精选其中的内容来教学，重点讲懂讲透最基本、最基础的原理性知识。

本书由广州铁路职业技术学院刘让雄任主编，苏州市轨道交通集团有限公司戴慧吾任副主编，其中第 8 章和第 9 章由戴慧吾负责编写，其余各章均由刘让雄编写。全书由刘让雄统稿，戴慧吾同时还参与了资料的收集与书稿的校对。在本书的编写过程中，得到了广州铁路职业技术学院电气化铁道供电专业团队王亚妮、谭慧铭、赵华军、黄鉴标、何桂娥、何发武等老师的大力支持，他们对本书的编写提出了很多宝贵意见；深圳市地铁集团有限公司朱新平提供了技术咨询。在此，对他们一并深表感谢。

本书编写过程中的主要参考文献，附在书末。在此，对这些文献的作者或单位表示衷心的感谢！

由于编写人员水平有限，书中难免存在遗漏与不妥之处，敬请广大读者与同行批评指正。

作 者

2015 年 6 月于广州

数字资源目录

序号	模块	任务	资源名称	资源类型	页码
1	项目1	任务3	1.3.1 法律法规	视频	22
2			1.3.2 质量、职业健康安全与环境管理体系简述	视频	23
3			1.3.3 质量管理体系运行模式与原则	视频	24
4			1.3.4 企业管理标准体系	视频	25
5	项目2	任务1	2.1.1 电力系统构成	视频	40
6			2.1.2 发电厂简介	视频	41
7			2.1.3 输电网	视频	42
8			2.1.4 电力网结构	视频	45
9			2.1.5 电力网接线方式	视频	46
10		任务2	2.2.1 功率因数	视频	62
11			2.2.2 力调电费	视频	63
12			2.2.3 谐波电流的产生	视频	68
13			2.2.4 谐波电流的影响	视频	68
14		任务3	2.3.1 桥接线方式	视频	72
15			2.3.2 读懂牵引变压器铭牌-型号与接线方式	视频	76
16			2.3.3 中性点接地方式	视频	78
17	项目3	任务1	3.1.1 直流制	视频	118
18		任务3	3.3.1 弓网动态接触力	视频	148
19			3.3.2 受电弓动态包络线	视频	148
20			3.3.3 "交-直"型机车工作原理	视频	151
21			3.3.4 "交-直-交"型机车工作原理	视频	151
22		任务4	3.4.1 牵引电流回路	视频	156
23			3.4.2 过江隧道杂散电流的特殊防护	视频	171

续表

序号	模块	任务	资源名称	资源类型	页码
24	项目7	任务1	7.1.1 变电所安全用具、绝缘工具一览表	文档	307
25			7.1.2 变电所常用工具、备品一览表	文档	307
26			7.1.3 接触网常备工具表	文档	309
27			7.1.4 接触网常备备品备件表	文档	309
28			7.1.5 电气设备的最高允许温度参考值	文档	315
29			7.1.6 接触网步行巡视内容	文档	316
30			7.1.7 接触网乘车巡视内容	文档	316
31			7.1.8 接触网登乘车巡视内容	文档	316
32			7.1.9 接触网动态检测内容及范围	文档	317
33			7.1.10 接触网及接触轨动态检测评定标准	文档	317
34			7.1.11 主站设备日巡视记录表	文档	319
35			7.1.12 前置通信设备周巡视记录表	文档	319
36			7.1.13 大屏系统周巡视记录表	文档	320
37			7.1.14 服务器周巡视记录表	文档	320
38			7.1.15 UPS系统、工作站设备月度巡视记录表	文档	320
39		任务2	7.2.1 牵引供电系统接口概述	视频	326
40		任务3	7.3.1 牵引供电系统运行安全的基本要求	视频	331
41			7.3.2 牵引供电系统运行安全的基本特点	视频	331
42			7.3.3 事故、事故隐患与危险源	视频	334
43			7.3.4 安全管理的基本方法	视频	339
44			7.3.5 应急预案	视频	339
45		任务4	7.4.1 二次回路开路故障查找方法	文档	354
46			7.4.2 二次回路短路故障查找方法	文档	354

目 录

项目 1　城轨供电系统管理基础 …………………………………………………………… 1

　　任务 1.1　城市轨道交通工程建设管理 ………………………………………………… 1

　　任务 1.2　运行管理机构与岗位认知 …………………………………………………… 9

　　任务 1.3　运行与管理规程体系认知 …………………………………………………… 21

项目 2　城轨供电系统 ………………………………………………………………………… 34

　　任务 2.1　城轨供电系统概述 …………………………………………………………… 34

　　任务 2.2　外部电源 ……………………………………………………………………… 53

　　任务 2.3　主变电所 ……………………………………………………………………… 69

　　任务 2.4　中压网络 ……………………………………………………………………… 79

项目 3　牵引供电系统 ………………………………………………………………………… 107

　　任务 3.1　牵引变电所设置与运行 ……………………………………………………… 107

　　任务 3.2　直流牵引供电系统保护 ……………………………………………………… 129

　　任务 3.3　接触网与牵引动力系统 ……………………………………………………… 145

　　任务 3.4　杂散电流防护 ………………………………………………………………… 155

项目 4　动力照明系统 ………………………………………………………………………… 180

　　任务 4.1　降压变电所设置与运行 ……………………………………………………… 180

　　任务 4.2　动力照明系统 ………………………………………………………………… 196

　　任务 4.3　变电所自用电系统 …………………………………………………………… 206

　　任务 4.4　应急照明电源 ………………………………………………………………… 214

项目 5　综合接地系统与过电压防护 ………………………………………………………… 225

　　任务 5.1　综合接地系统 ………………………………………………………………… 225

　　任务 5.2　过电压防护 …………………………………………………………………… 238

项目 6　电力监控与数据采集系统 …………………………………………………………… 250

　　任务 6.1　SCADA 系统概述 …………………………………………………………… 250

　　任务 6.2　SCADA 系统功能及应用 …………………………………………………… 261

　　任务 6.3　数字化技术的应用与实践 …………………………………………………… 281

项目 7　城轨供电系统管理实践 …………………………………………………………… 297
　　任务 7.1　生产管理 …………………………………………………………………… 297
　　任务 7.2　接口管理 …………………………………………………………………… 323
　　任务 7.3　安全管理 …………………………………………………………………… 329
　　任务 7.4　事故处理 …………………………………………………………………… 345

参考文献 ……………………………………………………………………………………… 360

项目 1　城轨供电系统管理基础

项目导读

城市轨道交通供电系统（简称"城轨供电系统"）是城市轨道交通的重要组成，它不仅为城市轨道交通电动列车提供牵引用电，而且还为城市轨道交通运营服务的所有其他设施提供电能，如照明、通风、空调、给排水、通信、信号、防灾报警、自动扶梯等，是确保城市轨道交通各个系统正常运行的重要保障。一旦中断供电，不仅会造成城市轨道交通运输的瘫痪，而且还可能危及乘客人身安全和财产安全。因此，做好城轨供电系统的运行与管理是一项重要任务。了解城轨供电系统管理的相关基础知识，这是本项目的主要内容，如图1.0所示。

项目1：城轨供电系统管理基础
- 任务1.1 城市轨道交通工程建设管理
  - 知识点1：城轨交通工程建设管理基础
  - 知识点2：系统联调
- 任务1.2 运行管理机构与岗位认知
  - 知识点1：运行管理原则与任务
  - 知识点2：运行管理组织及职责
- 任务1.3 运行与管理规程体系认知
  - 知识点1：运行管理规程体系
  - 知识点2：变电所管理规程和制度
  - 知识点3：接触网管理规程和制度

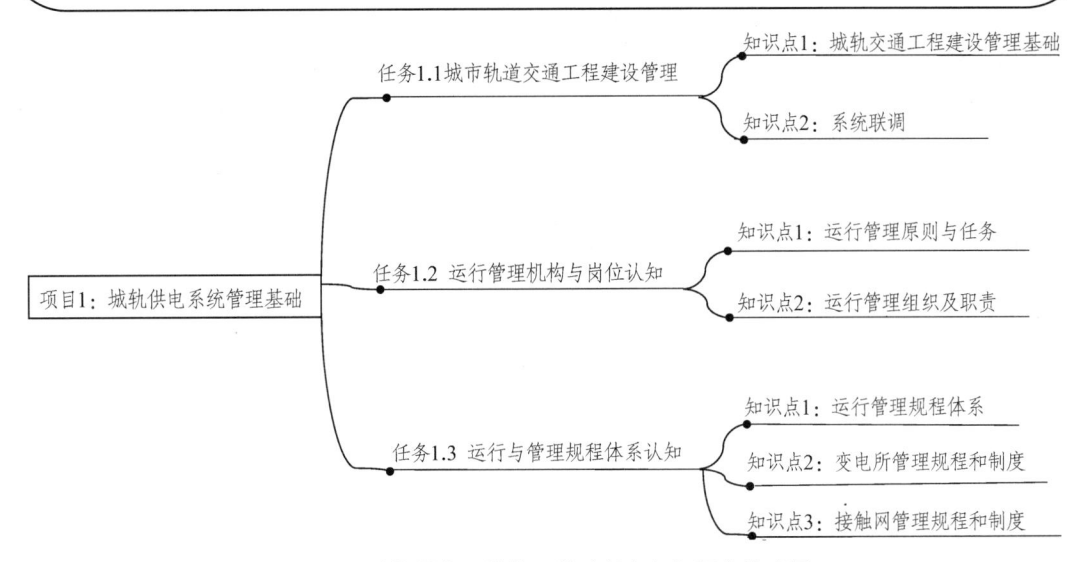

图 1.0　城轨供电系统管理基础任务与知识点构成图

任务 1.1　城市轨道交通工程建设管理

任务导读

城市轨道交通建设项目的实施是一个复杂的系统工程，随着我国城市化进程的加快，城市轨道交通项目建设的规模越来越大，技术性、系统性越来越强，项目的复杂程度越来越高。着眼未来，从新线设计与建设就充分考虑运行和管理的基础条件，实现运营、建设和设计一体化协同，是实现线路全生命周期成本与效益最优、可持续经营目标的最高效方式。因此，供电系统运行与管理的人员也应具备工程建设管理的相关知识。

【学习目标】

1. 知识目标

（1）熟悉城轨工程建设管理的基础知识。
（2）熟悉城轨工程验收管理的基础知识。
（3）了解供电系统联调的项目和内容。
（4）了解综合联调的项目和内容。

2. 能力目标

（1）会列举城轨工程建设相关单位及内容。
（2）会列举城轨工程验收的不同类型。
（2）会分析供电系统联调和综合联调的项目内容及联系。

3. 素质目标

（1）养成爱岗敬业意识。
（2）树立运营、建设和设计一体化协同的管理意识。

【任务描述】

阅读某城轨供电工程项目文件，分析城轨供电系统建设的相关单位与验收联调的重点内容。

【任务分析】

通过学习轨交通工程建设与验收管理的基础知识，可知晓城轨供电系统的各参建单位及验收与系统联调的相关内容，即可完成该项任务。

【基本知识】

知识点1：城轨交通工程建设管理基础

城市轨道交通工程项目的建设管理包括设计、采购、施工、监理、调试、验交等不同环节，其建设过程的管理通常包括设计管理、招标采购、设计联络、设计审查、设备生产、出厂检验、供货、施工管理、工程监理管理、设备监理管理、安装调试、培训、验收、资产移交、结算等一系列工作。本知识点重点介绍参与城市轨道交通工程项目建设管理的主要相关单位及工程验收的相关术语。

1. 参与工程建设的主要相关单位

建设单位：作为城市轨道交通工程项目的出资方（或业主）代表，全面负责城市轨道交通工程项目的建设与实施的单位。对项目的招标采购、设计联络、设计审查、设备生产与出厂检验、供货、施工、工程监理、设备监理、安装调试、培训、工程验收、资产移交、结算等一系列工作进行控制和管理，对项目执行负直接责任。

运营单位：经营城市轨道交通系统运营业务的具体承担单位，负责城市轨道交通工程的验收、接管与运营管理工作。

设计单位：一般为设计总承包单位，是建设工程项目的总体设计、工点设计和系统设计的总负责单位。按设计合同中设计范围与合同界面的规定提供完整的设计服务，按照合同其他附件规定完成设计并提交设计成果、技术管理服务和设计咨询服务等。

监理单位：通常分为设备监理单位和工程监理单位两类。监理单位是由建设单位通过招标确定的具备专业监理资质的第三方机构，依据监理合同接受建设单位的委托，在委托的范围内按照规定的程序对建设工程或设备进行监督管理的单位。通常包括所监理项目的安全、进度、质量以及成本控制，设备监理应参与供货商的技术方案审查、设计联络、设计审查，代表业主负责首件检查、驻厂监造、出厂验收，配合业主开展调试、联调、预验收、最终验收、移交等工作；工程监理则应负责组织施工图纸会审、施工主要材料自检及送第三方检测、分部工程验收、单位工程验收、竣工档案移交等工作。

施工单位：通过招标确定具有相应施工资质，与建设单位签订工程施工承包合同，依据合同确定的标的内容与范围负责组织工程施工生产活动的企事业单位，是工程主体建设的具体实施方。

商务代理：指建设项目采购服务商，负责提供机电设备以及相关技术服务和系统集成等采购全过程的综合服务工作，包括设备到货管理、支付管理、仓储管理、信息管理以及文档管理等服务工作。

招标代理：指项目主办单位委托办理建设项目招标事宜的机构，负责代拟招标方案、编制并发布招标公告、组织招标、开标、评标事宜、拟定并发出《中标通知书》及《中标结果通知书》等工作。

2. 工程验收相关术语

验收：工程施工质量在施工单位自行质量检验评定的基础上，参与建设活动的有关单位共同对检验批、分项、分部、单位工程的质量进行检验，根据相关标准以书面形式对工程质量达到合格与否做出确认的过程。

进场验收：对进入施工现场的材料、构配件、设备等按相关标准规定要求进行检验，对产品达到合格与否做出确认。

检验批：按同一生产条件或规定的方式汇总起来供检验用的，由一定数量样本组成的检验体。

检验：对检验项目中的性能进行量测、检查、试验等，并将结果与标准规定要求进行比较，以确定每项性能是否合格所进行的活动。

见证检验：项目监理机构对施工单位材料取样、送样、检验或某项检测、试验过程进行的监督活动。

旁站：在关键部位或关键工序施工过程中，由监理人员在现场进行的监督活动。

"三权"移交：是指城市轨道交通建设工程的调度指挥权、设备操作使用权和属地管理权的移交。

系统联调：在单专业系统调试基础上，两个及以上的多专业系统联合调试工作。

综合联调：在基本结束系统联调后，试运行前，通过动车综合联调相关系统，对各系统之间接口进行检验，从而使整个系统满足试运行、初期运营的要求。

项目工程验收：项目工程验收是指各项单位工程验收后和试运行之前，确认建设项目工程是否达到设计文件及标准要求，是否满足城市轨道交通试运行要求的验收。

试运行：城市轨道交通工程完工、冷滑和热滑试验成功，在完成系统联调及综合联调结束后，行车基本条件具备的情况下，通过不载客运行对运营组织管理和设施设备系统的可用性、安全性和可靠性进行检验的活动。

竣工验收：竣工验收是指项目工程验收合格后、初期运营之前，结合试运行效果，确认建设项目是否达到设计目标及标准要求的验收。

初期运营：城市轨道交通工程所有设施设备验收合格，整体系统可用性、安全性和可靠性经过试运行检验合格后，通过初期运营安全评估，在正式运营前所从事的载客运营活动。

项目后评价：城市轨道交通线路正式运营后，由政府主管部门牵头，建设单位组织对开通线路的运营情况进行综合评价。评价内容包括项目目标评价、项目实施过程评价、项目效益评价、项目影响评价和项目持续性评价等。

知识点 2：系统联调

城市轨道交通工程建设在完成设备安装和各单体设备调试后方可进入系统联调。系统联调包括供电系统联调和多系统的综合联调。图 1.1.1 为供电系统联调工作流程。

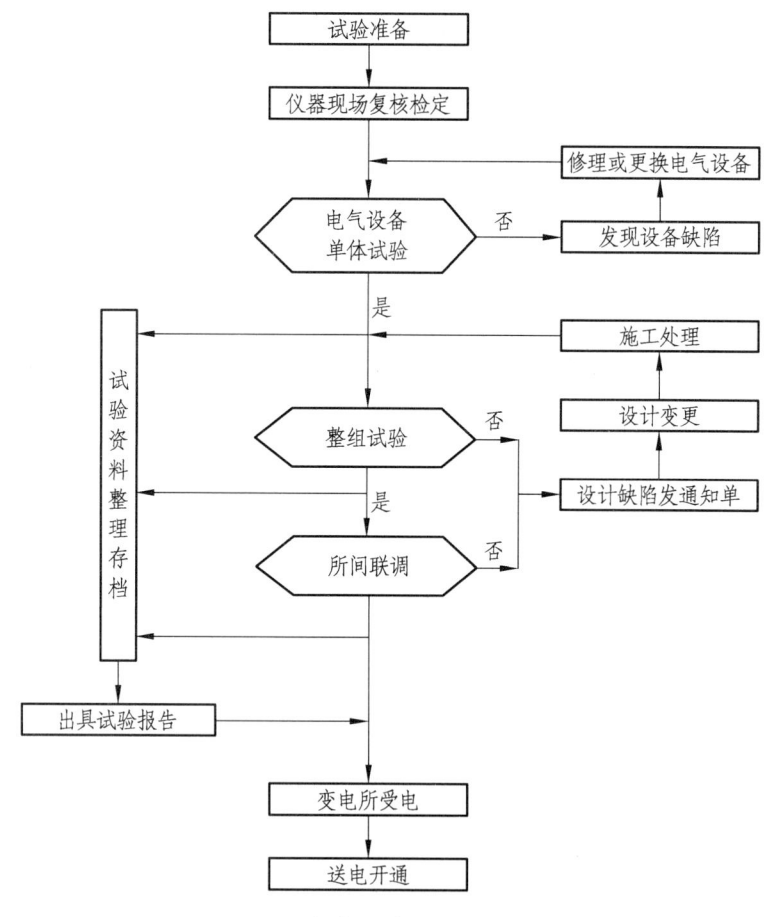

图 1.1.1 供电系统的联调工作流程

（一）供电系统联调

1. 变电所整组传动

变电所一次设备、二次设备单体试验合格后，为了确保变电所系统功能的可靠性、协调性，应进行全所自动化调试，即整组传动，以保证测量回路、控制回路、信号回路以及继电保护回路正确显示、可靠动作。整组传动试验项目包括：变电所内所有屏柜辅助电源投入；交流 33 kV（或 35 kV）设备传动；直流 1 500 V 设备传动等。

图 1.1.2　整组传动调试步骤

① 变电所内所有屏柜辅助电源投入。将变电所内所有屏柜二次回路所有空开断开，对直流控制回路、直流信号回路、直流电源回路、电机储能回路及交流回路等进行正负之间、正负对地、相间、各相对地的绝缘测量，绝缘电阻均不应小于 1 MΩ；合上所有辅助回路的电源空开；检查各灯光指示、继电器、储能指示是否正确。

② 交流 33 kV（或 35 kV）设备传动。电流回路传动：在电流互感器二次侧测量回路接入额定电流，仪表指示应正确。合断路器，在电流互感器二次侧保护回路接入故障电流至设计整定值，断路器应可靠跳闸，动作值正确，同时通过当地微机保护装置和控制信号屏上观察事故信号显示正确、音响正确；电压回路传动：在电压互感器二次侧拆开所有二次回路，以防二次侧接入电压，导致一次侧产生高电压。使用继电保护测试仪在电压互感器二次侧测量回路接入额定电压，仪表指示应正确；对于有闭锁条件的，当外加的条件符合合闸条件时，可以合闸，否则不能合闸。

③ 直流 1 500 V 设备传动。检查各种开关（快速开关、隔离开关）正确动作，信号指示正确；检查实际接线与原理图是否相符；检查继电器动作顺序正确；电流回路传动：在测量放大器一次侧测量回路接入额定电流，仪表指示应正确。合断路器，用毫伏发生器在电流二次侧保护回路接入故障电流至设计整定值，断路器应可靠跳闸，动作值正确，同时通过当地微机保护装置和控制信号屏上观察事故信号显示正确、跳闸及联跳正确；电压回路传动：在测量放大器一次侧模拟直流系统电压，使用绝缘电阻测试仪在电压一次侧测量回路加额定电压，仪表指示应正确，低电压或过电压报警/跳闸信号正确；检查闭锁回路的正确性及可靠性。

2. 变电所间联调

① 中压开关柜差动保护装置调试。

联调应具备的条件：

a. 对应的中压进线、馈线开关柜单体及二次回路整组调试完毕。

b. 差动保护装置调试合格并按设计提供的整定通知单整定完。

c. 通信光纤测试完成且满足要求并已连接到保护装置。

d. 所间通信畅通。

联调方法：

a. 对电流互感器极性进行校核，做好记录，确保正常运行时流进差动保护装置的电流为差电流。

　　b. 差动保护装置调试是利用所内进出线柜通过外接光纤构成环路进行，确保与设计提供的整定通知单一致。

　　c. 差动保护动作检查：合上对应的进线、出线断路器，两端保护装置均在运行模式下，从端子排加入电流，当一端加电流至动作值时，两端差动保护均出口跳开对应断路器，同时信号显示正确、音响正常。检查动作电流正确。

　　d. 做好记录，恢复好端子排试验连片，联调完毕。

　　② 相邻牵引变电所间及越区时直流联跳保护与闭锁关系调试。

联调应具备的条件：

　　a. 有关牵引变电所1 500 V直流开关柜单体及二次回路整组调试已完毕。

　　b. 联跳装置、保护装置调试合格，并按设计提供的整定通知单整定完毕。

　　c. 有关牵引变电所与隔离开关联调已完毕。

　　d. 通信接口测试完毕，联调电缆已接好。

调试方法：

　　a. 模拟负极框架保护，当框架保护的电流元件动作时联跳邻所相关直流馈线断路器，闭锁本所和邻所相关馈线开关重合闸，停止线路测试；框架保护的电压元件动作后不联跳邻所馈线开关，闭锁本所相关馈线开关。观察本所和相邻所有关开关动作情况，结果应符合设计要求。

　　b. 分别模拟直流馈线电流增量保护，电流上升率保护，过电流保护，电流速断保护，联跳邻所相关直流馈线断路器，并启动重合闸。本站直流馈线开关重合闸成功后，被联跳站的相应快速开关才可自动重合闸，本站馈线快速开关解除重合闸或重合闸不成功时，被联跳站的相应快速开关不能合闸，联跳所自动重合闸失败后闭锁。观察本所和相邻所有关开关动作情况，结果应符合设计要求（当馈线快速开关被手动分闸、框架故障保护动作后不启动自动重合闸）。

　　c. 相邻牵引变电所间及越区时开关闭锁关系调试：在不越区和越区两种情况下，通过实际操作，对本所和相邻所馈线断路器、上网隔离开关、纵联隔离开关闭锁关系进行检查，结果应符合设计要求。

（二）多系统的综合联调

　　多系统的综合联调主要目的是检验各系统功能是否达到设计标准，验证系统间的协同运作能力是否满足运营需求。综合联调开展的前提条件包括各系统单体调试、接口功能测试和系统联调均已完成，各系统设备已通过功能验收，且可以正常投入使用。

　　根据《城市轨道交通试运营基本条件》中关于试运行的定义："城市轨道交通联调结束，冷、热滑试验成功，具备基本开通条件，对设备、设施进行安全检测和调试的不载客的列车运行活动。"为了节省联调时间，尽快发现和及时整改问题，可以根据现场施工调试，提前开展实施综合联调项目。

　　供电系统的综合联调内容是控制中心主控系统与电力监控系统（SCADA）及供电系统各

设备的联调。开展综合联调，建设单位和运营单位及有关部门应共同组成综合联调管理机构，承担综合联调工作，负责现场指挥调度、现场安全管理和计划管理等。综合联调结束后，应提交总结报告。

1. 供电系统综合联调目的

① 验证主控系统与 SCADA 系统及供电系统之间的接口功能是否与设计相符，并满足运营要求。

② 通过主控系统对 SCADA 系统及供电系统各种设备进行遥信信号、遥测信号、遥调信号和遥控信号测试（包括单体控制和程控控制），测试主控系统与 SCADA 系统及供电系统的协同运作，确保系统能完全满足设计要求，保证运营工作的顺利进行。

③ 通过模拟联合调试，对运营操作及维修人员进行培训。

2. 供电系统综合联调内容及步骤

综合联调要完成的主要项目为主控系统对所辖电力监控系统（SCADA）及供电系统设备的遥测信号测试（含电度量）、遥信信号测试、遥调信号测试（有载调压）、遥控信号（含程控卡片）测试等。所有遥测、遥信信号均要求在二次设备处模拟或实际动作产生。所有遥调信号、遥控信号均要求能实际操动开关或复归保护信号。所有信号的测试均应满足技术规格书中相关要求和规定。具体内容包括：与 110 kV 开关柜、33 kV 开关柜、1 500 V 开关柜（负极柜、制动能量消耗装置、单向导通装置、排流柜等）、400 V 开关柜、交直流屏、控制信号屏、轨电位等设备的联调。

具体测试核心功能如下：

遥控功能：分单控和程控两种，单控功能中央级、车站级测试，程控功能中央级测试。

遥调功能：中央级测试（主所有载调压测试）。

遥信功能：中央级和车站级测试。

遥测功能：中央级和车站级测试。

事件顺序（SOE）记录和查询功能：中央级和车站级测试。

操作员工作站用户画面显示功能：中央级和车站级测试。

大屏幕系统显示功能：中央级测试。

数据归档和报表统计功能：中央级测试。

冗余功能：中央级和车站级测试。

【任务实施】

第一步：分析城轨供电系统工程主要参建单位

通过阅读某城轨工程建设项目，可知城轨交通工程是一项非常复杂的系统工程，城轨供电系统是其中的重要子系统工程。要完成城轨供电系统工程的建设，同样涉及建设单位、设计单位、监理单位、施工单位以及运营单位等各个不同的建设主体，大家紧密协作共同完成工程的建设。

第二步：分析城轨供电系统验收联调的重点内容

工程验收是确保工程质量的重要环节。工程验收有多种形式，有工程材料、构配件和设备的进场验收，也有工程检验批验收，还有重要工序的旁站、见证检验等形式。工程竣工，则需要进行单体调试、系统联调甚至多系统间的联调。都符合要求后再组织试运行，最后再进入竣工验收。通过竣工验收，工程才可以投入正式运营。

对城轨供电系统而言，系统联调包括变电所内联调和变电所间的联调。变电所内联调主要包括变电所整组传动和变电所所内逻辑关系调试；变电所间联调则主要包括中压开关柜差动保护装置调试和相邻牵引所间及越区时直流联调保护与闭锁关系调试等。供电系统的综合联调内容重点是控制中心主控系统与电力监控系统（SCADA）及供电系统各设备的联调。

【任务小结】

请简要小结本任务的学习要点、难点与困惑，写在下面的横线上！

_____

_____

_____

_____

_____

【格言语录】

"不患无策，只怕无心"。

人非生而知之，孰能无惑？学习任何新的知识，都会遇到未知、疑惑或困难。职场也一样，每天都有可能遇到新的情况和新的问题。其实，遇到问题与困难并不要紧，要紧的是不要给自己找借口，只要肯用心、有恒心，总可以找到解决问题的办法。

【拓展知识】

城轨供电系统综合联调项目功能测试表

城轨供电系统综合联调项目主要测试的功能如表 1.1.1 所示。

表 1.1.1　综合联调项目功能测试表

序号	测试步骤	负责人	记录	记录人	信息传递
1	电力调度通过主控系统发送断路器、隔离开关控制命令或程控卡片控制命令	电力调度	记录表格	主控专业组	主控专业组 变电专业组 SCADA专业组
2	主控专业组人员确认主控系统控制命令执行情况，检查事件、报警记录是否齐全，检查人机界面图符变化是否正确	主控专业组	记录表格	主控专业组	主控专业组 变电专业组 SCADA专业组
3	SCADA专业组人员确认SCADA系统控制命令执行情况，检查事件、报警记录是否齐全，检查人机界面图符变化是否正确	SCADA专业组	记录表格	SCADA专业组	主控专业组 变电专业组 SCADA专业组

续表

序号	测试步骤	负责人	记录	记录人	信息传递
4	变电专业组人员确认现场设备动作情况	变电专业组	记录表格	变电专业组	主控专业组 变电专业组 SCADA 专业组
5	重复1至4步骤完成设计点表所有点测试及所有程控卡片测试	电力调度 主控专业组 变电专业组 SCADA 专业组	记录表格	主控专业组 变电专业组 SCADA 专业组	主控专业组 变电专业组 SCADA 专业组

【练习与评价】

结合本任务所学知识，回答表 1.1.2 中的问题。

表 1.1.2　任务 1.1 完成情况评价表

序号	任务内容	完成记录	标准分	评分
1	城轨新线工程建设管理主要包括哪些环节？		15	
2	城轨新线工程验收主要有哪些形式？		15	
3	变电所整组传动试验主要有哪些项目，其目的是什么？		15	
4	中压开关柜差动保护装置调试应具备的条件是什么？		20	
5	供电系统综合联调的目的是什么？		15	
6	"任务小结"完成情况		20	
总体评价：□ 好　　□ 较好　　□ 一般　　□ 较差　　□ 差				

任务 1.2　运行管理机构与岗位认知

任务导读

城轨供电系统运行管理的方针、原则和任务是什么？如何组织开展运行管理工作？供电运行主要有哪些岗位，其职责分别是什么？管理规程和制度有哪些？通过本任务的学习，可以了解这方面的知识，解答这些问题。

【学习目标】

1. 知识目标

（1）了解运行管理的方针、原则。
（2）熟悉正常运行工作、异常情况处理的基本内容。
（3）了解设备检修、运行分析、技术资料管理和人员培训的相关内容。
（4）了解运行管理相关人员的岗位职责。

2. 能力目标

（1）能解释城轨供电系统运行管理的方针与原则。
（2）能列举城轨供电系统运行管理的任务与内容。
（3）能列举城轨供电系统有关岗位的基本职责。

3. 素质目标

（1）养成爱岗敬业意识。
（2）树立管理创新意识。

【任务描述】

阅读某地铁公司供电管理手册，对照分析该公司的运行管理机构与主要岗位等。

【任务分析】

通过学习城轨供电系统运行管理的任务、内容，了解城轨供电系统运行管理的组织架构及主要岗位职责，对照地铁公司的管理手册即可开展分析。

【基本知识】

知识点1：运行管理原则与任务

城轨供电系统的运行管理工作包括运行和检修两个部分，其运行管理的原则与主要任务如下。

（一）运行管理的原则

城轨供电系统运行管理贯彻落实"质量第一、修养并重、预防为主"的方针，并逐步向"定期检测、状态维修、限值管理、寿命管理"的方针过渡，实行"三定、四化、记名检修"原则。

1. "三定"

"三定"，就是定设备、定人（或班组）、定检修周期和范围。定设备是把电气设备的管理范围按工种划分清楚，明确分界点，以防止漏检漏修。定人（或班组）是把设备的保管、维护和检修任务落实到人（或班组），做到分工明确，各负其责，从而加强工作责任感，以利于提高质量，减少事故。定检修周期和范围是根据不同的设备和修程，确定其检修周期和范围，以实现计划检修。

2. "四化"

"四化"，就是作业制度化、质量标准化、检修工艺化、检修机具和检测手段现代化。作业制度化是指检修作业和设备操作要按规定程序和安全制度执行；质量标准化是按技术要求精检细修，达到统一的质量标准；检修工艺化是坚持按工艺要求进行检修，保证质量，提高效率，降低成本；检修机具和检测手段现代化是利用现代科学技术及装备进行检修和测试，以适应现代技术不断发展的需要。

3. "记名检修"

"记名检修"，就是记录检修者和验收者的姓名。要求检修者根据设备的技术状态提出检修依据，采取针对性措施，按工艺检修，并做到修前有计划，修中有措施，修后有结语。

（二）运行管理的任务和内容

城轨供电系统的运行管理工作就是为了保证供电设备的安全运行，持续地为用户提供合格的电能而采取的技术措施和组织措施。其工作内容包括正常运行工作、异常情况处理、设备检修、运行分析、技术资料管理和人员培训等6个方面。

1. 正常运行工作

正常运行工作包括设备巡视、记录、设备维护、倒闸操作和工作票受理等5个方面的内容。

① 设备巡视。

按照规定的周期和项目，沿指定的巡视路线进行设备检查，通过有关测量仪表和显示装置及时掌握设备的运行情况（如电压、电流、功率和温度等），以预防设备事故。凡遇高温、严寒、雷害、大雾、台风和汛期时，要分别按重点检查项目进行特殊巡视。根据设备缺陷的等级，按职责范围加以消除或隔离，以保证供电的安全和质量。

② 记录。

按照规定的时间和项目，通过人工或自动装置对运行数据、运行环境、调度指令和操作、施工检查、事故处理等情况进行记录。

③ 设备维护。

根据所处的环境和规定的周期与项目，进行场地清洁、设备清扫、绝缘子更换、带电测温和蓄电池维护等工作。

④ 倒闸操作。

根据调度命令和倒闸操作票，由合格的人员进行电气操作及监护。

⑤ 工作票受理。

按照安全工作规程，值班员审核工作票、核对及完成安全措施，并会同工作负责人对现场安全措施进行检查和工作许可（包括工作票延长、间断、转移的许可）等工作的办理。施工结束后会同工作负责人进行设备检查、验收，并办理工作票终结手续。

2. 异常情况及事故处理

设备的异常状态是指设备在规定的外部条件下，部分或全部失去正常工作能力的状态，它是相对设备的正常工作状态而言的。如变压器的负荷超出规程和设备能力允许时间内的正常过负荷数值、母线电压越出限值、充气设备压力异常等等。

事故本身也是一种异常状态，事故通常是指异常状态中比较严重的或已经造成设备部分损坏、引起系统运行异常、中止或部分中止了对用户供电的状态。

在发生故障时，值班运行人员要迅速、准确地判断和处理。在事故处理中必须牢固树立"安全第一"的思想，遵循"先通后复"的原则。在事故抢修中电力调度员须与行调、环调密切配合，严格掌握供电和行车、环控的基本标准条件，根据设备的技术条件和现场具体情况，采取有效措施，适当调整运行方式，尽可能减少对行车的影响，及时安排抢修和处理时间，尽快恢复对接触网的供电和正常行车秩序，在允许的条件下保证环控设备的运行，保证城市轨道交通的服务质量。

3. 设备检修

① 定期检修。

计划性检修为了防止设备性能劣化或精度降低，根据设备运转的周期和季节性等特点，按预先制定的设备检修周期与工作内容、技术要求和计划所进行的维修作业。对于计划性检修必须制定相应的年度检修计划及月度检修计划，并根据计划进行安排和落实。

② 预防性试验。

预防性试验是暴露设备内部缺陷，判断设备能否继续运行的重要措施。各种电气设备的预防性试验项目、周期和标准，按现场电气设备预防性试验规程执行。

③ 临时检修。

根据专业设备的变化和实际运作状态、事故跳闸或同类设备已发生重大事故时，根据需要进行调整而增加的临时性检查修理。

4. 运行分析

运行分析工作主要是针对设备运行、操作和异常情况以及人员执行规章制度情况，进行分析，总结经验，找出薄弱环节，及时发现问题，掌握运行规律，有针对性地制定保证运行安全的措施，以防事故发生，不断提高安全经济运行水平和管理水平。

5. 人员培训

不断提高运行人员的技术和管理水平也是保证安全运行、提高供电质量的重要条件之一。为此，供电系统管理部门应对值班和检修人员加强安全和技术业务培训，积极开展事故预想活动（反事故演练），不断提高值班人员业务和维护、检修水平以及事故处理的能力。

6. 技术资料管理

供电系统的运行检修工作应具备管理部门制定的各项管理规程、安全工作规程、各种技术图纸、技术资料，各种工作记录簿和指示图表等，以使工作有章可循，同时便于积累资料进行运行分析，提高工作质量。

知识点2：运行管理组织及职责

（一）运行管理组织

在城轨供电系统的运行管理中，应设有各级运行与检修人员，分别承担不同的工作。如何根据城轨供电系统点多、分散、距离短且有电力监控系统的特点，不同的企业可结合实际情况，选择更适合自己的组织管理模式。运行管理组织的总体要求是机构精简、管理层次少、职责分工明确，从而提高管理和检修效率。但一般而言，需在控制中心设置电力调度，在维修基地供电管理部门除设置技术管理人员外，还需设置相关的运行、检修、试验人员。根据具体情况，运行值班人员与检修试验人员可分开，也可由检修试验人员同时兼顾运行值班工作。

对于供电管理部门的定员配置，可根据实际管理的幅度、人员的素质、检修设备的工作量及检修单台设备所需要的基本人数确定。其配置原则如下所述。

1. 专业技术管理人员的配置

根据供电系统的特点，每一专业至少配置一位专业工程师，如设一次设备工程师、二次设备工程师、试验检测工程师、低压设备工程师、SCADA工程师、变电运行工程师、接触网运行工程师、接触网检修工程师等。

2. 电力调度员的配置

《调度管理规程》规定："电力系统调度管理的任务是领导系统的运行和操作"，电力调度员"为系统运行和操作指挥员"。因此，在变电所未实行无人值班时，电力调度员的人员配置可按每班为一人值班来考虑。但在实现无人值班后，由于变电所所有能够实行"四遥"的设备运行操作及监控全部由电力调度员来完成，因此，电力调度员的任务不只是系统运行和操作的指挥人，而且还是系统运行和操作的执行人。即将电力调度员从后台推到了前台。此时电力调度员的值班制度应重新安排，宜安排每班二人值班。当供电系统有操作任务时，必须做到一人操作，另一人监护。

3. 变电运行检修人员及工班的配置

根据设计和设备可靠性及对运行要求的不同，变电所的运行值班，可采用有人值班和无人值班方式。

采用有人值班方式时，其运行值班可采用三班制或三班半制，每班至少设2人，其中一名为安全等级不低于三级的值班员，另一名为安全等级不低于二级的助理值班员。只有2人值班时，值班员兼任值班负责人；值班人员在2人以上且安全等级符合要求时，可设一名值班负责人领导值班工作。

采用无人值班方式时，由于地铁变电所具有点多、分散、距离短、方便巡视的特点，可采用"无人值班，有人巡视"的模式。在运行初期，变电所的日常管理可实行分段管理，每一工班负责一个分段区域（一般是4~6座车站的变电所）的值班、巡视、日常维护、操作及事故处理。每分段设置1名分段值班员在分段值班室值班，另再设1~2名巡视人员。

如上述，根据具体情况，可分设运行值班人员与检修试验人员，也可由检修试验人员同时兼顾运行值班工作。对于工班的设置，视人员的素质和设备的特性以及管理范围不同，可设一次设备工班、二次设备工班、高压试验工班、低压设备工班等，每一工班至少需设置一名工班长以及数名技工。

4. 电力监控系统（SCADA）运行检修人员的配置

对于电力监控系统（SCADA）运行、检修人员的配置，根据实际需要，可专门成立 SCADA 工班，工班至少需设置 1 名工班长以及数名技工。考虑到与受控设备及站端设备的关系，也可将 SCADA 工班与二次设备工班合并。在 SCADA 工班与二次设备工班合并的情况下，对工班人员的素质要求较高，但可起到减员增效的作用，实现一专多能。

5. 接触网运行检修人员的配置

对于接触网的运行值班、维修及应急抢险等工作的人员，没有严格的区分，可"捆绑"在一起，由接触网当值人员承担，即接触网人员在不同时段，分别担任运行值班、维修及应急抢险任务；或同一时段，接触网当值人员既是运行值班人员，也是维修人员，同时也是应急抢险人员。

至于接触网工班的数量可按线路的长短来设置。根据检修作业的特点，每个工班至少需 8 名技工。每个当值时段的人员中，至少有 1 名安全等级不低于 4 级和 2 名安全等级不低于 3 级的人员。

接触网运行状态的监测，由接触网当值人员完成。其方式是在城市轨道交通沿线设置接触网运行状态监察点，监察点的设置原则是能够在要求的时间内，能够到达城市轨道交通正线的任何地点。运营时间内，接触网当值人员分布在各监察点，负责运营期间接触网设备运行状态的监视和故障情况下现场联络及防护工作。

（二）相关岗位人员职责

1. 供电管理部门负责人职责

① 主持本部门的全面管理工作，完成分管工作；负责供电设备的运行、维修和事故处理工作，确保地铁供电系统安全可靠供电。

② 组织开展供电设备有关的技改、科研，不断提高设备运营质量和运营水平。

③ 制定本部门年度方针目标和生产计划，组织实施供电系统设备运行、检修、技改、科研、计划，以及为实施上述计划而进行采购、资金使用等计划申报。

④ 执行上级部门供用电方针、指示，实施安全供电，完成生产任务，开展节约用电。

⑤ 组织制订有关规章制度、标准化文件、检修规程，并组织执行。

⑥ 协调各工班之间、本部门与其他部门之间的生产工作关系。检查下级安全、生产、运行、检修工作执行及完成情况。

⑦ 控制生产过程中出现的指标偏差，确保公司工作总目标实现。

⑧ 担当本部门的质量与安全生产的责任人。

2. 专业技术管理人员职责

① 确保本专业的设备正常运行和人员人身安全。

② 组织实施本专业设备运行、维修和日常管理，并进行检查监督；组织实施本专业的故

障处理;组织科研、技改的研究和实施工作,对本专业的故障处理进行技术支持。

③ 组织技术管理文件、规程编写,提高维修质量和故障处理能力。

④ 编报本专业各种检修、材料、工具和培训计划。

⑤ 建立和检查本专业各种记录、台账、报表,向上级提供各种运行报表。

⑥ 接受上级指令,明确本专业目标,并将目标展开到班组及责任人。

⑦ 提供良好服务,接受各种检查监督,认真整改不足。

⑧ 处理各种反馈信息,确保生产的正常开展,及时反馈各种信息。

⑨ 开展本专业技改、科研项目,使本专业设备不断完善。

3. 工班长职责

工班长是整个工班在行政和业务上的领导人,应负责做好以下工作:

① 接受行政上级的领导和专业工程师的业务指导,主持本班组的工作。

② 根据部门下达的工作计划,编制检修工作计划,制定班组管理制度,并负责组织实施。

③ 督促全工班人员,并以身作则严格遵守有关规程和制度,发现问题及时处理,确保人身和设备的安全。

④ 负责工班的工器具使用、保养和班前维修的管理,及时提出工器具的补充和报废计划。

⑤ 负责管理班组备用材料,按程序领用和储备备品备件,负责填写备品备件使用报表,并上报相关部门。

⑥ 负责收集和上报各种票据作业单,按时完成工作总结及填报各种报表。

⑦ 做好班组的修旧利废组织工作,降低各种维修开支。

⑧ 组织搞好班组的文明生产,负责本班组的检修记录,用工记录,原材料消耗,能源消耗工作量的记录和统计工作。

⑨ 审核班组人员的工作表现和工作能力,编制有关的培训计划,并在获准后负责实施。

⑩ 组织学习有关安全生产的文件和规程;组织进行事故预想演习;组织分析本工班的事故和事故苗头,并提出反事故措施。

4. 班员职责

① 在工班长领导下,负责对所辖设备进行日常巡视、检查、维护、维修和抢修工作。

② 熟悉所管辖范围内设备和供电系统情况,并能根据技术标准、工作程序完成操作任务和生产任务。

③ 熟悉掌握所辖设备的维护、保养方法和检修工艺。

④ 正确使用和维护工器具与测试仪表、仪器。

⑤ 严格执行各项规章制度和电气安全与技术规程,确保设备及人身安全。

⑥ 认真做好设备运行维护及抢修工作的各项原始记录,认真填写各种工作作业票。

⑦ 积极主动参加各种培训,不断提高技术业务能力。

⑧ 有权督促操作者的正确作业,向工班长及各级反映情况和提出意见,有权参与工班的各种考评。

5. 变电所值班(巡视)人员职责

值班(巡视)人员在值班时间内,负责设备的正确维护与安全运行,其主要工作有设备巡视及维护保养；表计监视和记录；倒闸操作；办理检修作业手续；事故、故障和缺陷的处理；整理资料并进行运行分析；清洁环境等。

对值班（巡视）人员的要求是能做到"五熟""三能"。

"五熟"是指：

① 熟悉本所主接线和二次接线的原理及其布置与走向。

② 熟悉本所电气设备型号、规格、工作原理、构造、性能、用途、检修标准、巡视项目、停运条件和装设位置。

③ 熟悉本所（区段）继电保护和自动、远动装置及仪表等的基本原理和装设位置。

④ 熟悉本岗位的各种规章、制度及标准化作业程序。

⑤ 熟悉本所（区段）正常和应急的运行方式、操作原则、操作卡片和事故处理原则。

"三能"是指：

① 能分析、判断正常和异常的运行情况。

② 能及时发现并排除故障、缺陷。

③ 能掌握一般的维护、检修技能。

值班（巡视）人员的具体职责见表1.2.1。

表1.2.1 值班（巡视）人员的具体职责

	值班负责人	值班（巡视）人员	助理值班员
交接班	1. 交班前：检查所有的记录、图纸、资料、备品及当天的工作票。 2. 交接班时：点名、介绍值班期间运行与检修情况。 3. 接班时： （1）带领交、接班人员进行巡视。 （2）根据交接班人员介绍的情况，重点检查有关的记录及运行日志。 （3）批准交接班。	1. 交班前：检查当班时负责的记录。 2. 交班时：留守控制室，监视设备运行。 3. 接班时： （1）参加交接班巡视，重点检查主要设备（变压器、断路器、隔离开关、互感器），并检查测与保护装置的切换片、开关等。 （2）监护助理值班员试验信号及表计。 （3）检查操作命令记录、断路器跳闸及保护动作记录、故障缺陷记录及图纸、资料等。	1. 交班前：检查当班时负责的记录和工具、备品。 2. 交班时：参加交接班巡视并测量蓄电池。 3. 接班时： （1）参加交接班巡视，重点检查避雷装置、高压母线、电缆、端子箱、控制室内设备安装及接触情况。 （2）测量蓄电池。 （3）在监护下试验信号及表计。 （4）检查避雷器动作记录、主变过负荷记录，门卫记录、工具、备品及钥匙等。
值班	1. 主持研究并安排当天工作。 2. 与电力调度联系，申请停电作业。 3. 监视异常设备、保护装置及表计的运行情况。 4. 参加熄灯巡视及特殊巡视。 5. 组织制定事故及设备缺陷的处理措施。	1. 接调度电话。 2. 计算供电日报、月报，填写运行日志（抄表部分除外）。 3. 主要监视直流屏表计，调整端电池放电电流、浮充电电流，监视保护装置运行。 4. 参加定时巡视，根据值班负责人的要求参加特殊巡视。 5. 处理事故及设备缺陷。	1. 接各站电话。 2. 抄表（小时负荷、主变过负荷、馈电线大负荷）并填写运行日志有关部分。 3. 监视控制屏、量计屏、交流屏上仪表指示及信号显示情况。 4. 根据值班负责人的要求参加各种巡视。 5. 协助值班员处理事故及设备缺陷。

续表

	值班负责人	值班（巡视）人员	助理值班员
倒闸操作	1. 编写倒闸表。 2. 监护复杂的操作及未经模拟操作的紧急倒闸操作。 3. 助理值班员不在时进行操作。	1. 准备操作卡片和操作记录。 2. 要令、消令、执行操作命令，监护倒闸操作。	1. 准备安全工具和钥匙。 2. 在监护下进行操作。 3. 监护值班员要令、消令。
断路器跳闸处理	1. 带领值班员检查有关设备。 2. 查明断路器跳闸的原因。 3. 检查有关记录及标示牌。	1. 监护助理值班员确认并复归转换开关及有关信号。 2. 参加有关设备的检查。 3. 向电力调度汇报跳闸情况、设备状态，并做好记录。	1. 在监护下复归转换开关及有关信号。 2. 在监护下检查有关设备。 3. 更换断路器跳闸次数标示牌。
检修作业	1. 审查工作票。 2. 必要时监护办理工作票。 3. 验收设备，批准结束工作票。 4. 经常巡视检修作业地点，了解检修及安全情况。	1. 审查工作票，向助理值班员交代准备工作。 2. 办理工作票。 3. 监护助理值班员执行及恢复安全措施。 4. 参加设备验收。 5. 随时巡视检修作业地点，了解检修及安全情况。	1. 准备接地线，标示牌及防护栅等。 2. 在监护下，执行及恢复工作票上规定的安全措施。 3. 根据值班员负责人的安排参加检修组工作。

注：1. 学习（实习）值班负责人、值班员、助理值班员在学习（实习）期间可分别在值班员负责人、值班员、助理值班员的监护下进行职责范围内的工作，并对其负责，其相应的监护人员亦有同样责任。
2. 值班负责人可临时代替值班员或助理值班员的工作。

6. 电力调度员职责

① 负责所辖范围内的供电生产指挥工作，保障城轨供电系统安全运行和不间断供电。

② 认真贯彻执行有关规章、制度、命令和上级指示。

③ 执行供电协议有关条文，负责城市轨道交通与城市供电部门间供电范围内的有关工作协调与联系。

④ 执行供电系统的运行方式；制定故障情况下系统的紧急运行模式。

⑤ 对电力调度员管辖范围内的设备在 OCC 远方直接进行设备停启、运行方式转换的操作，对 OCC 不能进行远控的设备，电力调度员负责编写操作票发令到变电所值班员当地操作。

⑥ 审核所辖设备检修计划，根据批准的计划要求，组织设备的检修和施工，并负责对施工安全进行把关，对施工过程进行监控。

⑦ 指挥供电系统内的事故处理，参加事故分析，制定系统安全运行的措施。

⑧ 负责对供电系统的电压调整、继电保护、安全自动装置设备进行运行管理；执行继电保护及自动装置的运行与更改方案。

⑨ 收集整理本系统的运行资料并进行分析工作，总结交流调度运行工作经验，不断提高系统调度运行和管理水平。

【任务实施】

第一步：分析地铁公司的运行管理机构

通过阅读地铁公司供电管理手册，可知该公司的运行管理组织架构。一般地铁设备的运营管理由运营总公司或运营事业总部总负责，下设运营中心、维修车间等管理机构，运营总公司又接受地铁集团公司的领导，集团公司则设置相应的管理职能部门。通常大的地铁集团公司不仅包括运营公司，也包括建设公司、设计公司、监理公司、房地产公司、广告传媒公司甚至城际铁路运营公司等机构。总之，地铁的运营管理也是一个较大型的综合管理体系。

第二步：分析地铁公司供电领域的主要岗位

地铁公司的运行与管理本身是一个较庞大的复杂体系，涉及的岗位也是很多的。对于供电领域，除了各级管理岗位与技术岗位外，生产一线岗位主要有电力调度员、接触网运行与检修工、变电运行与检修工、电气检测试验员、SCADA运检人员、低压设备维修人员等。

【任务小结】

请简要小结本任务的学习要点、难点与困惑，写在下面的横线上！

_____

_____

_____

_____

【格言语录】

"天下难事，必作于易；天下大事，必作于细。"——《老子·第六十三章》

建设万丈高楼源自一砖一瓦，建造精美鸟巢源自一枝一叶。任何一件复杂的难事大事，都是由很多简单而容易的细小事情构成。从细微处入手，化繁为简，化难为易，化大为小，先易后难，这是解决难事，做成大事的基本方法。

【拓展知识】

变电所无人值班

由于地铁变电所具有站多、分散、距离短、方便巡视的特点，结合组织架构设置和人力资源的要求，可实行"无人值班，有人巡视"的办法。地铁变电所的日常管理可实行分段管理，一个工班负责一个分段区域（一般是4~6个车站或7~10个变电所）的值班、巡视、日常维护和操作及事故处理。为保证能迅速、准确接受当值调度的命令，及时赶赴现场，设立分段值班室，值班室应设置在与电力调度员联系方便的牵引变电所，以利于及时掌握设备运行状态，该值班室设置一名分段值班员。在实行变电所无人值班的初期，分段管理的原则可按如下考虑：

1. 站端变电所值班（巡视）人员的管理原则

（1）职责。

① 按调度命令进行就地倒闸操作。值班人员为倒闸操作人（即变电所工作要令人），同时兼任变电所内工作许可人。有关检修班组工作负责人为倒闸操作监护人，若不是检修作业而进行的倒闸操作，由区段内其他人员做监护人。

② 一般地，每天每分段设置一名分段值班员 24 小时在分段值班室值班，负责分段值班室所在车站的变电所的巡视和可能的倒闸操作、事故处理及本分段运行情况的收集；另设置两名巡视人员在白班负责除分段值班室所在车站外的变电所的巡视和可能的倒闸操作、事故处理。

③ 变电所设备正常巡视至少每天 1 次，节假日巡视每天至少 2 次，特殊巡视及增加巡视次数按相关规定执行，各分段的巡视人员巡视结束后，若无特别事情，须回分段值班室待命。

④ 一般地，各分段的巡视人员每天在巡视结束后，须将巡视变电所的《运行日志》送回分段值班室交由该室值班员保存，并将巡视情况交代给值班员。

⑤ 各分段的巡视人员在离开分段值班室前去巡视前，必须先告知电力调度员去向并取得其许可方可前去。分段值班室的交接班按有关规定及交接班制度执行，若遇所辖范围变电所（包括分段值班室所在车站外的变电所）内主要一、二次设备运行方式有较大变动或存在较严重的设备缺陷或运行情况异常或交接双方认为有必要到现场时，交接双方应一同到现场进行交接、检查与确认。

（2）倒闸操作。

① 凡具备遥控功能的设备倒闸操作，由当值电力调度员负责遥控操作。其余操作由现场人员进行，并必须按规定各自填写操作票。

② 有计划的或可预见的操作，根据情况由电力调度员命令巡视人员提前到达需操作的变电所，听从指挥。

③ 倒闸操作由两人进行，一人负责操作，一人负责监护，现场操作人员到达现场执行前，还需与当值电力调度员联系并取得许可后方可操作。

④ 现场操作人员按当值电力调度员命令进行现场操作及事故处理，操作后要立即报告当值电力调度员。

（3）设备异常及事故处理。

① 当设备发生事故危及人身及设备安全时，值班人员有权先将事故设备停电，然后立即汇报电力调度员及有关领导。

② 在所辖分段内出现设备事故跳闸时，值班人员必须尽快赶到事故现场，检查设备情况并汇报电力调度员，并在电力调度员的指挥下立即着手处理事故。

③ 远动装置失灵或不具备"四遥"功能的设备发生事故时，值班人员须汇报当值电力调度员，并做好记录，按电力调度员的命令处理事故。

2. 调度端管理原则

（1）任务和职责。

① 电力调度员是整个供电系统的运行监控指挥人和操作执行人。

② 当值电力调度员必须认真监视各站的运行情况，并详细填写《运行日志》。

③ 交班时，须认真仔细交接，并试验警报音响是否正常。将本班中存在的问题和缺陷（包

括远动系统）向下一班交代清楚，重大问题向直接领导直至上层主管领导汇报。

④ 操作时，一人操作，另一人监护，认真核实操作设备无误后再执行，并注意主机一次系统图设备位置显示及参数变化是否正确。如有疑问，应派变电值班巡视人员到现场检查开关设备实际位置及设备状况。

（2）设备异常及事故处理。

① 按"先通后复"的原则，用一切可能的方法（包括改变运行方式和动用设备的过负荷能力）尽力保证对接触网等重要负荷的供电。

② 在遥控操作及断路器跳闸或重合闸后，应立即检查遥信、遥测及打印记录是否正常。如有疑问，应派变电值班巡视人员到现场检查。

③ 遥控操作时，若发生拒动或遥测、遥信等异常情况时，应按下列步骤进行检查：检查调度端控制室设备及远动通信是否正常工作；派变电值班巡视人员到现场检查站端设备是否正常，判明是否远动终端装置异常或变电所一、二次设备故障，根据情况分别进行处理。

④ 遥信动作后，应首先检查屏幕显示与打印记录是否相符。否则，应另行做好记录，然后根据具体情况分别对待复归信号。复归信号一般按下列规定进行，即对主设备的主保护动作跳闸，必须待处理人员到达现场检查后，根据技术条件由电力调度员遥控复归或由现场人员奉令复归保护的动作信号；无需派人到现场检查处理可恢复供电的或已恢复供电的，可用遥控复归。

【练习与评价】

结合本任务所学知识，回答表 1.2.2 中的问题。

表 1.2.2　任务 1.2 完成情况评价表

序号	任务内容	完成记录	标准分	评分
1	城轨供电系统运行管理的主要方针原则是什么？		15	
2	城轨供电系统运行管理主要包括哪 6 个方面的任务？		15	
3	设备异常与设备事故有何不同？事故处理应树立怎样的思想与原则？		15	
4	变电所值班（巡视）人员要求"五熟"是指什么？		20	
5	变电所值班（巡视）人员要求"三能"是指什么？		15	
6	"任务小结"完成情况		20	
	总体评价：　□ 好　　□ 较好　　□ 一般　　□ 较差　　□ 差			

任务 1.3　运行与管理规程体系认知

任务导读

城市轨道交通系统的产品是实现旅客的位移，其产品的质量特性是安全、正点、快捷、舒适。而城轨供电系统作为城市轨道交通系统的一个子系统，其产品则是为城轨列车和其他动力照明设施提供安全合格的电能，其产品的质量特性是实现安全、不间断与优质的供电。

为确保城轨供电系统的安全可靠运行，企业除具备国家、行业颁发的有关规程、制度、标准、规定、导则和条例等外，还必须根据具体情况制定切实可行、可操作的管理制度，以使各级人员有章可循，并便于积累资料和总结分析，进而提高各级人员的技术管理水平。

【学习目标】

1. 知识目标

（1）了解企业运行管理规程体系。
（2）了解变电所管理规程与主要制度。
（3）了解接触网管理规程与主要制度。

2. 能力目标

（1）能说出三大标准的异同和企业管理标准的三个层次。
（2）能列举变电所管理主要规程与制度。
（3）能列举接触网管理主要规程与制度。

3. 素质目标

（1）养成爱岗敬业意识。
（2）树立遵章守纪意识。

【任务描述】

收集某地铁公司的运行管理规章制度汇编，分析其规程体系及变电所运行管理的主要制度等。

【任务分析】

通过学习城轨供电系统运行管理规程体系及变电所与接触网运行管理规程制度等，结合地铁公司具体的规章制度汇编，即可进行分析。

【基本知识】

知识点 1：运行管理规程体系

城市轨道交通系统具有干线铁路"高、大、半"的特点，即高度集中、大联动机和半军事化的特点，各个系统与各个工作环节之间紧密联系，协同配合。为确保旅客运输安全正点、方便快捷、高速高效，必须加强集中统一管理，为此，必须制定统一的、科学的管理规程体系。城轨供电系统作为城市轨道交通大系统中的一个子系统，同样需有一套完整的管理规程体系，如图 1.3.1 所示。

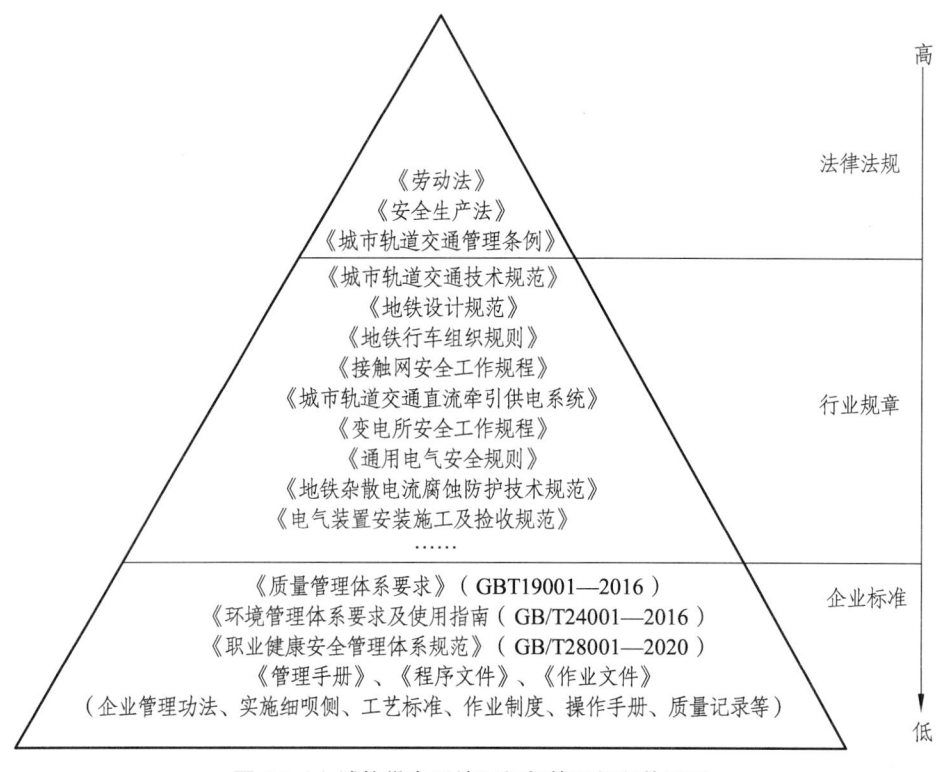

图 1.3.1 城轨供电系统运行与管理规程体系图

在图 1.3.1 中，将城轨供电系统运行管理规程体系分为三个层次。效力从高至低分别为法律法规、行业规程和企业标准。

（一）法律法规

法律法规在牵引供电系统运行管理规程体系中处于第一层次，具有最高效力。法律法规具有效力高，覆盖面广，通用性强等特点，是指导制订行业规章的重要依据。行业规章不能与相应的法律法规相抵触、相违背。作为牵引供电行业，主要有《中华人民共和国劳动法》《中华人民共和国安全生产法》和《城市轨道交通管理条例》等法律法规与之相关。

1.3.1 法律法规.MP4

（二）行业规章

行业规章在城轨供电系统运行管理规程体系中处于第二层次。主要表现形式有规范、规程、规则等，具有鲜明的行业特点，是行业企业制定相应的技术管理办法和工艺流程等的依据与标准，是供电从业人员应该重点掌握的。随着供电系统技术的不断发展与行业管理的不断改进，城轨供电系统运营管理规程体系也总是在不断更新，不断丰富与完善。

（三）企业标准

企业标准在牵引供电系统运行管理规程体系中处于第三层次。在企业标准中，国家推荐的三个标准对制定企业管理标准具有普遍指导意义。

1. 三大标准体系

①《质量管理体系要求》（GB/T 19001-2016/ISO 9001—2015）。

一个企业表面上经营上的是产品，实质上经营的是管理。产品质量很大程度上取决于管理质量。建立质量管理体系，就是为了对产品质量形成的全过程进行有效控制，使影响质量和成本的各项因素都处于受控状态，以保证产品质量的稳定可靠。国家标准化管理委员会将国际标准化组织制订的《质量管理体系要求》（ISO 9001—2016）转换为我国的国家标准，推荐给国内各企业使用，满足企业提高管理水平与产品质量，建立质量管理体系的内在需求。

②《职业健康安全管理体系 要求及使用指南》（GB/T 45001—2020/ OHSAS 18001：2007）。

本标准提出了对职业健康安全卫生管理体系的要求，旨在使一个组织能够控制职业健康安全风险并改进其绩效。它并未提出具体的职业健康安全绩效准则，也未做出设计管理体系的具体规定。

本标准中所有的要求意在纳入任何一个职业健康安全管理体系。其应用程度取决于组织的职业健康安全方针、活动性质、运行风险与复杂性等因素。

本标准针对的是职业健康安全，而非产品和服务安全。

③《环境管理体系要求及使用指南》（GB/T 24001—2016/ISO14001：2015）。

本标准规定了对环境管理体系的要求，使组织能根据法律法规要求和重要环境因素信息来制定和实施方针与目标。本标准拟适用于任何类型与规模的组织，并适用于各种地理、文化和社会条件。体系的成功实施有赖于组织中各个层次与职能的承诺，特别是最高管理者的承诺。这样一个体系可供组织制定其环境方针，建立实现所承诺的方针目标和过程，采取必要的措施来改进环境绩效，并证实体系符合本标准的要求。本标准的总体目的是支持环境保护和污染预防，协调它们与社会和经济需求的关系。

1.3.2 质量、职业健康安全与环境管理体系简述.MP4

企业运行管理的重点是对"人、机、料、法、环、成本、进度"的控制。这三个标准均有一个相同的特点：一是规定了企业的方针，明确了要实现的目标；二是强调了过程方法；三是强调了系统的管理理念；四是包含了 PDCA 运行模式；五是提出了管理活动的科学化和规范化要求。

企业依据这三个标准建立的管理体系，可将各个业务系统有机地联系在一起，使企业管理走上科学化、系统化、规范化、法制化和程序化轨道，摒弃以往管理活动中的随意性、经验性和无序性，形成一个"方针目标明确，运行过程可控，纵向职责权限分明，横向相互联系沟通，纠正预防措施得力，不断持续改进"的新的有机管理运行模式，从而规范企业管理行为，改善企业管理，提高企业绩效。

三个标准体系既相互紧密联系，又有完全不同的侧重。主要体现如下：

a. 关注焦点不同。质量管理体系以顾客（业主）满意度为关注焦点；环境管理体系以污染预防为关注焦点；职业健康安全管理体系以事故预防为关注焦点。

b. 涉及过程与范围不同。质量管理体系只涉及与产品有关的过程和场所；环境管理体系涉及组织的所有部门和活动；职业安全管理体系不仅涉及到组织的所有部门和活动，更强调所有的生产岗位。

c. 体系设置的基础不同。质量管理体系是以过程管理为基础设置的，从确定客户需求开始，通过管理职责，资源管理，产品实现，测量分析和改进等过程，实现客户满意。环境管理体系和职业健康安全管理体系则是按管理要素设置的。

2. 企业管理标准

企业根据《质量管理体系要求》（GB/T 19001—2016/ISO 9001—2015）、《职业健康安全管理体系要求及使用指南》（GB/T 45001—2020/OHSAS 18001：2007）、《环境管理体系要求及使用指南》（GB/T 24001—2016/ISO 14001：2015）三大标准体系要求，结合企业生产的具体实际，制定企业管理标准。在企业管理标准中又划分为三个层次。

① 《管理手册》。

企业的《管理手册》重点规定要求，描述质量管理、职业健康管理与环境管理体系，比较原则，是企业管理的纲领性文件，应描述本企业如何贯彻三大标准体系各条款的要求和体系的范围等。管理手册是企业内部和外部提供管理体系一致信息的文件，是管理体系总体状况和要求的概括描述，对外提供企业一体化管理体系符合三大标准，满足体系认证与审核要求的证实；对内是综合总说明书或管理工作行为的指南和准则。

1.3.3 质量管理体系运行模式与原则.MP4

② 《程序文件》。

《程序文件》主要描述体系要素所涉及的活动、职责权限、控制原则、控制方法和证实方法。重点规定职责，阐述接口关系。程序文件一般应用过程方法明确工作流程，每个流程规定职权、工作标准、验收准则及产生的记录，同时确定作业文件的编制要求。程序文件通常用来描述跨部门的活动。企业制定的各种管理办法是程序文件的重要组成。

③ 《作业文件》。

《作业文件》则重点规定实施过程或活动的具体步骤和标准，阐述做什么事（What），谁来做（Who），何时做（When），何地做（Where），为什么做（Why），如何做（How）等，即5W1H。内容更加具体。作业指导书是规定具体作业活动的方法和要求的文件，是《程序文件》的支持性文件。具体形式主要有工艺标准、作业制度、操作流程、质量记录等。

《管理手册》《程序文件》与《作业文件》三者既相互区别，又相互联系，相互支撑，构成企业管理标准的有机整体。《管理手册》的基本要求是：该做的要写到，写到的要做到，做了的要有记录；《程序文件》是为了控制每个过程的质量，对如何进行各项质量活动而规定有效的措施和方法，是相关职能部门工作标准的重要内容，具有管理层工作标准的属性；《作业文件》则是指导操作者使用的更详细的作业性文件，具有操作层工作标准的属性。三者关系如图 1.3.2 所示。

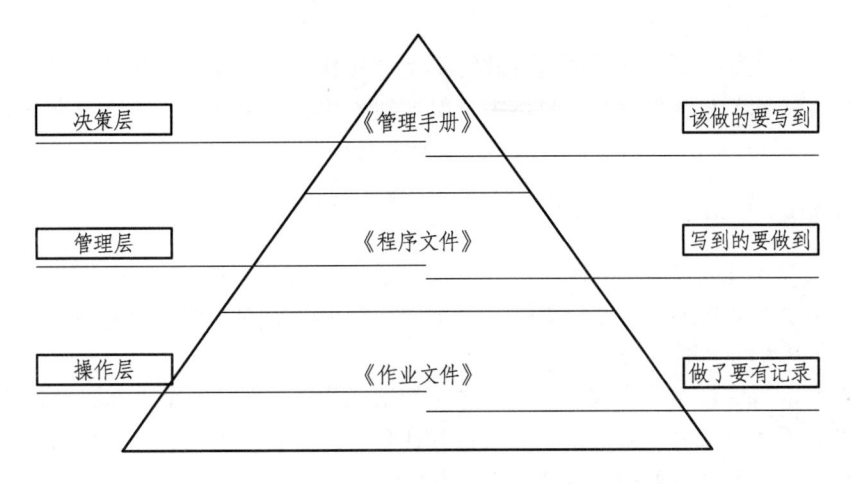

图 1.3.2　管理手册、程序文件与作业文件三者关系图

三大标准体系具有一个共同的也是非常重要的管理理念就是持续改进。一个企业的管理标准要随着企业的发展、技术的更新而不断持续改进。作为企业员工，也需要不断学习与提高才能更好地适应企业发展与管理改进的需要。

1.3.4 企业管理标准体系.MP4

知识点 2：变电所管理规程和制度

（一）变电所管理规程

为做好变电所的管理，一般均应具备以下的规程。
（1）电力工业技术管理法规。
（2）变电所安全工作规程。
（3）变压器运行规程。
（4）整流机组运行规程。
（5）电力电缆运行规程。
（6）蓄电池运行规程。
（7）电气测量仪表运行管理规程。
（8）电气事故处理规程。
（9）继电保护及安全自动装置运行管理规程。
（10）电气设备交接和预防性试验标准。
（11）供电系统电压和无功调整规定。
（12）变电所运行管理制度。
（13）电气装置安装施工及验收规范。
（14）各种反事故技术措施。

(二)变电所运行管理制度

制度是生产实践经验的总结,是有效组织生产和建立正常秩序的保证,是对规程的进一步细化,以约束工作人员在工作中的行为,保证技术规程的正确执行。变电所运行岗位除了要认真执行相关规程外,还应遵守下列各项管理制度。

1. 值班制度

变电所设备虽然已实现无人值班,大部分设备都具备"四遥"功能,但仍然还有一部分设备,如大部分低压开关、部分站场隔离开关还需就地操作和定期巡视。因此,也常采用有人值守、无人值班的管理模式。

① 牵引变电所值班人员应接受电力调度员的统一指挥,保证安全、可靠、不间断地供电。
② 每班应不少于2人同时值班或巡视,并在各自的职责范围内进行工作。
③ 值班人员当班时应做到"五熟""三能"等。
④ 接班前、值班中均应禁止饮酒。接班前应充分休息,以保证精力充沛地值班。
⑤ 控制室应保持安静。非当班人员及检修人员未经许可不准进入控制室、高压室和设备区。其他人员入所须按有关规定办理手续。

2. 交、接班制度

① 交、接班必须按照规定的时间进行。接班人员未到,交班人员不得离岗,超过规定时间仍未到时,应报告所长或上级领导,直至做出安排。
② 交、接班前,交班的值班负责人应组织交班人员进行本班工作小结,将交、接班事项填入运行日志中。交班人员应提前一小时做室内、室外卫生及交班准备工作。
③ 交、接班时应避免倒闸操作和办理工作票。如遇有重要或紧急倒闸操作以及处理事故等特殊情况,不得进行交、接班或暂停交、接班,只有倒闸完毕或处理事故告一段落时,经电力调度员和接班负责人同意后方可进行或恢复交、接班。在交、接班当中发生事故或设备出现异常时,虽暂停交、接班,但接班人员应主动协助处理。
④ 交、接班内容由交班负责人介绍,并由交、接班人员共同完成巡视检查。
⑤ 交、接班双方一致认为交、接无问题后方可办理交接手续。即由接班负责人签字并宣告交、接班工作结束,然后转由接班人员开始执行值班任务。
⑥ 接班后,新接班的值班负责人应向电力调度报告交、接班情况,并根据设备运行、检修以及气候变化等情况,向本班人员提出运行中的注意事项和事故预想等。

3. 巡视制度

① 值班人员应按有关项目和要求,结合本所的设备运行情况,按规定的巡视路线进行巡视。
② 巡视分为交接班巡视、全面巡视、熄灯巡视和特殊巡视等形式,应分别按不同巡视要求进行。
③ 巡视内容:交接班巡视、全面巡视应包括全部设备的全部项目;熄灯巡视应包括各种设备的绝缘件和电气连接部位有无放电或发热;特殊巡视则包括异常气候时有无绝缘破损、裂纹和放电,重点设备的电气连接、油色、音响和气味。

4. 缺陷管理制度

设备缺陷管理制度是要求全面掌握设备的运行状态，以便及时发现设备缺陷，认真分析产生的原因，并予尽快消除；掌握设备的运行规律，保证设备处于良好的技术状态，努力做到防患于未然，是确保设备安全运行的重要环节，也是科学安排设备检修、校验和试验工作的重要依据。

按对供电安全构成的威胁程度，缺陷分为严重缺陷和一般缺陷。严重缺陷是指对人身和设备有严重威胁，若不及时处理有可能造成事故的缺陷。一般缺陷是指对运行虽有影响，但尚能安全运行的缺陷。有关人员发现缺陷后、无论消除与否均应由运行值班人员在运行日志和缺陷记录簿中做好记录，并向有关领导汇报。对于严重缺陷，应及时组织人员进行消除或采取必要的措施，防止其造成事故。对于一般缺陷，可列入设备检修计划进行检修处理。

5. 运行分析制度

定期地进行运行分析是提高供电质量、保证安全运行的重要技术组织措施。运行分析应包括下述内容。

① 岗位分析：包括检查分析工作票、作业命令记录、倒闸操作记录及各项制度执行情况；统计倒闸操作正确率、办理工作票正确率、违章率；对发生违章的班组和个人找出原因并提出改进措施。此项分析一般每月或至少每季进行一次。

② 计量分析：包括分析负荷情况；统计负荷率、最大小时功率、平均小时功率；统计受电量、供电量、自用电量、主变压器损耗、功率因数，并分析判断电能电量与实际负荷是否相符；核算主变压器是否经济运行，以决定单台或多台并联运行等。一般每日抄表后进行一次日分析，每周或至少每半月进行一次阶段分析。

③ 检修分析：包括分析检修计划完成情况，对未完成或延长检修期限的原因做出说明；统计每台（屏）设备定期检修消耗的材料和工时；统计每月维护检修所消耗的材料费用。

④ 设备运行分析：指对电气设备、继电保护、自动、远动装置和仪表等的运行情况、事故、故障、缺陷、异常等进行的分析。具体做法是根据有关记录对投入运行以来及当时出现的现象、有关的操作、处理的措施、恢复的情况等进行统计、分析（评价），从中总结经验教训，以便有针对性地加强检修或进行技术改造。

6. 设备鉴定

设备完好是变电所安全运行的重要前提。在运行中除应搞好日常维护、检修外，还应于每年年底对电气设备进行设备鉴定。设备鉴定就是根据设备在鉴定当时的现状，以及在运行、检修中发现的缺陷处理情况，并结合本周期的预防性试验结果进行综合分析后，对设备质量进行的一次等级评定。本年度新建或大修的设备还可结合竣工验收时对质量评定的结果来评定。除已封存的或已列入年度大修计划但尚未修的设备可不作鉴定外，其他所有设备（包括已安装的或备用设备）均应进行鉴定，一并统计。

设备鉴定是供电部门全面质量管理的重要组成部分，它采取边鉴定边整治的原则。通过鉴定可全面掌握设备质量，为拟定下一年度的设备检修计划和技术组织措施提供可靠的依据。

设备鉴定后的质量等级分为优良、合格与不合格三级。

① 优良设备：要求技术状况全面良好，即预防性试验项目全部合格，可测量的技术数据

均在标准范围之内，全部项目达到中修的质量标准，外观整洁，技术资料（铭牌、技术履历簿、历年试验报告、每年大、中、小修记录以及鉴定记录、历年事故、故障、缺陷和异常的记录）齐全。对于继电保护及自动、远动装置等二次设备还应有与现场设备相符的图纸。

② 合格设备：要求预防性试验项目全部合格，主要技术数据在标准范围之内，主要项目达到中修的质量标准，次要项目达到小修的质量标准。

③ 不合格设备：是指预防性试验项目或主要技术数据有一项不合格，或者预防性试验超过规定周期10%仍未试验者，或其他项目有一项不符合小修质量标准者。

优良设备与合格设备统称为完好设备。

设备完好率=完好设备数/参加鉴定设备数。

电气设备鉴定结果应填入设备鉴定质量统计表1.3.1。鉴定时发现的设备缺陷应填入设备缺陷分析表1.3.2，并进行汇总分析，提出整修改善措施。对鉴定中发现的缺陷已在鉴定期间处理者，可按整修后的质量评定。

表1.3.1 设备鉴定质量统计表

设备类型	单位	总数量	鉴定数量	鉴定率%	优良		合格		不合格	
					数量	%	数量	%	数量	%

编制：　　　　　　　　　　　审核：　　　　　　　　　　　审定：

表1.3.2 设备缺陷记录分析表

序号	设备名称	安装地点	单位	数量	缺陷原因	是否达到修程	附注

编制：　　　　　　　　　　　审核：　　　　　　　　　　　审定：

知识点3：接触网管理规程和制度

（一）接触网管理规程

为做好接触网运行管理，通常应具备以下规程。

（1）《接触网安全工作规程》。

（2）《供电设备检修内容（接触网部分）》。

（3）《供电设备检修周期与工作内容（接触网部分）》。

（4）《通用电气安全规则》。

（5）《供电系统事故管理规则》。

（6）《行车组织规则》。

（7）《车厂动作手册》。

（8）《行车设备施工管理规定》。

（9）《调度手册电调分册》。
（10）《作业安全守则》。
（11）《突发事件应急处理办法》。
（12）《应急信息报告程序》。
（13）《事故抢险组织程序》。
（14）《设备技术鉴定办法》。

（二）接触网运行管理制度

1. 接触网工作票制度

① 接触网检修作业，实行工作票制度，工作票按作业方式分为停电作业与远离作业两种形式。

② 停电作业工作票适用于需要接触网停电的作业或距离接触网带电部分 1 m 范围内的作业。

③ 远离作业工作票适用于距带电体 1 m 及以外的高空作业和复杂的地面作业。

④ 工作票由供电车间批准的发票人签发，交工作领导人执行，用后交值班人员保存。发票人和工作领导人安全等级不得低于 4 级。

⑤ 工作票一式两份，填写时应字迹清楚正确，不得用铅笔填写或任意涂改、增删，有效期不得超过 6 个工作日，保存期不得少于三个月，工作票一份交工作领导人执行，一份由发票人保存。

⑥ 工作票应在前一天由发票人交给工作领导人，使其有足够时间熟悉内容及做好准备，并讲清注意事项。工作领导人有疑问时发票人应解释清楚。

⑦ 执行工作票时应做到：发票人不得兼任作业领导人；未经发票人同意，不得改变工作票中的工作条件；一张工作票只能发给一个工作领导人，一个工作领导人手中不应同时接受两张工作票；事故抢修可不签发工作票，但应有电力调度员命令。

2. 交接班制度

① 交班应在值班室当面进行，不得以书面或者第三者传交、转接。

② 交班时应做到：清点、检查值班用品、用具；检查报表记录；检查消防器材用具；检查卫生状况；介绍工区设备、生产、安全等情况。

③ 交班人员应主动讲清楚值班期间的情况，不得漏交，并对值班用品的齐全、完好负责。

④ 接班人应主动询问交接疑问，查对值班用具和值班记录，发现问题应由交班人弄清并纠正。

⑤ 交接事项办理完后由交班者签名并注明交接时间，接班者签名后即对值班工作负责。

⑥ 事故抢修时不可进行交接班，若必须交接班时，只有在接班者完全熟悉情况后方可办理。在未办理交接班手续前，交接班人员应密切合作。

3. 要令消令制度

① 在接触网设备上进行停电作业或倒闸操作时，均需有电力调度员的命令。各种调度命令应有编号和批准时间，无编号和批准时间的命令无效，要令和消令时间应以电力调度员通

知时间为准。

②执行要令标准程序：作业组提前半小时与电力调度员联系，由要令人向发令人报告班组、姓名、作业地点、内容及安全措施，申请作业命令等。

③执行消令标准程序：工作结束后，工作领导人命令撤除地线，检查现场，确保无妨碍送电及行车障碍后，消令人向发令人报告班组、姓名和命令编号，要求结束该命令等。

④要令人和消令人应做到：要令人和消令人由安全等级不低于3级的人员担任，要令、消令由1人进行；应将调度命令清楚正确地记录在作业命令票上，不得涂改和漏记。

⑤要令、消令人应经常和作业组联系，随时掌握作业情况。作业未结束严禁提前消令和臆测消令，也不得晚消令，特殊情况要延长作业时间时，应提前15 min报告电力调度员，申请延时消令。

4. 开工与收工会制度

①接触网每次检修均执行开工、收工制度，由工作领导人主持。开工、收工会时，作业组成员要列队和穿戴整齐。

②开工会：工作领导人检查作业组成员的穿戴。宣读工作票，布置安全措施；分派作业组成员的工作；回答作业组成员的疑问。

③作业组成员根据各自承担的工作，认真准备工器具和材料，并将其搬到作业车上。

④收工会：作业结束后，全体作业组成员开会，各作业组成员汇报工作中的安全和任务完成情况；汇报工作中遇到的业务问题、所出现的不安全现象及事故苗头等；工作领导人全面总结作业情况，指出问题，提出要求，并记录在工班日志上。

⑤作业组成员收拾工器具和材料，并入库整理。

5. 作业防护制度

①接触网检修作业应采取有效的防护措施：在正线区间作业时，应在区间两端车站设置防护红闪灯；在正线车站和车辆段作业时，在距作业区域两端适当处设置防护红闪灯；必要时，可设专人进行防护，其安全等级不低于3级。

②接触网检修作业时，由工作领导人或指派专人办理有关区间、车站封闭手续，对可能有工程车运行的区段应按下列要求设置坐台防护人员：车辆段作业时，设在车厂调度室；区间作业时，设在相邻车站站控室；车站作业时，设在该站站控室。

③站控室或车厂调度室防护人员应熟悉室内信号和通讯设备，与值班员联系，说明工作地点、作业内容。如在车辆段占用股道作业，要得到值班员允许。并应主动询问或提醒值班员随时掌握车辆运行情况。

6. 验电接地制度

①接触网停电作业必须先进行验电接地：验电接地应由2人进行，1人操作，1人监护，操作人和监护人的安全等级分别不得低于2级和3级。

②验电时使用验电器，将验电器端头轻靠接触网导线，无响声则为已停电，验电器使用前要验声，不合格者，即时调换。

③验明接触网已停电后，须在作业地点两端，以及和作业地点相连可能来电的所有停电

设备上装设接地线。

④ 装设接地线时，先将接地线夹紧固在牵引轨上，再用绝缘棒将另一端地线挂钩接在停电的接触导线或辅助线上。拆除接地线则顺序相反，先拆停电设备端，再拆牵引轨端。整个过程中，人体不得接触接地线。

⑤ 接地线采用截面不小于 70 mm^2 的软铜绞线，不得有断股、散股和接头；接地时要连接牢固，接触良好。

7. 倒闸作业制度

① 倒闸作业应有 2 人进行，1 人监护，1 人操作，操作人和监护人的接触网安全等级均不得低于 3 级。

② 所有隔离开关的倒闸作业必须根据电力调度员的命令进行，并填写隔离开关倒闸命令票，按命令内容要求迅速完成。由其他部门负责倒闸的开关，倒闸前应由操作人员向该部门值班员办理准许倒闸手续并按有关规定操作。

③ 执行倒闸作业命令程序。

④ 作业人员应注意事项：操作前戴好安全帽和绝缘手套，穿好绝缘靴；确认开关编号，检查开关状态和开关接地装置是否良好；操作时应平衡迅速，一次开合到底，中途不得发生冲击或停滞等。

⑤ 严格执行倒闸作业须注意的有关事项。

8. 设备运行分析制度

指对接触网的各种参数和状况等的运行情况、事故、故障、缺陷、异常等进行的分析。具体做法是根据有关记录对投入运行以来及当时出现的现象、处理的措施等情况进行统计、分析（评价），从中总结经验教训，以便有针对性地加强维修或进行技术改造。接触网常进行的专项运行分析一般有下列几种。

① 导线高度和拉出（之字）值分析：内容包括导线高度和拉出（之字）值的变化情况、相邻定位点导线的高差、曲线地段跨中偏移值的变化情况、锚段关节的过渡情况、线岔区是否良好等。

② 弓网之间的运行状况分析：内容包括观察和分析运行中受电弓与接触网的取流状况、受电弓与接触线之间的接触力变化及受电弓的垂直加速度的变化情况等。

③ 补偿装置运行情况分析：内容包括补偿坠砣的上下活动规律、分析其实际活动量与理论值进行比较、判断补偿器的工作状态等。

④ 接触线磨耗分析：内容包括接触线全面磨耗值和重点、区段的磨耗值等。

⑤ 自然灾害情况分析：内容包括支柱基础的防洪分析、雷雨时节接触网防雷分析、台风时接触网防台风情况和隧道漏水情况分析等。

⑥ 接触网设备鉴定制度与变电所设备同，可参考前述有关内容。

【任务实施】

第一步：收集某地铁公司的运行管理规章制度汇编

公司的运行管理规章制度属于企业标准的范畴，在运行管理规程体系中处于最低的一级。

它应该遵守相应的行业规章与国家法律法规。但它却是企业员工应用最直接也是最广泛的标准。一般分为三个层次，即《管理手册》《程序文件》与《作业文件》。《管理手册》是公司层面，属于决策层与管理层开展工作的重要依据；《程序文件》与《作业文件》则属于管理层与执行层的重要工作标准。

第二步：分析变电所运行管理的主要制度

变电所是城轨供电系统的动力源泉，做好变电所的运行管理，对保障变电设备的运行安全至关重要。虽然城轨变电所实现了无人值班，但仍然安排了定期巡视与检修维护等。因此，变电所通常均制订了值班制度、交接班制度、巡视制度、缺陷管理制度和运行分析制度等。

【任务小结】

请简要小结本任务的学习要点、难点与困惑，写在下面的横线上!

_____

_____

_____

_____

【格言语录】

"百尺竿头立不难，一勤天下无难事"——[清]钱德苍《解人颐·勤懒歌》

此语出自《解人颐·勤懒歌》，是对古代"四民"（士、农、工、商）的劝勤戒懒。原文为"为人在世莫嗜懒，嗜懒之人才智短。百事由懒做不成，临老噬脐悲已晚。士而懒，终身布衣不能换；农而懒，食不充肠衣不暖；工而懒，积聚万贯成星散。……士而勤，万里青云可致身；农而勤，盈盈仓廪成红陈；工而勤，巧手超群能动人；商而勤，腰中常缠千万金。噫嘻噫嘻复噫嘻，只在勤分与懒分。丈夫志气掀天地，拟上百尺竿头立。百尺竿头立不难，一勤天下无难事。"告诫人们，只要勤奋，天下就没有难做的事。

【拓展知识】

常见安全管理措施

为确保作业过程中的人身与设备安全，要求全体作业人员必须认真执行"三不动""三不离""四不放过""三预想""三清""三懂三会"和"三级检查制度"等安全措施。具体要求如下：

"三不动"：是指未联系登记好不动；对设备性能、状态不清楚不动；未经授权的人员对正在使用中的设备不动。

"三不离"：是指检查完不复查试验好不离；发现故障不排除不离；发现异状、异味、异声不查明原因不离。

"四不放过"：是指事故原因未查清不放过，责任人员未处理不放过，整改措施未落实不放过，有关人员未受到教育不放过。

"三预想"：是指工作前，预想联系、登记、检修设备、预防措施是否妥当；工作中，预想有无漏检、漏修和只检不修造成妨害的可能；工作后，预想是否检修都彻底，复查试验、加封加锁、消点手续是否完备。

"三清"：是指了解事故要时间清、地点清、原因清。

"三懂三会"：是指懂设备结构、会使用；懂设备性能、会维修；懂设备原理、会排除故障。

"三级检查制度"：是部门每半年对管内主要设备检查一次；工班每季对管辖内的主要设备检查一次；SCADA专业人员每月对管辖内的主要设备检查一次。

各种检查后，均应有详细的设备运行记录。凡进行危险性较大、影响行车及安全的工作时，必须事先拟定技术安全措施，由专人负责执行。对维护工具及安全防护用品。在出工前必须进行检查，禁止使用不良工具和防护用品。未授权的任何人员严禁对本系统所有应用软件作任何改动。相关人员应严格按照有关操作程序进行操作和控制，并对自己的操作负责。SCADA专业维修人员应严格按照维修规程进行维修作业；同时要遵守运营部门有关保密制度和规定。

【练习与评价】

结合本任务所学知识，回答表1.3.3中的问题。

表1.3.3 任务1.3完成情况评价表

序号	任务内容	完成记录	标准分	评分
1	城轨供电系统运行管理规程体系分为哪三个层次？		15	
2	质量管理体系要求、职业健康安全管理体系和环境管理体系要求三大标准有何异同？		15	
3	变电所运行分析制度包括哪些主要内容？		15	
4	请列举接触网运行管理的主要制度。		20	
5	"三不动"、"三不离"、"四不放过"、"三懂三会"具体分别指什么？		15	
6	"任务小结"完成情况		20	
总体评价： □好　　□较好　　□一般　　□较差　　□差					

项目 2　城轨供电系统

项目导读

城轨供电系统主要包括牵引供电系统与动力照明供电系统两大部分。这两大部分往往均来自共同的外部电源与供电网络，包括外部电源、主变电所和中压网络等。学习这部分内容，就是要掌握城轨供电系统有关"电源"的知识，为后续深入学习牵引供电系统与动力照明供电系统奠定基础。这是本项目的主要任务，如图2.0所示。

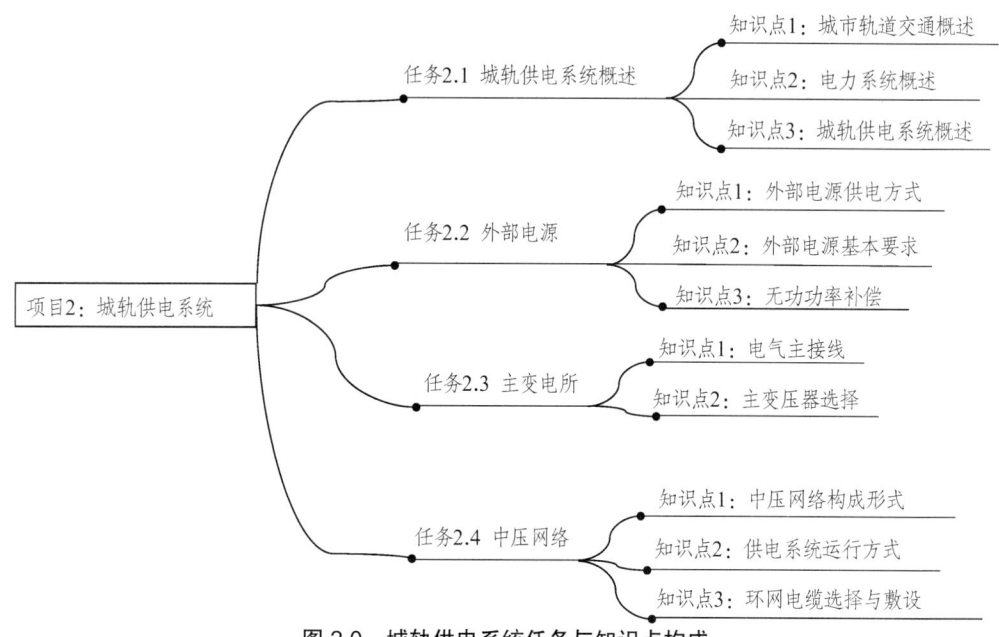

图 2.0　城轨供电系统任务与知识点构成

任务 2.1　城轨供电系统概述

任务导读

城市轨道交通是由线路、车辆等众多设备组成的一个庞大的综合系统，构成"城市交通的主动脉"，实现安全、快捷地完成大运量的旅客运输，与传统道路交通相比具有很多优势，正越来越成为人们市区出行首选的交通方式。城市轨道交通有多种类型，可适应不同运量、不同条件与不同特点的城市选择，它们各具有什么特点？城轨供电系统主要由哪些部分构成，有哪些功能，在城市轨道交通系统中又起什么作用？电力系统作为城轨供电系统的电源，又是怎样实现供电的？通过本任务的学习，可以了解这方面的知识，解答这些问题。

【学习目标】

1. 知识目标

（1）了解城市轨道交通的分类与组成。
（2）熟悉电力系统的基本概念、电网结构与接线方式。
（3）理解电力系统构成、电压等级、电网结构与接线等知识。
（4）理解城轨交通供电系统的功能与构成等。

2. 能力目标

（1）会区分城市轨道交通的类型及适用范围，会分析其不同的特点。
（2）会分析城轨交通供电系统的不同负荷及与电力系统的关系等。

3. 素质目标

（1）养成绿色低碳环保意识。
（2）养成绿色出行习惯。

【任务描述】

城市轨道交通正成为城市公共交通的优先发展方向，正快速进入人们的日常生活。城市轨道交通有多种类型，具有不同的特点，请查阅相关资料，整理城市轨道交通的发展简历和中国城市轨道交通的发展现状。

【任务分析】

要整理城市轨道交通的发展简历和中国城市轨道交通的发展现状，首先需要建立相关的概念，了解城市轨道交通的类型及特点；其次要了解城轨供电系统的相关内容，才能更好地理解城市轨道交通的不同类型。要了解城轨供电系统，也要了解给其提供电能的电力系统的相关知识。具备了这些知识，就比较容易完成这项任务。

【基本知识】

知识点1：城市轨道交通概述

《城市公共交通常用名词术语》将城市轨道交通定义为"通常以电能为动力，采取轮轨运转方式的快速大运量公共交通之总称"。目前，城市轨道交通已成为城市公共交通系统的一个重要组成部分，号称"城市交通的主动脉"。

（一）城市轨道交通的分类

城市轨道交通是一种采用轨道结构进行承重和导向的车辆运输系统，依据城市交通总体规划要求，设置全封闭或部分封闭的专用轨道线路，以列车或单车形式运送相当规模客流量的公共交通方式。城市轨道交通属于城市公共交通范畴。

根据行业标准《城市公共交通分类标准》（CJJ/T 114—2007），我国城市轨道交通（以下简称"城轨交通"）包括：地铁、轻轨、单轨、有轨电车、磁悬浮系统、自动导向轨道系统、市域快速轨道系统等。其中地铁与轻轨是我国城市轨道交通的主要方式。

1. 地铁

地铁是地下铁道交通的简称，它是一种在城市中修建的快速、大运量的轨道交通，采用电力牵引和钢轮钢轨体系，标准轨距为 1 435 mm，主要在城市地下空间修筑的隧道中运行，当条件允许时，也可穿出地面，在地上或高架桥上运行。按照选用车型的不同，可分为常规地铁和小断面地铁；根据线路客运规模的不同，又可为高运量地铁和大运量地铁。图 2.1.1 所示为地铁的地面车辆段。

目前世界上一些著名的特大城市，如纽约、伦敦、巴黎、莫斯科、东京等以及我国的北京、上海、广州、成都、深圳等城市，均已形成大规模的城市轨道交通网络，且以地铁为主干，延伸到城市的各个方向。

地铁有以下特征：

① 全部或大部分线路建于地面以下。
② 建设费用大，周期长，成本回收慢。
③ 行车密度大，速度高。
④ 客运量大，能适应远期单向高峰小时客流量为 4.0 万人次以上。
⑤ 地铁列车的编组数决定于客运量和站台的长度，一般为 2～8 辆。
⑥ 地铁车辆消音减振和防火均有严格要求，既安全，又舒适。

图 2.1.1 地铁车辆段

⑦ 电压制式以直流 1 500 V 供电为主，部分采用直流 750 V 供电。

2. 轻轨

轻轨是一种中等运量的轨道运输系统，一般采用钢轮钢轨体系，主要在城市地面或高架桥上运行，线路采用地面专用轨道或高架轨道，遇繁华街区，也可进入地下或与地铁衔接。轻轨系统的车辆轴重较轻，施加在轨道上的荷载相对于地铁的荷载来说要轻，因而被称为轻轨。轻轨与地铁的不同之处主要在于其运量相对较小，采用较小型的车辆，线路曲线半径较小，线路的最大坡度较大，而所采用的钢轨与地铁相同，所采用的信号设备、通信设备、机电设备以及运营管理则与地铁系统也没有明显区别。图 2.1.2 所示为城市轻轨线路。

轻轨有以下特征：

① 它是以钢轮和钢轨为车辆提供走行的一种交通方式，车辆由电力提供牵引动力，可以采用直流、交流或线性电机驱动。

图 2.1.2 城市轻轨交通

② 轻轨的建设费用比地铁低，每公里线路造价仅为地铁的 1/5～1/2。

③ 轻轨交通的每小时单向运输能力一般为 1.5~3.0 万人次，介于地铁和公共汽车之间，属于中等运能的一种公共交通形式。

④ 轻轨线路可以为地面、地下和高架混合型，一般与地面道路完全隔离，采用半封闭或全封闭专用车道。

⑤ 轻轨车辆一般采用 C 型车辆或 Lc 型车辆（直线电机），宽度均为 2 600 mm。

⑥ 轻轨交通对车辆和线路的消音和减振有较高要求。

⑦ 电压制式以直流 750 V 和 1 500 V 供电为主。

⑧ 轻轨车站分为地面、高架和地下三种形式。

3. 独轨

独轨交通的设想早在 19 世纪末已经形成。1901 年德国鲁尔地区的三个工业城市之间，在险峻的乌珀河谷上空建成一条快速交通线，车辆吊在架空的导轨下面，沿着导轨行驶，后来三市合并成为乌珀塔尔市，这个独轨交通系统成为该市的一个标志。

独轨交通用作城市公共交通，开始进展比较缓慢。日本从德国引进专利，近 30 年开发了多种独轨铁路，在世界城轨交通中独树一帜。我国重庆市从日本引进的独轨交通系统已经开始运营。如图 2.1.3 所示。

图 2.1.3 城市独轨交通

独轨交通采用高架轨道结构，按结构型式分为跨座式和悬挂式两种类型。前者车辆的走行装置（转向架）跨骑在走行轨道上，其车体重心处于走行轨道的上方。后者车体悬挂于可在轨道梁上行走的走行装置的下面，其重心处于走行轨道梁的下方。

独轨交通的优点是：

① 独轨铁路线路占地小，可充分利用城市空间，适宜于在大城市的繁华中心区建线，对城市景观及日照影响小。

② 独轨铁路构造较简单，建设费用低，为地铁的 1/3 左右。

③ 能实现大坡度和小曲线半径运行，可绕行城市的建筑物。

④ 一般采用轻型车辆，列车编组为 4~6 辆。

⑤ 走行装置采用空气弹簧和橡胶轮结构，并采用电力驱动，故运行噪声低，无废气，乘坐舒适。

⑥ 独轨铁路架于空中，具有交通和旅游观光的双重作用。

⑦ 跨座式轨道梁采用预应力混凝土梁制成，悬挂式轨道梁一般为箱形断面的钢结构。

独轨交通的缺点是：

① 能耗大。由于其走行装置采用橡胶轮，它与混凝土轨面的滚动摩擦阻力比钢轮钢轨大，故其能耗比一般轨道交通约大 40%，且有轻度的橡胶粉尘污染。

② 运能较小。一般每小时单向最大客运量为 1~2 万人次。

③ 独轨铁路不能与常规的地铁、轻轨系统等接轨。
④ 道岔结构复杂，笨重，转换时间较长，从而延长了列车折返时间。
⑤ 列车运行至区间时若发生事故，疏散和救援工作困难。

（二）城市轨道交通系统的组成

城市轨道交通系统主要出线路、车辆、供电系统、通信系统、信号系统、自动售检票系统、暖通空调、屏蔽门与防淹门、自动扶梯和电梯、消防系统、给排水系统和综合监控系统等设备组成，是一个庞大的复杂的综合技术系统。其技术专业门类既包括传统的土木建筑、机械制造、电机电器，也包括属于高新技术的控制技术、网络技术、计算机技术、通信技术等。既有土建机电的工程技术，又有运营维护的管理科学。

1. 线路

线路是机车车辆和列车运行的基础。只有确保线路设备始终处于良好状态，才能保证列车按规定速度安全、平稳与不间断地运行，较好地完成旅客运输任务。城市轨道交通线路按其在运营中的作用分为正线、辅助线（含折返线、停车线、渡线、联络线、安全线及车辆段出入线等）和车场线。辅助线是为保证正线运营而配置的不载客列车运行的线路，如车辆段试车线、区间折返线等。车场线是车辆段内厂区作业与停放列车的线路。此外，为了城市轨道交通建设、运营和战略需要，还应设置与国家铁路相衔接的专用线。

城市轨道交通线路在城市中心地区宜设在地下，在其他地区，条件许可时可设在高架桥或地面上。正线设计为双线且列车单向右侧行车。由于行车速度高、密度大，对线路标准要求较高，一般要求铺设 60 kg/m 以上类型钢轨。

2. 车辆

城市轨道交通的车辆是用来运输旅客的工具，按有无动力可分为两大类：拖车（T），本身无动力牵引装置；动车（M），本身带有动力牵引装置。在运营时城轨列车一般采用动拖结合、固定编组的电动列车组形式。城轨车辆不仅要有良好的牵引、制动性能，保证运行安全、正点、快速；同时又要有良好的旅客服务设施，使旅客感到舒适、文明、方便。

3. 供电系统

电能是城市轨道车辆电力牵引系统必需的能源，电动车辆以及为轨道交通运营服务的所有机电设备，包括通风、空调、照明、通信、信号、给排水、防灾报警、电梯、电动扶梯等也都依赖并消耗电能。在城市轨道交通运营中，供电一旦中断，不仅会造成城市轨道交通运营瘫痪，而且还有可能危及旅客生命安全，造成财产损失。因此，高度安全、可靠而又经济合理的供电系统是城市轨道交通正常运营的重要条件和保证。

城市轨道交通供电电源一般取自城市电网，通过城市电网向轨道交通供电系统输送电能，经过轨道交通供电系统实行变换，最后以适当的电压等级和一定的电流形式（直流或交流电）供给各用电设备。

4. 通信系统

城市轨道交通的通信系统是传递语言、文字、数据、图像等多种信息的综合业务数字系统。它包括：数字传输、电话交换、调度电话、有线和无线通信、闭路电视、有线广播、时钟、电源等设备系统。城轨通信系统要求高可靠、易扩充、组网灵活、独立采用通信网络，并能与公共通信系统联网。

5. 信号系统

城市轨道交通的信号系统是保证列车运行安全和提高线路通过能力的重要设施。以前列车运行，主要是驾驶员根据色灯信号（红、黄、绿）进行操作。而城市轨道交通具有高密度、短间隔、站距短和快速等特点，其信号系统也从传统的方式，即以地面信号的显示传递行车命令，驾驶员按行车规则操作列车运行的方式，发展到按地面发送的信息自动监控列车速度和自动调整列车追踪间隔的方式。实现这一方式的关键设备是列车自动控制系统 ATC（Automatic Train Control System）。

6. 其他

城市轨道交通系统除了包括以上系统外，还包括自动售检票、暖通空调、屏蔽（安全）门、自动扶梯和电梯等车站设施，消防系统、给排水系统等环控设施以及确保各系统安全正常运行的综合监控系统，这些也是城市轨道交通不可缺少的组成部分。

综合监控系统涉及的专业门类较多，主要包括：电力监控系统、机电设备监控系统、屏蔽门监控系统、防淹门（FG）互联系统、火灾自动报警、广播系统、闭路电视系统、车载信息系统、车站信息系统、自动售检票系统、信号系统、时钟系统等。

城市轨道交通安全运行与优质服务，要求各组成部分之间要有严格的技术配合，如列车和钢轨、列车和接触网、列车和信号、供电和通信信号、通信和信号等，相互之间环环相扣，共同保证列车正常运行和服务。任何一环故障均会不同程度地使城市轨道交通的正常运行受到影响，严重的甚至造成列车停运，使城市轨道交通陷入瘫痪。

知识点 2：电力系统概述

电力系统由发电、输电、配电及用电等环节构成。城轨供电系统作为电力系统的用电负荷（俗称用户），与电力系统有着紧密的联系。因此，需要了解并掌握有关电力系统的一些基本知识，如电能的产生、电能的输送与分配、电压等级的设置、电网结构与接线方式、电能质量及有关的技术术语等，为后续学习城轨供电系统奠定基础。

（一）电力系统基本概念

现代社会使用最广泛的能源就是电能。电力系统最根本的任务就是生产和传输电能，即将其他形式的能源转换成电能，并将电能提供给各类用户使用（包括城市轨道交通系统）。同时，为提高社会的电气化程度，以电能代替其他形式的能源，也是节能的一个重要途径。

1. 电力系统

发电机把机械能转换为电能，电能经变压器、电力线路等电力设备输送并分配到用户，用户的电动机、电炉、电灯等用电设备又将电能转换为需要的机械能、热能和光能等。这些发电、输电、配电和用电的所有装置及设备联接在一起组成了电力系统。如图 2.1.4 所示。

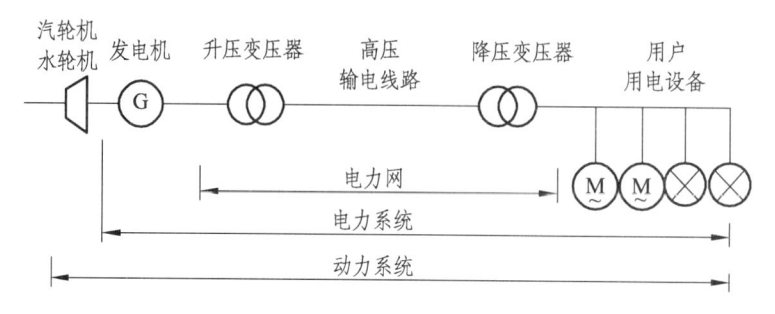

图 2.1.4 电力系统示意图

电能的生产、输送、分配和使用是同时进行的。不考虑储能时，发电厂任何时刻生产的电功率必须等于该时刻用电设备消耗的电功率和电力网损耗的电功率之和。电力系统中用电设备主要有电动机、电热装置、整流装置和照明设备等。所有用电设备所消耗的电功率总和称为电力系统综合用电负荷。综合用电负荷加上电力网的功率损耗就是发电厂应该供给的功率，称为电力系统的供电负荷。供电负荷再加上发电厂厂用电消耗的功率，就是各发电厂应该发出的功率，称为电力系统的发电负荷。随时间随机变化是电力系统负荷的一个重要特点。

2.1.1 电力系统构成.MP4

2. 发电厂

在电力系统中，发电厂是产生电能的场所，是将其他形式的能源转换为电能。根据转换能源的不同，发电厂分为火电厂、水电厂和核电厂等，此外还有地热电厂、风力电厂、潮汐海洋电厂等。

① 火电厂。

如图 2.1.5 所示。目前我国仍以燃煤为主的火电厂居多。这些电厂多建在煤炭基地附近，故称为"坑口"电厂，其单机容量可达 600 MW（兆瓦）。如果把已作过功的乏气再供给用户作为热能，这种电厂又称为热电厂。

② 水电厂。

水电厂又称水电站或水力发电厂。它建于江河之上，将水的落差产生的势能转换为电能的发电厂。水能发电不仅效率高，而且水能是在自然界不断循环的再生资源，具有用之不竭的特点。

图 2.1.5 火电厂夜景

为了充分利用水力资源，在水电站的上、下游集中一定的落差，形成发电的动能。按形成落差方式不同，水电站又分为坝式水电站、引水式水电站和混合式水电站三类。坝式水电站就是在河道上建造很高的水坝或水闸，形成水库，使坝的上、下游形成尽可能大的落差。我国大型的水电站采用这种形式进行发电。如图 2.1.6 所示。

水能发电具有可循环，可再生，无污染，发电效率高等明显优势，且我国水能资源丰富，水能发电潜力很大，促进了一大批水电工程的建设。如三峡水电站就是其中的标志性工程，共安装了 32 台单机容量达 70 万千瓦的水轮发电机组，另还安装了 2 台 5 万千瓦水轮发电机组作为电站电源，总装机容量为 2 250 万千瓦，平均年发电量达 882 亿千瓦时。目前世界最大单机容量的水轮发电机已达到 100 万千瓦，已在我国金沙江白鹤滩水电站安装运行，进一步推动了我国水电工程的建设与发展。

图 2.1.6 水电站鸟瞰图

③ 核电厂。

核电厂又称核电站。它的发电原理和火力发电原理相类似，只是热能的产生方式不同而已。核电站能源是原子能燃料铀或钍，它利用原子能燃料裂变产生的大量热能进行发电。因为原子能燃料储藏量大、能量集中，原子能裂变时不需要空气助燃，故核电站可建在地下、山洞、海底或空气稀薄的高原，不占农田，建造和发电成本低，事故率低，故其有着广阔的发展前景。但核电站的核泄漏会对人类产生极大的危害，在建设和运营过程中尤其需要注意安全生产。

发电机一般采用三相同步发电机，电压多为 10.5 kV。每台发电机都有相应的升压变压器，组成发电机-变压器组。

④ 风力发电厂。

风力发电的原理，是利用风力带动风车叶片旋转，再通过增速机将旋转的速度提升，来促使发电机发电，是把风的动能转变成机械动能，再把机械动能转化为电力动能的过程，如图 2.1.7 所示。

因为风力发电不需要使用燃料，也不会产生辐射或空气污染，而且它取之不尽，用之不竭，是一种清洁的可再生能源，越来越受到世界各国的重视。其蕴量巨大，全球的风能约为 2.74×10^9 MW，其中可利用的风能为 2×10^7 MW，比地球上可开发利用的水能总量还要大 10 倍。目前全世界每年燃烧煤所获得的能量，也只有风力在一年内所提供能量的三分之一。因此，国内外都很重视利用风力来发电，开发新能源。

图 2.1.7 风力发电

风力发电机因风量不稳定，故其输出的交流电须经整流，对蓄电瓶充电，使风力发电机产生的电能变成化学能，然后用有保护电路的逆变电源，把蓄电瓶里的化学能转变成电能，才能保证稳定使用。目前，风力发电作为一种新能源，正处在大力开发与推广应用阶段。

2.1.2 发电厂简介.MP4

3. 电力网

电力系统中除发电机和用电设备外的部分称为电力网，简称电网。由各种电压等级的输、配电线路和变（配）电站（所）组成。电力网是电力系统的重要组成部分，电力网的任务是将电能从发电厂输送和分配到电能用户。它对于电力系统的可靠性和经济运行有着重要的意义。

电力系统是并网运行的。这指的是在一个电力系统中的所有发电机和用户的用电设备是通过电力网连接在一起的。目前，我国电网已基本上全国联网，形成四个同步运行电网：东北电网、三华电网（华北电网、华东电网、华中电网）、西北电网和南方电网。其中：东北电网与华北电网直流互联；西北电网与华中电网、华北电网直流互联；华中电网与南方电网直流互联。西藏电网将与西北电网直流互联。

① 输电网和配电网。

电力网按其功能常分为输电网和配电网两大部分。输电网是由 220 kV 及以上的输电线路和与其相连接的变电所组成，是电力系统的主要网络，其作用是将电能输送到各个地区的配电网或直接输送给大型企业用户，如图 2.1.8 所示。

图 2.1.8 输电网

2.1.3 输电网.MP4

配电网是由 110 kV 及以下的配电线路和与其相连接的配电所（或简单的配电变压器）组成，其作用是将电能分配并短距离输送到各类用户。根据电压等级的不同，配电网通常分为高压配电网（66～110 kV），中压配电网（1～35 kV）和低压配电网（1 kV 及以下）。

② 变电所（站）和配电所（站）。

变电所（站）由电力变压器和配电装置组成，它具有变换电压、集中电能、分配电能、控制电能以及调整电压的作用。将电压升高的称为升压变电所（站）；将电压降低的称为降压变电所（站）。配电所（站）最大的特点是不变换电压，只承担分配电能的任务。一般把变电所（站）分为以下 3 种：

枢纽变电所（站）。它通常都有两个及以上电源汇集，进行电能的分配和交换，从而形成电能的枢纽，如图 2.1.9 所示的 S_1，S_2 变电所。此类变电所（站）规模大，并采用三绕组变压器获得不同级别的电压，送到不同距离的地区。

地区变电所（站）。其作用是供给一个地区用电，如图 2.1.9 中的 S_3 等。通常也采用三绕组变压器，高压受电，中压转供，低压直配。

用户变电所（站）。此类变电所属于电力系统的终端变电所，直接供给用户电能。通常采用双绕组变压器，如图中的 S_4，S_5 等。城市轨道交通供电系统中的主变电所就属于此类变电所。

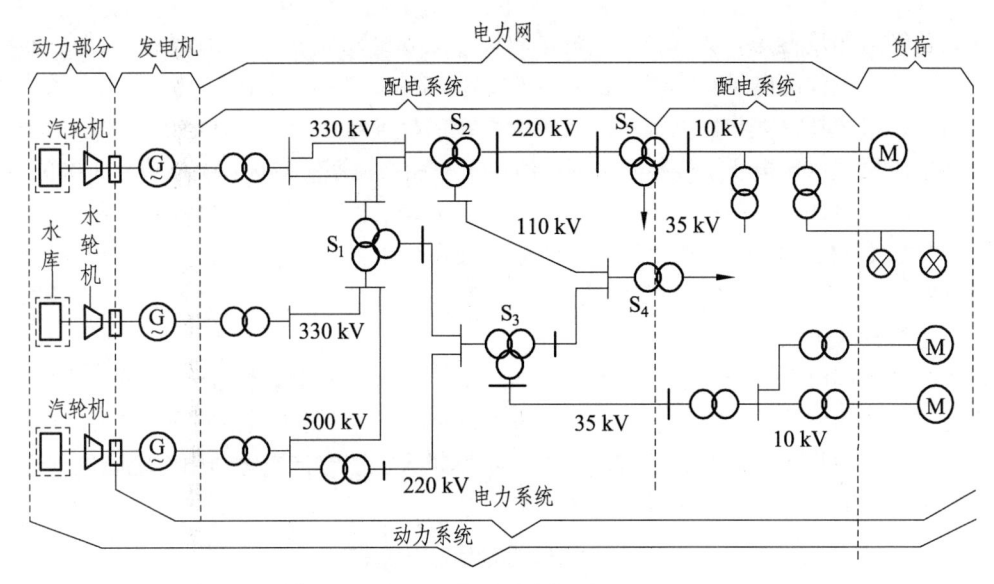

图 2.1.9 电力系统电气接线图

4. 部分技术术语

① 总装机容量：电力系统的总装机容量指该系统中实际安装的发电机组额定有功功率的总和，以 kW、MW、GW 计。

② 年发电量：指该系统所有发电机组全年实际发出电能的总和，以 kW·h（千瓦时）、MW·h（兆瓦时）、GW·h（吉瓦时）等计。

③ 标称频率：指系统设计选定的频率。按国家标准规定，我国交流电力系统的标称频率均为 50 Hz，简称工频。

④ 系统标称电压：指用以标志或识别系统电压的给定值。

⑤ 额定电压：通常由制造厂家确定，用以规定元件、器件或设备的额定工作条件的电压。

⑥ 供电电压：供电点处的线电压或相电压。

⑦ 用电电压：设备受电端上的线电压或相电压。

⑧ 地理接线图：电力系统的地理接线图主要显示系统中发电厂、变电所的地理位置，电力线路的路径以及它们相互间的连接。

⑨ 电气接线图：电力系统的电气接线图主要显示该系统中发电机、变压器、母线、断路器、电力线路之间的电气接线。如图 2.1.9 所示。

（二）电力系统电压等级

输电技术发展的目标之一是努力减少线路损失，而减少线路损失的经济合理的方法是提高输电电压。由于电功率是电压和电流的乘积，电力线路输电功率一定时，输电电压愈高，则电流愈小，线损愈小；另一方面，电流愈小，则导线等载流部分的截面积愈小，投资愈小。但是随着输电电压的提高，对绝缘的要求也越高。电压愈高，对绝缘的要求愈高，杆塔、变压器、断路器等的投资也愈大。综合考虑这些因素，对应一定的输送功率和输送距离有一最合理的电压等级。

从设备制造角度考虑，为保证生产的系列性，应规定标准电压，用以确定元件、器件或设备的额定工作条件的电压。我国国家标准《GB/T156-2017 标准电压》规定了电力系统以及相关设备的标准电压。其中，交流（或直流）系统的标准电压用"标称电压"表示，相关设备的标准电压用"额定电压"表示。该标准给出了三相交流系统的标称电压值有 1 000、750、500、330、220、110、66、35、20、10、6、3、1、0.66、0.38、0.22（单位为 kV）等电压等级。其值均为线电压（0.22 kV 的单相电除外）。同时明确了直流牵引系统的标称电压有 750 V、1 500 V 两个电压等级，交流牵引系统的标称电压为 25 000 V。同一电压等级下，设备的额定电压应与系统标称电压相同。

设置多种不同电压等级主要是为了满足不同输送容量、不同输送距离和不同用户的需要。不同电压等级的输电线路其输送能力（输送功率和输送距离）的大致范围如表 2.1.1 所示。从表中可见，线路电压等级越高，能够输送的电功率越大，能够传送电功率的距离也越远。大功率长距离输电通常采用超高压或特高压线路。

表 2.1.1　各级电压的输送容量与距离

线路电压/kV	输送容量/MW	输送距离/km	线路电压/kV	输送容量/MW	输送距离/km
3	0.1~1	1~3	220	100~500	100~300
6	0.1~1.2	4~15	330	200~800	200~600
10	0.2~2.0	6~20	500	1 000~1 500	200~850
35	2.0~10	20~50	750	2 000~2 500	800 以上
110	10~50	50~160	1 000	4 000~6 000	1 000 以上

线路输送电功率时，会产生电压损失，沿线的电压分布往往是始端高于末端，沿线路的电压降落一般为 10%。由于实际供电电压与系统标称电压正、负偏差绝对值之和不能超过标称电压的 10%（35 kV 及以上），所以如果线路始端电压为标称值的 105%，可以使其末端电压不低于标称值的 95% 即可。发电机往往接在线路始端，所以发电机的额定电压通常为标称电压的 105%。

变压器一次侧接电源，相当于用电设备，二次侧向负荷供电，又相当于发电机，因此变压器一次侧额定电压应等于系统标称电压（直接和发电机相连的变压器一次侧额定电压应等于发电机额定电压）。升压变压器二次侧额定电压较系统标称电压高 10%；降压变压器二次侧额定电压则有两种，一种是较系统标称电压高 10%，一种是高 5%。

（三）电网结构与接线方式

1. 电力网结构

电力网主要是由变压器和不同电压等级的电力线路组成。通常一个大的电力网是由许多子电力网互联而成。电力网采用分层结构，一般可划分为输电网、高压配电网、中压配电网和低压配电网，如图 2.1.10 所示。

一级输电网一般是由电压为 330 kV 及以上的主干电力线路组成，它连接大型发电厂、大容量用户以及相邻电力子网。二级输电网的电压一般为 220 kV，它上接一级输电网，下连高压配电网，并连接较大型的发电厂和向较大容量用户供电。配电网是向中等用户和小用户供电的网络，高压配电网通常用于城市和农村分片供电，也用于大用户供电；35 kV与10 kV配电网是最为常用的中压配电网，主要用于各类中等用户的供电，也用于大工业企业的内部电网；3 kV配电网只限于工业企业内部使用，且正在被6 kV配电网所代替。电压为380/220 V以下的低压配电网主要用于各类动力与照明用电系统。

2.1.4 电力网结构.MP4

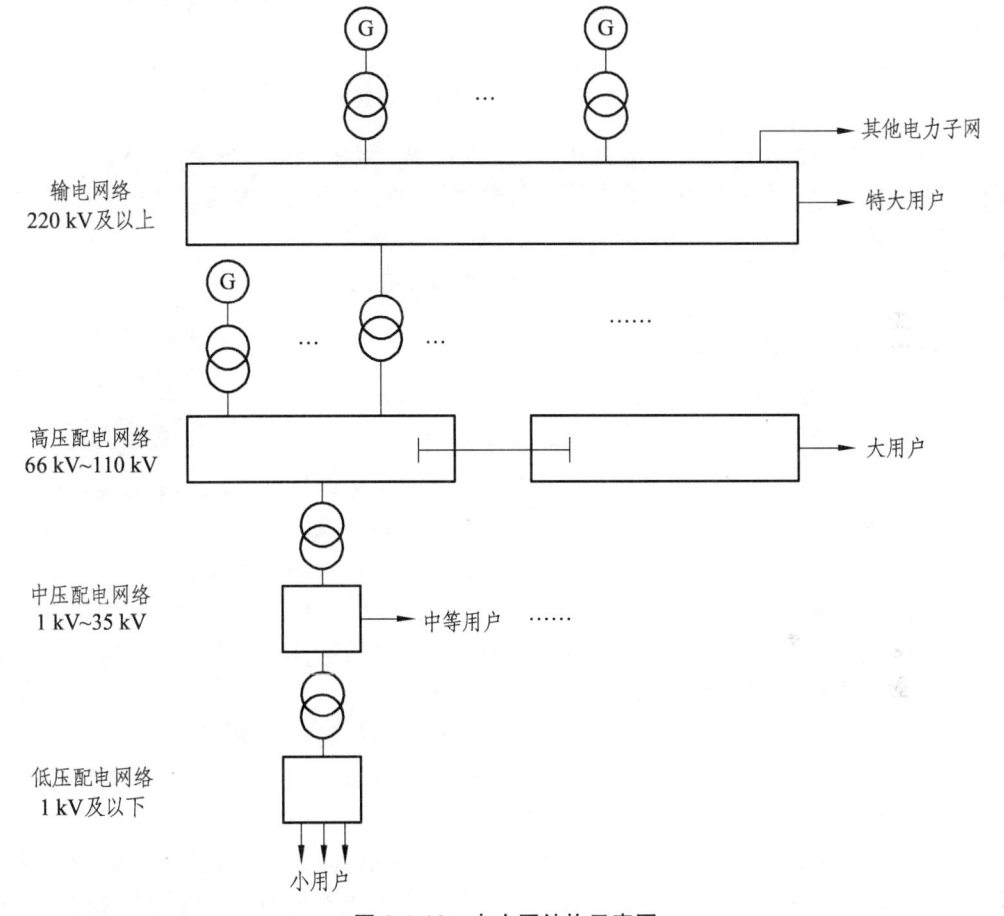

图 2.1.10 电力网结构示意图

2. 电力网的接线方式

电力网的接线方式大致可分为无备用和有备用两类。无备用接线包括单回路放射式、干线式和链式网络。如图 2.1.11 所示。有备用接线包括双回路放射式、干线式、链式以及环式和两端供电网络，如图 2.1.12 所示。

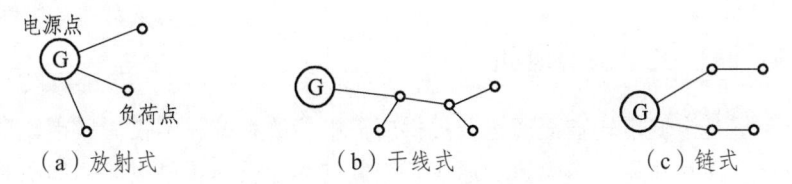

（a）放射式　　（b）干线式　　（c）链式

图 2.1.11　几种常见的无备用接线方式

(a) 放射式　　(b) 干线式　　(c) 链式

(d) 环式　　(e) 两端供电网络

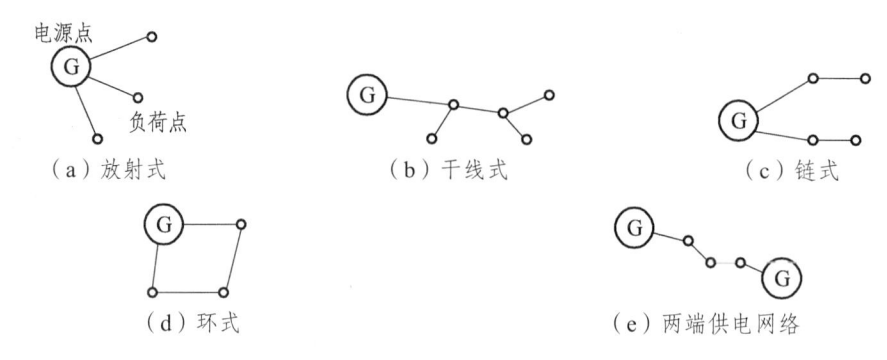

图 2.1.12　几种常见的有备用接线方式

无备用接线电力网又称为开式电力网，其接线简单、经济、运行方便，但供电可靠性差，通常在中低压配电网中使用较多。有备用接线电力网又称为闭式电力网，其供电可靠性高，一条线路的故障或检修一般不会影响对用户的供电，但投资大，且操作较复杂。其中，环式供电和两端供电方式较为常用，通常在高压配电网与输电网中运用。

3. 电力系统中性点接地方式

电力系统中性点接地方式是指电力系统中的变压器和发电机的中性点与大地之间的连接方式。中性点接地方式有：不接地（绝缘）、经电阻接地、经电抗接地、经消弧线圈接地（谐振接地）、直接接地等。就主要运行特征而言，可将它们归纳为两大类：① 中性点直接接地或经小阻抗接地，采用这种中性点接地方式的电力系统称为有效接地系统或大接地电流系统；② 中性点不接地或者经消弧线圈接地，或者中性点经高阻抗接地，从而使接地电流被控制到较小数值的中性点接地方式，采用这种中性点接地方式的电力系统称为非有效接地系统或小接地电流系统。

2.1.5 电力网接线方式.MP4

接地阻抗或接地电流的大小是相对的，因而有必要采用确切的指标来加以区分。相当多的国家（包括中国）都规定：凡是系统的零序电抗（x_0）和正序电抗（x_1）的比值 $x_0/x_1 \leq 3$ 的系统，属于有效接地系统；反之，属非有效接地系统。

现代电力系统中采用得较多的中性点接地方式是：直接接地、不接地和经消弧线圈接地。在对绝缘水平的考虑占首要地位的 110 kV 及以上的高压电力系统中，均采用直接接地方式。在绝缘投资所占比重不太大的 35 kV 及以下中低压系统中，出于供电可靠性等方面的考虑，大都采用不接地或经消弧线圈接地的方式。不过，当城市配电系统中电缆线路的总长度增大到一定程度时，它会给消弧线圈的灭弧带来困难，系统单相接地易引发多相短路。所以，近几年来，有些大城市的配电系统改用中性点经低值（不大于 10 Ω）或中值（11～100 Ω）电阻接地，它们也属于有效接地系统。

知识点 3：城轨供电系统概述

城轨供电系统是为城市轨道交通运营提供所需电能的系统，不仅为城市轨道交通电动列车提供牵引电能，而且还为城市轨道交通运营服务的其他设施提供电能。如照明、通风、空调、给排水、通信、信号、防灾报警、自动扶梯等。在城市轨道交通的运营中，供电一旦中断，不仅会造成城市轨道交通运输系统的瘫痪，而且还会危及乘客生命与财产安全。因此，高度安全可靠而又经济合理的电力供给是城市轨道交通正常运营的重要保证和前提。

城轨供电系统的构成可以按照系统功能、设计任务和采购单元的不同来进行划分。

(一) 城轨供电系统构成

按功能的不同，城轨供电系统一般划分成以下几个部分：外部电源、主变电所或电源开闭所、牵引供电系统、动力照明供电系统、杂散电流腐蚀防护系统和电力监控系统等。

1. 外部电源

顾名思义，城轨交通的外部电源就是为城轨供电系统的主变电所或电源开闭所供电的外部城市电网电源。外部电源方案的形式，有集中式供电、分散式供电和混合式供电等几种。

2. 主变电所或电源开闭所

主变电所的功能是接受城市电网高压电源，经过降压后再为牵引变电所与降压变电所提供中压电源；主变电所适用于集中式供电。电源开闭所的功能是接受城市中压电源，为牵引变电所、降压变电所转供中压电源，电源开闭所一般与车站牵引（或降压）变电所合建；电源开闭所适用于分散式供电。

3. 牵引供电系统

牵引供电系统的功能是将交流中压电压经降压整流变成直流 1 500 V 或直流 750 V 电压，为电动列车提供牵引供电。它包括牵引变电所与牵引网。

牵引变电所可以分成正线牵引变电所、车辆段或停车场牵引变电所，正线牵引变电所又分为车站牵引变电所和区间牵引变电所。牵引变电所一般采用设备安装在建筑物内的形式，另外也有少量的箱式牵引变电所。作为试点，上海轨道交通 5 号线工程采用了箱式牵引变电所。

牵引网包括接触网与回流网。接触网有架空接触网和接触轨两种悬挂方式。大多数工程利用走行轨兼作回流网，少数工程单独设置回流轨。

4. 动力照明供电系统

动力照明供电系统的功能是将交流中压电压降压变成交流 220 V/380 V 电压，为运营需要的各种机电设备提供低压电源。它包括降压变电所和动力照明配电系统。

根据设置的位置不同，降压变电所可以分为车站降压变电所、车辆段或停车场降压变电所、控制中心降压变电所；根据主接线的形式不同，降压变电所又可以分为一般降压变电所、跟随式降压变电所；当降压变电所与牵引变电所合建时，将形成牵引降压混合变电所；另外，有的地面线路采用了箱式降压变电所。

5. 杂散电流腐蚀防护系统

杂散电流腐蚀防护系统的功能是减少因直流牵引供电引起的杂散电流并防止其对外扩散，尽量避免杂散电流对城市轨道交通本身及其附近结构钢筋、金属管线的电腐蚀，并对杂散电流及其腐蚀防护情况进行监测。尽管杂散电流腐蚀防护系统涉及多个专业，由于直流牵引供电系统是产生杂散电流的根源,因而通常将杂散电流腐蚀防护系统归由供电系统设计。

6. 电力监控系统

电力监控系统的功能是实时对城市轨道交通各变电所、接触网设备进行远程数据采集和监控。在城市轨道交通控制中心,通过调度端、通信通道和执行端(变电所综合自动化系统),对主要电气设备进行遥控(含遥调)、遥信、遥测,实现对整个供电系统的运营调度和管理。

(二)城轨供电系统功能

城轨供电系统是城市轨道交通运营的动力源泉,负责电能的供应与传输,为电动列车提供牵引供电,为车站、区间、车辆段、控制中心等其他建筑物提供所需要的各种动力与照明用电,应具备安全可靠、技术先进、功能齐全、调度方便和经济合理等特点,其总体功能如下:

1. 供电服务功能

城轨供电系统的服务对象除运送旅客的电动车辆外,还有保证旅客在旅行中有良好卫生环境和秩序的通风换气、空调设施、自动扶梯、自动售检票、屏蔽门、排水泵、排污泵、通信信号、消防设施和各种照明设备等。在这个庞大的用电群体中,用电设备有不同的电压等级、不同的电压制式,以满足这些不同用途的用电设备对电源的不同要求,使城轨供电系统的每种用电设备都能发挥各自的功能和作用,保证城轨系统能够安全、可靠地运营。

2. 故障自救功能

系统的安全性、可靠性是供电系统的首要因素,无论供电系统如何构成,采用什么样的设备,安全、可靠的供电总是第一位的。在系统中,发生任何一种故障,系统本身都应有备用措施(接触网除外),以保证城市轨道交通的正常运行不受影响。双电源是构成供电系统的主要原则,当一路电源故障时,另一路电源应能保证正常供电。主变电所、牵引变电所和降压变电所为双电源、双机组;动力、照明的一级负荷采用双电源、双回路供电;牵引网同一馈电区采用双边供电方式。这些都是系统故障自救功能的体现。

3. 自我保护功能

系统应有完整、协调的保护措施,供电系统的各级继电保护应相互配合和协调,当系统发生故障时,应当只切除故障设备,从而使故障范围缩小。系统的各级保护应当满足可靠性、选择性、灵敏性、速动性的要求。分散式供电系统的中压交流侧保护,应和城市电网的保护相配合和协调,因此其保护选择性会受到一定制约。

4. 防误操作功能

系统中任何一个环节的操作都应有相应的联锁条件,不允许因误操作而发生故障。防止误操作的联锁条件可以是机械的,也可以是电气的,还可以是电气设备本身所具备的或在操作规程上所规定的。防止误操作,是保证系统安全、可靠地运行所不可缺少的环节。

5. 便于调度功能

供电系统应能在控制中心进行远程控制、监视和测量,并应能根据运行需要,方便灵活地进行调度，变更运行方式，分配负荷潮流，使系统的运行更加经济合理。

6. 控制、显示和计量功能

系统应能进行就地和距离控制，并可以方便地进行操作转换，同时系统各环节的运行状态应有明确的显示，使运行人员一目了然。各种电量的测量和电能的计量应准确，并便于运行人员查证和分析，牵引用电和动力照明用电应分别计量，以利于对用电指标进行考核与分析。

7. 电磁兼容功能

城市轨道交通处于强电与弱电多个系统共存的电磁环境等，为了使各种设备或系统在这个环境中能正常工作且不对该环境中其他设备、装置或系统构成不能承受的电磁干扰，各种电气和电子设备的系统内部以及和其他系统之间的电磁兼容显得尤为重要。供电系统及其设备在城市轨道交通这个电磁环境中，首先是作为电磁干扰源存在，同时也是敏感设备。在城市轨道交通电磁环境中，供电系统与其他设备、装置或系统应是电磁兼容的。这要在技术上采取措施，抑制干扰源，消除或减弱电磁耦合，提高敏感设备的抗干扰能力。

【任务实施】

第一步：整理城市轨道交通发展简史

1863 年，世界上第一条用蒸汽机车牵引的地下铁道线路在英国伦敦建成通车，当时还没有电车和电灯，至今已有 150 多年。城市轨道交通属于集多工种、多专业于一身的复杂系统。1879 年，电力驱动列车的研制成功，不仅使地铁乘客和工作人员免除了蒸汽机车的烟熏之苦，也使城市轨道交通开创了使用无大气污染的二次能源之先河，城市轨道交通从此步入了连续不断的发展时期，相继出现了传统轮轨系统、直线电机驱动系统、磁悬浮列车、单轨交通系统、新交通系统等。现代城市轨道交通技术进步的标志，当以先进舒适的车辆和行车控制技术为代表。

1990 年，随着 GTO、IGBT 等大功率电子元器件的发展，为了使车辆运行更为平稳并达到主电动机无维修化目的，各国成功地开发了交流异步电动机变压变频控制技术。同时，作为科技发展新成就的代表，直线电机驱动技术、磁悬浮列车技术在城市轨道交通工程中也得到了实际应用。

第二步：整理中国城市轨道交通发展

中国大陆地区（不含港澳台）城市轨道交通开始于 20 世纪 60 年代的北京地铁建设。北京地铁一期工程 1965 年开工，1969 年竣工，1971 年正式通车。直到 20 世纪 80 年代，中国内地城市仅有北京地铁 40 km，天津地铁 7.6 km。

随着中国国民经济的持续发展，城市化进程加快，城市人口与机动车数量急剧增长，在中国大城市及特大城市，普遍存在着交通道路堵塞、交通秩序混乱、交通事故频发、交通污染严重等问题。由于城市轨道交通具有运量大、快捷舒适、安全节能、污染轻、占地少等特点，发展城市轨道交通已成为大城市发展公共交通的根本方针和缓解城市交通拥堵的最佳选择。

进入 20 世纪 90 年代以来，中国城市轨道交通进入了一个快速发展期，建设规模之大是世界城市轨道交通发展史上少有的，凸显了后发优势。根据《城市轨道交通 2022 年度统计和分析报告》显示，截止至 2022 年底，中国大陆地区（不含港澳台）共有 55 个城市开通城市轨道交通运营线路 308 条，运营线路总长度 10 287.45 km。

第三步：分析城市轨道交通不同类型的应用情况

从 2022 年累计运营线网规模看，共计 26 个城市的线网规模达到 100 km 及以上。其中，上海 936.17 km，北京 868.37 km，已逐步形成超大线网规模；成都、广州、深圳、杭州、武汉 5 市运营线路长度超过 500 km；重庆、南京超过 400 km；青岛超过 300 km；西安、天津、郑州、苏州、大连、沈阳、长沙 7 市均超过 200 km。宁波、合肥、昆明、南昌、南宁、长春、佛山、无锡、福州 9 市超过 100 km。

截至 2022 年底，城轨交通运营线路包含 9 种制式。其中，地铁 8 008.17 km，占比 77.84%；轻轨 219.75 km，占比 2.14%；跨座式单轨 144.65 km，占比 1.41%；市域快轨 1 223.46 km，占比 11.89%；有轨电车 564.77 km，占比 5.49%；磁浮交通 57.86 km，占比 0.56%；自导向轨道系统 10.19 km，占比 0.10%，电子导向胶轮系统 34.70 km，占比 0.34%；导轨式胶轮系统 23.90 km，占比 0.23%。

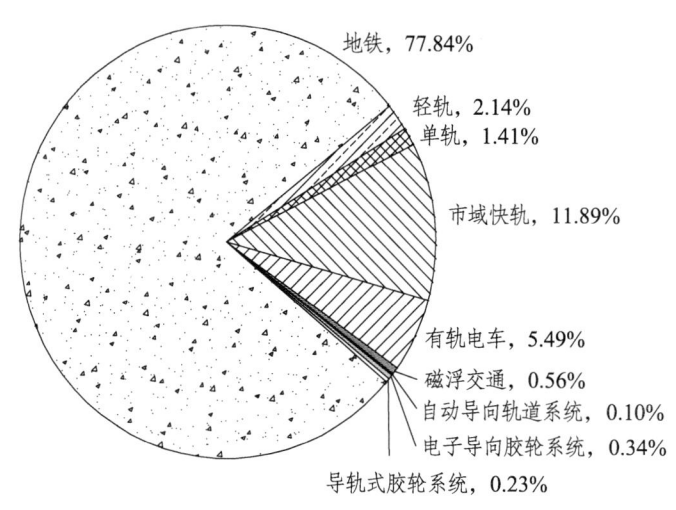

图 2.1.13　2022 年城轨交通运营线路制式结构

注：以上数据引自中国城市轨道交通协会发布的《城市轨道交通 2022 年度统计和分析报告》。

【任务小结】

请简要小结本任务的学习要点、难点与困惑，写在下面的横线上！

_____

_____

【格言语录】

"宝剑锋从磨砺出，梅花香自苦寒来。"——《警世贤文》

这句话浅显易懂，却流传至今，为世人所铭记。因为它道出了一个深刻的世间哲理：人需世上磨，方能立得住。经历苦寒，历经磨炼，才有可能拥有坚强的意志和顽强的生命力。

胡杨是最坚韧的一种树，能在炙热中耸立，能在严寒中挺拔，不怕侵入骨髓的斑斑盐碱，不怕铺天盖地的层层黄沙。从小经受千般历练，使它生下来千年不死，死后千年不倒，倒后千年不朽。青春，应该让自己在磨炼中成长与绽放。

【拓展知识】

城轨供电系统的基本要求

城轨供电系统应满足安全性、可靠性、适用性、经济性、先进性的基本要求。

1. 安全性

城轨供电系统的安全性，是指在城市轨道交通工程运营过程中的安全程度。关系着乘客安全、运营人员安全、行车安全和设备安全等多个方面，而且各种安全性是相互联系、不可分割的。

供电系统设计时，一般从系统安全性和设备安全性两个方面进行分析研究。系统安全性分析，一般包括联锁关系、继电保护、牵引网、直流牵引系统、综合接地系统、应急照明电源等方面；设备安全性分析，一般包括变压器、牵引整流器、断路器、隔离开关、接地开关、电缆等方面。

2. 可靠性

城轨供电系统的可靠性，是指城市轨道交通供电系统对列车及各种动力照明负荷的持续供电能力。是正常运营、事故处理、灾害救援等方面的前提条件。供电系统可靠性涉及规划、设计、运行管理等各个方面，并渗透到供电、变电、配电等不同环节。每一个环节的可靠性既包括电气原理的可靠性又包括电气设备的可靠性。例如构成变电所的可靠性包括变电所主接线可靠性及组成主接线的断路器、变压器、母线等设备的可靠性。

供电系统设计时，应从各个环节着手，分析系统的故障现象，研究定性或定量的评定指标，提出提高可靠性的措施。双电源供电方式是供电系统可靠性实施的重要手段。

根据城市轨道交通可靠性要求，供电系统应满足"N-1准则"，又称单一故障安全准则。按照这一准则，供电系统的N个元件中的任一独立元件（发电机、输电线路、变压器等）发生故障而被切除后，其他元件不过负荷，电压和频率均在允许范围内，供电系统应能保持稳定运行和正常供电。

对于城市轨道交通电源网络来说，当一个电源退出时，另一个电源应能保证系统的正常供电，保证列车正常运行；当一个电源点（主变电所或电源开闭所）的两个电源都退出时，应从相邻电源点引入两路应急电源，提供一定的运输能力和必要的动力照明，维持城市轨道交通继续运行。

3. 适用性

城轨供电系统的适用性，是指城轨供电系统的建设应满足业主建设目的与性能要求。

设计是实现业主建设需求的首要环节。供电系统设计应根据业主需求进行，供电系统的建设标准、技术水平、设备档次、工期要求、投资控制等，应与城市特点、本线功能定位及特殊要求相适应。

4. 经济性

城轨供电系统的经济性，这里是指从项目全生命周期的角度实现供电系统费用的经济合理。在满足供电系统的安全性、可靠性、适用性的前提下，要重视供电系统的经济性。经济性不但要求节省工程投资，同时还要求降低运营成本，争取得到最佳的技术经济效果。

供电系统设计应优化电源网络结构，实现外部电源资源共享；另外应尽可能地采用成熟设备、新型材料，做到经济合理与简便实用。

5. 先进性

城轨供电系统的先进性，体现在先进的设计理念、先进的系统方案、先进的设备及工艺、先进的管理手段等方面。要充分认识到环境保护与节约能源的重要性，采取必要措施进行环境保护与降低能耗。要解决好电磁辐射、噪音、温室气体和不易分解废料等问题。

供电系统应具有一定的先进性，但要兼顾系统基本功能、投资规模、运营成本、环保要求、操作灵活性以及技术发展等因素，合理选择。

【练习与评价】

结合本任务所学知识，完成表 2.1.2 中的任务。

表 2.1.2　任务 2.1 完成情况评价表

序号	任务内容	完成记录	标准分	评分
1	我国城市轨道交通包括哪些类型？其中主流类型是哪些？		15	
2	地铁与轻轨的主要标志性区别是什么？		15	
3	城轨交通供电系统的主要供电对象有哪些？		15	
4	标称电压与额定电压有何不同？		15	
5	城市轨道交通是一种通常以_____为动力，采取_____运转方式的快速大运量公共交通之总称。		10	
6	电力网采用分层结构，一般可划分为_____、_____配电网、_____配电网和低压配电网。		10	
7	"任务小结"完成情况		20	
总体评价：□ 好　　□ 较好　　□ 一般　　□ 较差　　□ 差				

任务 2.2　外部电源

任务导读

通常，城市电网是城轨供电系统的外部电源。城市电网是如何给城轨供电系统供电的呢？城市电网有多种不同的电压等级，城轨供电系统通常选用哪些电压等级？城轨供电系统对城市电网有何要求？城轨供电系统为什么需要采取一定的无功功率补偿措施？通过本任务的学习，可以了解这方面的知识，解答这些问题。

【学习目标】

1. 知识目标

（1）熟悉外部电源的三种供电方式及特点。
（2）掌握城轨供电系统对外部电源的要求。
（3）了解功率因数与节能及运营成本的关系。
（4）掌握无功功率补偿的几种方式及避免过补偿的措施。

2. 能力目标

（1）会识别外部电源供电方式，会分析其特点。
（2）会分析外部电源与城轨供电系统的关系。
（3）会分析无功功率等对电能质量的影响及应采取的措施。

3. 素质目标

（1）培养系统思维意识。
（2）树立节能意识。

【任务描述】

阅读某城轨供电系统图（图 2.2.1）及降压变电所主接线图（图 2.2.2），分析外部电源供电方式、各类用电负荷所采用的电压等级以及无功补偿方式等。

【任务分析】

要了解城轨供电系统的全貌，首先要阅读城轨供电系统图。它反映了城轨供电系统与外部电源之间的联接关系，也反映了外部电源、主变电所、牵引降压混合变电所、降压变电所等各类用电负荷的电压等级。通过学习外部电源供电方式、外部电源的基本要求和无功功率补偿等知识，即可完成这一读图与分析任务。

图 2.2.1 深圳地铁 3 号线供电设施分布示意图

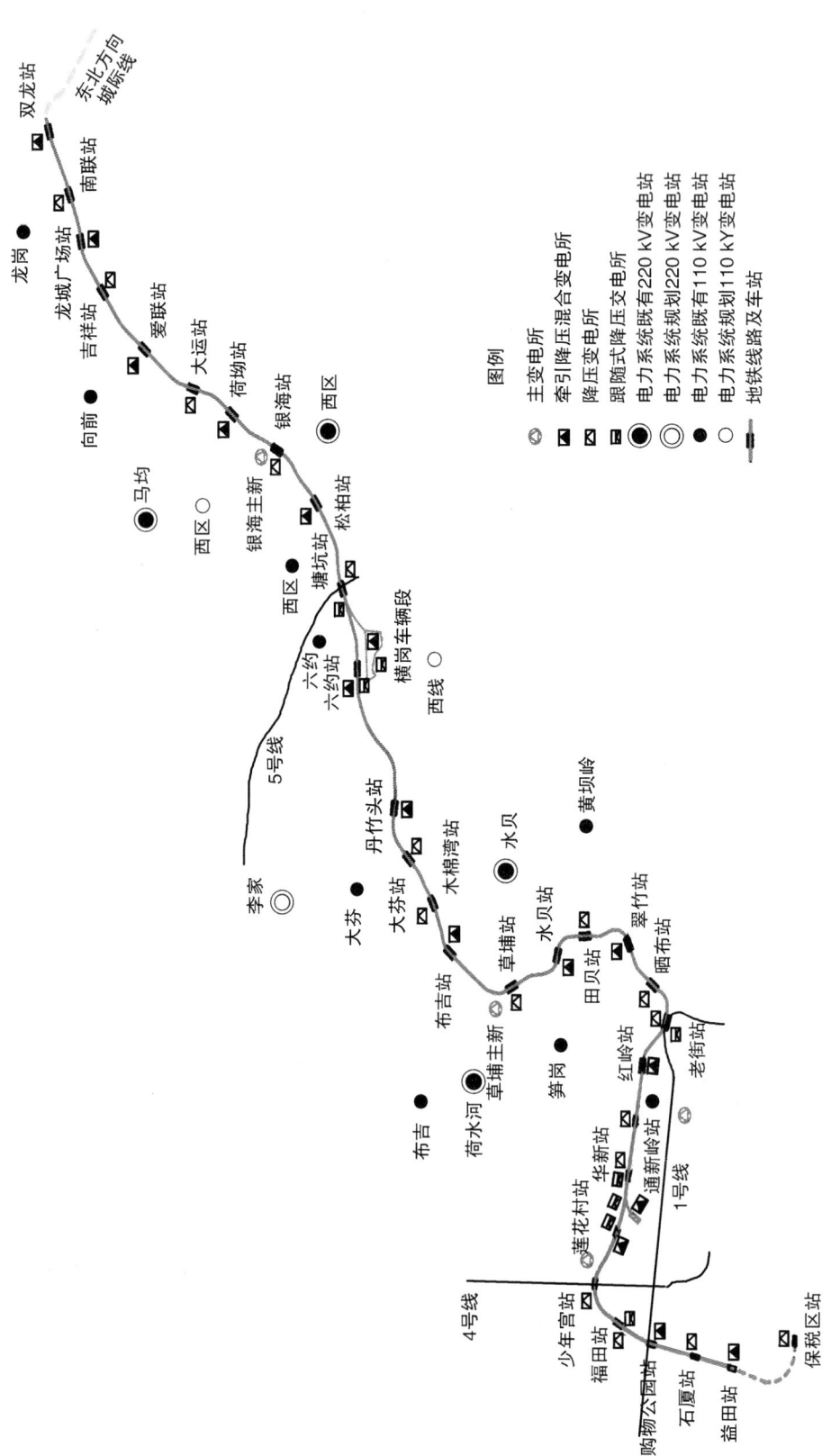

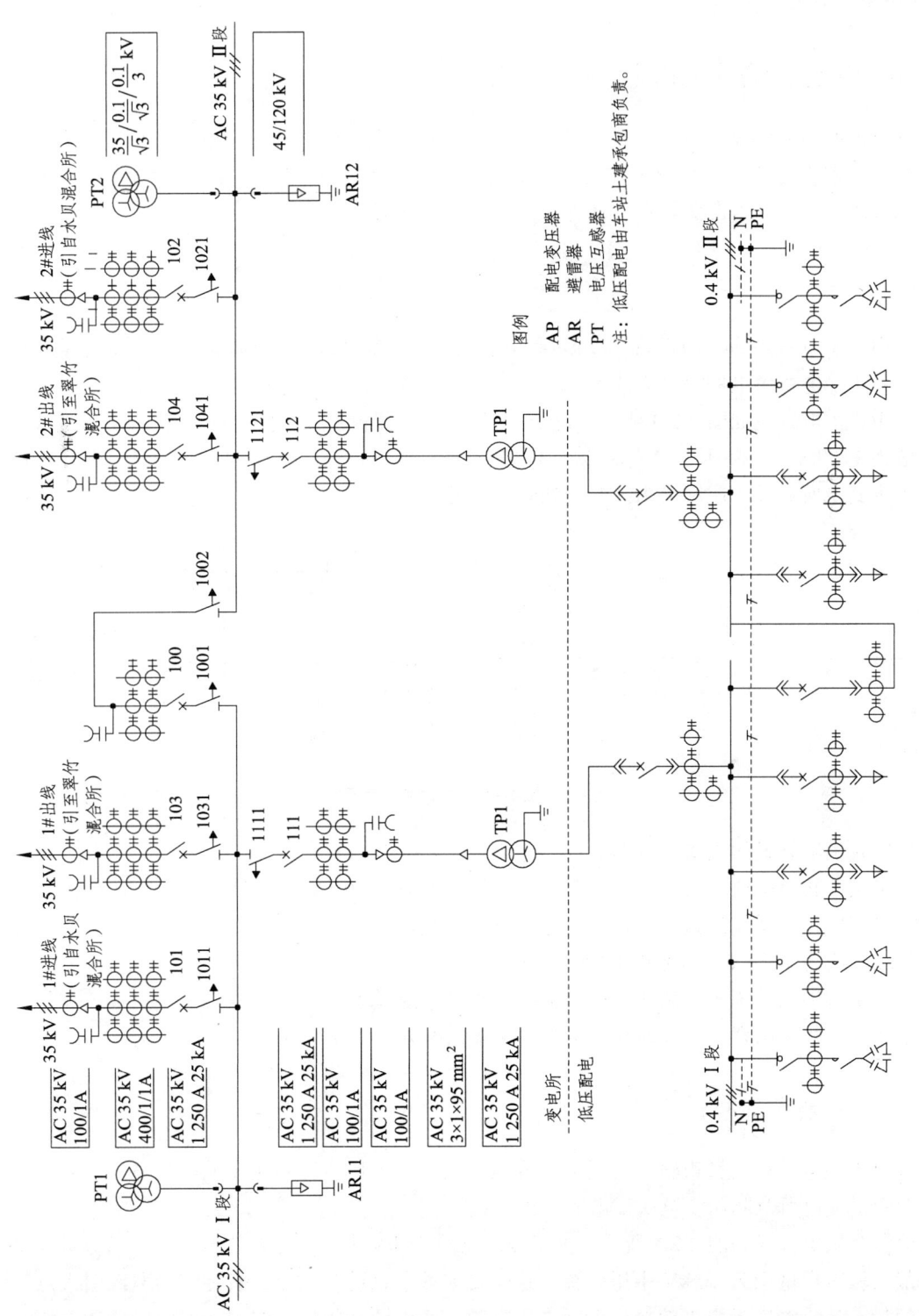

图 2.2.2 某降压变电所主接线图

【基本知识】

知识点 1：外部电源供电方式

城市电网通常是城轨供电系统的外部电源。城轨供电系统作为城市电网的特殊用户，一般用电范围多在几千米到几十千米之间，呈线状分布。采用何种供电方式，主要取决于城市电网的构成、分布及电源的容量，通常主要有以下三种形式。

（一）集中式供电

集中式供电：是指专门设置主变电所，由外部电源集中通过主变电所向牵引降压混合变电所及降压变电所供电的一种方式。

集中式供电方式如图 2.2.3 所示。每个主变电所有两路独立的进线电源。主变电所进线电压一般为 110 kV，经降压后变成 35 kV 或 10 kV（也可以是 20 kV）。牵引变电所、降压变电所均由主变电所通过中压网络引入两回独立的电源。

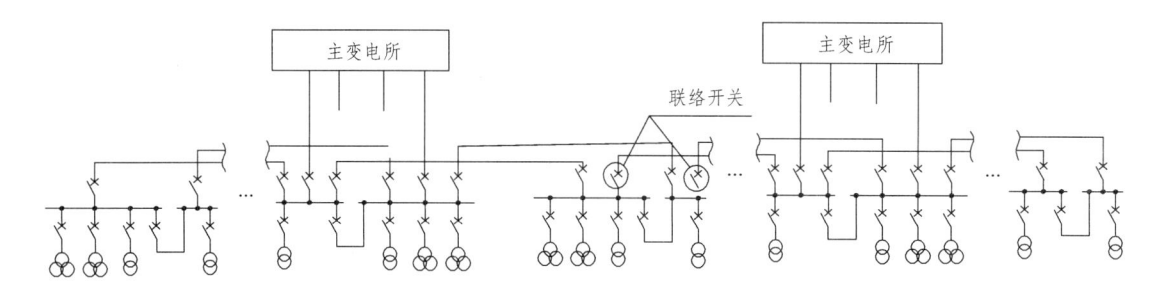

图 2.2.3　集中式供电方式示意图

集中式供电方式的主要特点如下：
（1）城市轨道交通沿线，建设专用主变电所，集中为牵引变电所及降压变电所供电。
（2）城轨供电系统通过专设的主变电所从城市电网引入两路独立的进线电源，外部电源电压等级一般为 110 kV，与城市电网接口少。
（3）城轨供电系统相对独立，自成系统，便于运营管理。
上海、广州、南京、香港地铁等均为集中式供电方式。

（二）分散式供电

分散式供电：是指城市轨道交通沿线分散引入城市中压电源直接（或通过电源开闭所间接）为牵引变电所及降压变电所供电的一种方式。

分散式供电方式如图 2.2.4 所示。由于城市电网 35 kV 电压等级趋于淘汰，因而分散式供电一般从城市电网引入 10 kV 中压电源，这就要求城市轨道交通沿线有足够的电源引入点及备用容量。从沿线就近引来的城市电网中压电源，经电源开闭所母线向牵引变电所和降压变电所提供中压电源。一般情况下，两个电源开闭所之间需要建立电源联系，即两个电源开闭所之间的供电分区间通过双环网电缆进行联络。

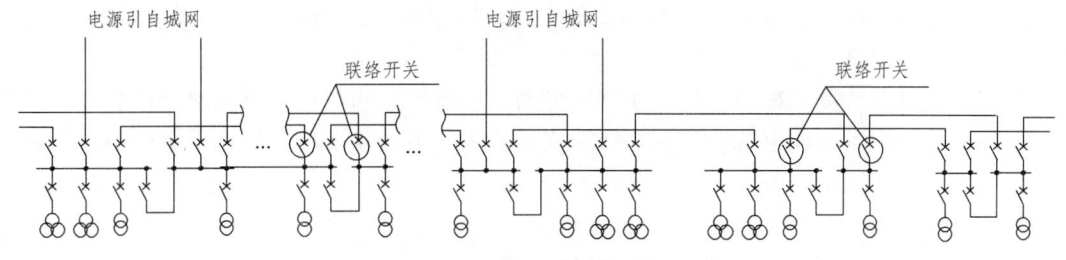

图 2.2.4 分散式供电方式示意图

分散式供电方式的主要特点如下：

（1）在城市轨道交通沿线，直接从城市电网分散地引入多路中压电源作为城市轨道交通电源。

（2）城轨供电系统从城市电网引入中压电源，与城市电网接口比较多，平均每 4~5 个车站就要引入两路电源。外部电源电压等级多为 10 kV 电压等级，也有少量的 35 kV 电压等级。

（3）城轨供电系统与城市电网关系紧密，独立性差，运营管理相对复杂。

分散式供电方案最早应用于北京地铁 1、2 号线。长春轻轨、大连快轨、北京地铁 4、5、9 号线及 10 号线一期等也是分散式供电方式。

（三）混合式供电

混合式供电：多指以集中式供电为主以分散式供电为辅的供电方式。

混合式供电方式如图 2.2.5 所示。混合式供电方案介于集中式供电与分散式供电之间的一种结合方案，根据城市电网现状、规划以及城市轨道交通自身的需要，吸收了集中式外部电源方案与分散式外部电源方案的各自优点，系统方案灵活，使供电系统完善和可靠。

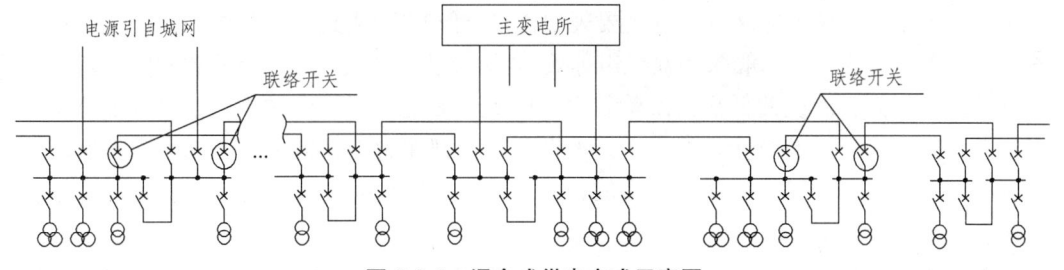

图 2.2.5 混合式供电方式示意图

当构建集中式供电方案时，在主变电所设置一定的情况下，如果线路末端中压网络压降不能满足要求，则可以从城市电网引入中压电源作为补充，这就构成了以集中式为主的混合式供电方案。武汉轨道交通一期工程采用了以集中式供电为主的混合式供电方案。

另外，当构建分散式供电方案时，如果沿线有城市轨道交通主变电所可以资源共享，那么也可以从该主变电所引入中压电源，作为城市电网中压电源点的补充，这就构成了以分散式为主的混合式供电方案。北京地铁 10 号线二期工程采用了以分散式为主的混合式供电方案。

（四）供电方式的比较

1. 供电质量

集中式供电的外部电源引自城市高压电网（如 110 kV），电压等级高，输电容量大，系统短路容量大，抗干扰能力强，电网电压波动小。另外，城轨主变电所一般装设有载调压装置，因此中压侧电压相对稳定，供电质量高。

分散式供电的外部电源引自城市 10 kV 电网，一般从距离城市轨道交通线路较近的城市电网变电所直接引入，输电线路较短，线路损耗较少。但由于 10 kV 电压等级较低，用户较多，所以系统网压波动较大。

2. 供电可靠性

对于集中式供电，由于主变电所进线电压等级较高，电气设备的绝缘等级、制造水平、继电保护配置等要求都比较高，线路故障率相对较低。同时，城轨供电系统相对独立，与城市电网接口少，城市其他负荷对城轨供电系统干扰较少，因而，集中式供电系统可靠性比较高。

对于分散式供电，城市轨道交通电源开闭所或车站变电所从城市电网直接引入 10 kV 电源，这种接线方式满足系统可靠性要求。但由于城市电网 10 kV 系统接入用户较多，且 10 kV 系统处于城市电网继电保护的中末端，因此，城轨供电系统的运行会受到其他用户的干扰。

3. 中压网络电压

对于集中式供电，中压网络的电压等级，不受城市电网电压等级的限制，可根据用电负荷、供电距离等情况比选确定。目前集中式供电的中压网络电压等级较高，一般为 35 kV。这样可以提高系统的供电能力与供电可靠性，同时可以降低供电线路的功率损耗。

对于分散式供电，中压网络的电压等级完全受城市电网电压等级的制约，必须选择与城市电网相同的电压等级。目前我国多采用 10 kV 电压等级。

4. 对城市电网影响

城轨供电系统对城市电网的影响主要表现在谐波影响和网压波动两个方面。

目前，牵引整流机组一般采用双机组等效 24 脉波整流装置。由谐波理论可知，牵引整流机组的脉波数越高，产生的低次谐波就越少。因此，无论采用集中式供电还是分散式供电，城市轨道交通直流牵引系统注入城市电网的谐波含量都非常低，对城市电网影响非常小。但相对而言，采用集中式供电时，高次谐波经过多级变电所变换、分流以后，注入城市电网的谐波含量将会更少。

在网压波动方面，由于城市轨道交通牵引系统是一个实时变化的移动负荷，电源电压将会受到一定的影响。采用集中式供电时，主变压器容量近期一般为 20~31.5 MV·A，远期一般为 40~63 MV·A 之间。牵引负荷产生的电压波动和闪变在城轨供电系统内部经过两级变压器的转换，逐渐变得平衡，对城市电网其他用户的影响相对要少得多。采用分散式供电时，牵引变电所直接接入城市 10 kV 电网，牵引负荷产生的网压波动经过一级变压器转换后，就会波及与城市轨道交通相同供电系统的其他用户。如果该变压器容量较小，那么产生的影响就会更明显。

5. 资源共享

电力资源共享与满足环境保护要求是城轨供电系统的发展方向。

采用集中式供电，有利于主变电所电力资源共享的实施。具体来说，一方面两条及以上数量的城市轨道交通线路可以共享一个主变电所；另一方面城市轨道交通主变电所可与城市电网主电所合建，向城市轨道交通系统及地区用户同时提供电源。

对于中压网络资源丰富的城市，城市轨道交通采用分散式供电，可以充分利用既有外部城市电网中压资源，节省城市轨道交通主变电所的建设费用等。

6. 运营管理

当采用集中式供电时，外部电源点引入少，城轨供电系统与城市电网的接口较少，系统相对独立，如果发生故障需要改变其运行方式，那是属于系统内部调整，易于调度，操作方便，工作效率较高。

而当采用分散式供电时，因城轨供电系统与城市电网的接口较多，关系复杂，同一条城市轨道交通线路的电源引入点往往涉及到城市多个行政区域，如果城轨供电系统发生故障需要改变运行方式，则需要与相关城区电力部门协调配合，才能改变其运行方式，工作效率明显降低。另外，电源开闭所进线开关与分段开关有时受着城市电力部门的管理与制约，城市轨道交通内部操作不便。

除上述调度操作外，集中式供电较分散式供电，电力部门与城市轨道交通产权划分明晰、计量计费方便、维护维修简单等。

知识点 2：外部电源基本要求

城市轨道交通作为城市电网的一级负荷，需要引入双路高压电源对其供电系统进行供电。符合下列情况之一时，应视为一级负荷：

（1）中断供电将造成人身伤亡时。

（2）中断供电将在经济上造成重大损失时。

（3）中断供电将影响重要用电单位的正常工作。

另外，在一级负荷中，当中断供电将造成重大设备损坏或发生中毒、爆炸和火灾等情况的负荷，以及特别重要场所的不允许中断供电的负荷，应视为一级负荷中特别重要的负荷。

当符合下列情况之一时，应视为二级负荷：

（1）中断供电将在经济上造成较大损失时。

（2）中断供电将影响较重要用电单位的正常工作。

不属于一级负荷和二级负荷者，则为三级负荷。

（一）外部电源电压等级的选择

1. 城市电网电压等级的现状与发展

根据国家标准《标准电压》（GB/T156—2017）的规定，我国电网标准电压是 1 000 kV、750 kV、500 kV 等 15 个等级。一般认为 220 kV 及以上的电压等级为高压输电网，110 kV、66 kV 等级为高压配电网，1 kV 以上 35 kV 及以下电压等级为中压配电网，1 kV 及以下为低压配电网。

20 kV 作为中压配电层，功能上可以替代 35 kV 与 10 kV 两个配电层，而造价上则与 10 kV 设备差异不大。20 kV 电压等级的这种特点，适合于高密度负荷地区的城市电网。国外城轨供电系统广泛采用 20 kV 中压网络,而在我国尚处于试用阶段。

2. 集中式供电时的电压等级选择

集中式供电要求从城市电网引进高压电源。因 330 kV 及以上为地区高压输电电压等级,故不直接用于电力用户。目前 220 kV 变电所的变压器装机容量多在（2×120～3×250）MV·A 之间,远期变压器增容一般不小于（3×180）MV·A。对于中等运量的城市轨道交通,主变压器选择多在（2×25～2×63）MV·A 之间,一般不超过（2×63）MV·A。若城市轨道交通主变电所外部电源采用 220 kV,将不能充分发挥 220 kV 的供电能力,这将造成电力资源的浪费,而且还将增加设备投资,加大管理难度。因此,对于集中式外部电源方案,目前外部电源电压等级一般为 110 kV。东北地区如沈阳、哈尔滨等城市则采用 66 kV。

3. 分散式供电时的电压等级选择

分散式供电需要从城市电网直接引入中压电源,故对于分散式供电方案,中压网络的电压等级应与城市电网相一致。根据城市电网情况,可以采用 35 kV,也可以采用 10 kV,如北京、长春、大连等。

（二）城轨供电系统对外部电源的基本要求

1. 一级负荷对供电电源的要求

城轨供电负荷属国家一级负荷,应满足以下规定：

① 应由两路电源供电；当一路电源发生故障时,另一路电源不应同时受到损坏。

② 一级负荷中特别重要的负荷,除由两个电源供电外,尚应增设应急电源,并严禁将其他负荷接入应急系统。

下列电源可作为应急电源：

① 独立于正常电源的发电机组。

② 供电网络中独立于正常电源的专用的馈电线路。

③ 蓄电池。

④ 干电池。

根据上述要求,城轨供电系统的主变电所、牵引变电所、降压变电所,都要求能获得 2 路电源。

2. 城轨供电系统对电源的要求

城轨供电系统对电源的基本要求如下：

① 2 路电源要求来自不同的变电所或同一变电所的不同母线。

② 每个进线电源的容量应满足变电所全部一、二级负荷的要求。

③ 2 路电源应分列运行,互为备用,当一路电源发生故障时,由另一路电源恢复供电。

④ 为便于运营管理和减少损耗,要求集中式供电的主变电所的位置和分散式供电的电源点,要尽量靠近城轨交通线路,减少引入城轨交通的电缆通道的长度。

⑤ 设有两座以上主变电所的应急电源系统中,在保证城轨电动车组安全快捷地运送旅客的基本功能的前提下,要求将下列负荷纳入应急电源系统。

a. 保证一定运输能力的牵引负荷。一定运输能力的负荷应是指高峰小时以下的运输能力时的负荷。

b. 保证城轨交通的通信系统、信号系统、防灾报警系统、电力监控与数据采集系统、变电所操作电源和应急照明等特别重要负荷的正常运行。

知识点3：无功功率补偿

城市轨道交通中包含了大量的低压用电设备，其自然功率因数较低，动力设备一般为0.8左右，荧光灯等气体放电灯则为0.5。供电系统中功率因数较低时，增大了供电线路中的损耗，变电设备的输出容量增大，这将会引起运营成本增加。因此，无论是从节能角度还是从降低运营成本角度，都应进行适当的无功功率补偿。目前常用无功补偿方案为集中补偿与就地补偿相结合。同时，还应防止过补偿现象。

（一）无功功率与节能及运营成本的关系

1. 无功功率的来源

① 无功功率的概念。

具有电感和电容的交流电路中，电感的磁场或电容的电场在一个周期中的一部分时间内从电源吸收能量，另一部分时间内将能量返回电源。在整个周期内平均功率为零，也就是没有能量消耗，但能量是在电源和电感或电容之间来回交换的。能量交换率的最大值叫作无功功率。

② 无功功率的来源。

凡是有电磁线圈的电气设备，要建立磁场，利用电磁感应实现能量的转换和传递。如发电机、变压器、电动机等，就是通过磁场来完成机械能与电能之间的转换。

电动机需要建立和维持旋转磁场，使转子转动，从而带动机械运动，电动机的转子磁场就是靠从电源取得无功功率建立的，从电网吸收的无功功率在电网与电动机之间不断地进行交换。

变压器也同样需要无功功率，才能使变压器的一次线圈产生磁场，在二次线圈感应出电压。以上这些都是产生无功功率的来源。

2. 无功功率与节能的关系

当系统的有功功率一定时，系统的无功功率越大，则用电负荷的功率因数越低，这不但使变压器等供电设备的能力不能充分利用，而且对电力系统还将产生以下不利影响：

① 降低发电机组的输出能力和输变电设备的供电能力，使电气设备的效率降低，发电和输变电的成本提高。电气设备的视在功率为：

$$S = \frac{P}{\cos\varphi} = \sqrt{P^2 + Q^2} \qquad (2.2.1)$$

式中　S——电气设备输送的视在功率；

　　　P——电气设备输送的有功功率；

Q——电气设备输送的无功功率；

$\cos\varphi$——用电负荷的功率因数。

由上式可见，电气设备如果低于额定或规定的功率因数运行，当视在功率 S 不变时，输送的有功功率 P 就要减少。例如：$S=60\text{ kV}\cdot\text{A}$，$\cos\varphi=1$，则 $P=60\text{ kV}\cdot\text{A}$，如 $\cos\varphi=0.8$，则 $P=48\text{ kV}\cdot\text{A}$。视在功率不变时，功率因数低，输送的有功功率降低了，系统容量得不到充分利用，从而降低了发电设备的输出能力和输变电设备的供电能力，使电气设备的效率降低，发电和输变电的成本提高。

② 增加输电网络中的电能损失。当电流流过输电网络时，产生的有功功率损失为

$$\Delta P = 3I^2 R \times 10^{-3} (\text{kW})$$
$$\Delta P = 3\left(\frac{P}{U\cos\varphi}\right)^2 \times R \times 10^{-3} \quad (2.2.2)$$
$$= 3 \times \frac{P^2 R}{U^2 \cos^2\varphi} \times 10^{-3} (\text{kW})$$

式中　ΔP——线路有功损耗，kW；

I——线路中的相电流，A；

R——线路每相的电阻，Ω；

U——线路的相电压，kV；

P——电力负荷每相有功功率，kW；

$\cos\varphi$——用电负荷的功率因数。

由上式可知，有功功率损失与功率因数的平方成反比。功率因数低，将引起输电网络中的电能损失大大增加。

③ 增加输电网络中的电压损失，往往引起电力用户的供电电压不足。电压损失与电流成正比。如果功率因数低于规定值，在输送同样的有功功率情况下，视在功率要增大，与此相应的电流随之增大，从而输电网络中的电压损失增大。

3. 功率因数与成本的关系

由上述可知，用电设备无功功率所占比例大时将引起功率因数低，降低系统容量的利用率，增大电能损失。因此，当用电设备功率因数低于规定的标准值时，电力部门将额外征收一笔电费，这将大大增加城轨供电系统的运营成本。

2.2.1 功率因数.MP4

① 功率因数标准。

全国《供用电规则》关于功率因数的规定如下：

"无功电力应就地平衡。用户应在提高用电自然功率因数的基础上，设计和装置无功补偿设备，并做到随其负荷和电压变动及时投入或切除，防止无功电力倒送。用户在当地供电局规定的电网高峰负荷时的功率因数，应达到下列规定：

a. 高压供电的工业用户和高压供电装有带负荷调整电压装置的电力用户，功率因数为 0.90 以上。

b. 其他 $100\text{ kV}\cdot\text{A}$（kW）及以上电力用户和大、中型电力排灌站，功率因数为 0.85 以上。

c. 农业用电，功率因数为 0.80。

凡功率因数不能达到上述规定的新用户，供电局可拒绝接电。未达到上述规定的现有用户，应在2-3年内增添无功补偿设备，达到上述规定。对长期不增添无功补偿设备又不申明理由的用户，供电局可停止或限制供电。"

② 力调电费标准。

力调电费按国家批准的《功率因数调整电费办法》的规定执行。如表2.2.1所示。

2.2.2 力调电费.MP4

按电力部门要求，城轨供电系统功率因数要求达到0.90以上。即在接入城市电网的高压侧，其月平均功率因数应达到0.90以上，高者获奖，低者受罚。根据计算的月平均功率因数，高于或低于规定标准，在按照规定的电价计算出其当月电费后，再按照"功率因数调整电费表"（如表2.1所示）所规定的百分数增加或减少电费。当功率因数低于0.90时，每低0.01，需增加电费的0.5%，以补偿功率因数偏低引起电力系统增加的电能损失等。当功率因数大于0.90时，每高0.01电费减少0.15%。这种根据负荷功率因数的高低而增加或减少的电费为功率因数调整电费，简称力调电费。

表2.2.1 以0.9为标准值的功率因数调整电费

减收电费	实际功率因数	0.90	0.91	0.92	0.93	0.94	0.95~1.00					
	月电费减少%	0.0	0.15	0.30	0.45	0.60	0.75					
增收电费	实际功率因数	0.89	0.88	0.87	0.86	0.85	0.84	0.83	0.82	0.81	0.80	0.79	0.78	0.77
	月电费增加%	0.5	1.0	1.5	2.0	2.5	3.0	3.5	4.0	4.5	5.0	5.5	6.0	6.5
增收电费	实际功率因数	0.76	0.75	0.74	0.73	0.72	0.71	0.70	0.69	0.68	0.67	0.66	0.65	功率因数自0.64及以下，每降低0.01电费增加2%
	月电费增加%	7.0	7.5	8.0	8.5	9.0	9.5	10.0	11.0	12.0	13.0	14.0	15.0	

（二）无功功率补偿方式

提高功率因数的主要方法是采用低压无功补偿技术，通常采用的补偿方式有多种。无功功率补偿按安装位置划分有就地补偿和集中补偿；按工艺划分有动态补偿和静态补偿。

1. 就地补偿

就地补偿是将低压电容器组与电动机并接，通过控制装置、保护装置与电机同时投切。就地补偿适用于补偿电动机的无功消耗，以补励磁无功为主，此种方式可较好地限制城轨供电系统无功负荷。具体如下：可减小配电线路的导线截面和配电变压器的容量；可减少中压网络、配电变压器、低压配电线路的功率损耗；补偿点的无功经济当量最大，因而降低能耗效果更好；可降低电动机的启动电流。

就地补偿同样适用于荧光灯、气体放电灯的无功消耗，将低压电容器组与荧光灯、气体放电灯并接，通过保护装置与荧光灯、气体放电灯同时投切。

就地补偿的特点：用电设备运行时，无功补偿投入，用电设备停运时，补偿设备也退出，而且不需频繁调整补偿容量。具有投资少、所占空间小、安装容易、配置方便、维护简单和事故率低等特点。

2. 集中补偿

集中补偿又分为主变电所集中补偿和低压集中补偿两种方式。

① 主变电所集中补偿。

针对中压网络的无功平衡，在主变电所进行集中补偿，补偿装置包括并联电容器、同步调相机、静止补偿器等，主要目的是改善高压侧电源的功率因数，提高降压变电所的电压，补偿变压器的无功损耗。这些补偿装置一般连接在主变电所中压母线上，因此具有管理容易和维护方便等优点。

② 变电所低压集中补偿。

以无功补偿投切装置作为控制保护装置，将低压电容器组设在变电所低压 0.4 kV 母线上的补偿方式，根据低压负荷水平的波动投入相应数量的电容器进行跟踪补偿。

低压集中补偿主要目的是提高配电变压器的功率因数，实现无功就地平衡，对降低中压网络和配电变压器的电压损失有一定作用，也有助于保证低压配电系统的电压水平，可以替代就地补偿方式，是目前补偿无功最常用的手段之一。

集中补偿运行方式灵活，运行维护工作量小，寿命相对延长、运行更可靠。但不能降低配电线路的及电气设备的功率损耗，且控制保护装置复杂、首期投资相对较大。集中补偿方式可与就地补偿方式结合使用。

3. 静态补偿

静态补偿一般由人工投入或退出，投切速度慢，不适合负载变化频繁的场合，容易产生欠补偿或者过补偿，造成电网电压波动，损坏电气设备，维护量大。

4. 动态补偿

动态补偿通过自动检测相电流、相电压、功率因数等参数，对任何负载情况进行实时快速补偿，并有稳定电网电压功能，提高电网质量。有触点投切装置，投切频率高，电容器寿命受到影响；无触点零电流投切技术则可延长电容器的使用寿命。

（三）避免产生过补偿

1. 过补偿的危害

当前，城轨供电系统一方面需要考虑低压无功电容补偿，另一方面，在电源端又存在无功过补偿的问题。国内某些线路在运营初期，城市电网的公共供电点出现了无功功率过补偿现象。国内某城市轨道交通在主变电所设置了电抗器，通过电抗器抵消容性无功功率，但该电抗器的发热量比较大，且解决容性无功功率的效果不理想。

过补偿的危害往往比欠补偿更严重。补偿容量过大，在变压器空载运行时或者负荷较轻时，会造成过补偿，使功率因数角超前，无功功率向电力系统倒送，将抬升上级配电变压器输出电压,增加有功功率损耗,增加谐波震荡的发生几率以致造成电网伤害。

2. 产生过补偿的根源

制定无功功率补偿方案时,根据补偿后功率因数不小于0.9设计指标,简单地采用0.4 kV母线电容集中补偿方式,忽视了中压网络电缆电容、牵引负荷和三相不平衡等潜在因素的影响。

直流牵引供电系统采用了等效24脉波整流器,直流牵引供电系统的功率因数达到了0.95以上。牵引用电负荷对配电线路功率因数有很大的提升作用,相对于车站动力照明用电负荷而言,牵引供电负荷所占比重越大,其影响就越明显。

对于放射式、单环网和双环网中压网络结构形式,正常运行时,其电缆电容对外部电源连接点处的功率因数影响较大。为避免供电系统出现容性特征,应简化中压网络结构,减少系统电缆数量,适当增大电缆敷设的间距,这样可以减少中压网络的电缆分布电容,减少向供电系统反送无功功率。

城市轨道交通工程中大量使用了单相负荷,照明、空调风机等负荷变化随机性大,容易造成三相负载的严重不平衡。由于调节补偿无功功率的采样信号取自三相中的任意一相,因而造成未检测的两相有可能过补偿或者欠补偿。

3. 避免过补偿措施

为解决过补偿问题,应采取以下措施:

① 优化补偿容量和补偿地点。

要实现有效地降低无功损耗,不能把无功补偿的关注点仅仅只放在低压侧,只注意补偿用户的功率因数,而应该从电力系统角度出发,通过计算供电系统的无功潮流,确定配电网的补偿方式、最优补偿容量和补偿地点。

② 采用分相电容自动补偿。

对于三相不平衡及单相配电系统采用分相电容自动补偿是解决过补偿问题的较好办法,其原理是通过调节无功功率参数的信号取自三相中的每一相,根据每相感性负载的大小和功率因数的高低进行相应补偿,对其他相不产生影响,因而避免了产生欠补偿和过补偿。

③ 设置电能质量有源恢复系统。

为了解决无功过补偿问题,还可以在主变电所、电源开闭所或直接由城市电网引入外部电源的变电所设置电能质量有源恢复系统。

电能质量有源恢复系统能补偿电网的无功电流、谐波,以最大限度恢复电能质量,使电压波动率d_u<2%。

电能质量有源恢复系统具有优良的动态特性,响应时间小于1 ms;二相补偿谐波电流、谐波次数可达50次;可消除中性线电流的3次谐波及其他零序性质的谐波;自身功率损耗低;在既消除谐波又进行无功补偿的操作模式下$\cos\varphi$可补偿到1。

【任务实施】

第一步:分析外部电源供电方式

阅读图2.2.1,可以得知该线路共设置了银海与草埔两个变主电所,城市电网通过这两个主变电所向全线的牵引降压混合变电所、降压变电所和跟随式降压变电所集中供电。主变电所属于城轨供电系统，城市电网与城轨供电系统在主变电所的进线侧分界，保证了城轨供电系统的相对独立性。这是一种典型的集中式供电方式。

第二步：分析各类用电负荷所采用的电压等级

阅读图 2.2.2，同时结合该线路主变电所接线图，可得知主变电所进线侧从城市电网引入的电源电压等级为 110 kV，经过主变电所主变压器降压输出 35 kV，通过中压环网线路逐一输送给各牵引降压混合变电所和降压变电所，跟随式降压变电所则从邻近的降压变电所引接电源，这些变电所的进线电源为 35 kV。

降压变电所 35 kV 进线电源通过降压变压器 TP1、TP2，降压为 0.4 kV 电源供给各类动力照明负荷。

阅读牵引降压混合变电所接线图，可以得知 35 kV 进线电源通过牵引变压器 TR1、TR2 降压并经过整流器 RT1、RT2 整流后转换为直流 1 500 V，输送给接触网，供电力列车牵引用电。同时，通过降压变压器 TP1、TP2，降压为 0.4 kV 电源供给各类动力照明负荷。

从图中可以看出，无论是牵引降压混合变电所还是降压变电所，均设置了两路电源。这是为了满足城轨供电系统中存在大量一级负荷的要求而设置的。根据行业相关资料显示，目前，我国城轨供电系统的中压环网仍然以采用 35 kV 电压等级为主。

第三步：分析无功补偿方式

阅读图 2.2.2，本降压变电所是在配电变压器 TP1、TP2 的二次侧（即 0.4 kV 母线）装设了无功功率集中补偿装置，采用三相共补接线方式。这是针对城市轨道交通中大量的低压用电设备自然功率因数偏低，而为了保证总体功率因数满足规定要求的需要而设置。当然，只从图 2.2.2，尚无法得知该线路是否还采取了其他补偿方式（如就地补偿等），需要结合更详细的设备安装图等来分析。

【任务小结】

请简要小结本任务的学习要点、难点与困惑，写在下面的横线上！

_____

_____

_____

_____

_____

【格言语录】

"业精于勤荒于嬉；行成于思毁于随。"——[唐]韩愈《进学解》

学业要精，唯有勤学；贪玩懒惰，玩物丧志，则学难有成，如荒废之地。行动之前必考虑周全，不周密思考，不提前准备，随波逐流，难达目标，终难成事。当今时代，智能手机，年轻学子是人手一部。殊不知这是一把双刃剑，每天机不离手，沉浸其中，难以自拔，到头来荒废了学业，虚度了青春，值得广大学子警惕。若想学业有成，请从勤学善思始。

【拓展知识】

谐波源及其影响

城市轨道交通系统中存在不少非线性用电负荷，除牵引整流机组外，还存在大量荧光灯、UPS电源、变频器及软启动装置等，这些设备产生大量的谐波，使电力系统的正弦波形畸变，电能质量降低。谐波需要综合治理，首先从谐波源头进行限制，其次采取必要技术措施以降低谐波的危害程度。

1. 城轨供电系统的谐波源

在理想干净的电力系统中，电流和电压都是纯粹的正弦波。由于电力系统中某些设备和负荷的非线性特性，即所加的电压与产生的电流不成线性（正比）关系而造成波形畸变。当电力系统向非线性设备及负荷供电时，这些设备或负荷在传递（如变压器）、变换（如交直流换流器）、吸收（如电弧炉）系统发电机所供给的基波能量的同时，又把部分基波能量转换为谐波能量，向系统倒送大量的高次谐波，使电力系统的正弦波形畸变，电能质量降低。

城轨供电系统中的谐波源主要为电子开关型设备，即城市轨道交通中广泛使用各种交直流换流装置（整流器、逆变器）以及双向晶闸管可控开关设备。

谐波频率是基波频率的整倍数，根据法国数学家傅立叶（M.Fourier）分析原理证明，任何重复的波形都可以分解为含有基波频率和一系列为基波倍数的谐波的正弦波分量。谐波是正弦波，每个谐波都具有不同的频率、幅度与相角。谐波可以区分为偶次谐波与奇次谐波，第3、5、7次等谐波为奇次谐波，而第2、4、6、8次等谐波为偶次谐波。对于三相整流装置，出现的是5、7、11、13、17、19次等谐波，而变频器主要产生5、7次谐波。如图2.2.6所示为基波叠加5次和7次谐波后的波形图。

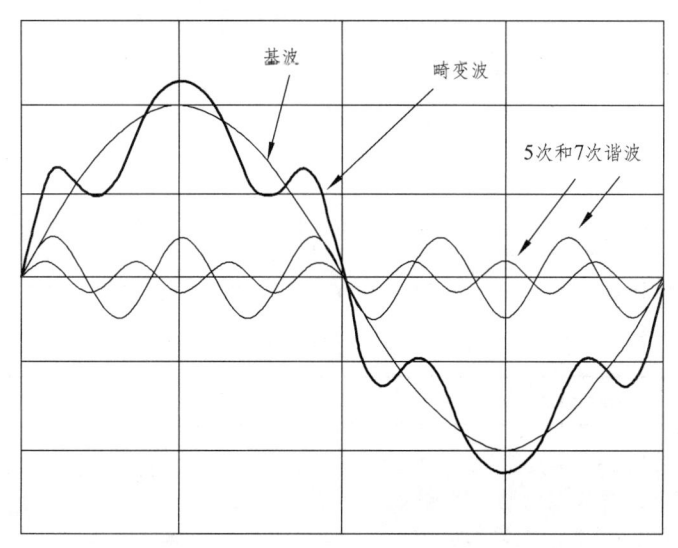

图2.2.6 基波与5次7次谐波叠加图

（1）牵引供电系统谐波。

牵引供电系统是城轨供电系统的主要谐波源。其中采用的牵引整流机组，属于非线性受电设备，电压畸变的程度取决于电系统对谐波频率的阻抗。当然，非正弦电压施加在线性电路上时,电流也是非正弦波。这种非正弦电流波形,由于系统的参数、牵引整流机组的相数、接线方式的不同,波形畸变程度也不同。

整流谐波有特征谐波和非特征谐波之分。特征谐波是指整流装置运行于理想条件下产生的谐波,在理想运行条件下三相交流电源是对称的纯正弦电压,交流侧三相阻抗完全相等,直流侧平均电流恒定,且没有受到直流侧负载的调制。

由于整流装置运行的三相系统出现的交流电压不对称、延迟角不对称、三相阻抗不相等、直流侧平均电流不恒定等诸多因素,将会产生非特征谐波,非特征谐波次数和幅值目前还无法用一个通用公式表达出来,但工程上可以实际测量它的数值。

整流相数(脉波数)越多,整流电压越平稳,纹波系数也低,所产生谐波的次数越高,特征谐波和非特征谐波的含量越低。若采用 12 脉波整流,理论上讲,12 脉波整流只产生 11、13、23、25 次以上特征谐波,而 24 脉波整流只产生 23、25 次以上特征谐波。

实际上,由于各种非理想因素(电网电压不对称、牵引变压器三相阻抗不对称等)的存在,不可避免地产生非特征谐波,24 相整流也将产生 5、7、11、13 次谐波,这些谐波的大小取决于牵引整流机组的制造技术。

(2)动力照明系统谐波。

除牵引供电系统产生谐波外,动力照明设备也会产生谐波。以下设备是动力照明系统的主要谐波源:变频器,荧光灯,高压气体放电灯,计算机,软启动装置,电容器等。

2. 谐波对电力系统的影响

谐波对电力系统的影响大致可以分为以下三个方面:

(1)谐波电流有可能引起电力系统的并联谐振或串联谐振,引起过电压或过电流,危及设备安全。

2.2.3 谐波电流的产生.MP4

(2)谐波电流流入电气设备,可引起发电机、变压器、电抗器及电容器等电气设备产生附加损耗和发热,严重时可引起设备损坏。

(3)对利用电压波形进行控制的设备可引起误控,对仪表计量等会引起计量误差,影响准确性。

2.2.4 谐波电流的影响.MP4

【练习与评价】

选读某城市地铁供电图册,结合本任务所学知识,回答表 2.2.2 中的问题。

表 2.2.2 任务 2.2 完成情况评价表

序号	任务内容	完成记录	标准分	评分
1	城轨供电系统通常有哪几种外部电源供电方式?所选读的地铁线路采用的是哪种外部电源供电方式?		15	
2	图中从外部电源引入至用电负荷,分别采用了哪些电压等级?		15	

续表

序号	任务内容	完成记录	标准分	评分
3	图中采用了哪种无功补偿方式？为什么要加装无功补偿装置？		15	
4	一般哪些电源可作为应急电源？		20	
5	为什么用电设备的功率因数低于规定值时，电力部门要额外征收力调电费？		15	
6	"任务小结"完成情况		20	
总体评价：	□ 好　　□ 较好　　□ 一般　　□ 较差　　□ 差			

任务 2.3　主变电所

任务导读

对于外部电源集中供电方式，应建设城市轨道交通用的主变电所，该主变电所的功能是接受城市电网的高压电源，经降压后为牵引变电所与降压变电所提供中压电源。

主变电所电气主接线，可以从高压侧和中压侧两个方面来描述。高压侧主接线主要有线路-变压器组、内桥形、外桥形三种接线形式；中压侧一般采用单母线分段形式，并设置母线分段开关。

对于分散式外部电源方案，往往需要设置电源开闭所，负责向供电分区供电。电源开闭所一般不单独建设，而是在城市轨道交通车站与牵引（或降压）变电所合建，且共用中压母线，中压母线应采用单母线分段接线。

【学习目标】

1. 知识目标

（1）掌握主变电所进线电源侧的三种接线形式。
（2）掌握主变电所中压侧主接线形式。
（3）了解主变压器台数与容量的确定方法。
（4）了解主变压器规格型号及特点等。

2. 能力目标

（1）会识别主变电所进线侧与中压侧接线方式，会分析其特点。

（2）会分析主变电所在城轨供电系统中的作用。

3. 素质目标

（1）养成抓主要矛盾和矛盾主要方面的意识。

（2）树立抓关键问题的意识。

【任务描述】

阅读城轨供电系统某主变电所电气接线图（图 2.3.1），分析该所的电气主接线方式与运行方式。

【任务分析】

首先要了解城轨供电系统主变电所高压侧与中压侧的电气主接线知识，同时学习掌握主变压器的相关知识，即可完成这一读图与分析任务。

【基本知识】

知识点 1：电气主接线

城轨主变电所电气主接线分为进线高压电源侧接线与馈线中压侧接线两部分。其中进线侧接线一般有线路-变压器组接线、内桥形接线和外桥形接线三种形式，需要了解三种接线的不同特点。中压侧接线一般采用单母线分段形式。通过本节可以了解相关的详细内容。

主变电所电气主接线应与当地电力部门协商确定。城市轨道交通主变电所高压侧与城市电网之间应设明显的电气分断点。

1. 线路-变压器组接线

（1）主变电所两路高压电源进线（如 110 kV），可以都是专线，也可以是一路专线、另一路"T"接。高压侧主接线采用线路-变压器组和两断路器的形式，如图 2.3.2（a）所示。

（2）这种接线的优点是接线简洁，高压设备少，占地少，投资省，继电保护简单。

（3）在正常运行方式下，两路线路各带一台主变压器。

（4）如主变压器一、二级负荷的负载率较低，系统发生故障时，恢复供电操作十分方便。当一台主变或一条线路故障退出运行时，只需在主变电所中压侧做转移负载操作，由另一路进线电源的主变压器承担本主变电所范围内的全部一、二级用电负荷，对相邻主变电所无影响。

（5）如主变压器一、二级负荷的负载率较高，当主变或线路发生故障时，需要通过相邻主变电所联络来转移部分负荷，实现相互支援。

（6）适用范围：主变电所不设高压配电装置，一台主变压器退出时，其他主变压器能承担本主变电所供电范围内的全部一、二级负荷。线路-变压器组接线形式被广泛应用于城市轨道交通主变电所。

2. 内桥形接线

（1）主变电所两路高压进线电源，可以都是专线，也可以是一路专线、另一路"T"接。高压侧主接线采用内桥形接线形式，如图 2.3.2（b）所示。

（2）这种接线的优点是有 3 台断路器，需要的断路器较少，而且线路故障操作简单方便，系统接线清晰。

图 2.3.1 主变电所电气接线图

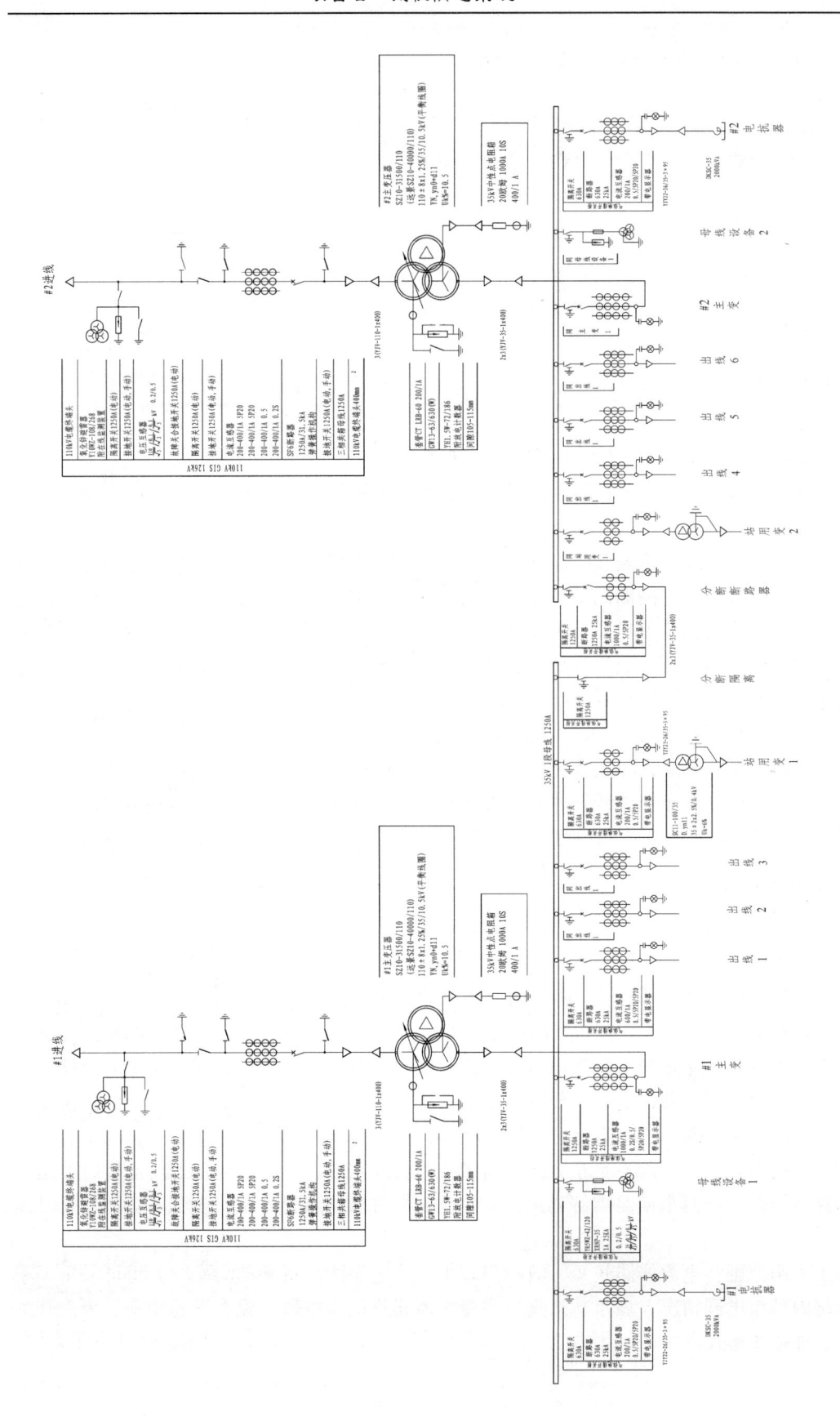

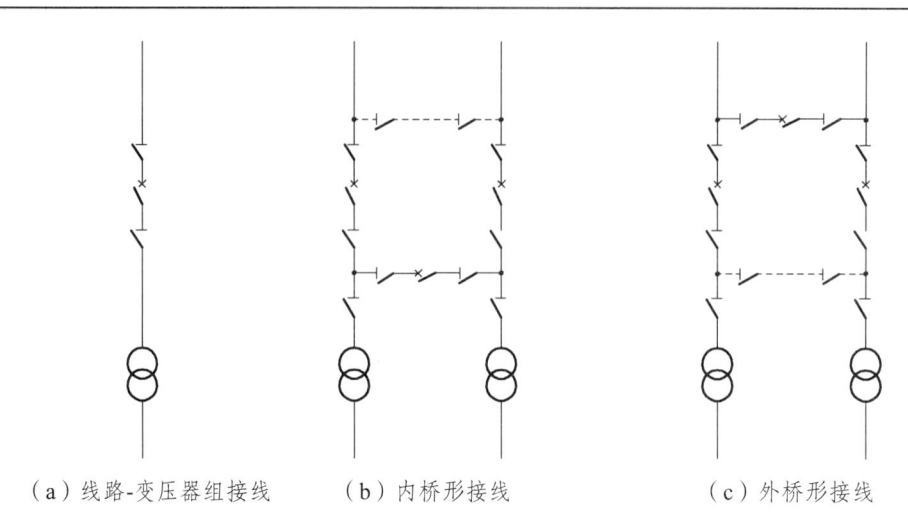

(a) 线路-变压器组接线　　　(b) 内桥形接线　　　(c) 外桥形接线

图 2.3.2　线路-变压器组接线及桥形接线

（3）在正常运行方式下，桥联断路器打开，类似于线路-变压器组接线，两路线路各带一台主变压器。

（4）因内桥形接线线路侧装有断路器，线路的投入和切除十分方便。当送电线路发生故障时，只需断开故障线路的断路器，不影响另一回路正常运行。需要时也可以合上桥联断路器，由一路进线带两台主变压器。但主变压器故障时，则与该变压器连接的两台断路器都要断开，从而影响了另一回未故障线路的正常运行。另外，桥联断路器检修时，电源线路需较长时间停运；出线断路器检修时，电源线路也需较长时间停运。

（5）因主变压器运行可靠，其故障率低于线路故障率，且主变压器也不需要经常切换，因此这种主接线形式应用较多。

（6）适用范围：对于电源线路较长、故障率较高的情况，采用这种接线方式可以提高供电可靠性。

2.3.1 桥接线方式.MP4

3. 外桥形接线

（1）主变电所两路高压进线电源，可以都是专线，也可以是一路专线，另一路"T"接。高压侧主接线采用外桥形接线形式，如图 2.3.2（c）所示。

（2）这种接线的优点是有 3 台断路器，需要的断路器较少。

（3）在正常运行方式下，外桥联断路器打开，类似于线路-变压器组接线，两路线路各带一台主变压器。当一路进线电源失电后，外桥联断路器合闸，由另一路进线电源向分挂在两段母线上的两台主变压器供电，承担本主变电所范围内的全部一、二级用电负荷，根据供电系统负荷变动情况，确定三级负荷的切除与保留。

（4）线路的投入和切除不是很方便，需操作两台断路器，并有一台主变压器暂时停运。桥联断路器检修时，两个回路需解列运行；主变压器侧断路器检修时，主变压器需较长时期停运。

（5）适用范围：电源线路较短，故障率较少。当电源线路有穿越功率时，也可采用。根据目前国内城市电网情况，城市轨道交通主变电所属终端变电所，没有穿越功率，因而基本不采用这种接线形式。

4. 中压侧主接线形式

（1）主变电所中压侧一般采用单母线分段形式，并设置母线分段开关，如图2.3.3所示。

（2）这种接线的优点：正常情况下，两段母线分列运行；牵引变电所和降压变电所可以从不同母线取得中压电源；当主变电所一段中压母线失电时，另一段中压母线可以迅速恢复对牵引变电所和降压变电所供电。

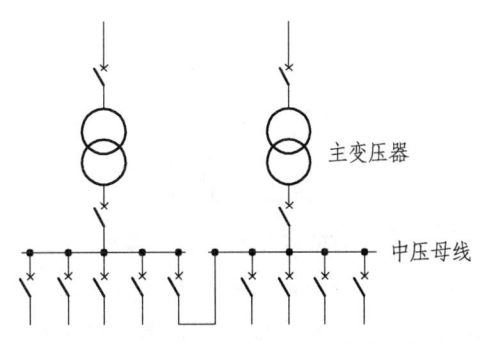

图 2.3.3　主变电所中压侧单母线分段主接线

（3）当一路高压进线失电或一台主变压器退出后，通过中压母线分段开关迅速合闸，由另一台主压器承担本主变电所范围内的全部一、二级用电负荷，根据供电系统负荷变动情况，确定是否切除二级负荷。

（4）当一段中压母线故障时，该段母线上的进线开关分闸，同时该段母线上馈线所接的第一级牵引负荷或降压变电所进线开关也应失压跳闸；根据中压供电网络运行方式，由主变电所的另一段中压母线继续供电。

知识点2：主变压器的选择

主变压器可以比喻为城轨主变电所的"心脏"。因此，主变压器的选择至关重要，本知识点主要介绍了主变压器台数与容量的确定、主变压器选型、主变压器阻抗的选择、主变压器电压调整方式的选择与冷却方式以及中性点接地方式的选择等。

（一）主变压器台数的确定

原则上，主变压器台数应结合供电网络规划、中压网络形式、系统运行方式、主变电所容量备用要求等因素综合分析确定。

目前，国内城市轨道交通主变电所均设置2台主变压器，互为备用。正常情况下，2台变压器并列运行，各负担约50%的用电负荷。

国外城市轨道交通主变电所中主变压器数量，不尽一致。有2台的，有3台的，还有5台的。德黑兰地铁1号线、2号线的主变电所，高压侧为63 kV，中压侧为20 kV。每座主变电所共设置3台主变压器，其中初期安装2台，远期预留1台。当初期安装的2台主变压器容量不能满足远期运行需要时，将安装第3台主变压器，实现对该主变电所的增容。初期变电所土建设计时，就为第3台主变压器及需要增加的63 kV GIS间隔与20 kV开关设备预留了位置。

开罗地铁3号线一期工程的主变电所，高压侧为220 kV，中压侧为20 kV。220 kV为双母线隔离开关分段接线，每段母线上有两路进线。一段母线上接 3 台主变压器（2 台给牵引变电所供电，1 台给降压变电所供电）；另一段接 2 台主变压器（1 台给牵引变电所供电，1 台给动力照明变电所供电）。20 kV 则有 5 个主母线段对应 5 台主变压器，其中 3 个为 20 kV 牵引母线段，2 个为 20 kV 动力照明母线段。

（二）主变压器容量的确定

主变压器容量的选择，涉及供电网络资源共享、运行方式、建设时序、建设资金等多个因素，需要综合考虑确定。

1. 供电网络资源共享对主变压器容量选择的影响

对于已经完成城市轨道交通供电网络规划的城市，新建主变电所的主变压器容量的选择，应依据城市轨道交通供电网络规划进行。设计阶段要对主变电所的供电范围进行确认，并根据最新资料对主变压器容量进行核算。在供电网络资源共享的情况下，主变压器容量规格与单线建设时相比会有所增加。

对于尚未完成城市轨道交通供电网络规划的城市，作为确定主变压器容量的设计条件，应首先确定要不要考虑主变电所的资源共享。如果考虑，应明确考虑的原则，即依据资源共享方案确定主变压器容量按照多少预留。作为设计建议，主变压器容量可以按照加大一级容量规格考虑。

2. 运行方式对主变压器容量选择的影响

为描述方便，这里把运行方式简单地分为 N-1 和 N-2 两种运行方式。

所谓 N-1 运行方式，是指供电系统中有一个任意元件（如电源线路、变压器等）发生故障后的运行方式。此时按照城市轨道交通可靠性要求，供电系统应满足"N-1 准则"，保证列车正常运行。

所谓 N-2 运行方式，是指供电系统中有两个任意元件发生故障后的运行方式。此时供电系统应能维持列车继续运行，而并不要求保证列车正常运行。因此，主变压器容量能满足"N-1 准则"要求即可。

目前，国内城市轨道交通主变电所一般设置 2 台主变压器。正常运行时，2 台主变压器共同承担本所供电范围内的用电负荷。当一台主变压器退出运行时，另一台主变压器应能承担重新调度后供电范围内的一、二级负荷，保证列车正常运行，按 N-1 准则，应充分考虑供电分区的重新调度与划分。主变压器容量的选择应满足该运行要求。另外，个别城市与线路在设计时还建议：若条件许可还应考虑当一个主变电所一台变压器退出运行时，通过调整供电分区及负荷再分配，与相邻主变电所共同承担全部负荷的供电。这样做，理论上讲是有可能的，但实施性与主变电所的位置距离有关。

当一座主变电所退出运行时，是否由其他相邻主变电所承担全线一、二级负荷的供电，这属于 N-2 运行方式下的问题。从城市轨道交通可靠性要求来说，主变电所设置、主变压器容量、中压网络电缆规格，满足"N-1 准则"即可满足国家标准对一级负荷电源的要求。然而，在实际工程设计中，国内多数城市与线路的设计原则是：当一座主变电所退出运行时，由其他相邻主变电所承担全线一、二级负荷的供电，保证列车正常运行。只有个别城市的设计情况是：当一座主变电所退出运行时，其他相邻主变电所未能完全承担全线一、二级负荷的供电，而是通过适当降低列车发车密度，维持列车继续运行。前者对主变压器备用容量要求高、投资大、能耗大；后者对主变压器备用容量要求低、投资小、能耗小。

3. 用电负荷计算与主变压器容量选择

按近、远期两种情况，分别计算正常用电负荷及一台主变压器退出运行时两种不同运行方式下的用电负荷。根据两者中的大者，分别确定近、远期主变压器容量。

4. 主变压器容量对运营成本的影响

供电单位在收取电费时实际上是包括了两部分电费，一部分是用电单位按供用电合同所确定的电费单价乘以实际所消耗的电量，另一部分则是按变压器的额定安装容量（反映变压器占用电力系统资源的大小）收取的基本电费。供电力部门收取基本电费的标准一般为每个 kV·A 每个月 20 元。

举例：某地铁线路采用集中式供电方式，共设 3 座主变电所，主变电所的主变压器安装容量为 40 MV·A。则该线路每月除应按实际用电量支付供电部门的电费外，还需要上缴供电部门 4万 kV·A×3×20元/kV·A=240 万元的基本电费，一年要缴纳基本电费 240 万元/月×12月=2 880 万元。当一个城市同时有几条甚至数十条地铁线路在运营时，一年要缴纳的基本电费将是一笔庞大的支出。因此，合理选择主变压器的容量，减少对电力系统资源的占用，可大大降低基本电费，减少运营成本支出，节能提效显著。

（三）主变压器形式的选择

当不受运输条件限制时，在 330 kV 及以下的发电厂和变电所，均应选用三相变压器。城市轨道交通主变电所高压侧电压为 110 kV 及以下，因而均选用三相变压器。

目前，我国城市轨道交通主变压器一般采用两线圈变压器。随着 35 kV 设备的小型化及价格的降低，大多城市的城市轨道交通采用 110/35 kV 两线圈变压器，少数城市的城市轨道交通由于历史等原因仍采用 110/10 kV 两线圈变压器。

目前主变压器一般采用 Y,d 接线，有载调压开关装在高压侧。

（四）主变压器电压调整方式的选择

主变分接头应根据电网电压水平选择，根据《电力系统电压质量和无功电力管理规定》，110 kV 电源最高电压取 110（1+0.07）kV，最低电压取 110（1-0.03）kV；35 kV 系统其供电电压正、负偏差绝对值之和不超过标称电压的 10%；10 kV 母线电压合理范围为 10.0~10.7 kV。

为保证中压母线电压在合格范围内，应采用有载调压变压器。实际工程中主变压器分接头范围一般选择[（110±8）×1.25%]kV。其主分接头位置则根据城市电网的潮流计算来确定。

（五）主变压器的冷却方式

主变压器一般采用的冷却方式有：自然风冷却；强迫油循环风冷却；强迫油循环水冷却；强迫油循环导向冷却。

小容量变压器一般采用自然冷却或自然风冷却，大容量变压器一般采用强迫油循环风冷却。在发电厂水源充足的情况下，为了压缩占地面积，大容量变压器也有采用强迫油循环水冷却方式的。在 100 MV·A 以上的大容量变压器中，有的也采用强迫油循环导向冷却方式。

根据目前国内变压器制造水平，对于城市轨道交通用主变压器，110 kV 等级容量 50 MV·A 以下的，一般采用自然冷却方式。

图 2.3.4　主变压器

2.3.2 读懂牵引变压器铭牌-型号与接线方式.MP4

【任务实施】

第一步：分析电气主接线

（1）110 kV 侧接线采用线路-变压器组接线，由城市变电站提供两回专用电源线路，电缆进线。每回进线电源容量应能满足本所供电区域的正常供电要求，并在相邻主变电所事故情况下对相邻供电区域提供支援。

（2）35 kV 侧接线则采用单母线分段接线，均为电缆出线。

（3）主变压器 110 kV 侧中性点采用避雷器加保护间隙，同时也可经隔离开关接地。

（4）35 kV 采用小电阻接地形式，接地电阻选择 20 欧姆。由于主变压器接线方式为 YN, yn0+d11 接线，接地电阻直接接在主变低压侧。

（5）在 35 kV 每段母线设所用变一台，所用变容量为 100 kV·A。

（6）由于 35 kV 出线均为电缆，且出线较长，经计算电缆电容充电功率较大，故在每段母线设置一组并联电抗器。

第二步：分析运行方式

（1）正常运行时，两台主变压器分列运行。每台主变压器容量应承担其供电区域内的全部一、二、三级负荷的供电。当一台主变压器退出运行时，由另一台主变压器承担本所供电分区的一、二级负荷供电，也可通过调度，实现两主变电所三台变压器带全线负荷的运行模式。当一座主变电所退出运行时（不考虑 35 kV 母线故障），另一座主变电所应能承担全线一、二级负荷的供电。

（2）当一台变压器故障退出运行时，35 kV 母联断路器有条件地自动合闸，由另一台主变压器承担本所供电区域的一、二级负荷供电。

（3）所内控制和监视设备采用电力监控系统提供的监控设备，按有人值守，无人值班设计。

第三步：分析主要设备选型

（1）为便于无人值班管理，主变压器选用自冷油浸式有载调压型，型号为 SZ10-31500/110，电压等级为 110±8×1.25%/35/10.5 kV，U_k%=10.5，带平衡线圈，接线方式为 YN,yn0+d11，配 17 档油浸式有载调压开关。该型变压器的运输尺寸约为 6.0 米（长）×3.0 米（宽）×4.0 米（高），运输重量 60 吨，如图 2.3.4 所示。

（2）110 kV 配电装置采用 GIS 组合电器。

（3）主变中性点单相接地刀闸选用 GW13-72.5（W）型，配 CJ11 电动机构。

（4）主变中性点氧化锌避雷器选用 YH1.5W-72/186 型。

（5）35 kV 配电装置采用气体绝缘式高压开关柜。

（6）接地电阻选用 20 欧姆，额定电流 1 000 A，选用成套柜式。

（7）所用变选用干式变压器，带 IP20 外壳，容量为 100 kV·A。

（8）110 kV 为电缆进线，与主变连接采用单芯 400 mm^2 电缆。

（9）35 kV 配电装置采用气体绝缘高压开关柜，室内双列布置，全电缆出线，层高为 5.0 米。主变 35 kV 侧采用双拼单芯 400 mm^2 电缆连接。

（10）35 kV 并联电抗器采用环氧浇注干式铁芯并联电抗器。与 35 kV 开关柜之间采用电缆连接，电缆截面：铜芯 3×95 mm^2。

（11）35 kV 接地电阻采用成套柜式，布置在接地变室。与 35 kV 开关柜之间采用电缆连接，电缆截面：铜芯 3×95 mm^2。

（12）35 kV 所用变采用干式配电变压器，带 IP20 外壳，与 35 kV 开关柜之间采用电缆连接，电缆截面：铜芯 3×95 mm^2。

【任务小结】

请简要小结本任务的学习要点、难点与困惑，写在下面的横线上！

_____

_____

_____

_____

【格言语录】

"少年易老学难成，一寸光阴不可轻。"——[宋]朱熹《劝学诗》

人生短暂，几十年，弹指一挥间。青春易逝，一晃而过，而学问却很难一蹴而就。要想学有所成，每一寸光阴都不能轻易放过啊。"三更灯火五更鸡，正是男儿读书时。黑发不知勤学早，白首方悔读书迟。"好好珍惜宝贵的青春年华，不要等到白了少年头时再空悲切。

【拓展知识】

主变压器中性点接地方式

主变压器中性点接地方式是一个综合性问题。它与电压等级、单相接地短路电流、过电压水平、保护配置等有关,直接影响系统供电的可靠性和连续性、主变压器的运行安全以及对通信线路的干扰等。

中性点接地方式可以分成:中性点直接接地或经小电阻接地,中性点非直接接地。中性点非直接接地又可以分成:中性点不接地,中性点经消弧线圈接地,中性点经高电阻接地。

1. 确定中性点接地方式的原则

(1)单相接地故障对连续性供电的影响最小,用电设备能够继续运行较长时间。

(2)单相接地故障时,非接地相的过电压倍数较低,不至于破坏用电系统的绝缘水平,发展为相间短路。

2.3.3 中性点接地方式.MP4

(3)发生单相接地故障时,能将故障电流对电动机、电缆等的危害限制到最低限度,同时有利于实现灵敏而有选择性的接地保护。

2. 主变压器中性点接地方式

(1)主变压器 110 kV 侧中性点接地方式。

根据有关标准,我国 110 kV 及以上电力系统中性点为直接接地系统。但在实际运行中,主变压器高压侧中性点是否直接接地,则根据地区电网具体运行情况确定。有时一个主变电所的两台主变压器,其高压侧一台接地而另一台不接地。

(2)主变压器 10~35 kV 侧中性点接地方式。

6~66 kV 电网采用中性点不接地方式,但当接地电容电流大于 30 A(6~10 kV 电网),或 10 A(20~66 kV 电网)时,中性点应经消弧线圈接地或小电阻接地。

城轨供电系统中压网络全为电缆线路,其电容电流比较大。电容电流可按下式进行估算:

$$I_c = KUL \quad (A) \tag{2.3.1}$$

其中 $K=(95+144S)/(2200+0.23S)$

式中 U——电缆的额定电压(kV);

L——电缆的总长度(km);

S——电缆线芯总截面(mm^2)。

(3)中性点设备的选择

安装在 Y,d 接线双绕组变压器中性点上的消弧线圈的容量,不应超过变压器三相容量的 50%,并且不得大于三绕组变压器任一绕组的容量。安装在 Y,y 接线的变压器中性点上的消弧线圈的容量,不应超过变压器三相容量的 20%。

前面介绍过,主变压器大部分采用同 Y,d 结线。当主变压器无中性点或中性点未引出时,应装设专用接地变压器。选择接地变压器容量时,可考虑主变压器的短时过负荷能力。接地变压器的特性要求是:零序阻抗低,空载阻抗高,损失小。采用曲折形接法的变压器,能满足这些要求。

【练习与评价】

选读某城市地铁供电图册,结合本任务所学知识,回答表 2.3.2 中的问题。

表 2.3.2   任务 2.3 完成情况评价表

序号	任务内容	完成记录	标准分	评分
1	主变电所高压侧主接线方式主要有哪几种。		10	
2	主变电所中压侧一般采用什么接线方式。		10	
3	分别简述线路-变压器组接线与内桥形接线的适用范围。		20	
4	单母线分段接线有何优点。		15	
5	简述中性点接地的几种方式。		10	
6	简述国内城轨供电系统对主变电所主变压器容量的要求。		20	
7	"任务小结"完成情况。		15	
总体评价： □ 好 □ 较好 □ 一般 □ 较差 □ 差			

任务 2.4 中压网络

任务导读

中压电缆，纵向把上一级主变电所和下一级牵引变电所、降压变电所连接起来，横向把全线的各个牵引变电所、降压变电所连接起来，便形成了中压网络，如图 2.4.1 所示。其功能类似于电力系统中的输电线路。中压网络的设置，涉及外部电源方案、主变电所的位置及数量、牵引变电所及降压变电所的数量、牵引变电所与降压变电所的主接线等。通常分为牵引网络、动力照明网络和牵引动力照明混合网络三种形式。

【学习目标】

1. 知识目标

（1）了解国内中压网络现状。

（2）理解不同电压等级中压网络的供电能力与特点。

（3）掌握中压网络构成的几种不同形式。

（4）熟悉城轨供电系统的运行方式。

（5）了解环网电缆的选择与敷设要求。

2. 能力目标

（1）会识别中压网络图。

（2）会分析中压网络的运行方式。

（3）会分析不同地段的电缆敷设方式。

3. 素质目标

（1）培养对比分析与思考意识。

（2）培养辩证思维能力。

【任务描述】

阅读某城轨供电系统中压网络连接图（图2.4.1），分析图中的牵引降压混合所与降压变电所采用的是哪种中压网络接线形式，并分析该接线方式有何特点？图中的主变电所共有几个供电分区？图中共有几个牵引降压混合变电所，共有几个降压变电所？

【任务分析】

要会分析中压网络连接图，首先要认识图中的各种符号及数字的含义，会识别牵引降压混合变电所和降压变电所，进而会识别中压网络的构成形式等，就可以完成本任务了。

【基本知识】

知识点1：中压网络的构成形式

在城轨供电系统中，通常有三种中压网络形式，分别是牵引网络、动力照明网络和牵引动力照明混合网络。为牵引变电所供电的中压网络称为牵引供电网络，简称牵引网络。为降压变电所供电的中压网络称为动力照明供电网络，简称动力照明网络。通过公用电源电缆同时向牵引变电所和降压变电所提供中压电能的网络称为牵引动力照明混合供电网络，简称牵引动力照明混合网络。

目前，国内城市轨道交通工程经常采用的形式有牵引动力照明混合网络与牵引动力照明独立网络。牵引动力照明混合网络采用同一电压等级，供电系统的整体性比较好。牵引动力照明独立网络既可采用不同的电压等级，也可以采用同一个电压等级，牵引网络与动力照明网络相对独立，彼此相互影响较小。对于集中式供电系统，牵引网络和动力照明网络可以采用相对独立的形式，即牵引动力照明独立网络，也可以共用混合网络。对于分散式供电系统，则采用牵引动力照明混合网络。

中压网络通常选用的电压等级有35 kV、33 kV、20 kV和10 kV等几种。电压等级不同，系统的输电容量、供电距离、设备体积与工程造价等有较大差别，同时选用哪种电压等级还与城市电网的衔接以及电气设备的配套等都有着紧密的联系。这是本节所要阐述的主要内容。

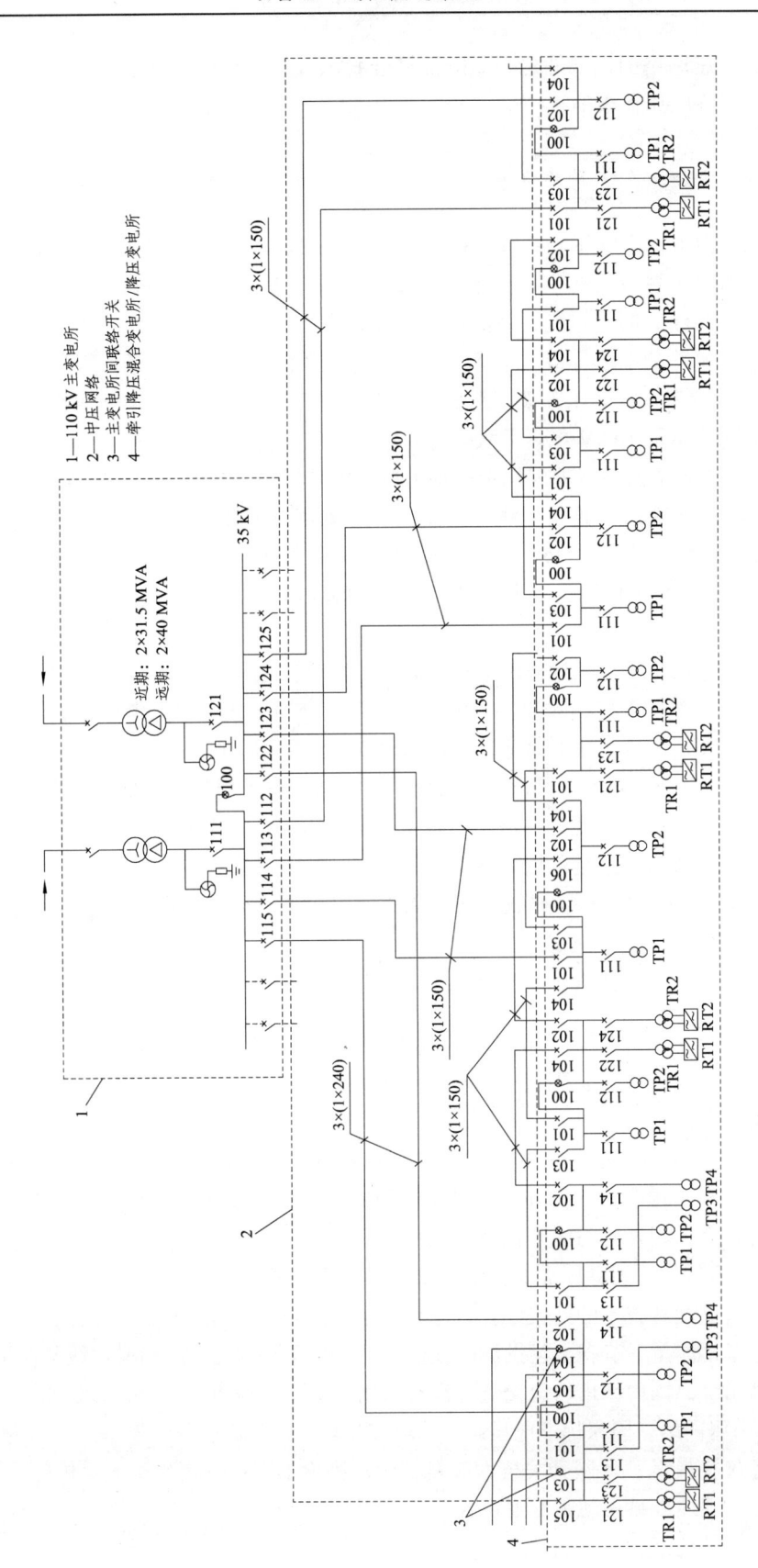

图 2.4.1 城轨供电系统中压网络连接

电压等级是中压网络两大属性之一。下面结合我国现行中压配电标准电压等级来介绍城市轨道交通中压网络电压等级的选用。

(一) 国内城市轨道交通中压网络现状

我国现行中压配电标准电压等级有：35 kV、20 kV、10 kV、6 kV 和 3 kV。目前，国内既有城市轨道交通的中压网络电压等级采用了 35 kV、33 kV 和 10 kV。具体采用哪种电压等级，要结合外部电源、线路走向、运能、站点设置、设备供应情况等诸多因素，进行技术经济比较，选择适合工程实际的电压等级。上海、广州部分地铁线路由于历史条件限制成套引进国外设备，因此采用了 33 kV 电压等级，南京、深圳等城市采用了 35 kV 电压等级，北京、长春、大连等城市则采用了 10 kV 电压等级。

目前，国内城市轨道交通普遍采用牵引动力照明混合网络，电压为 10 kV 或 35 kV。如北京地铁（10 kV）、长春轨道交通 3 号线（10 kV）、武汉地铁 2 号线（35 kV）、深圳地铁 5 号线（35 kV）、重庆地铁 1 号线（35 kV）、上海地铁 13 号线（35 kV）等。随着城乡电力消费的增长，发展城乡 20 kV 配电网已提上议事日程。20 kV 是目前公认的具有发展前景的优选电压级。

对于集中式供电系统，与其他公用用户相比，它相对独立并自成系统。无论从施工建设，还是运营管理、养护维修等均相对独立。因此城市轨道交通中压网络的电压等级不一定与外部城市电网电压等级相一致。在上海地铁、广州地铁，已采用了国外的 33 kV 设备，而我国电压等级是 35 kV，并非 33 kV。另外，南京地铁、深圳地铁采用的 35 kV，也是这两座城市电网所要取消的电压等级。因此，在城市轨道交通中压网络电压等级与外部城市电网电压等级的关系上，是采用 35 kV 还是采用 33 kV、20 kV 或者 10 kV，要在综合分析线路走向、站点设置、外部电源条件、设备供应情况等诸多因素的前提下，进行技术经济比较。

(二) 不同电压等级中压网络的特点

(1) 35 kV 中压网络，国家标准电压级。输电容量较大，距离较长；设备来源国内；设备体积大，占用变电所面积较大，不利于减小车站体量；设备价格适中；广州地铁、上海地铁等已经普遍采用。

(2) 33 kV 中压网络，国际标准电压级。输电容量较大，距离较长，基本与 35 kV 一致；设备来源国外，不利于国产化；国外开关设备体积较小，价格较高，广州、上海地铁部分先期建设线路有所采用；国外 C-GIS 产品有环网单元。

(3) 20 kV 中压网络，国际标准电压级。输电容量及距离适中，比 10 kV 系统大。设备完全实现国产化；引进国外技术的开关设备，体积较小，占用变电所面积远小于国产 35 kV 设备，有利于减小车站体量，节省土建投资；价格适中；有环网单元，能构成接线与保护简单、操作灵活的环网系统；国内城市轨道交通尚没有采用，但国外城市轨道交通普遍采用。

(4) 10 kV 中压网络，国家标准电压级。输电容量较小、距离较短；设备来源国内；设备体积适中；设备价格较低；环网开关技术成熟、运营经验丰富，可用其构成保护简单、操作灵活的环网系统；国内外城市轨道交通广为采用。

不同电压等级中压网络的综合比较，见表 2.4.1。

表 2.4.1 不同电压等级中压网络的综合比较

序号	项目	35 kV	33 kV	20 kV	10 kV
1	适用标准	国家标准	国际标准	国家、国际标准	国家、国际标准
2	对外部电压等级要求	城市电网可以没有 35 kV	城市电网可以没有 33 kV	城市电网可以没有 20 kV	一般城市电网均已有 10 kV
3	设备国产化	国内	国外	国内	国内
4	环网柜情况	无环网柜	有环网柜	有环网柜	有环网柜
5	设备尺寸及占用变电所面积	较大，不利于减小车站体量	较小，利于减小车站体量	较小，利于减小车站体量，节省土建投资	较小，利于减小车站体量
6	设备价格	适中	最高	适中，比 35 kV 低	最低
7	输电容量	较大	较大	适中，比 10 kV 大	较小
8	输电距离	较长	较长	适中，比 10 kV 长	较短
9	城市轨道交通应用	国内有采用	国内外有采用	国外有采用	国内外有采用

中压网络有多种构成形式。对于集中式供电系统，主要分为独立牵引网络+独立动力照明网络和牵引动力照明混合网络两大类型，每种类型又有不同接线形式；对于分散式供电系统，主要采用牵引动力照明混合网络，基本接线方式有 A 型、B 型、C 型。每种形式都各有特点，也都各有应用。中压网络的构成形式与城轨供电系统安全准则、运行方式、继电保护以及电力调度等均有关系。

城市电网中压网络常用典型接线有：单电源辐射网、电缆单环网、电缆双环网等。但在城轨供电系统中，单电源辐射网较少采用。基于消防等系统电源特殊需要，采用电缆单环网不适合于动力照明网络，目前国内城市轨道交通也已基本不采用。因此，国内城市轨道交通最为常见的中压网络接线形式是电缆双环网。

中压网络的重要指标是供电可靠性。供电可靠性是指供电系统设备对用户连续供电的能力。具体要求如下：

（1）中压网络负荷转移能力必须满足 N-1 安全准则。

（2）主变电所（电源开闭所）失去任何一回进线或一台主变压器而降低供电能力时，中压网络应具有转移一、二级负荷的能力。

（3）主变电所（电源开闭所）的中压一段母线因故退出时，中压网络应具有转移其一、二级负荷的能力。

（三）集中式供电系统的中压网络

1. 独立牵引网络+独立动力照明网络

① 牵引网络的接线方式。

当中压网络为两个独立网络时，牵引网络的常用接线方式有 A、B、C、D 四种类型，如图 2.4.2 所示。

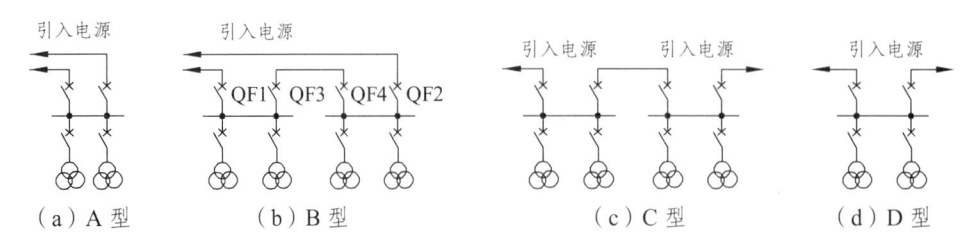

图 2.4.2 独立的牵引网络

(a) A 型　(b) B 型　(c) C 型　(d) D 型

A 型：牵引变电所主接线为单母线，牵引变电所的两个独立电源来自于同一个主变电所的不同母线，牵引变电所的进线与出线均采用断路器。该类型接线适用于线路始末端及紧邻主变电所的牵引变电所。

B 型：两个牵引变电所为一组，牵引变电所主接线均为单母线。这一组牵引变电所的两个独立电源来自于同一个主变电所的不同母线，每个牵引变电所均从主变电所接入一路主电源，两个牵引变电所通过联络电缆实现电源互为备用。牵引变电所的进线与出线均采用断路器。该类型接线适用于位于线路始末端的牵引变电所。

C 型：两个牵引变电所为一组，牵引变电所主接线均为单母线。这一组牵引变电所的两个独立电源来自于不同的主变电所，左侧牵引变电所从左侧主变电所接入一路主电源，右侧牵引变电所从右侧主变电所接入一路主电源，两个牵引变电所通过联络电缆实现电源互为备用。牵引变电所的进线与出线均采用断路器。该类型接线适用于位于两个主变电所之间的牵引变电所。

D 型：牵引变电所主接线为单母线。牵引变电所的两个独立电源来自于左右两侧不同的主变电所，牵引变电所的进线与出线均采用断路器。该类型接线适用于位于两个主变电所之间的牵引变电所。

B、C 型接线方式备用电源投入方式比较复杂。现以 B 型接线为例进行分析。

QF1、QF2 分别为两个牵引变电所主电源，QF3、QF4 分别为两个牵引变电所备用电源。为避免变电所合环运行，QF1、QF2、QF3、QF4 开关不得同时处于合闸状态。假设 QF1、QF2、QF3 同时处于合闸状态，当 QF1 因进线电源失压跳闸后，QF4 开关合闸，以保障该牵引变电所正常运行，故此两个牵引变电所之间需要建立联锁关系。

② 动力照明网络的接线方式。

动力照明网络的基本接线方式，如图 2.4.3 所示。

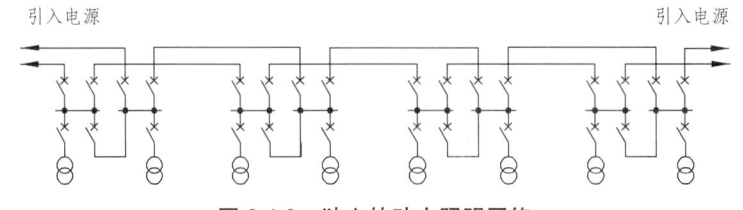

图 2.4.3 独立的动力照明网络

将全线的降压变电所分成若干个供电分区，每一个供电分区均从主变电所（如 35/10 kV 主变压器）就近引入两个独立电源。根据负荷力矩、电压等级及节能的需要，确定每个供电分区内的降压变电所数量。中压网络采用双环网接线方式，两个主变电所各自负责的供电分区间（彼此相邻的两个供电分区）可以通过环网电缆联络，建立电源关系。降压变电所主接线一般采用分段单母线形式，其进线开关采用断路器，该接线方式运行灵活。

2. 牵引动力照明混合网络

当牵引网络与动力照明网络采用同一个电压等级时，就可以采用牵引动力照明混合网络。其基本接线方式，如图 2.4.4 所示。

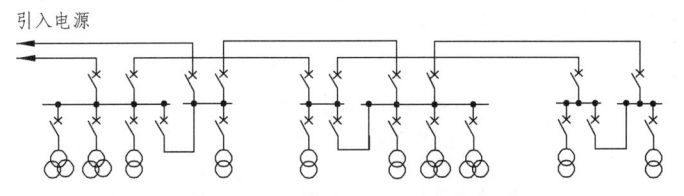

图 2.4.4　牵引动力照明混合网络

将全线的牵引变电所及降压变电所分成若干个供电分区，根据负荷力矩、电压等级及节能需要，确定每个供电分区内的牵引变电所和降压变电所的数量。每一个供电分区均从主变电所的不同母线就近引入两个中压电源，中压网络采用双线双环网接线方式。

牵引降压混合变电所、牵引变电所的主接线采用分段单母线加母线分段开关形式；降压变电所的主接线可采用分段单母线加母线分段开关形式，也可以取消母线分段开关，对于同一城市轨道交通线路的降压变电所，其主接线应尽量一致。

同一个主变电所供电范围内的供电分区间可以不设联络电缆（尤其是当这些供电分区分别只有一个牵引变电所时）。

牵引动力照明混合网络接线方式运行灵活。一般情况下，35 kV 牵引动力照明混合网络因其输电容量大、距离长，一般应用于地下和运能大的线路；10 kV 牵引动力照明混合网络因其输电容量小、距离短，一般适用于地面线路。

（四）分散式供电系统的中压网络

对分散式供电系统，中压网络采用牵引动力照明混合网络，这些基本接线方式可以分成 A 型、B 型、C 型三种类型，分别如图 2.4.5、图 2.4.6、图 2.4.7 所示。

A 型：全线的牵引变电所、降压变电所被分成若干个供电分区，中压网络采用双环网接线方式，两个相邻供电分区间通过两路环网电缆联络。每一个供电分区均从城市电网就近引入两个独立电源，牵引变电所、降压变电所的主接线，均采用分段单母线加母线分段开关形式。牵引变电所、降压变电所的环网进线开关均采用断路器。

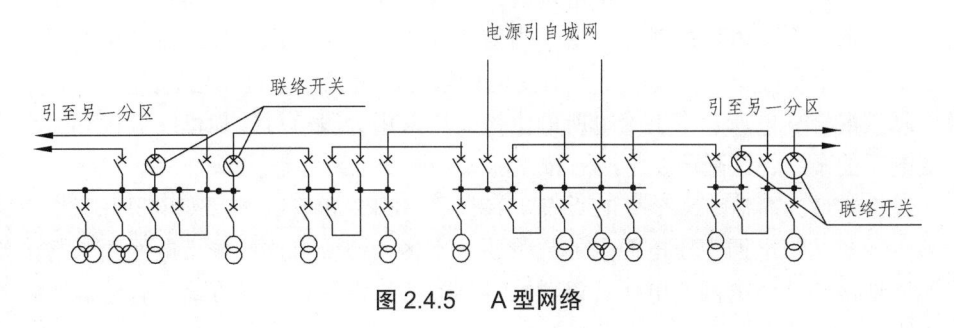

图 2.4.5　A 型网络

图 2.4.6　B 型网络

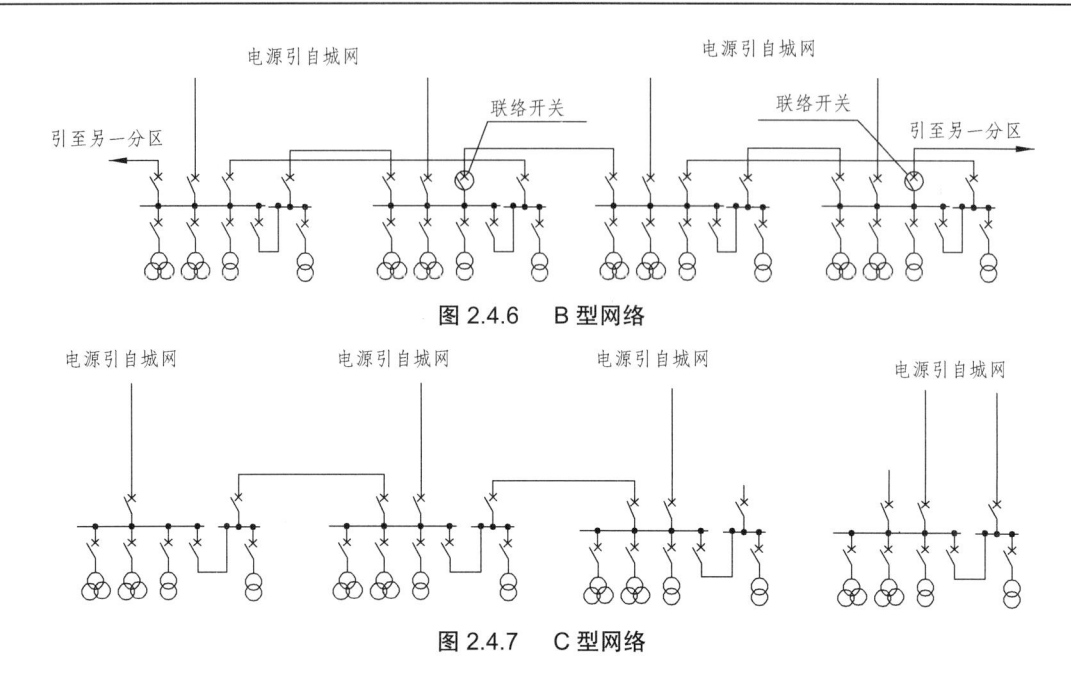

图 2.4.7　C 型网络

该接线方式运行灵活。同一个供电分区的外部电源可以来自不同地区的城市电网变电所，也可以来自同一地区城市电网变电所的不同母线。该方式要求城市电网有比较多的中压电源点，且不存在供电能力不足问题。

B 型：全线的牵引降压混合变电所（或牵引变电所），每两个分成一组。每一组均从城市电网引入两个独立电源，分别作为两个牵引降压混合变电所的主电源，同时同一组的两个牵引降压混合变电所间设双路联络电缆，实现电源互为备用。相邻两组牵引降压混合变电所之间设单路联络电缆，增加系统的供电可靠性。

牵引降压混合变电所、牵引变电所的主接线均采用分段单母线加母线分段开关形式。没有牵引变电所的地面车站，其降压变电所可按跟随式降压变电所考虑。没有牵引变电所的地下车站，其降压变电所的中压电源可以由相邻两组间的单路联络电缆提供，该降压变电所应采用分段单母线主接线。

该接线方式比较简洁。该方式对城市电网中压电源点的数量要求不多，但要求每组从城市电网引来的两个独立电源应来自不同地区的城市电网变电所，以增加供电的可靠性。该接线方式适合于地面线路。

C 型：全线的牵引降压混合变电所（或牵引变电所）均从城市电网引入一个独立电源，最后一个牵引降压混合变电所从城市电网直接引入两个中压电源，这路电源既是本变电所的主电源，又是前一个变电所的备用电源。当前面变电所的主电源直接来自城市电网，备用电源则来自于下一个变电所，依此满足所有变电所均有两个独立的进线电源。

牵引降压混合变电所、牵引变电所的主接线均采用分段单母线加母线分段开关形式。没有牵引变电所的车站，其降压变电所可按跟随式降压变电所考虑。

该接线方式最为简洁。N 个变电所需要 N+1 路 10 kV 电源，相邻变电所间只有一路联络电源。该方式对城市电网中压电源点的数量要求不多，但要求这些城市电网引来的中压电源应来自不同地区的城市电网变电所，以增加供电的可靠性。该接线方式适合于运输能力较小的地面线路。

（五）新型的中压网络

1. 既有中压网络形式比较

既有中压网络形式见表2.4.2。

表2.4.2　既有中压网络形式

中压网络形式	集中式供电方案			分散式供电方案
	牵引动力照明网络相互独立	牵引动力照明混合网络		牵引动力照明混合网络
牵引网络电压等级（kV）	35（33，20）	35（33）	10	10
动力照明网络电压等级（kV）	10（20）	35（33）	10	10
应用实例	上海地铁1、2、3、4号线等	南京地铁1、2号线，深圳地铁1、4号线，上海地铁5、6、8、9号线，广州地铁1、2、3、4号线等	武汉地铁1号线，重庆轨道交通新线，天津地铁1号线等	北京地铁1、2号线、八通线、13号线，大连快轨、长春轻轨等

注：表中括号内"20"表示国外采用20 kV牵引网络+20 kV动力照明网络的情况，如伊朗德黑兰地铁等。"33"表示以下两种情况：33 kV牵引网络+10 kV动力照明网络，如上海地铁1号线及2号线；33 kV牵引动力照明混合网络，如广州地铁1号线等。

① 独立牵引网络+独立动力照明网络接线形式。

由于城市轨道交通线路用电负荷呈线状分布，确定中压网络形式时，电压等级的选取是很重要的因素。如10 kV电压的负荷力矩要比20 kV、35 kV的小，在集中式供电系统中，10 kV电压的供电距离受到限制，所以，将牵引供电系统和动力照明供电系统设置为两个独立的中压网络，减轻了10 kV中压网络的负荷力矩。

使用35 kV、10 kV两种电压等级，输变压的环节较多，配电线路变得复杂，变压器及配电线路损耗增加。

② 牵引动力照明混合网络接线形式。

集中式供电系统中，混合网络电压等级采用35 kV，利用了该等级供电距离长、负荷力矩大的优势，但存在造价较高的不足。混合网络电压等级采用10 kV，设备造价较低，但负荷力矩较小，供电距离较短，主变电所之间的供电距离不宜过长或需增加10 kV供电分区数量。

分散式供电系统中，混合网络电压等级采用了10 kV，利用了与城市电网电力资源共享的优势。该中压网络形式要求引入较多数量的城市电网中压电源。

③ 变电所主接线形式。

一般情况下，变电所主接线大都采用了分段单母线加母线分段开关形式，进线开关和母线分段开关采用断路器。

2. 新型的中压网络

针对既有中压网络形式存在的种种不足，这里介绍一种新型的中压网络，即20 kV牵引动力照明网络，如图2.4.8所示。

全线的牵引降压混合变电所及降压变电所被分成若干个供电分区，每个供电分区车站数量根据潮流分布计算结果确定。每一个供电分区均从主变电所的不同母线就近引入两个 20 kV 电源。

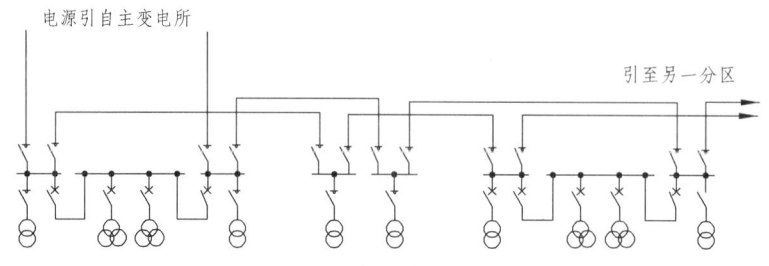

图 2.4.8　20 kV 牵引动力照明混合网络

牵引降压混合变电所、牵引变电所的主接线均采用分段单母线形式，即设有两段环网电源母线及一段牵引电源母线，牵引母线与两段环网电源母线间设有联络断路器，任何时候只允许一个联络断路器处于合闸位置，另一进线断路器（作为备用）投入的条件是"失压自投、过流闭锁"。两套牵引整流机组均接入牵引母线，牵引降压混合变电所的两台配电变压器则分别接入两段环网电源母线。降压变电所主接线采用分段单母线形式，配电变压器可以采用负荷开关-熔断器组合电器保护。

中压网络采用双环网接线方式。牵引降压混合变电所、牵引变电所、降压变电所的环网进线开关均采用负荷开关，需要注意负荷开关的短路耐受电流值与系统配合。两个主变电所之间的供电分区间通过双环网电缆联络，其他供电分区间可以不设联络电缆。

该接线方式特点：传统的 10 kV 动力照明网络、10 kV 牵引动力照明混合网络、35（33）kV 牵引动力照明混合网络，尽管也采用了环网接线方式，但除了 10 kV 牵引动力照明混合网络中的降压变电所可采取了负荷开关外，基本上是以断路器作为环网进线开关。20 kV 牵引动力照明混合网络，其最大构成特点是利用 20 kV 负荷开关作为环网进线开关，同时设置了两段环网电源母线，主接线简洁，投资省，充分利用 20 kV 电压级设备的特点。

该接线方式优点：当中压网络中的一个环网电缆故障时，主变电所中相应的 20 kV 馈出断路器将跳闸，相关牵引母线的联络断路器也将失压跳闸，随之备用联络断路器将自动投入，保证对牵引整流机组的不间断供电。

（六）中压网络的几个关系

中压网络构成形式的确定涉及城轨供电系统安全准则、供电系统运行方式、继电保护以及电力调度等方面，这主要体现在应处理好以下几个关系：

1. 中压网络与主变电所运行方式的关系

中压网络构成及其运行方式依托于主变电所（电源开闭所）之间的电源关系，即供电系统的正常运行方式和故障运行方式。两个主变电所之间的电源关系有如下两种形式：

① 两个主变电所之间相邻的供电分区间通过环网电缆联络，建立彼此电源关系。属于常用的一种方式。

② 两个主变电所中压母线间设联络电源，两个主变电所之间的供电分区间不必再设联络电缆。该方式需要单独设置中压电缆，造价高，一般不采用。

2. 中压网络与供电分区的关系

根据负荷用电量、线路长度以及中压电缆电压损失允许值，确定中压电缆的规格和实际长度，由此初步确定供电分区内变电所数量。根据线路能耗与中压电缆、中压开关设备造价综合比较，最后确定供电分区内变电所合理数量。供电分区内变电所的数量主要取决于线路的负荷力矩、经济指标。

相邻供电分区之间是否设联络电源，取决于上面所讲到的主变电所运行方式。

3. 中压网络与线路继电保护的关系

中压网络与线路继电保护的关系主要体现在变电所进线与联络馈线开关形式、中压网络运行方式。

变电所进线与联络馈线开关采用隔离开关或负荷开关时，由于隔离开关不具备继电保护功能，中压网络电源电缆故障由主变电所或电源开闭所馈出开关切除，故障范围容易扩大。

变电所进线与联络馈线开关均采用断路器，由于断路器具备继电保护功能，中压网络电源电缆故障由故障电缆两端的开关切除，容易控制故障范围。

需要说明的是，供电分区内变电所的数量与线路继电保护内容及实现手段没有直接联系，线路继电保护仅是保证城轨供电系统安全可靠运行的一种辅助手段。继电保护的内容及实现手段，国家相关规范、规程另有规定。

4. 中压网络与电力调度的关系

变电所进线与联络馈线开关均采用隔离开关，隔离开关不能带负荷操作。此接线形式简单实用，经济合理。对于电力管理和调度来讲，只能实现遥信、遥测功能，不能遥控。

变电所进线与联络馈线开关均采用负荷开关，负荷开关可带负荷操作。此接线形式经济且较为合理，简单实用，能实现遥信、遥测和遥控。

变电所进线与联络馈线开关均采用断路器，断路器具备继电保护及带负荷操作功能。此接线方式可靠性高，经济性欠佳，可以实现遥控、遥信和遥测功能。

知识点 2：供电系统运行方式

城轨供电系统采用什么样的运行方式，与用电负荷对系统的可靠性要求有关。本知识点从正常运行、故障运行和退出运行等方面分别介绍了电源变电所（指主变电所和开闭所）运行方式、放射式中压网络运行方式和双环网中压网络运行方式。

供电系统的运行方式是由城市轨道交通用电负荷等级所决定的。除非在得到当地电力部门允许的情况下，变电所可以短时间内合环运行，即短时间内两个进线开关和母线分段开关同时处于合闸状态，否则变电所两个进线电源必须分列运行。

牵引用电负荷为一级负荷，动力照明用电负荷分为一级负荷、二级负荷及三级负荷。一级负荷应由双电源双回线路供电，当一个电源发生故障时，另一个电源不应同时受到损坏。对互为备用线路，一路退出运行，另一路应承担其一、二级负荷的供电，且技术指标不降低，如电源电缆的电压损失、谐波含量等控制在允许的范围内。

城轨供电系统要满足列车与动力照明用电设备对电源的不同要求，满足灾害下电源的可靠性，使城轨的所有设备都能发挥各自的功能和作用，保证安全运营。

（一）电源变电所运行方式

电源变电所运行方式，是指集中式供电系统中主变电所运行方式及分散式供电系统中电源开闭所运行方式。

1. 主变电所运行方式

主变电所有三种主要运行方式：正常运行方式，单故障运行方式和主变电所退出运行方式。两个主变电所之间的供电分区间设置环网电缆联络，如图 2.4.9 所示。

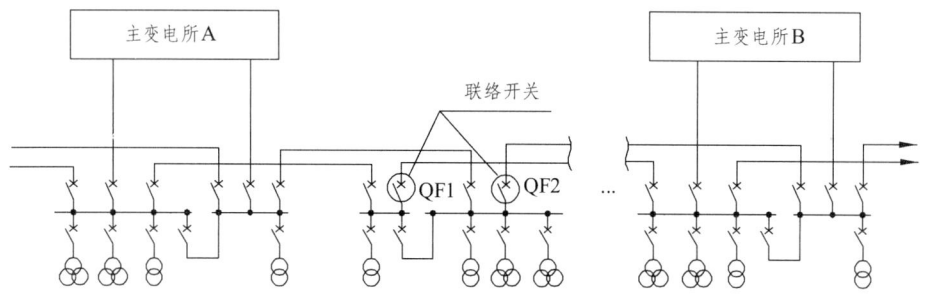

图 2.4.9 供电分区间联络电源示意图

① 正常运行方式。

在正常情况下，每座主变电所各自承担所辖范围内所有变电所的负荷，除中压母线分段开关、应急联络开关为分断状态外，其余进、出线开关均在闭合状态。

② 单故障运行方式。

主变电所的单故障类型有以下三种：主变电所一个进线电源失电；单台主变压器退出；主变电所一段中压母线故障。

a. 主变电所一个进线电源失电。

当主变电所一个进线电源失电后，内桥或外桥断路器合闸，由另一个进线电源向分挂在两段母线上的两台主变压器供电，承担本主变电所范围内的全部一、二级负荷。

如主变电所采用线路-变压器组接线形式，当主变电所一个进线电源失电后，由另一个进线电源的主变压器承担本主变电所范围内的全部一、二级负荷。

b. 单台主变压器退出。

当单台主变压器退出后，中压母线分段开关合闸，由另一台主变压器承担本主变电所范围内的全部一、二级用电负荷。

c. 主变电所一段中压母线故障。

当一段中压母线故障时，该段母线上的进线开关跳闸，同时该段母线上馈线所接的第一级变电所进线开关也应失压跳闸；主变电所的另一段中压母线继续供电。

③ 主变电所退出运行方式。

当一座主变电所退出后，首先应将该主变电所所有馈出开关分闸，将该主变电所和中压网络电气隔离，使该主变电所处于无电状态；解除图 2.4.9 中的 QF1、QF2 应急联络开关的闭锁关系并合闸，此时，通过两个主变电所之间的供电分区间的联络电缆，由相邻主变电所向该主变电所的供电分区供电，承担该主变电所所辖范围内一定的用电负荷。

2. 电源开闭所的运行方式

① 正常运行方式。

在正常情况下，每座电源开闭所各自承担所辖范围内所有变电所的负荷，除中压母线分段开关为分断状态外，其余进、出线开关均在闭合状态。相邻电源开闭所之间的供电分区间通过环网电缆联络，供电分区间应急联络开关处于分闸位，并与所在中压母线的进线开关、母线联络开关有闭锁关系。

② 单故障运行方式。

当电源开闭所一路进线电源失电后，启动备用电源自投装置，母线分段开关合闸，由另一路进线电源承担本电源开闭所范围内的全部一、二级用电负荷。

③ 电源开闭所退出运行方式。

当电源开闭所退出（两段中压母线无故障）后，首先应将该电源开闭所进线开关和母线分段开关全部分闸，防止向城市电网反送电；解除应急联络开关的闭锁关系并合闸，此时，通过相邻电源开闭所之间的供电分区间的联络电缆，由相邻电源开闭所向该电源开闭所供电，承担该电源开闭所所辖范围内一定的用电负荷。

此时，根据退出后的电源开闭所所辖范围内的用电负荷大小，需要界定左右相邻电源开闭所的供电范围。为避免合环运行，由控制中心严格管理新供电分界点的维护和操作。

（二）放射式中压网络运行方式

放射式中压网络供电，变电所之间没有直接的电气联系，变电所电源可靠性较差，另外投资较高。但当任意一回中压电缆故障时，不影响其他回路供电，且操作灵活方便，易于实现保护和自动化。这种网络结构在中、大运量城轨交通中不采用，在小运量的新交通制式中有类似单回路接线方式。

放射式中压网络不存在中压电缆故障后的负荷转移，可以不考虑线路的备用容量，每回线路可满载运行，即正常最大供电负荷不超过该线路安全载流量。

放射式中压网络有两种形式：单回路放射式和双回路放射式。

1. 单回路放射式

单回路放射式中压网络如图 2.4.10 所示。

① 正常运行方式。

在正常运行情况下，主变电所（电源开闭所）分别馈出一回中压电源为城轨各变电所直接供电，主变电所（电源开闭所）的中压母线分段开关处于分闸状态，变电所进线开关处于合闸。

② 进线电源退出运行方式。

变电所进线电源故障时，主变电所（电源开闭所）相应的馈出开关跳闸，由于该变电所仅有一个进线电源，故此时该变电所退出运行。

③ 变电所母线退出运行方式。

当变电所的母线退出时，其进线开关或者主变电所（电源开闭所）相应的馈出开关跳闸，该变电所退出运行。其后果和进线电源退出时运行方式相同。

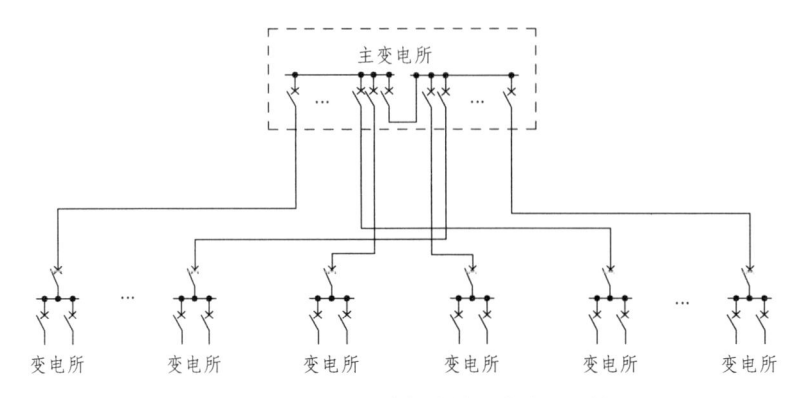

图 2.4.10 单回路放射式单母线中压网络

2. 双回路放射式

① 单母线接线。

双回路放射式单母线中压网络如图 2.4.11 所示。

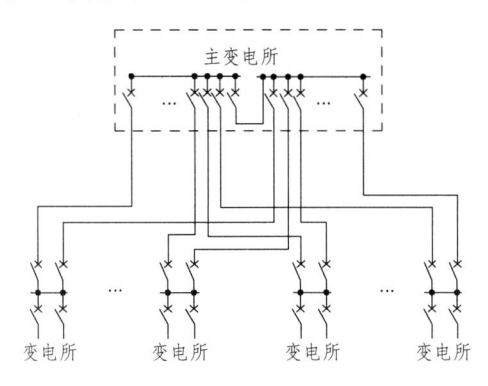

图 2.4.11 双回路放射式单母线中压网络

a. 正常运行方式。

在正常运行情况下，主变电所（电源开闭所）分别馈出两回中压电源为城轨各变电所直接供电，此时两个进线电源均接于同一段母线。正常情况下只有一个进线电源投入运行，为变电所提供电源，另一个进线电源备用。

b. 一进线电源退出运行方式。

当变电所正常工作的一个进线电源退出运行时，另一个备用的电源将投入运行。

c. 两个进线电源退出运行方式。

变电所的两个进线电源均退出运行时，主变电所（电源开闭所）相应的馈出开关跳闸，该变电所退出运行。

d. 变电所中压母线故障运行方式。

由于变电所中压侧为单母线接线形式，当中压母线故障时，正常工作的进线开关跳闸，备用进线开关被闭锁，该变电所退出运行。

② 分段单母线接线。

双回路放射式分段单母线中压网络如图 2.4.12 所示。这种网络结构在靠近主变电所的牵引变电所有所采用。

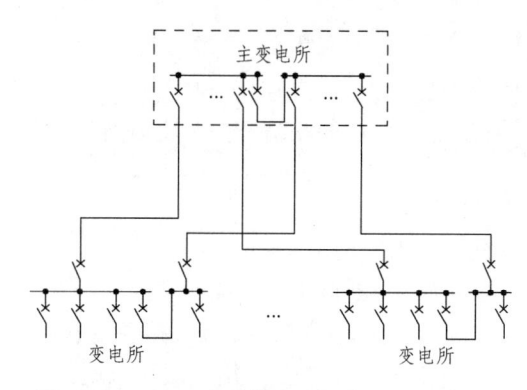

图 2.4.12　双回路放射式分段单母线中压网络

a. 正常运行方式。

在正常运行情况下，主变电所（电源开闭所）分别馈出两回中压电源为城轨各变电所直接供电，两个电源分别接于两段不同的母线。正常情况下，母线分段开关处于分闸状态，两个电源正常分列工作，共同承担该变电所范围内的全部负荷。

b. 一进线电源退出运行方式。

一个进线电源退出运行时，该变电所进线开关跳闸，启动备用电源自投装置，母线分段开关合闸，由另一个进线电源承担该变电所范围内的全部一、二级用电负荷。

c. 两进线电源退出运行方式。

变电所的两个进线电源均退出运行时，主变电所（电源开闭所）相应的馈出开关跳闸，该变电所退出运行。

d. 变电所中压母线故障运行方式。

变电所一段中压母线退出时，本段母线上的进线开关跳闸，分段开关被闭锁不合闸，由另一个进线电源承担该变电所范围内动力照明系统的一、二级负荷。若牵引整流机组所挂母线故障，则该牵引整流机组将退出运行。

（三）双环网中压网络运行方式

两个供电分区间设联络电源，如图 2.4.13 所示。目前，这种网络结构在大、中运量城轨中被广泛采用。

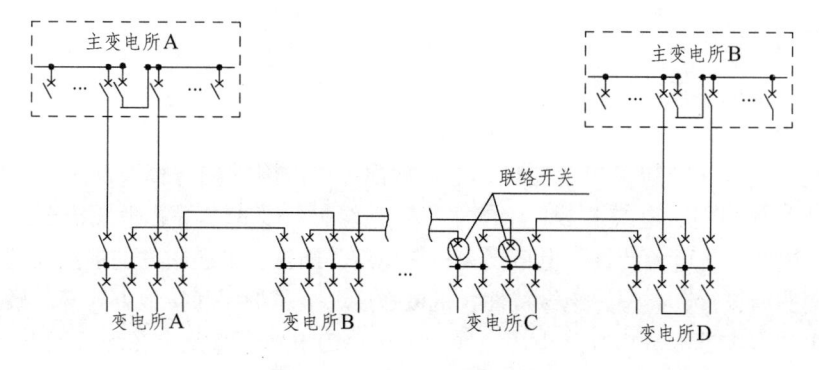

图 2.4.13　双环网中压网络

1. 正常供电方式

主变电所（电源开闭所）为各变电所提供两个独立电源，两个电源分列运行，主变电所（电源开闭所）母线分段开关、变电所 C 的联络开关及变电所母线分段开关处于断开状态。

2. 一个进线电源退出运行方式

以变电所 I 段母线进线电源退出为例。

I 段母线进线电源退出运行时，分断该中压电缆两端的两个开关，由 II 段母线进线电源承担本变电所范围内的全部一、二级负荷。受影响的下级环接各变电所有以下两种常用运行方式。

① 自投延时启动（延时时间比上一级略长），由上级变电所向下级变电所 I 段母线提供进线电源，此时，下级各变电所 I、II 段母线均保持分列运行方式。

② 备用电源自投不启动，母线分段开关不合闸，此时，受影响的下级各变电所 I 段母线均退出运行。

3. 变电所一段中压母线退出运行方式

变电所 I（II）段中压母线退出时，母线分段开关被闭锁不合闸，由另一个进线电源承担本变电所范围内的全部一、二级负荷。如牵引整流机组所接的母线故障，则该牵引整流机组退出运行。

受影响的下级环接各变电所一般采用备用电源自投延时启动（延时时间比上一级略长）、母线分段开关合闸运行方式，此时，下级各变电所 I（II）段母线均保持分列运行。

4. 变电所两段中压母线退出运行方式

变电所两段中压母线退出时，该变电所退出运行。

当该变电所介于两个供电分区之间时，可通过调整两个供电分区的分界点，重新划分用电负荷，恢复受影响的各变电所正常运行方式。如该变电所不属于供电分区末端变电所，且本供电分区无联络电源，将导致其下级环接各变电所退出运行，对线路运营造成严重影响，甚至造成运行中断。

知识点3：环网电缆选择与敷设

城市轨道交通供电系统中，有电力电缆和控制电缆。电力电缆可分为交流电力电缆和直流电缆；交流电力电缆有高压电力电缆、中压电力电缆和低压电力电缆；直流电缆主要指直流牵引电缆。电缆选择直接关系着供电系统的可靠性和经济性，是城轨供电系统的重要内容。本节主要介绍电力电缆的类型选择与截面选择。

电力电缆的选择主要包括电缆类型、电缆截面、电缆附件的选择及配置。其中电缆类型的选择应考虑导体材料、电缆芯数、绝缘水平、绝缘材料及护套等；电缆截面的选择应考虑电缆载流量、电缆经济电流特性、电压损失、热稳定等因素；电缆附件的选择及配置包括电缆终端头及中间头的设置、类型、绝缘特性、机械强度、金属护层和接地方式等。根据城市轨道交通特点，电力电缆选择分为高压电力电缆、中压电力电缆、直流电缆和低压电力电缆选择。

高压电力电缆选择，应满足当地电力部门要求；中压电力电缆选择，应按照城市轨道交通高峰小时负荷电流有效值进行选择，每回进线电源电缆选择应满足供电分区的一、二级负荷的供电要求；直流电力电缆选择，应满足供电分区的远期高峰小时牵引负荷要求；低压电力电缆选择，按照负荷特点进行选择。

在城轨供电系统中电缆主要包括中压电缆、低压电缆、直流电缆、控制电缆和光纤等，其中电缆在支架上的敷设顺序按照电压等级由上至下、先高压后低压的顺序进行布置。一般最上层为中压电力电缆，下面为直流电缆，然后为低压电力电缆，最后为控制电缆、接地电缆和纵差光纤电缆。每层电缆之间的距离应满足敷设便利和电磁兼容的原则。

（一）电力电缆类型选择

1. 导体材料选择

用作电缆的导电材料通常有铜和铝两种。铜的导电率高，20 ℃时的电阻率为 $1.72 \times 10^{-6}\ \Omega \cdot cm$，铝线芯 20 ℃时的电阻率为 $2.86 \times 10^{-6}\ \Omega \cdot cm$，约为铜线芯的 1.66 倍；载流量相同时，铝线芯截面约为铜线芯的 1.5 倍，铜线芯损耗比较低。铜的机械性能优于铝，抗疲劳，延伸性好，便于加工和安装。但铝比重小，在电阻值相同时，铝线芯的质量仅为铜线的一半。目前城市轨道交通中均采用铜作为电缆的导电材料。

2. 电缆芯数选择

在城轨供电系统中，35 kV 及以上电力电缆通常采用单芯电缆，如图 2.4.14（a）所示；10 kV 电力电缆通常采三芯电力电缆，如图 2.4.14（b）所示；低压电力电缆在 150 mm² 及以下截面采用五芯电力电缆，185 mm² 及以上电力电缆大部分采用单芯电缆；直流电缆采用单芯电缆。电缆芯数选择见表 2.4.3。

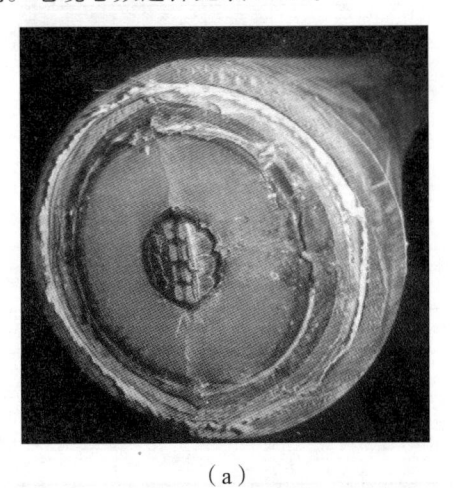

（a） （b）

图 2.4.14　单芯和三芯电缆截面图

35 kV 单芯交联聚乙烯电缆结构如图 2.4.15 所示。

（二）电缆敷设一般要求

（1）对于城市轨道交通电缆敷设，各相关尺寸及距离要求见表 2.4.4。

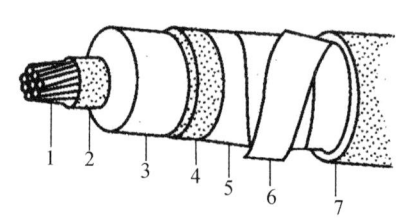

1—线芯；2—内半导体层；3—交联聚乙烯绝缘层；4—外半导体层；
5—铜屏蔽层；6—金属护层；7—外绝缘护层。

图 2.4.15　单芯交联聚乙烯电缆结构

表 2.4.3　电缆芯数选择

电压	系统制式	电缆芯数 3 根单芯	电缆芯数 多芯	说明
35 kV 交流	三相	3 根单芯		
10 kV 交流	三相		3 芯	
<1 kV 交流	三相四线制		4 或 5 芯	TN-C 系统的 PEN 线应和相线在同一电缆内，即用 4 芯
	三相三线制		3 或 4 芯	
	单相两线制		3 芯	
750 V 或 1 500 V	直流	单芯		

表 2.4.4　电缆敷设的相关尺寸及距离（mm）

名称		电缆通道 水平	电缆通道 垂直	电缆沟 水平	电缆沟 垂直
两侧设支架的通道净宽		≥1 000		≥300	—
一侧设支架的通道净宽		≥900	—	≥300	—
电缆支架层间距离	电力电缆	—	≥150（200）	—	≥200（250）
	控制电缆	—	≥100		120
电缆支架之间的距离	电力电缆	1 000	1 500	1 000	—
	控制电缆	800	1 000	800	
车站站台板下电缆通道净高	人通行部分	—	≥1 900		
	电缆敷设部分	—	≥1 300		
变电所内电缆通道净高		—	≥1 900		
电力电缆之间的净距		≥35	—	≥35	

注：① 表中括号内数字为 35 kV 电缆标准。
② 电力电缆与控制电缆混敷时，电缆支架之间的距离宜采用控制电缆标准。
③ 当确有困难时，地下车站站台板下电缆通道人通行部分的净高可适当降低，但不得低于 1 300 mm。

（2）35 kV 电缆在主变电所至地铁车站的电缆隧道内和车辆段的电缆隧道、电缆沟内及高架区间道岔梁的箱体内均不允许做中间接头；电缆中间接头不应设置在车站范围内；并列敷设的电缆，其中间接头应错开放置，同一回电缆的 A、B、C 相中间接头应布置在相邻电缆支架上。

（3）电缆端头、电缆进出车站端部、拐弯处、垂直敷设及电缆跨越轨顶时，采用经防腐处理的电缆卡子进行刚性固定；其余各处采用电缆绑带与每个支（吊）架固定。拐弯处的绑扎固定要求如图 2.4.16 所示。

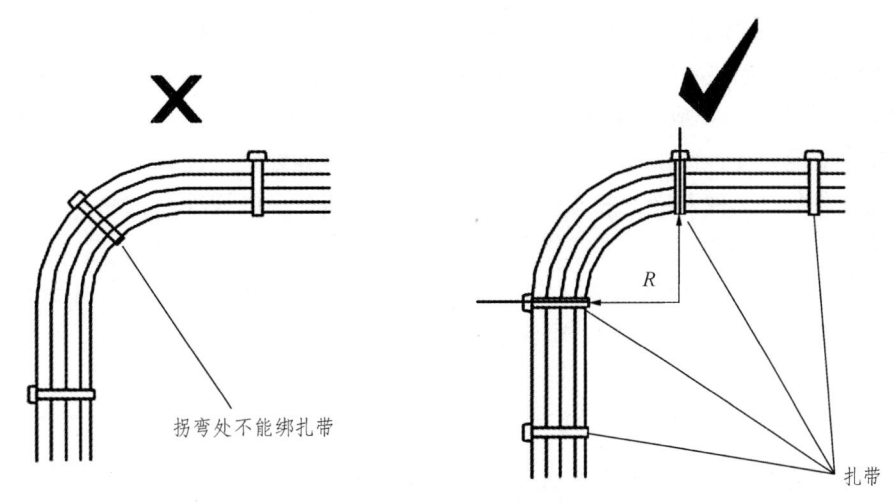

图 2.4.16　电缆转弯时正确绑扎示意图

（4）电缆在同一通道中位于同侧的多层支架上敷设时，宜按电压等级由高压至低压、由强电至弱电的顺序排列。当条件受限时，1 kV 及以下电力电缆可与控制电缆敷设在同一层支架上。

（5）同一重要回路的工作与备用电缆应适当配置在不同层次的支架上。

（6）单洞单线隧道内的电力电缆和控制电缆宜敷设在沿行车方向的左侧；单洞双线隧道内的电力电缆宜布置在隧道两侧。

（7）高架桥上的电力电缆与控制电缆应敷设在电缆支架上或电缆槽内。

（8）电缆在高架桥上或地面线路采用支架明敷时，宜有罩、盖等遮阳措施。地面线路的电力电缆与控制电缆宜敷设在电缆沟内。

（9）电力电缆与通信信号电缆并行明敷时，两者间距应不小于 150 mm；两者垂直交叉时，其间距应不小于 50 mm。

（10）电缆穿越轨道时，可采用轨道下穿管敷设，也可采用刚性固定方式沿隧道顶部敷设。

（11）干线电缆在室内敷设时，宜沿吊顶内电缆桥架敷设；支路电缆在室内敷设时，宜通过埋管敷设。

（12）直埋电缆进入城市轨道交通隧道时，应在隧道外适当位置设置电缆检查井。

（13）接地装置至变电所的接地电缆的截面应不小于系统中保护地线截面的最大值。

（14）电缆支（吊）架中零部件间的连接方式包括螺栓连接和焊接。对于螺栓连接，螺栓应满足抗震、防松要求，材质为不锈钢；对于焊接，应焊接牢固，焊缝厚度不小于 5 mm。

（15）电缆支（吊）架在焊接及钻孔加工完毕后，整体应进行热浸镀锌，镀锌后表面应光滑，锌层厚度不小于 86 微米，镀锌重量不小于 610 g/m，均匀性应满足 GB 13912—2002 和 GB 2694 的规定。

（16）所间 35 kV 电缆外铠和屏蔽层均应双端可靠接地，金属电缆支架应有可靠的电气连接并接地。

（17）电缆构筑物中电缆引至电气柜、盘或控制屏的开孔部位，电缆贯穿隔墙、楼板的孔洞处，均应实施阻火封堵。

（18）中压电缆由于外直径较大，并且配有外铠等原因，要求弯曲半径一般不小于 20 倍直径。电力电缆层架之间距离一般为 200 mm，控制电缆与电力电缆层架之间为 150 mm，中压电缆最上层距离顶板等障碍物一般不小于 240 mm。

（19）电缆敷设时，不应使电缆在电缆支（吊）架及地面上摩擦拖拉，并应防止电缆局部压力过大损伤电缆；在一些重要的部位，如转弯处、井口等处应安排有敷设经验的人员进行监护，避免电缆敷设出现差错，并应防止电缆遭受铠装压扁、电缆绞拧、护层折裂、绝缘破损等机械损伤。

（20）电缆终端和电缆中间接头制作安装时，从剥切电缆开始应连续操作直至完成安装，以缩短绝缘暴露时间。剥切电缆时，不应损伤铜芯和原有的绝缘层。

（三）城市轨道交通电缆的敷设

城市轨道交通电缆敷设断面形式较多，存在单洞单线地下线路、单洞双线地下线路、U形槽、地面线、高架线、岛式车站、侧式车站、车辆段等。

电力电缆在地下区间敷设时，一般敷设在行车方向的左侧边墙上，跨越渡线位置采用过顶敷设方式。在岛式车站位置，直接由区间经由站台板下电缆通道进入变电所。在侧式车站位置，电缆由行车方向左侧跨越车站端部的线路顶部，之后进入侧式站台板下电缆通道进入变电所。在穿越区间和车站人防隔断门地段时应在人防门预留管孔，以便电缆顺利穿越进入站台板下。

电缆在高架桥敷设时，一般设置在高架桥两侧，采用电缆支架或者电缆槽的敷设方式。由于电缆槽占用桥面积较大，因此主要采用电缆支架敷设。电缆支架的布置应满足电力电缆和控制电缆的敷设要求，局部地段需有效与声屏障立柱结合。

电缆在车辆段敷设时，主要采用电缆沟和直埋方式，当采用电缆沟敷设时，应考虑排水要求。

1. 高架线路

在高架桥段为节省土建投资，多采用电缆支架沿线路两侧敷设。少量线路由于高架桥有条件，则采用电缆槽的敷设方式。

当高架桥段采用电缆槽敷设方式时，电缆槽顶盖的强度应满足行人疏散要求。

当高架桥段采用电缆支架敷设方式时，若电缆支架设置在疏散平台的下方，则要满足电缆敷设数量的要求，并注意便于电缆施工及电缆检修。

电缆在长时间进行紫外线照射过程中容易老化，影响电缆寿命。因此，明敷电缆应考虑在电缆支架上设置防护罩，以防雨雪、防晒、防紫外线等。

双线高架线路电缆敷设断面如图 2.4.17 所示。一般情况下，电力电缆敷设在高架桥两侧的电缆支架上，通信信号电缆敷设在电缆支架下部的电缆槽内，电缆支架上部设置疏散平台。

电力电缆和通信信号电缆在有电缆沟槽隔板的情况下可以间隔 200 mm。

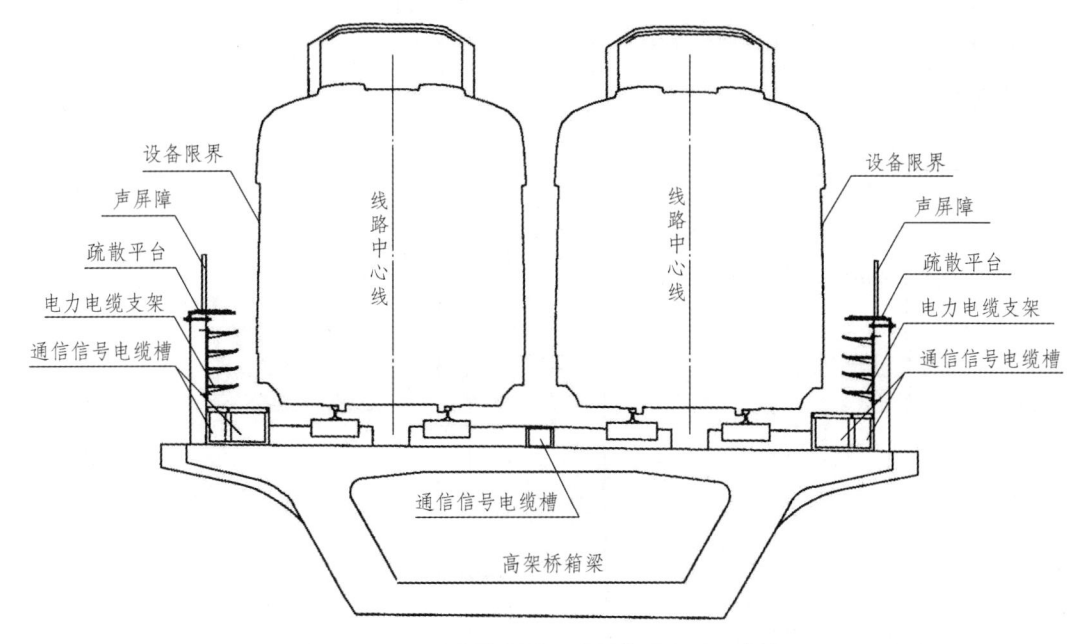

图 2.4.17 双线高架线路电缆敷设断面示意图

2. 地面线路

在城市轨道交通地面线路中通常采用电缆沟敷设方式或直埋敷设方式。对于全封闭地面线路通常采用电缆沟敷设方式，如图 2.4.18 所示。通常在路基下设置电缆沟，电缆沟下设置排水沟，以便排除电缆沟内积水，但应特别注意电缆沟的沟底标高应高于排水沟的沟底标高。从电缆沟过渡到电缆支架的敷设方式时，应设置电缆井。对于局部开放式地面线路则采用直埋方式，以节省工程投资。

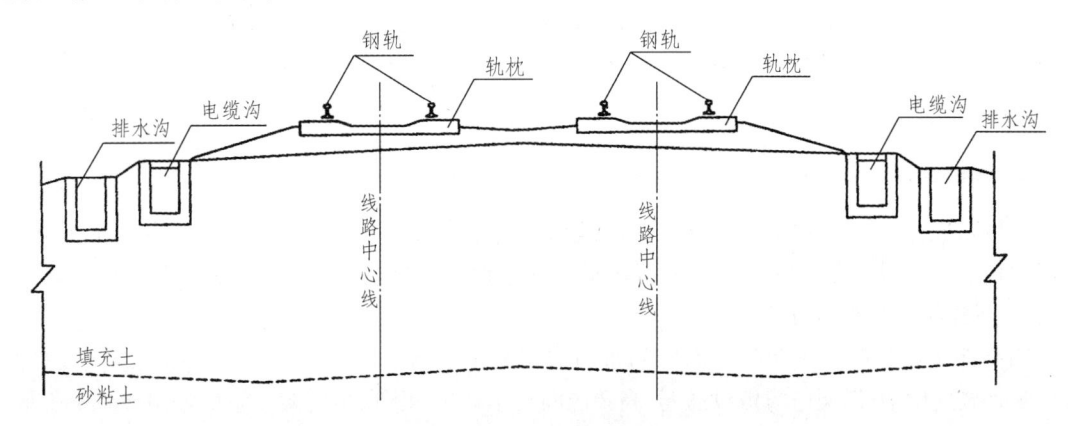

图 2.4.18 地面线路电缆沟方案电缆敷设面示意图

对于开放式地面线路和远郊区地面线路，电缆敷设可以采用直埋敷设方式。直埋敷设时，应注意在穿越平交道口地段或者有重大承重地段时需考虑电缆穿管承压防护。穿越平交道口电缆敷设如图 2.4.19 所示。

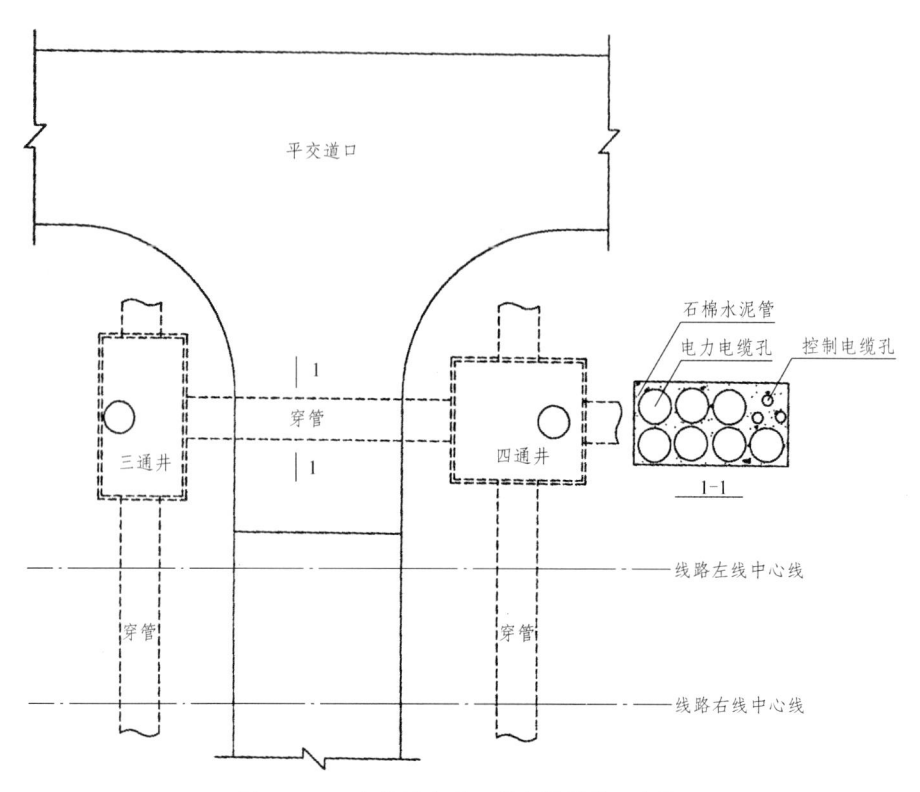

图 2.4.19 穿越平交道口处电缆敷设示意图

3. 地下线路

对于单洞单线隧道,电缆敷设在行车方向左侧的结构墙电缆支架上。对于单洞双线隧道,中压电缆可敷设在隧道底部的电缆沟槽中,低压电缆敷设在侧墙电缆支架上。电缆敷设时应注意避免侵入设备限界。

跨越渡线位置电缆敷设应采用过顶敷设方式,当电缆截面较小、电缆数量较少时,也可采用在走行轨底部过轨的敷设方式,但应征得轨道专业同意。区间单线隧道电缆敷设断面如图 2.4.20 所示。

4. 特殊地段

在城市轨道交通工程中,除标准区间地段外,还存在一些特殊地段,如高架区间与车站过渡区段、U形槽区段、穿越人防门区段。在这些地段,电缆敷设有一定的特殊性。

① 高架区间与车站过渡区段。

当高架车站为侧式站台时,因区间桥面的宽度小于车站站台的宽度,因而电缆支架在此处应为延展式支架,以便电缆敷设通畅。高架区间与车站过渡区段电缆敷设平面如图 2.4.21 所示。需要注意延展式支架强度除满足电缆敷设要求外,还应满足支架上人员站立的承重要求。

② U型槽区段。

在地下和地面过渡区段,一般采用 U 形槽进行处理。电缆敷设用区间隧道内电缆支架方式敷设一直延续到 U 形槽区段,在过 U 形槽之后过渡到电缆沟的敷设方式,应处理好电缆过渡时的高程配合。U 形槽区段电缆敷设断面如图 2.4.22 所示。

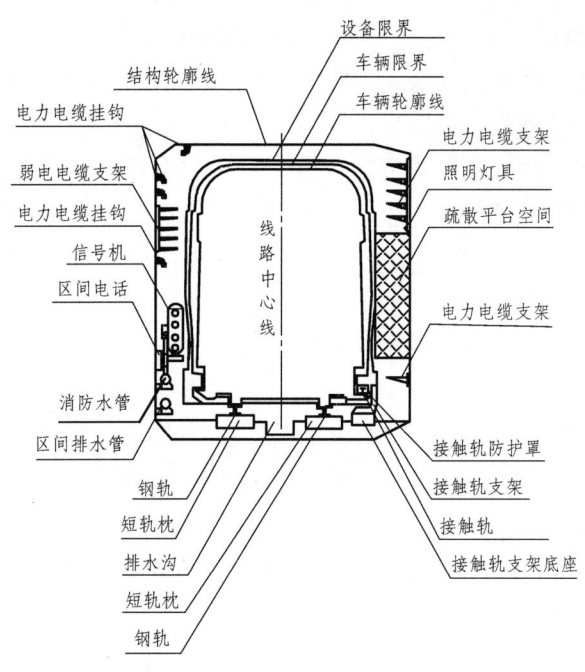

图 2.4.20　区间单线隧道电缆敷设断面示意图

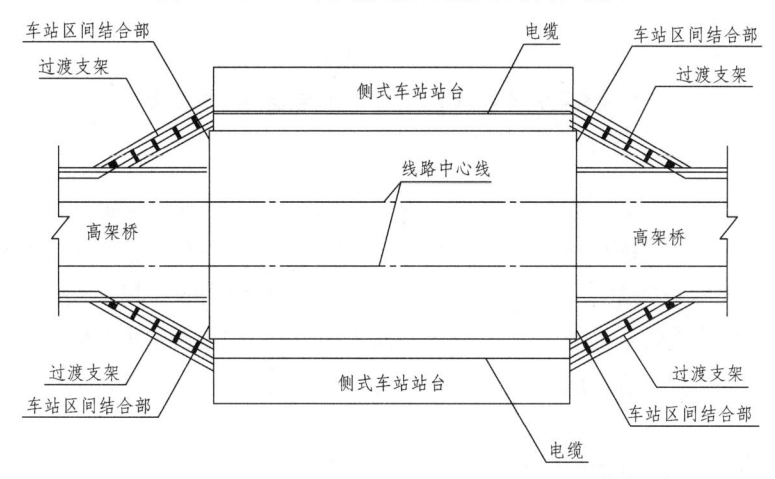

图 2.4.21　高架区间与车间过渡区段电缆敷设平面示意图

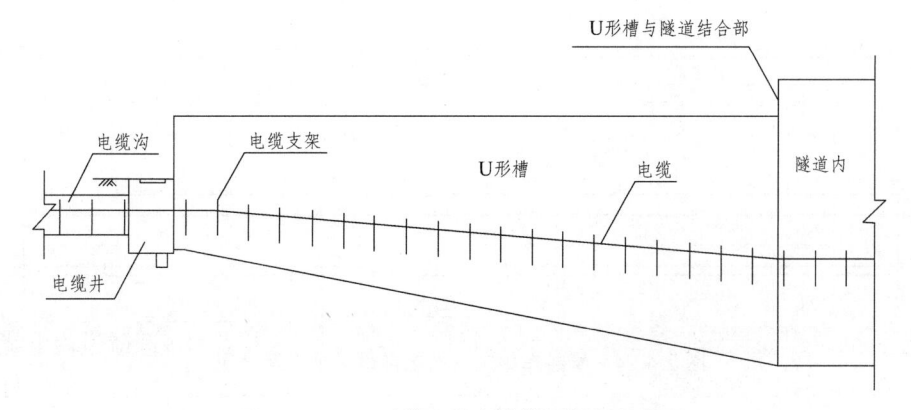

图 2.4.22　U 形槽区段电缆敷设断面示意图

③ 穿越人防门区段。

根据人防要求，通常在车站与区间结合部设置人防门。电缆在穿越人防门处应进行穿管处理。电缆在区间沿中墙敷设，在穿过人防门之后继续进入车站，至站台板下敷设，应处理好电缆敷设高程的配合。因中压电缆弯曲半径较大，为保证中压电缆从区间顺利敷设过渡至站台板下，多选择中压电缆在人防门的底部穿管敷设。穿越人防门区段电缆敷设断面如图2.4.23 所示。

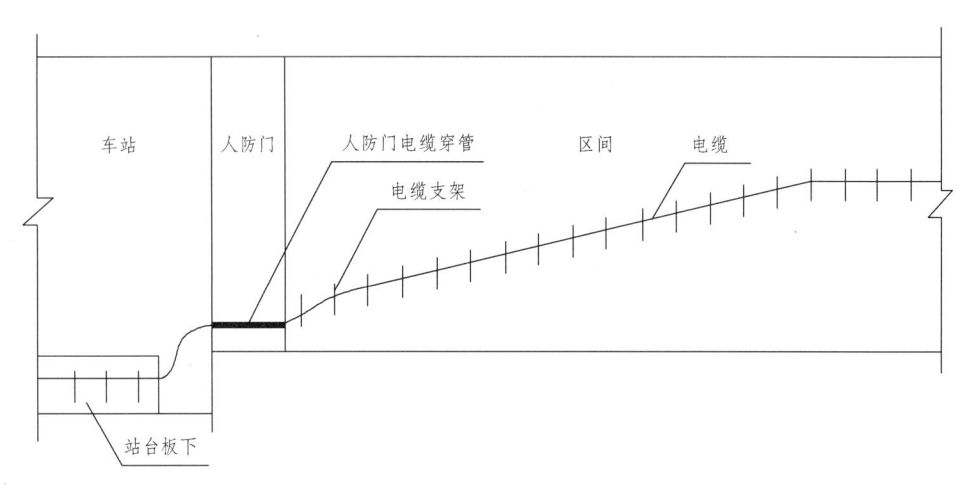

图 2.4.23　穿越人防门区段电缆敷设断面示意图

5. 车站

电缆在穿越车站时，沿站台板下敷设，除与站台板下的回风道位置配合外，还应避开扶梯基坑、电梯基坑等。穿越车站站台层电缆敷设平面如图 2.4.24 所示，图 2.4.25 为某地铁线路 35 kV 环网电缆敷设实景。另外，要求结构专业将中梁根据需要局部设计为下反梁形式，以保证电缆敷设路径通畅。尤其是在变电所夹层部分，结构应全部处理为下反梁形式，以便于变电所人员维护检修方便，进出车站端部电缆孔洞应进行防火封堵。

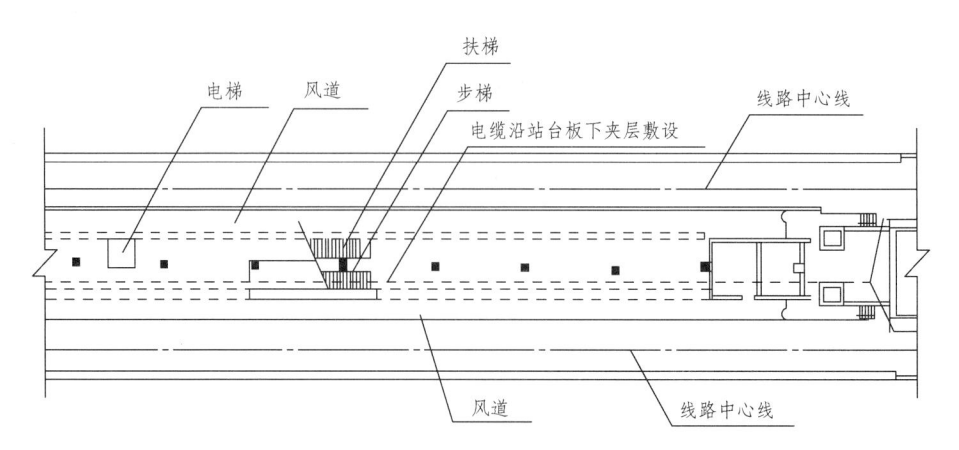

图 2.4.24　穿越车站站台层电缆敷设平面示意图

图 2.4.25　穿越车站站台层 35 kV 环网电缆"品"字形安装

6. 车辆段

车辆段电缆敷设相对繁杂，主要有：地下出入段线 U 形槽与车辆段过渡段电缆敷设，车场区内直埋和穿管电缆敷设，车库内电缆敷设。下面分别介绍。

① 地下出入段线 U 形槽与车辆段过渡段电缆敷设。

在出入段线过渡段通常采用电缆沟的敷设方式，电缆敷设在支架上，按照高压到低压的顺序排列。从电缆支架明敷过渡到电缆沟内敷设应设置双通电缆井，之后电缆进入电缆沟，然后沿岔区外侧进入变电所。

② 车场区内直埋和穿管电缆敷设。

车场区内电缆沟敷设方式比较困难时，可以采用电缆直埋的方式。通常电缆根数较少时，长距离直埋敷设方式相对比较经济。穿越轨道和平交道口位置应进行穿管防护。

③ 车库内电缆敷设。

在车库内电缆敷设通常可采用两种方式：电缆沟敷设和穿管直埋敷设。车库内电缆多为接触网用直流电缆，采用穿管敷设方式是比较经济的。如采用电缆沟敷设方式，电缆沟盖板强度、防排水要求都需要考虑，比较复杂，不经济。因此，车库内接触网用的直流电缆一般采用沿轨道侧进行穿管直埋的方式敷设。

【任务实施】

第一步：识别图中的牵引降压混合所和降压变电所所

阅图 2.4.1 知，图中的 TR1+RT1、TR2+RT2 为三绕组的牵引整流变压器，TP1、TP2 为双绕组的配电变压器，当一个变电所既安装了 TR+RT 变压器，又安装了 TP 变压器时，则该变电所为牵引降压混合所；当只安装有 TP 变压器时，则该变电所为降压变电所。

第二步：分析中压网络接线形式及特点

从图 2.4.1 中可知，本图采用的是集中式供电系统，由一个主变电所集中给若干个牵引降压混合所和降压所集中供电。

其牵引降压混合所和降压变电所采用的是牵引动力照明混合网络接线方式。特点是：将若干个牵引变电所及降压变电所组成若干个供电分区，每个供电分区均从主变电所的不同母线就近引入两个中压电源，中压网络采用双线双环网接线方式；牵引变电所或降压变电所内部主接线采用分段母线加母线分段开关形式。

第三步：分析主变电所的供电分区数量

图中只有一个变电所，主变压器低压侧共有两段母线，每段母线共输出 4 条馈电线分别送至各个供电分区，每个供电分区从主变电所不同的两段母线上各引入一路电源，从主变电所的输出馈线可知共有 4 个供电分区。

第四步：分析牵引降压混合变电所和降压变电所数量

从图左至右，分别是牵引降压混合变电所（简称混合所，该所还含跟随式降压变电所，简称跟随所）、降压所、混合所、降压所、混合所、降压所、混合所、降压所、混合所。故共有 5 个牵引降压混合变电所和 4 个降压变电所。

【任务小结】

请简要小结本任务的学习要点、难点与困惑，写在下面的横线上。

_____
_____
_____
_____
_____

【格言语录】

"骐骥一跃，不能十步；驽马十驾，功在不舍。锲而舍之，朽木不折；锲而不舍，金石可镂。"——[战国]荀子《荀子·劝学》

俗话说："一口气吃不成一个胖子。""不积跬步，无以至千里；不积小流，无以成江海。""千里之行，始于足下"。锲而不舍，贵在坚持。学贵有恒。只要坚持不懈，定能学有所成。

【拓展知识】

电缆的支持与固定

在城市轨道交通中，电缆的支持与固定装置主要为电缆挂钩、电缆支架、吊架、托盘、桥架等，电缆支架方式是最常用的。其一般规定如下：

（1）电缆明敷时，一般采用电缆支架、挂钩或吊绳等支持装置。最大跨距应符合下列规定：

① 应满足支持件的承载能力和无损电缆的外护层及其缆芯。

② 使电缆相互间能配置整齐。

③ 适应工程条件下的布置要求。

（2）直接支持电缆用的普通支架（臂式支架）、吊架的允许跨距见表 2.4.5。

（3）35 kV 及以下电缆明敷时，应设置适当固定部位，并符合下列规定：

① 水平敷设，应设在电缆线路首、末端和转弯处以及接头的两侧，且应在直线段间隔不少于 100 m 处，电缆支架间距一般为 1 m。

表 2.4.5　普通支架、吊架的允许跨距（mm）

电缆特征	敷设方式	
	水平	垂直
未含金属套、铠装的全塑小截面电缆	400*	1 000
除上述情况外的中、低压电缆	800	1 500
35 kV 以上高压电缆	1 500	3 000

注：*能维持电缆较平直时该值可增加 1 倍。

② 垂直敷设，应设在上、下端和中间适当数量位置处，垂直固定间距一般为 1.5 m。
③ 斜坡敷设，应遵照水平敷设和垂直敷设因地制宜。
④ 当电缆间需保持一定间隙时，宜设在每隔约 10 m 处。
⑤ 交流单相电力电缆还应满足按短路电动力确定所需预固定的间距。

（4）35 kV 以上高压电缆明敷时，加设固定的部位除应遵照规范要求外，还应符合下列规定：
① 在终端、接头或转弯处紧邻部位的电缆上，应有不少于 1 处的刚性固定。
② 在垂直或斜坡的高位侧，宜有不少于 2 处的刚性固定。使用钢丝铠装电缆时，还应使铠装丝能夹持住并承受电缆自重引起的拉力。
③ 电缆蛇形敷设的每一节距部位，宜预挠性固定。蛇形转换成直线敷设的过渡部位，宜预刚性固定。

（5）35 kV 以上高压电缆的终端、接头与电缆连接部位，宜有伸缩节，伸缩节应大于电缆容许弯曲半径，并满足金属护层的应变不超出容许值。未设伸缩节的接头两侧，应预刚性固定或在适当长度内电缆实施蛇形敷设。

（6）电缆蛇形敷设的参数选择应使电缆因温度变化产生的轴向热应力不致对电缆金属套长期使用产生应变疲劳断裂，且宜按允许拘束力条件确定。

（7）固定电缆用的夹具、扎带、捆绳或支托件等部件，应具有表面平滑、便于安装、足够的机械强度和适合使用环境的耐久性。

（8）电缆固定用部件的选择应符合下列规定：
① 除交流单相电力电缆情况外，可采用经防腐处理的扁钢制夹具或尼龙扎带、镀塑金属扎带。
② 交流单相电力电缆的刚性固定，宜采用铝合金等不构成磁性闭合回路的夹具；其他固定方式，可用尼龙扎带、绳索。
③ 不得用铁丝直接捆扎电缆。

（9）交流单相电力电缆固定部件的机械强度应验算短路电动力条件。

【练习与评价】

选读某城市地铁供电图册，结合本任务所学知识，回答表 2.4.6 中的问题。

表 2.4.6　任务 2.4 完成情况评价表

序号	任务内容	完成记录	标准分	评分
1	分析图中的牵引降压混合所与降压变电所采用的是哪种中压网络接线形式，其有何特点？降压变电所的电压等级是多少？		15	
2	如果是集中式供电方式，请分析图中的主变电所共有几个供电分区以及图中共有几个牵引降压混合变电所、几个降压变电所？		15	
3	为满足供电可靠性，对中压网络有哪些具体要求？		15	
4	请分析图 2.4.15 中的单芯电力电缆为何要设置内半导体层与外半导体层？		20	
5	城轨供电系统中，通常有哪三种中压网络？		15	
6	"任务小结"完成情况		20	
	总体评价：□ 好　□ 较好　□ 一般　□ 较差　□ 差			

项目3　牵引供电系统

项目导读

牵引供电系统是城轨供电系统的重要组成，是专门给城轨列车供电的系统，主要包括牵引变电所与接触网两大部分。本项目介绍了牵引变电所的设置及运行方式、直流牵引供电系统保护、接触网与牵引动力系统以及杂散电流的防护。学习本项目，可以对城轨牵引供电系统有一个较全面的认知。本项目的主要任务与知识点如图3.0所示。

项目3：牵引供电系统
- 任务3.1 牵引变电所设置与运行
  - 知识点1：牵引变电所设置
  - 知识点2：牵引变电所主接线
  - 知识点3：牵引变电所运行方式
- 任务3.2 直流牵引供电系统保护
  - 知识点1：直流牵引供电系统保护特点
  - 知识点2：牵引变电所联跳保护
  - 知识点3：直流框架保护
  - 知识点4：纵联差动保护
- 任务3.3 接触网与牵引动力系统
  - 知识点1：城轨接触网
  - 知识点2：城轨牵引动力系统
- 任务3.4 杂散电流防护
  - 知识点1：杂散电流的成因及危害
  - 知识点2：杂散电流的防护与监测

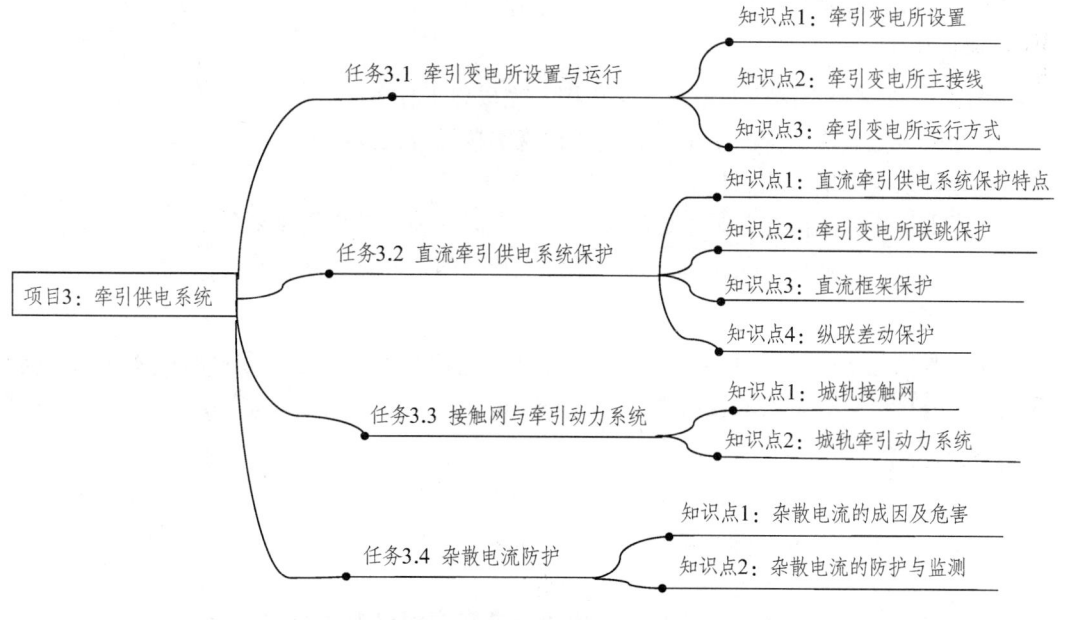

图3.0　牵引供电系统任务与知识点构成

任务3.1　牵引变电所设置与运行

任务导读

牵引变电所的设置不仅与车站站台形式有关，而且与具体的工程条件和牵引供电系统需求有关，同时还需要统筹考虑牵引网电压等级、牵引网电压损失、杂散电流腐蚀防护、线路能耗、电缆敷设、土建造价及运营管理等诸多因素，方能选出比较科学合理的位置。这是本任务所要介绍的主要内容。

【学习目标】

1. 知识目标

（1）了解牵引变电所设置与布点的要求。
（2）熟悉牵引变电所主接线方式与运行方式。
（3）掌握纵向隔离开关的应用与负极隔离开关的操作联锁要求。

2. 能力目标

（1）会识别牵引变电所中压主接线与直流主接线方式。
（2）会分析牵引变电所中压系统与直流系统运行方式。

3. 素质目标

（1）培养比较分析与辩证思维意识。
（2）培养万物互联意识。

【任务描述】

阅读图 3.1.2 某牵引降压变电所主接线图，完成以下任务：
（1）分析该变电所的中压主接线方式和直流主接线方式及特点。
（2）分析该变电所直流主接线运行方式。
（3）图中哪 2 台隔离开关是电分段纵向电动隔离开关，其作用主要是什么？
（4）图中的负极隔离开关是哪 2 台？操作该开关的条件是什么？

【任务分析】

要完成本项任务，需要学习掌握牵引变电所的主接线方式与运行方式的相关知识，同时学会识读与分析牵引变电所的接线图。

【基本知识】

知识点 1：牵引变电所设置

牵引变电所引入两个独立的中压交流电源，并将交流电能转换为直流电能，承担着向电动列车提供直流牵引电能的功能。

（一）总体要求

牵引变电所的数量与直流牵引电压等级、牵引网最大电压损失允许值等多个因素有关。牵引网最大电压损失允许值一般发生在双边供电分区中部或单边供电分区末端，该值应能保证列车的正常启动。牵引供电系统设计容量应满足远期高峰小时的用电负荷要求。正常运行方式下，牵引供电系统的电能损耗应最小。

正线牵引变电所一般与车站合建，在长大区间也有单建形式或箱式牵引变电所形式。车辆段（停车场）牵引变电所一般紧邻咽喉区布置。大多数情况下，牵引变电所与车站降压变电所合建，形成牵引降压混合变电所。

牵引变电所的布置与车站站台形式有关。常见的车站站台形式有岛式、侧式和岛侧混合式等几种。其简单示意图如图3.1.2所示。

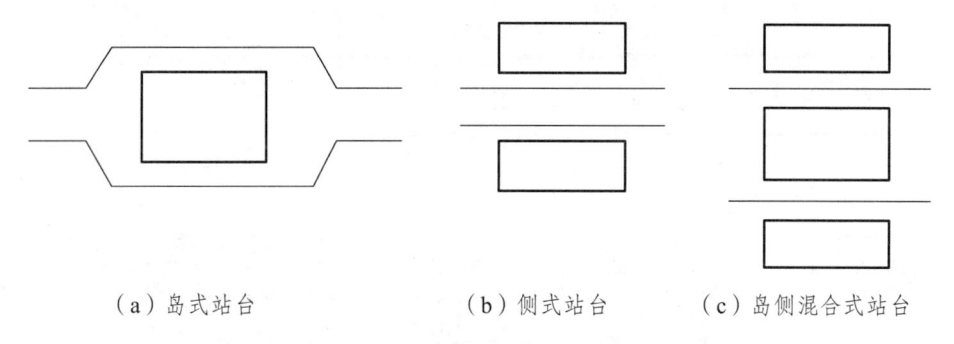

（a）岛式站台　　　　　（b）侧式站台　　　（c）岛侧混合式站台

图3.1.1　城轨车站站台形式示意图

1. 地下岛式站台车站

地下岛式站台车站是站台位于上下行两线路的中间。牵引降压混合变电所应设在站台层并位于车站的一端，应设置通向线路的设备运输门洞，可方便轨道车运进运出大型设备。

如因站台宽度不够时，可将牵引降压所布置在线路外侧。设备通过轨道车运进运出，巡视、维修人员通道与站厅层连通。

2. 地下侧式站台车站

地下侧式站台车站上下行两线路位于车站站台中间，站台位于线路两侧。牵引降压混合变电所应设在某一端的站台层。

3. 地面岛式站台车站

站台层位于地面一层，站厅层位于地下一层或地面二层。与地下岛式站台布置基本相同，只是车站长度控制不像地下车站那么严格，设备可全布置在站台层。

4. 地面侧式站台车站

站台层位于地面一层，站厅层位于地下一层或地面二层。与地下侧式站台布置基本相同，只是车站长度控制不像地下车站那么严格，设备可全布置在站台层。

5. 高架车站

① 牵引降压混合变电所布置在高架车站的地面站厅层。

设置贯通到站台板下的电缆竖井，使牵引降压混合变电所电缆直接通到车站站台板下。如是岛式站台，则可在车站中心设置一个电缆竖井，如是侧式站台，则可在车站中心两侧各设置一个电缆竖井。

② 牵引降压混合变电所布置在高架车站的旁边地面层。

变电所与车站之间的电缆通道，一般不采用地面道路下电缆沟的方式，而是通过车站的人行天桥，由电缆桥架敷设至车站，再引至站台板下。

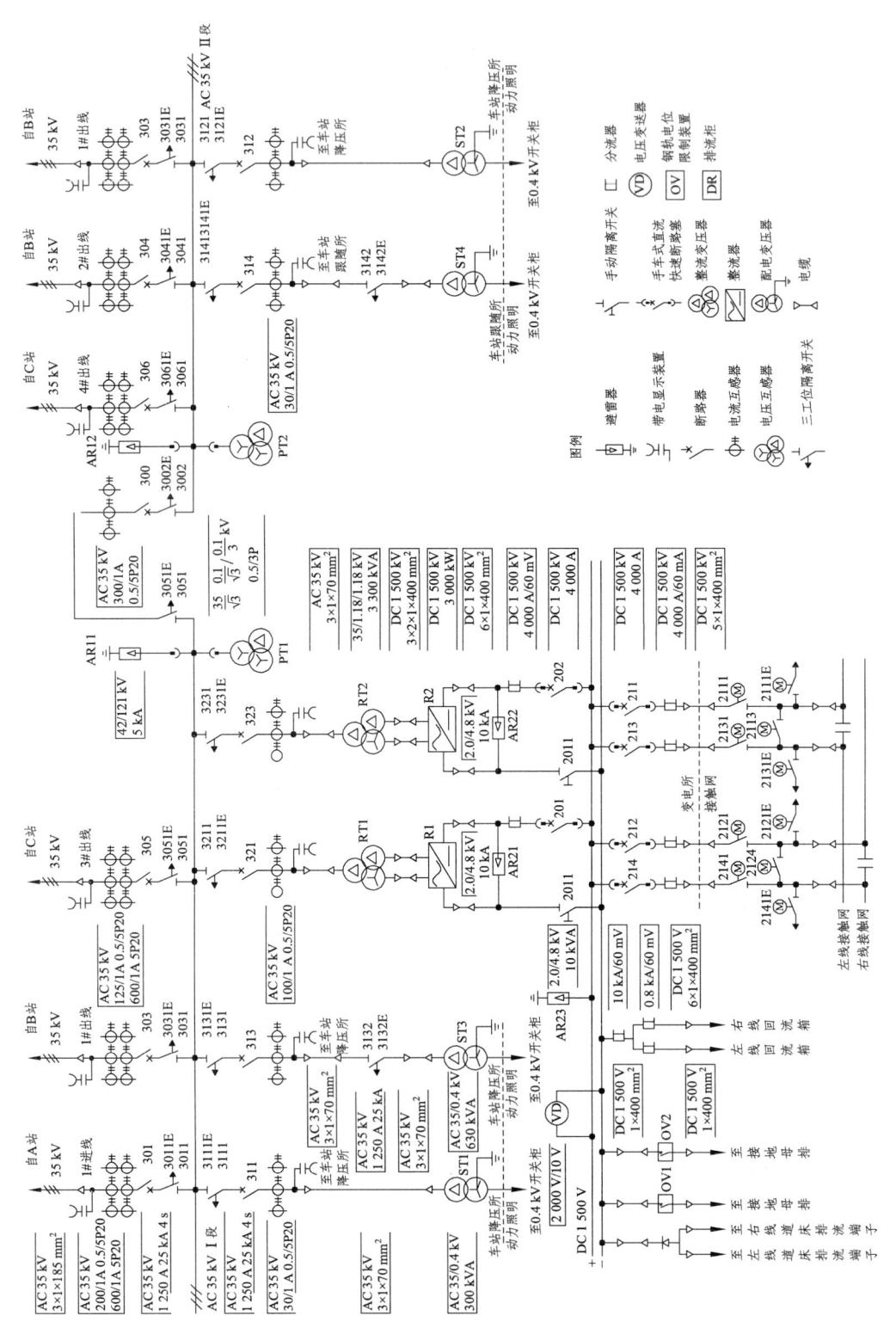

图 3.1.2 某牵引降压变电所主接线图

6. 区间

当区间较长时，则在区间设置牵引变电所。对于地面线路，可布置在线路旁，对于高架线路，可布置在高架桥下。方式有整体箱式和常规建筑式两种。具体采用何种方式需要综合比选。

7. 车辆段或停车场

一般设在车辆段或停车场的咽喉区。

（二）牵引变电所布点

牵引变电所的设置取决于：牵引网电压等级与牵引网电压损失，同时应对杂散电流腐蚀防护、线路能耗、电缆敷设、土建造价及运营管理等加以统筹考虑。

牵引变电所分布应尽量均匀，便于牵引整流机组规格统一，便于设备维护管理以及降低维护成本。简单地为减少牵引变电所数量，而设置过长供电分区，将不利于牵引网电压改善，不利于杂散电流腐蚀防护等。

安全性与可靠性是城市轨道交通的根本，为保障正常的运营和运输能力，当技术性能与经济指标发生矛盾时，优先考虑技术因素，并在此基础上优化技术方案，力求技术方案具有整体合理性。

1. 满足直流牵引供电系统运行方式要求

① 单牵引整流机组双边供电。

各牵引变电所设置一套牵引整流机组，同一供电分区由相邻牵引变电所各经一路馈线同时馈电，牵引网电压质量较好且能耗较低。

单牵引整流机组双边供电时，按照Ⅵ级重牵引负荷特性，牵引整流机组应具有 150% 过负荷、连续运行 2 小时的供电能力。该接线形式在法国巴黎、日本东京等城市地铁被采用，国内尚无应用实例。

② 双牵引整流机组双边供电。

各牵引变电所的两套牵引整流机组均投入运行，馈电方式和单牵引整流机组双边供电形式相同，牵引网电压质量好，牵引网能耗低。

一套牵引整流机组故障或检修退出后，另一套牵引整流机组若继续运行，牵引变电所整流方式将由双机组等效 24 脉波变成了单机组 12 脉波，谐波含量增加。一般来说，对于集中式外部电源系统某牵引变电所只有一套牵引整流机组运行时，谐波含量的增加一般能控制在许可范围内。对于分散式外部电源系统则需要认真核算。若经校核后确认谐波含量没有超标，那么另一套牵引整流机组可以继续运行。因为双边供电无论是对线路损耗的降低还是对再生能量利用，均为有利；同时双边供电方式对杂散电流腐蚀防护也是有利的。

③ 大双边供电。

当某个中间牵引变电所退出运行时，相关正线接触网由与该牵引变电所相邻的两个牵引变电所通过直流母线或纵向联络开关等方式越区供电，即大双边供电方式。

正常工作状态下，正线接触网由两个相邻牵引变电所构成双边供电方式。实现大双边供电有以下两种方式：

一种方式是利用解列牵引变电所的直流母线构成大双边供电。该构成方式要求具备如下条件：

牵引变电所两套牵引整流机组退出运行时，其直流母线、上下行 4 路馈线开关及其二次回路完好且能正常运行，如图 3.1.3 所示。

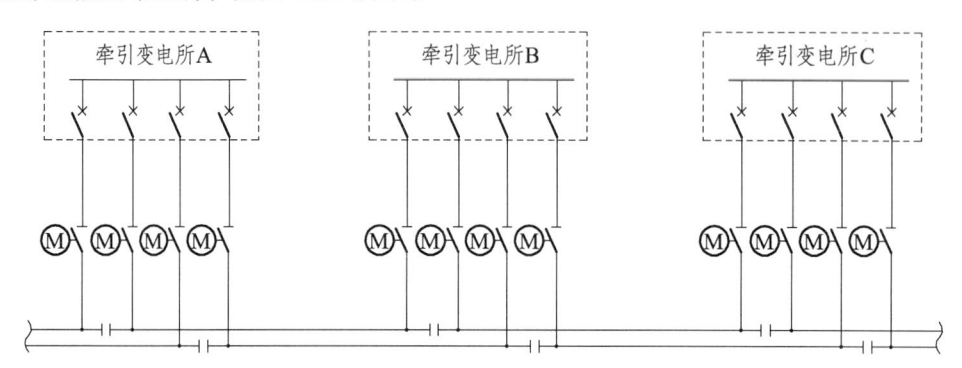

图 3.1.3 直流母线构成大双边供电示意图

这种大双边供电方式的优点是简单方便，容易实现；缺点是故障涉及到故障变电所的直流母线或馈线开关时都不适用。

利用故障变电所的直流母线将上下行的接触网并联起来，改善了牵引网电压质量，但同时也会扩大事故范围，因为此时当接触网一旦再发生短路故障时，可能引起多路馈线开关跳闸，从而使事故范围扩大。

另一种方式是利用纵向电动隔离开关构成大双边供电。即当牵引变电所故障解列时，利用合电分段处的纵向电动隔离开关构成大双边供电，使整座牵引变电所可以退出运行（含上网开关），运行不受故障牵引变电所的影响，如图 3.1.4 所示。

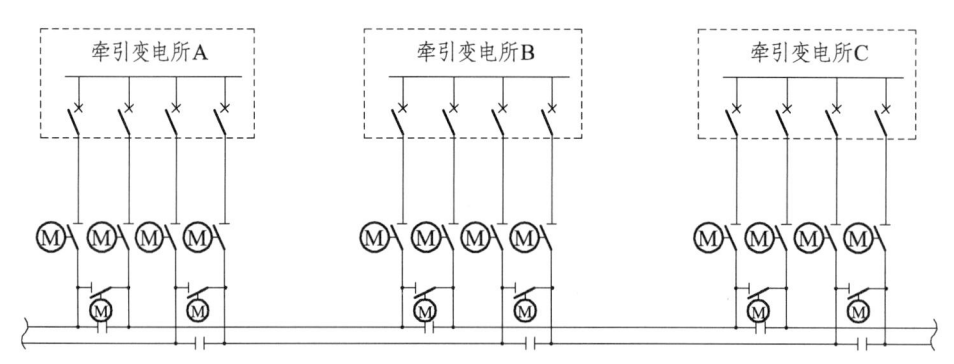

图 3.1.4 纵向电动隔离开关构成大双边供电示意图

这种大双边供电方式的优点是简单方便；缺点是纵向电动隔离开关不能带负荷操作，对线路正常运营有短时间的影响。

④ 双牵引整流机组单边供电。

线路末端牵引变电所 A 向线路末端供电分区馈电，或牵引变电所 A 解列、牵引变电所 B 向线路末端供电分区馈电，此时牵引网电压质量较差，牵引网能耗较大，如图 3.1.5 所示。

沿线中间某牵引变电所 B 退出运行后，该牵引变电所左、右侧供电分区各由相邻牵引变电所 A、C 经一路馈线单边馈电。此时牵引网电压质量较差、能耗较大，如图 3.1.6 所示。

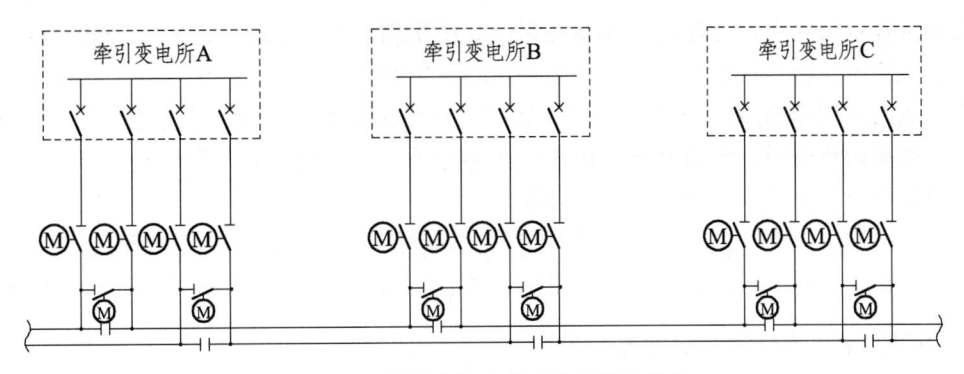

图 3.1.5 线路末端牵引变电所单边供电

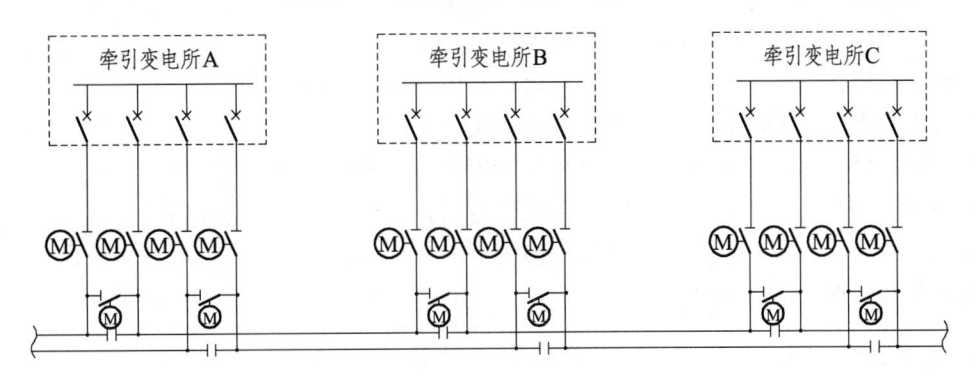

图 3.1.6 线路中间牵引变电所单边供电

对于线路中间供电分区，由于单边供电时的牵引网电压质量较差，能耗也较大，必要时还将增加牵引变电所数量。因此，单边供电只作为牵引供电系统运行中一种特殊处理手段和临时供电方式，而不能成为直流牵引供电系统正常运行方式。

由于线路末端的牵引变电所，其末端供电分区长度较小，牵引网最大电压损失值将小于允许值，线路末端供电分区正常运行时允许采用单边供电方式。

2. 满足牵引网电压损失允许值要求

国际电工委员会（IEC）标准及国家相关规范规定了牵引电压的波动允许范围，见表 3.1.1。

表 3.1.1 牵引电压波动允许范围

序号	标称电压/V	最高电压/V	最低电压/V
1	直流 750	900	500
2	直流 1 500	1 800	1 000

牵引网电压损失包括牵引网平均电压损失和最大电压损失。其中，牵引网最大电压损失值是影响牵引变电所数量的关键因素，平均电压损失值对牵引网能耗影响较大。

就牵引变电所数量而言，在牵引网回路阻抗一定的条件下，牵引变电所之间距离的大小主要由牵引网电压允许波动范围及允许载流量确定。直流 750 V 电压级的波动范围比直流 1 500 V 电压级的波动范围小。直流 750 V 系统为了保证供电臂末端电压满足要求，必须减小牵引变电所的间距，所以全线牵引变电所数量相对较多。

无论正常双边供电，还是故障大双边供电，牵引网最大电压损失都不能超过允许值。至于单边供电情况，应该区别对待。线路末端单边供电时，牵引网最大电压损失不能超过允许值；或者线路末端牵引网上下行并联时，牵引网最大电压损失也不能超过允许值。线路中间牵引变电所单边供电时，牵引网最大电压损失尽量不要超过允许值，当超过允许值时，应该采用故障大双边供电，或减少列车运行对数。

依据牵引网最大电压损失不能超过允许值，以确定牵引变电所供电分区的长度。供电分区距离越短，牵引网电压质量就越好。相反，供电分区距离越长，牵引网电压质量就越差。

3. 兼顾杂散电流腐蚀防护需要

在城轨直流牵引供电系统中，电动列车所需电能由牵引变电所提供，通过接触网向列车授电，并利用走行轨兼做回流网，返回到牵引变电所。

直流牵引电流流经走行轨时，因走行轨存在内部电阻，在走行轨上产生纵向电位。纵向电位的大小与直流牵引电流、走行轨电阻和供电分区长度有关。

在相同条件下，牵引变电所的供电分区长度越短，走行轨上产生的纵向电位差越小，杂散电流泄漏量则越少。相反地，供电分区长度越长，走行轨上产生的纵向电位差越大，杂散电流泄漏量则越多，不利于杂散电流腐蚀的防护。在日本，将杂散电流腐蚀防护需要，列为牵引供电分区长度确定的首要条件。

4. 兼顾线路能耗需要

刚性接触网的单位阻抗一般为 $0.013\ \Omega/km$，低碳钢接触轨的单位阻抗一般为 $0.02\ \Omega/km$，钢铝复合接触轨的单位阻抗一般不超过 $0.01\ \Omega/km$。柔性接触网因受结构、材质的影响，其单位阻抗一般为 $0.02\sim0.03\ \Omega/km$。用作回流的走行轨上下并联后单位阻抗一般为 $0.01\ \Omega/km$。所以，牵引网的单位电阻比较大，一般为 $0.02\sim0.04\ \Omega/km$。

另外，车站的站间距实施时可能优化调整，线路网络化运营也存在线路贯通需求，所以牵引变电所布点时，单一方法可能不会解决问题，需要几种方法配合使用，以便满足牵引供电系统技术要求的同时，又具有良好的经济指标。

知识点 2：牵引变电所主接线

牵引变电所主接线由交流中压开关设备、牵引整流机组、直流开关设备等几部分组成。主接线应满足可靠性、灵活性和经济性的基本要求。

主接线的可靠性包括一次部分和相应二次部分综合的可靠性，其很大程度取决于设备的可靠性，采用可靠性高的电气设备可以简化接线。具体要求为：开关故障或检修时，不影响或减少对牵引负荷的供电；母线故障或检修时，短时间内恢复送电，对列车正常运行影响降到最小。

主接线应满足调度、检修的灵活性要求。在故障运行方式、检修运行方式以及特殊运行方式下，调度时可以灵活地投入和退出开关或整流机组，检修时可以方便地停运开关及其继电保护设备而不致影响系统运行。

主接线在满足可靠性、灵活性要求的前提下还应做到经济合理。

（一）中压主接线

国内大部分城市轨道交通采用牵引动力照明混合网络，单母线分段接线形式，设置母线分段开关。对于牵引变电所，两套牵引整流机组设置有两种形式：一是分别接至两段母线（目前已不再采用）；二是同接一段母线。对于中压网络，考虑牵引负荷均衡性，相邻牵引变电所的牵引整流机组应交叉挂在不同母线上。当供电分区内某一回中压电源失电导致所有牵引变电所同段母线短时退出时，仍能保证部分牵引变电所的牵引整流机组继续运行，为避免牵引整流机组超出允许的过载能力，调度中心应及时调整中压网络运行方式。

1. 两套牵引整流机组分别接至两段母线

在牵引变电所两段母线电压平衡或差别甚微情况下，两套牵引整流机组分别接至两段母线，单套牵引整流机组为 12 脉波整流。如图 3.1.7 所示。当牵引变电所两段母线电压不平衡时，容易引起两套牵引整流机组输出负荷不均衡，有时差别比较大，造成一套重载另一套轻载。在两套牵引整流机组输出侧设置平衡电抗器，实现两套牵引整流机组的输出负荷一致性。

经实践证明，这种接线形式效果不理想，电源电压误差将导致牵引整流机组选择困难。

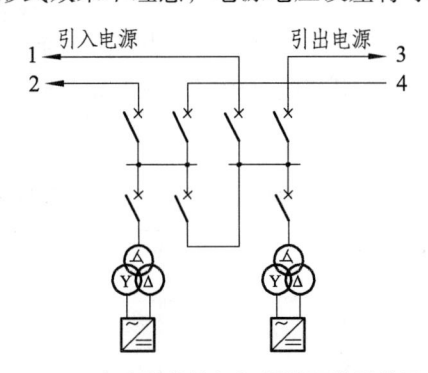

图 3.1.7　两套牵引整流机组分接两段母线示意图

2. 两套牵引整流机组同接一段母线

为了平衡两套牵引整流机组的输出负荷，将两套牵引整流机组接在同一段中压母线上，构成等效 24 脉波整流，利于谐波治理。当一套牵引整流机组故障退出后，另一套牵引整流机组在过负荷允许的情况下，可以继续维持运行。

3. 单母线接线

牵引变电所中压侧单母线不分段。母线引入两个电源，并根据工程实际条件和需要组建中压网络结构方案，如图 3.1.8 所示。

正常运行时，一个进线电源供电，并向相邻牵引变电所供电。

中压部分包括中压开关、母线、电压互感器、电流互感器、避雷器、微机综合测控保护装置等主要设备。设备配置如下：

中压开关：进线、联络开关以及馈线开关采用真空断路器，有利于继电保护设置和运行灵活性。

电压互感器：主要为测量（计量）提供电压信号，为联锁提供电压信号。

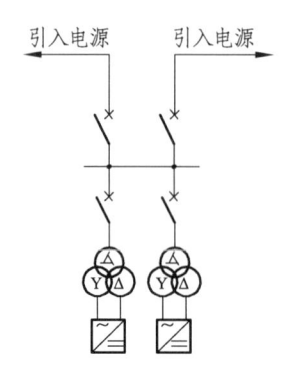

图 3.1.8 单母线接线示意图

微机综合测控保护装置：集保护、控制、联锁、测量为一体的综合装置，配有与变电所综合自动化系统连接的通信接口，是变电所综合自动化系统的基础设备。

单母线不分段接线简单，造价低，但可靠性较低。

4. 单母线分段接线

牵引变电所中压侧采用分段单母线接线方式，设分段开关。每段母线各引入一个进线电源，并根据中压网络结构方案在牵引变电所中压母线上设置联络开关或应急联络开关，如图 3.1.9 所示。

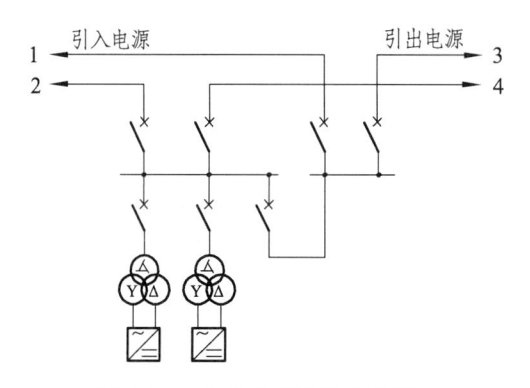

图 3.1.9 分段单母线接线示意图

正常运行时，两个独立的进线电源同时供电，两段母线分列运行。

中压部分包括中压开关、母线、电压互感器、电流互感器、避雷器、微机综合测控保护装置等主要设备。

设备基本配置参见单母线接线。

分段单母线接线较为复杂，造价较高，但可靠性大为提高。

5. 三段母线接线

设两段进线电源母线和一段牵引整流机组工作母线。两段进线电源母线分别接至Ⅰ段和Ⅲ段母线，两套牵引整流机组接于牵引整流机组工作母线。两段进线电源母线和一段牵引整流机组工作母线分别用断路器分段，通过分段断路器进行两路进线电源的自动切换，如图 3.1.10 所示。

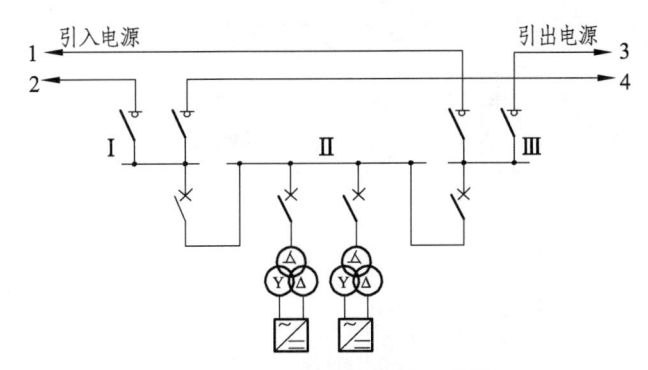

图 3.1.10 三段母线接线示意图

正常运行时，一台分段断路器合闸，另一台分段断路器分闸，两路中压进线电源分列运行。

中压部分包括中压开关、中压开关、母线、电压互感器、电流互感器、避雷器、微机综合测控保护装置等主要设备。

设备基本配置参见单母线接线。

三段母线接线形式造价较高，但可靠性很高。

（二）直流主接线

直流侧主接线按照母线形式有单母线系统、双母线系统两种主要形式，因设备配置及运行方式的差异，可以演变出多种形式。

A 型单母线系统，进线为直流断路器，设置纵向电动隔离开关。

B 型单母线系统，进线为电动隔离开关，设置纵向电动隔离开关。

C 型双母线系统，进线为直流断路器，不设置纵向电动隔离开关。

D 型双母线系统，进线为直流断路器，设置纵向电动隔离开关。

A、B、C、D 四种类型属于常用接线形式，还有一些其他的演变形式，但应用很少。本知识点重点介绍 A 型和 C 型接线形式。

1. A 型单母线系统

A 型主接线为单母线系统，两路进线采用直流断路器，设置四路直流馈出线。牵引整流机组的负极采用电动隔离开关，为实现自动化、远动调度操作提供条件。同一馈电区电分段处设有纵向电动隔离开关，如图 3.1.11 所示。

除北京地铁外，国内其他线路多采用 A 型主接线系统。接线形式简单实用，可靠性高。

在上行、下行同一馈电区电分段处设置一台纵向电动隔离开关，当牵引变电所退出运行时，可以通过它实现大双边供电。

A 型单母线系统无论是在牵引整流机组、直流进线、直流母线、直流馈线开关故障或检修退出时，均能实现不影响直流牵引供电系统运行的要求，系统运行的可靠性很高，造价较低。

由于没有直流馈线备用开关，可采用较为简单的运行方式：任一台馈线开关退出时需要相邻牵引变电所进行大双边供电。

由于隔离开关的电气特性，使纵向电动隔离开关的操作限制条件较多，操作判断时间较长，正常双边供电转为大双边供电时间也较长。

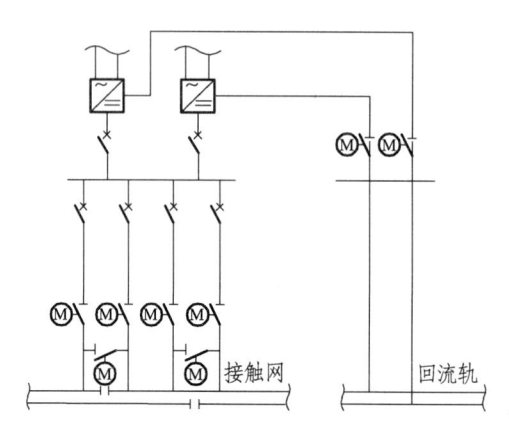

图 3.1.11　A 型单母线系统示意图

2. C 型双母线系统

C 型主接线为双母线系统，设有工作母线、备用母线和旁路开关。两路进线采用直流断路器，设置四路直流馈线，工作母线和备用母线之间设有备用直流断路器。牵引整流机组的负极采用电动隔离开关，为实现自动化、远动调度操作提供条件，如图 3.1.12 所示。

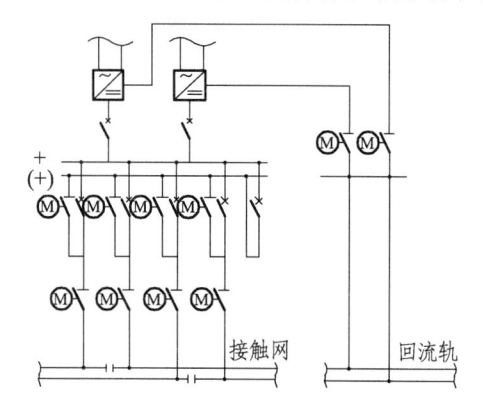

图 3.1.12　C 型双母线系统示意图

备用直流断路器可以代替四路馈线开关中的任何一个，具备馈线开关的所有功能，包括合闸线路测试功能、与相邻牵引变电所相同供电分区馈出线的双边联跳以及所内故障联跳功能等，属于热备用的直流馈线开关。

如牵引变电所两套牵引整流机组退出，可利用主母线构成大双边供电。如其中馈线开关（断路器）同时退出，而备用母线完好，仍可利用备用母线构成大双边供电。

知识点 3：牵引变电所运行方式

牵引变电所的运行方式与主接线方式密切相关，主要分为两大类，一类是交流中压主接线运行方式，对应单母线、单母线分段和三段母线三种主要接线方式，不同接线方式下又分为正常运行、进线电源失电运行和母线故障运行等方式；另一类就是直流主接线运行方式，分为 A 型单母线、C 型双母线对应的运行方式等。

3.1.1 直流制.MP4

牵引变电所通过直流快速断路器分别向上下行接触网供电，以保证列车安全可靠地运行。根据运行需要，牵引变电所可以双机组运行或单机组运行，并对牵引网实行双边供电或大双边供电。牵引供电系统中，一座或相隔多座牵引变电所退出运行时，不应影响城市轨道交通的运输能力。

（一）中压主接线运行方式

1. 单母线接线

① 正常运行方式。

正常运行时，一路进线电源供电，并向相邻牵引变电所供电。

② 进线电源失电运行方式。

当该进线电源失电退出后，经过解除相关联锁，出线电源可以自动转变成进线电源，由相邻变电所反向提供中压电源。

③ 母线故障运行方式。

当母线故障后，该牵引变电所退出运行，由相邻牵引变电所实施大双边供电方式。从直流双边供电方式倒换到直流大双边供电方式，需要一定的切换操作时间，这将对列车正常运行造成短时间的影响。

2. 单母线分段接线

① 正常运行方式。

正常运行时，两个独立的进线电源同时供电，两段母线并列运行。

② 进线电源失电运行方式。

一个进线电源失电退出运行方式：分段开关自动投入运行，由另一个进线电源向本牵引变电所的两段母线供电。

两个进线电源同时失电退出运行方式：通过调度命令进行倒闸操作，由相邻变电所反向提供中压电源。采用这种方式时，倒闸操作需要一定时间。在倒闸期间，进线电源失电的本段母线上的牵引整流机组暂时退出，但对线路运营影响很小。

当牵引整流机组所在母线上的进线开关检修而不能影响两段母线运行时，可以采用短时间的合环运行方式。正常运行时，合环转换开关置于退出位。在合环工作状态时，合环转换开关置于合环选跳位，合环选跳任一进线开关或母线分段开关。

③ 母线故障运行方式。

当一段母线退出后，闭锁分段开关自投功能，分段开关不投入运行，另一段母线继续运行。此时，若牵引整流机组在该段母线上，则该牵引变电所的整个牵引直流系统退出运行，直流牵引供电系统则通过直流系统内部的控制操作，相邻牵引变电所实施大双边供电方式。

当两段母线退出后，本牵引变电所退出运行。直流牵引供电系统的运行方式与一段母线退出的情况相同。

3. 三段母线接线

① 正常运行方式。

正常运行时，一台分段断路器合闸，另一台分段断路器分闸，两路中压进线电源分列运行，两套牵引整流机组并联运行。

② 进线电源失电运行方式。

一个进线电源失电退出运行方式：失电线路的分段开关退出，另一个分段开关自动投入运行，维持两套牵引整流机组的并联运行。

两个进线电源同时失电退出后运行方式，与分段单母线接线形式相同。

③ 母线故障运行方式。

正常运行时不带牵引整流机组供电的母线故障，对直流牵引供电系统没有影响。

正常运行时带牵引整流机组供电的母线故障时，牵引整流机组中压母线与故障母线分段开关跳闸，则该牵引变电所的整个牵引直流系统退出运行，运行方式与分段单母线接线相同。

两个进线电源母线故障时，该牵引变电所退出运行。直流牵引供电系统则通过直流系统内部的控制操作，相邻牵引变电所实施大双边供电方式。

（二）直流主接线运行方式

直流主接线运行方式主要体现在备用母线、上下行纵向电动隔离开关的设置上，与直流进线开关的类型无关。车辆段牵引网正常运行方式下为单边供电，当车辆段牵引变电所退出运行时，由正线牵引变电所通过出入段线联络开关（电动隔离开关）向车辆段提供直流牵引电源，仍为单边供电。

下面详细论述正线牵引变电所直流主接线运行方式，车辆段牵引变电所直流主接线运行方式可以参照之。

1. A 型单母线系统运行方式

① 正常运行方式。

牵引变电所采用双机组等效加脉波整流方式，双机组并列运行方式。

直流进线开关、馈线开关及上网电动隔离开关均闭合，纵向电动隔离开关处于断开状态。该牵引变电所与相邻牵引变电所对同一供电分区实施正常的双边供电。

② 单套牵引整流机组退出运行方式。

见图 3.1.13。其中一组（上行线/下行线）上网电动隔离开关与纵向电动隔离开关安装如图 3.1.14 所示。牵引整流机组交流进线开关 QF1（QF2）因牵引整流机组 U1（U2）故障而跳闸时，进线直流断路器 QF3（QF4）则被联动跳闸；如直流进线为电动隔离开关，则逆流保护联跳所有馈出开关，然后控制中心遥控断开进线开关。此时所有馈线开关均被联跳开，并不进行自动重合闸，而且不进行邻站馈线开关联跳。另一套牵引整流机组 U2（U1）在其过负荷能力允许的情况下承担全部牵引负荷，该牵引变电所与相邻牵引变电所对同一供电分区维持正常的双边供电。

故障牵引整流机组对应的直流进线开关断开，馈线开关及上网电动隔离开关均闭合，纵向电动隔离开关处于断开状态。该牵引变电所与相邻牵引变电所对同一供电分区实施正常双边供电。

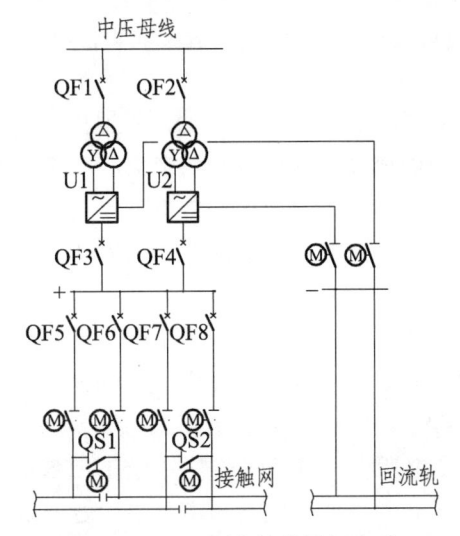

图 3.1.13　A 型主接线运行方式

图 3.1.14　上网隔离开关与纵向隔离开关安装

③ 两套牵引整流机组退出运行方式。

两套牵引整流机组 U1、U2 退出时，控制中心对上传的保护信号等信息进行判别，若非直流母线短路或框架保护动作时，该牵引变电所直流进线开关 QF3、QF4 及纵向电动隔离开关 QS1、QS2 处于断开状态，馈线开关 QF5、QF6、QF7 及 QF8 处于合闸状态。

④ 直流母线退出运行方式。

为切除开关柜直流母线碰壳故障，设有框架泄漏电流保护（简称"框架保护"）。

开关柜直流母线发生故障时，框架保护联跳全部直流进线、馈线开关和两套牵引整流机组交流进线开关。

由于框架保护不能辨别故障点是发生在开关柜内还是其他部位，框架保护将同时联跳上下行相邻牵引变电所相关馈出开关，在切除联跳信号后允许被联跳的上下行相邻牵引变电所相关馈出开关进行人工合闸。如果人工合闸成功，表明故障点未发生在该牵引变电所馈出端及以下电缆。

控制中心遥分上网电动隔离开关。在满足纵向电动隔离开关合闸条件的情况下，如纵向电动隔离开关连接两端的牵引网电压为无压时，可遥合纵向电动隔离开关 QS1、QS2，相邻牵引变电所通过本牵引变电所纵向电动隔离开关构成大双边供电。

⑤ 单台馈线开关退出运行方式。

牵引变电所单台馈线开关 QF5（QF6、QF7、QF8）退出时，在满足纵向电动隔离开关合闸条件的情况下，如纵向电动隔离开关连接两端的牵引网电压为无压等，可遥合纵向电动隔离开关 QS1（QS2），相邻牵引变电所通过该牵引变电所纵向电动隔离开关构成双边供电。

该牵引变电所退出的馈线开关和对应的上网电动隔离开关均处于断开状态，相关联的纵向电动隔离开关处于合闸状态。

⑥ 电分段两侧上（下）行两台馈线开关退出运行方式。

牵引变电所电分段两侧上（下）行的两台馈线开关 QF5、QF6（QF7、QF8）退出，在满足纵向电动隔离开关 QS1（QS2）合闸条件的情况下，遥合纵向电动隔离开关 QS1（QS2），相邻牵引变电所通过该牵引变电所纵向电动隔离开关 QS1（QS2）构成大双边供电。

该牵引变电所退出的馈线开关及上网电动隔离开关均处于断开状态，纵向电动隔离开关处于合闸状态。

如果退出的馈线开关位于上行/下行供电分区，则下行/上行馈电分区的另两台馈线开关仍处于合闸状态，与相邻牵引变电所保持正常的双边供电。

2. C型双母线系统运行方式

① 正常运行方式。

牵引变电所采用双机组构成 24 脉波整流方式，双机组并列运行方式。

直流进线开关、馈线开关及上网电动隔离开关均闭合，馈线开关柜旁路电动隔离开关及备用开关处于断开状态。本牵引变电所与相邻牵引变电所对同一供电分区实施正常双边供电。

② 单套牵引整流机组退出运行方式。

如图 3.1.15 所示。单套牵引整流机组退出时运行方式与 A 型单母线系统相同。

退出的牵引整流机组对应的直流进线开关断开，馈线开关及上网电动隔离开关均闭合。馈线开关柜旁路电动隔离开关及备用开关处于断开状态。该牵引变电所与相邻牵引变电所对同一供电分区实施正常双边供电。

③ 两套牵引整流机组退出运行方式。

两套牵引整流机组退出运行方式与 A 型单母线系统相同。

该牵引变电所直流进线开关、馈线开关柜旁路电动隔离开关及备用开关处于断开状态，馈线开关处于合闸状态。

④ 直流母线退出运行方式。

直流母线退出时的联跳、分闸方式和时序与 A 型单母线系统相同。

在保证所有馈线开关 QF11、QF22、QF33、QF44 分闸情况下，控制中心遥分上下行相邻牵引变电所同一馈电分区的馈线开关。然后，按顺序依次遥合该牵引变电所旁路电动隔离开关、上下行相邻牵引变电所同一馈电分区的馈线开关，通过旁路电动隔离开关和备用母线构成大双边供电。

该牵引变电所直流进线开关（QF3、QF4）、馈线开关（QF11、QF22、QF33、QF44）及备用开关 QF5 处于断开状态，馈线开关柜旁路电动隔离开关及上网电动隔离开关处于合闸状态。

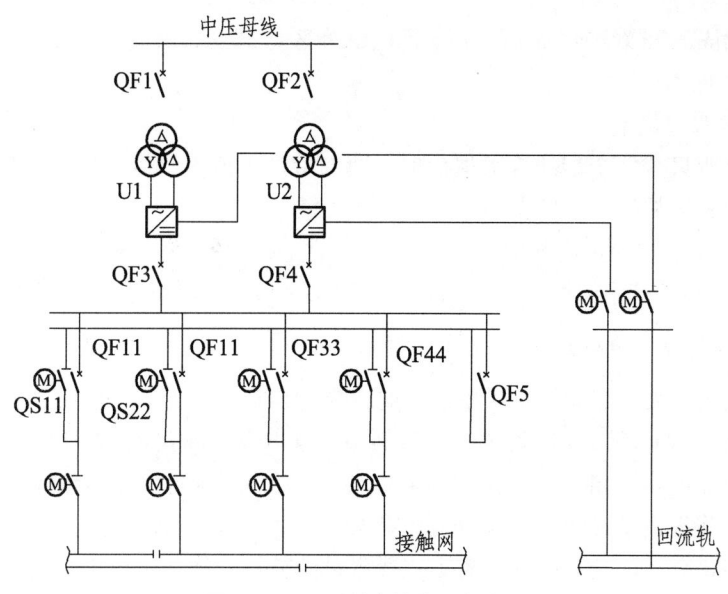

图 3.1.15 C 型主接线运行方式

⑤ 单台馈线开关退出运行方式。

牵引变电所单台馈线开关 QF11 退出，由备用开关 QF5 通过与该馈线开关并联的旁路电动隔离开关 QS11 代替该馈线开关继续运行，与相邻牵引变电所对同一供电分区仍实施正常双边供电。

该牵引变电所退出的馈线开关柜内旁路电动隔离开关 QS11 及备用开关 QF5 均处于闭合状态，退出的馈线开关 QF11 及非故障馈线开关柜内的旁路电动隔离开关处于断开状态。

⑥ 电分段两侧上（下）行两台馈线开关退出运行方式。

牵引变电所电分段两侧上（下）行的两台馈线开关 QF11、QF22（QF33、QF44）先后退出，可以通过相对应的旁路电动隔离开关和备用母线构成双边供电，与单台馈线开关退出时运行方式相同。

⑦ 馈线开关与备用开关同时退出运行方式。

牵引变电所一台馈线开关 QF11 和备用开关 QF5 先后退出，对应的馈电分区可以通过旁路电动隔离开关和备用母线构成双边供电，也可以由相邻牵引变电所实施单边供电。其余馈线开关 QF22、QF33、QF44 与相邻牵引变电所保持正常的双边供电。

电动隔离开关 QS11 和 QS22 处于闭合状态，退出的馈线开关 QF11、备用开关 QF5 及非故障馈线开关柜内的旁路电动隔离开关（QS22 除外）处于断开状态。

（三）电分段纵向电动隔离开关的应用

电分段两侧上（下）行的上网电动隔离开关下口通过纵向电动隔离开关进行电气连接，为相邻牵引变电所提供大双边供电的条件。

1. 作用

① 作为牵引变电所 4 台馈线开关的备用开关。

当牵引变电所电分段两侧上（下）行任何一台或两台直流馈线开关退出时，控制中心遥控合闸纵向电动隔离开关，此时上（下）行供电分区为大双边供电；而下（上）行供电分区仍为正常双边供电。

② 构成正常双边供电。

当牵引变电所只有一个馈线开关退出时，将对应的上网电动隔离开关分闸、纵向电动隔离开关合闸，构成正常的双边供电。

③ 作为牵引变电所的备用开关。

当牵引变电所退出运行时，由纵向电动隔离开关构成大双边供电，保障列车正常运行。

2. 大双边联跳的自动转换

纵向电动隔离开关构成大双边供电的同时，应能自动完成大双边联跳的转换。

与纵向电动隔离开关对应的设置一个转换中间继电器，纵向电动隔离开关的合闸状态作为转换中间继电器的唯一启动条件。当纵向电动隔离开关合闸后，该合闸信号传给转换中间继电器，转换中间继电器的常开接点闭合，将电分段两侧上（下）行相邻牵引变电所的馈线开关联跳保护装置电气连接，自动实现大双边联跳的转换功能。也可以采用 PLC 替代转换中间继电器。

（四）负极隔离开关的操作联锁

牵引供电系统的直流侧因运行需要，设置了一些必要的隔离开关，无论是电动的还是手动的，都不能带负荷操作，为保证设备和人身安全，都应设置必要的操作联锁。如回路中必须是直流快速断路器处于分闸位置时隔离开关才能进行操作；而整流器负极隔离开关则应和正极快速断路器相互联锁，硅整流器正极断路器和负极隔离开关在操作程序上应有下列联锁条件：

① 只有负极隔离开关合闸后，正极开关才能进行合闸操作。如正极开关先合闸，而负极隔离开关不合闸，会导致停在线路的电动列车车体带电。这样进行联锁的目的就是为了人身安全和行车安全，避免负极不合闸而正极送电，从而使列车车体带电，威胁乘客人身安全。

② 只有正极开关处于分闸位置，负极开关才能进行操作。避免负极隔离开关带负荷操作。

【任务实施】

第一步：分析变电所的中压主接线方式与直流主接线方式

图 3.1.1 所示的牵引降压变电所采用的是牵引动力照明混合网络，牵引整流机组与降压变压器共用 35 kV 中压网络。从图中可以看出，该变电所 35 kV 中压主接线采用的是分段单母线接线形式，并设置了母线联络开关（如图中的 300 断路器和 3001、3002 隔离开关）。其中两台牵引变压器与整流机组均接在 35 kV I 段母线。

图中的直流主接线采用的是 A 型单母线接线，两路进线采用直流断路器，设置四路直流馈出线。牵引整流机组的负极采用隔离开关，同一馈电区电分段处设有纵向电动隔离开关。

第二步：分析该变电所直流主接线运行方式

正常运行方式：双机组并列运行方式。直流进线开关 2011、201、2021、202，馈线开关 211、212、213、214 以及上网电动隔离开关 2111、2112、2113、2114 均闭合，纵向电动隔离开关 2113、2124 处于断开状态。该牵引变电所与相邻牵引变电所对同一供电分区实施正常的双边供电。

单套牵引整流机组退出运行方式：以 RT1 和 R1 牵引整流机组退出运行为例，此时交流进线开关 321 因牵引整流机组故障而跳闸，进线直流断路器 201 则被联动跳闸而退出运行，其他馈线开关及上网电动隔离开关均闭合，纵向电动隔离开关处于断开状态，由 RT2 和 R2 牵引整流机组在其过负荷能力允许的情况下承担全部牵引负荷。

两套牵引整流机组退出运行方式：图中的直流进线开关 2011、201、2021、202 及纵向电动隔离开关 2113、2124 处于断开状态，馈线开关 211、212、213、214 以及上网电动隔离开关 2111、2121、2131、2141 处于合闸状态。

直流母线退出运行方式：馈线开关 211、212、213、214 以及上网电动隔离开关 2111、2121、2131、2141 分闸，直流进线开关 2011、201、2021、202 及两套牵引整流机组交流进线开关 321、323 分闸。纵向电动隔离开关 2113、2124 合闸，相邻牵引变电所通过本牵引变电所纵向电动隔离开关构成大双边供电。

单台馈线开关退出运行方式：如单台馈线开关 211 退出时，控制中心遥分 2111、213 和 2131 开关。在满足纵向电动隔离开关合闸条件的情况下，如纵向电动隔离开关连接两端的牵引网电压为无压等，遥合纵向电动隔离开关 2113，相邻牵引变电所通过该 2113 构成双边供电。

电分段两侧上（下）行两台馈线开关退出运行方式：如电分段两侧上行的两台馈线开关 212、214 退出，在满足纵向电动隔离开关 2124 合闸条件的情况下，遥合纵向电动隔离开关 2124，相邻牵引变电所通过该牵引变电所纵向电动隔离开关 2124 构成大双边供电。

第三步：分析纵向电动隔离开关及其作用

图中的 2113、2124 为电分段纵向电动隔离开关，其作用主要是作为牵引变电所 4 台馈线开关 211、212、213、214 的备用开关，同时当其中某台或某 2 台馈线开关因故退出运行时，可通过其构成双边供电或大双边供电。

第四步：分析负极隔离开关及其操作条件

图中的 2011、2021 为负极隔离开关。操作该开关的条件是：只有当 201、202 处于分闸位置时方可进行操作。

【任务小结】

请简要小结本任务的学习要点、难点与困惑，写在下面的横线上！

_____

_____

_____

_____

【格言语录】

"纸上得来终觉浅，绝知此事要躬行。"——[南宋]陆游《冬夜读书示子聿》

这句诗取自陆游的一首教子诗。教导自己的儿子读书要注重实践，没有经过实践的知识是很难深入理解的。读书是学习，使用也是学习，而且是更重要的学习。学习，切不可满足于书本知识，满足于知其然，更要坚持学以致用，在实践中掌握真知。

【拓展知识】

<h2 style="text-align:center">牵引变电所的选址</h2>

1. 基本要求

牵引变电所选址应遵循以下要求：
（1）电源引入方便。
（2）尽可能靠近城市轨道交通线路。
（3）尽可能与降压变电所合建。
（4）土石方工程量较少，并避免设在坍塌或高填方地区。
（5）维护管理和生活条件方便，尽量避免设在空气污秽和土壤电阻率过高以及有剧烈振动的地区。
（6）设备运输方便。
（7）应和城市规划相协调。

在地上车站、地下车站以及区间等处均可以设置牵引变电所。城市轨道交通属于复杂的市政工程，包含众多设备系统，受到车站建筑规模和地面规划的制约。牵引变电所的选址应结合具体的工程条件和牵引供电系统需求，选择合理位置。

2. 地下牵引变电所

牵引变电所设置在地下时应与地下车站结合，有多种设置形式，如可将牵引变电所设置在站台端部、端头井、线路外侧或傍建于车站风道。

考虑到潮湿环境对电气设备有影响，不利于杂散电流腐蚀防护等因素，牵引变电所应尽量和车站主排水站分别设于车站两端。

牵引变电所应考虑左右供电分区的长度，将牵引变电所设置在邻近供电分区较长的车站一端，尽量缩短左右供电分区长度的差异，改善牵引网的电压质量。

（1）设置于车站站台端部。

牵引变电所设置在车站站台端部，房间可以根据车站功能布局以及车站规模设计为一层或两层。设置两层时，牵引整流机组应该设置在站台层，便于设备运输。开关柜室与控制室可以设置在任何一层。

牵引变电所设置在车站站台端部时，虽然可能增加车站规模，但不存在外部规划协调等不定因素，容易实现。如果将牵引变电所设置在车站端头井，效果更好。

牵引变电所不宜紧靠厕所、污水泵或废水泵等给排水设备，否则不利于杂散电流腐蚀防护。

设置在车站站台端部方案具有以下优点：直流馈出电缆相对较短，有利于牵引网电压质量改善，节省直流电缆投资；便于笨重设备从站台层运输；紧邻站务房间，有利于运营管理。但占用车站空间较大。

（2）傍建于车站通风道。

在条件允许的情况下，可以在车站通风道边傍建牵引变电所。但要重点解决设备运输通道和电缆通道问题。

傍建于车站通风道方案，避免了结构柱梁后面土建面积无法利用的情形，提高了牵引变电所的空间利用率。但是，牵引变电所远离线路，直流电缆长度有所增加，投资增加；如单独考虑地面设备运输通道，涉及地面规划落实问题，而通过风道运输设备带来诸多不方便；另外远离站务房间，不利运营管理。

（3）设置于车站线路外侧。

在条件允许的情况下，在线路外侧单独设置牵引变电所，并通过牵引变电所内部楼梯将牵引变电所和车站站厅层联系起来。

设置于车站线路外侧方案具有以下优点：直流馈出电缆相对较短，利于牵引网电压质量改善，节省直流电缆投资；便于笨重设备从站台层运输；牵引变电所的空间利用率相应提高；避免了牵引变电所设在站台层时和通风管线、结构柱梁以及外围房间、设施发生矛盾的情况。但是，涉及规划落实问题，存在不定因素；另外，站厅层需要设计牵引变电所对外安全紧急出口通道，会对站厅平面布局造成一定影响。

3. 地上牵引变电所

因各种客观原因，若有下列三种情况之一，则可以考虑设置地上牵引变电所：

（1）城市规划条件许可时，其经济性能非常明显。

（2）因地下车站没有空间安排牵引变电所，而不得不移至地面。

（3）地面或高架线路需要设置牵引变电所。

技术上，牵引变电所的间距容易做到较为均匀，牵引网的电压质量将大大改善；通风空调系统将简单化，可以通过风机和分体式空调实现设备机房通风、降温要求，或者采用自然通风；不再需要设置气体自动灭火系统；利于设备抢修。

经济上，地面工程造价要小于地下工程造价；节省了气体自动灭火系统的投资；降低或节省了通风系统的投资。虽然中压电缆、直流电缆以及控制电缆数量有所增加，但与土建节省的投资相比，仍具有明显的经济效益。

牵引变电所设置在地上，具有许多便利条件，形式多种多样。一是可与车站结合，二是也可独立于车站，三是独立建于车辆段。当牵引变电所设置于车辆段时，考虑馈出电缆较多，一般靠近咽喉区设置。

4. 地下区间牵引变电所

地下区间牵引变电所可以傍建在区间风道外侧，有条件时可以利用盾构竖井。上述条件都不具备时，应优先考虑将牵引变电所移至地面，但又涉及用地规划落实问题，移至地面的做法不可取，除非别无它法。

5. 箱式牵引变电所

箱式牵引变电所是一项成熟技术，在国外有不少应用。国内个别线路也已经采用了箱式牵引变电所。

箱式牵引变电所结构主要由箱体、温度调节装置、微增压装置及其内部供电设备等构成。

内部供电设备主要包括牵引变压器、整流器、中压交流开关柜、直流开关柜、负极柜、排流柜、交流屏、直流屏、综控屏及所用变等。

箱式变电所体积小，占地面积小，可以节省土建投资，选址灵活、对环境适应性强。同容量箱式牵引变电所的占地面积仅为传统牵引变电所占地面积的 1/5～1/10，可以大大减少工程设计量和施工量。

箱式牵引变电所虽然具有诸多优点，但也有其不足之处。箱式变电所内部空间有限，多个设备处于同一个狭窄的密闭空间内，不利于散热。由于箱变安装在地面土建基础上，其土建基础应充分考虑排水问题。

线路试运营期间，以至运营初期，直流牵引供电系统需要一个稳定周期，需要安排值班人员就地监视、维护甚至抢修。但箱式变电所不具备值班人员的工作生活条件，不利于运营管理。

【练习与评价】

结合本任务所学知识，完成表 3.1.2 中的任务。

表 3.1.2　任务 3.1 完成情况评价表

序号	任务内容	完成记录	标准分	评分
1	请分析图 3.1.1 中的中压主接线运行方式。		35	
2	图 3.1.1 中 2113 隔离开关，正常情况是处于什么状态？它的主要作用是什么？		10	
3	图 3.1.1 中 2011 开关的操作条件是什么？		10	
4	直流 1 500 V 的牵引电压允许波动范围？		10	
5	国内城市轨道交通大多采用牵引动力照明独立网络还是牵引动力照明混合网络？		5	
6	城市轨道交通系统常见的车站站台形式有哪几种？		10	
7	"任务小结"完成情况		20	
总体评价：　□ 好　　□ 较好　　□ 一般　　□ 较差　　□ 差					

任务 3.2　直流牵引供电系统保护

任务导读

城轨牵引供电系统保护主要分为交流中压系统保护和直流牵引系统保护两大部分。交流中压系统保护，与通常的电力系统保护相似，而直流牵引供电系统，由于系统的"多电源"与保护的"多死区"特点，使保护也具有其独特性。本知识点重点介绍了直流牵引系统正常双边联跳、一路馈出开关退出运行时的双边联跳、牵引网大双边联跳和牵引网单边联跳等 4 种联跳保护，直流正极接地保护（又称框架保护），交流中压系统的纵联差动保护等。

【学习目标】

1. 知识目标

（1）理解牵引变电所联跳保护的几种形式。
（2）理解直流牵引供电系统框架保护原理。
（3）理解纵联差动保护原理。
（4）了解城轨供电系统主要保护配置与设备间的联锁。

2. 能力目标

（1）能解释城轨牵引供电系统保护的"死区"。
（2）会看图分析牵引变电所联跳保护的开关动作。
（3）能说明直流牵引供电系统框架保护的原理。
（4）能说明纵联差动保护的原理。

3. 素质目标

（1）养成团队协作与互助意识。
（2）养成坚持自学习惯。

【任务描述】

图 3.2.1 为某地铁线路其中一段的直流牵引供电示意图，如果图中 B 所发生直流开关柜框架保护的电流元件动作，则联跳保护应同时使哪些开关跳闸？B 所发生故障后，从改善列车运行条件、减小能量损耗、减小杂散电流的角度，进行大双边供电，则应该进行哪些倒闸操作？

【任务分析】

发生电流型框架保护动作，说明直流设备内正极对外壳有短路。当发生短路故障时，首先要"切断电源"，要解决上述问题，首先要分析故障点可能来电的方向和保护装置联跳对应的开关；进行大双边供电时，则先要将故障变电所退出运行，由纵向电动隔离开关构成大双边供电，保障列车正常运行。通过学习框架保护与牵引变电所运行方式，即可完成这一任务分析。

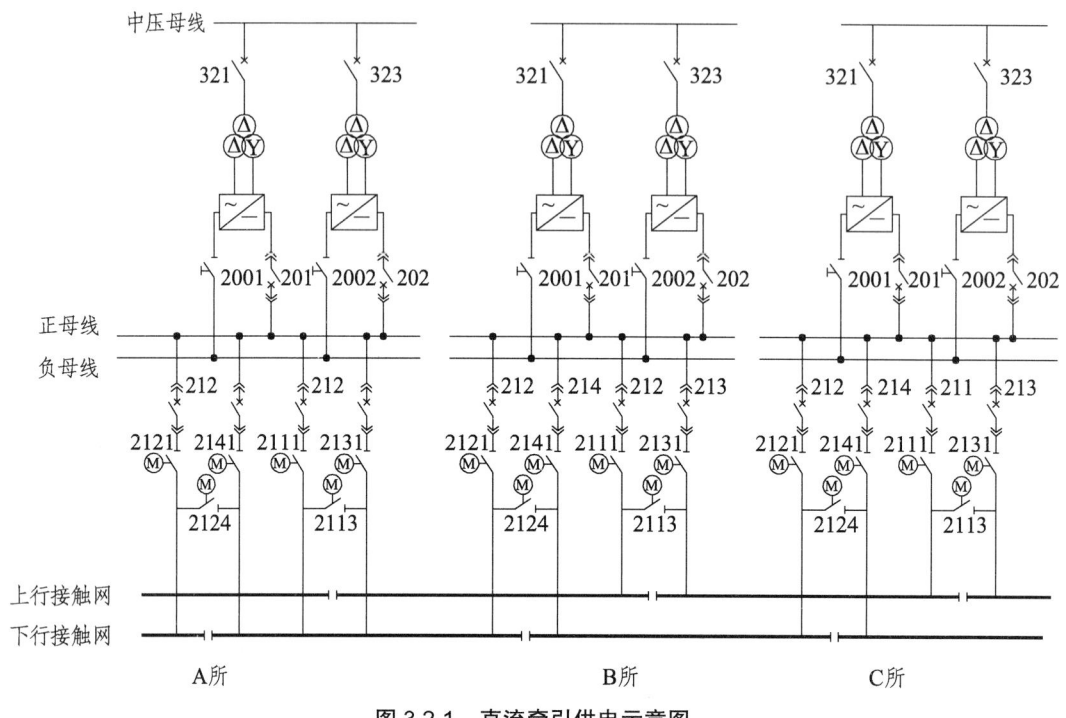

图 3.2.1 直流牵引供电示意图

【基本知识】

知识点1：直流牵引供电系统保护特点

城轨牵引供电系统可分为交流中压系统和直流牵引系统两个部分。对于直流牵引供电系统保护，主要可分为牵引整流机组保护和直流馈出保护两个部分。其最大的特点是系统的"多电源"和保护的"多死区"。

多电源：城轨牵引供电系统的"多电源"是指当牵引网发生短路时，并非仅双边供电两侧的牵引变电所向短路点供电，而实际上是全线的牵引变电所皆通过牵引网向短路点供电。

而所谓"多死区"，是因牵引供电系统本身的特点和保护对象的特殊性而形成保护上的"死区"。具体原因：地铁列车为多辆电动车组编组，其起动电流大于牵引网最小短路电流；电动列车是随时在运动的，其位置在不断移动、变化，作为电动列车的远后备保护，牵引变电所的保护应延伸至电动列车主回路末端。

当发生短路故障时，首先要"切断电源"，切断电源对直流系统至关重要。因为一旦形成电弧，如不断则可以长期维持。

对直流牵引供电系统，速动性与可靠性同等重要。直流侧保护均采用 ms 级的电气设备，如直流快速熔断器、直流快速断路器、di/dt△I 保护等，都是以 ms 做计算单位。目的就是在直流短路电流的上升过程中将其遮断，不允许短路电流到达稳态值。至于选择性，在直流牵引供电系统中则处于次要位置，其保护的设置原则应当是"宁可误动作，不可不动作"。误动作可以用自动重合闸进行矫正。

从图 3.2.2 中可以看出，牵引网发生短路时，短路点的短路电流 $I_k=I_{kz}+I_{ky}$，而

$$I_{kz}=I_{k1}+I_{k2}+I_{k3}+I_{k4}+I_{k5}$$

式中　I_{kz}——左侧牵引变电所短路电流；

　　　I_{ky}——右侧牵引变电所短路电流；

　　　I_{k1}——1 号整流机组短路电流；

　　　I_{k2}——2 号整流机组短路电流；

　　　I_{k3}——下行牵引网短路电流；

　　　I_{k4}——上行牵引网短路电流；

　　　I_{k5}——右侧下行牵引网短路电流。

由上式可以看出，流经馈出开关的短路电流 I_{kz} 是由 $I_{k1} \to I_{k5}$ 这 5 个短路电流组成的。这就说明，如果馈线开关失灵拒动，要切断短路点的电源，只跳闸直流进线开关 QF1、QF2 是不够的，还要跳闸直流母线上对应的所有馈线开关 QF3、QF4、QF5，才能保证切断短路点的左侧电源。

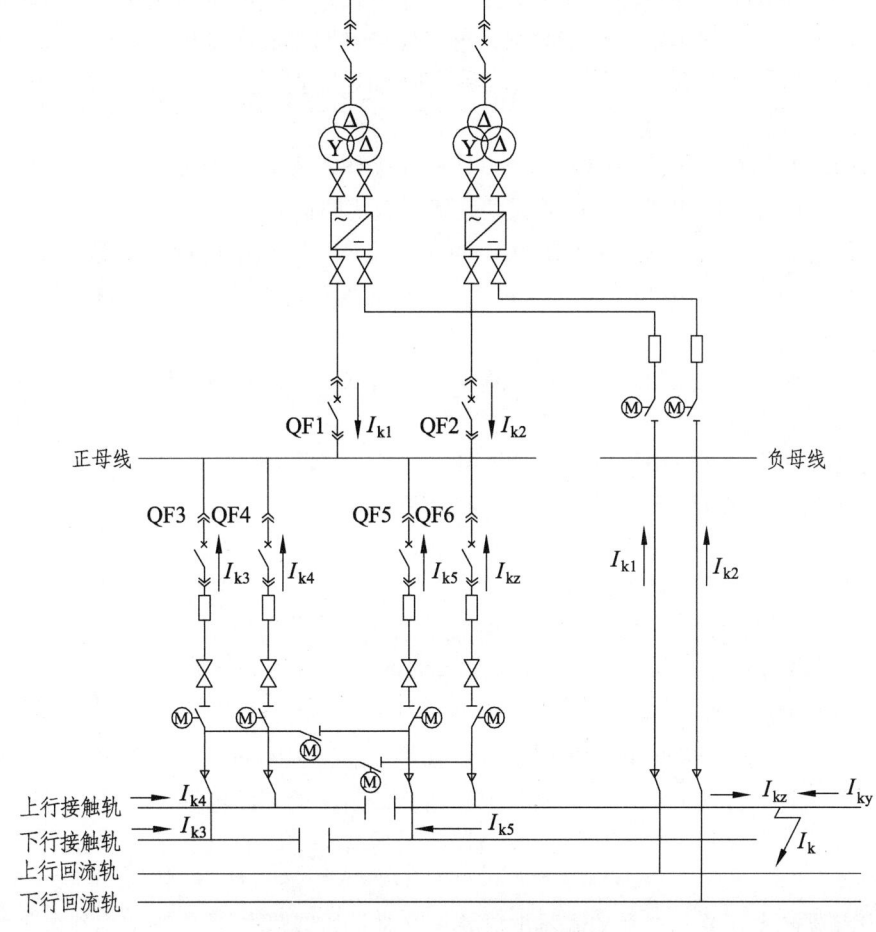

图 3.2.2　牵引变电所主接线图

知识点 2：牵引变电所联跳保护

城轨牵引供电系统包括牵引变电所和牵引网，有其自身的特点：电源多、供电方式多、回路多、参数多，这就决定了其短路计算、保护设置不同于交流供电系统，牵引供电系统设置的联跳保护就是其中的一种，联跳保护是在实践中总结事故经验的基础上产生的，是牵引供电系统重要的保护之一。

（一）联跳保护的概念

联跳，就是一个开关事故跳闸后，去强迫与其相关的所有开关跳闸。解决牵引供电系统直流开关没有远后备保护的唯一可靠的办法。

联跳保护，就是当发生短路时，及时地切断流向短路点的电源。

双边联跳保护，就是切断双边供电电源。

变电所联跳保护，就是切断变电所流向短路点的所有电源。

双边联跳保护功能是在故障情况下，为确保相邻变电所同一故障区间供电的断路器可靠跳闸而增设的后备保护。在故障情况下，距离短路点较近的变电所则先动作，对较远的变电所，因故障电流达不到保护定值而不跳闸，这将使接触网过流而过热，一旦时间过长，导致这一供电臂的接触网全部退火，利用双边联跳保护解决上述问题。当一侧直流断路器跳闸后，同时启动联跳装置发出跳闸指令。

正常双边联跳，距离短路点较近的变电所应先动作，同时向本所联跳装置发跳闸信号，通过所间的联跳电缆，向相邻变电所的联跳装置发送跳闸信号。

顺序相邻的三座牵引变电所 A、B、C，当 B 变电所解列退出运行而实现越区供电时，通过 B 变电所连接在越区隔离开关上的辅助节点，接通大双边联跳回路电缆，构成大双边供电联跳回路。

当牵引变电所两台整流机组的直流（或交流）进线开关故障跳闸时，同时联跳四路直流馈出开关，称之为变电所联跳。

牵引变电所联跳保护适用于以下两种情况：

① 牵引变电所的两套整流机组开关同时因故障跳闸。

② 牵引变电所任何一路直流馈出开关失灵拒动。

牵引变电所联跳是解决牵引供电系统无远后备保护的唯一可靠的方法。

远后备保护，即保护开关的上一级开关的保护。

近后备保护则指保护开关本身所设置的后备保护。

设置牵引变电所联跳的根本原因就是因为牵引变电所的直流断路器失灵拒动时，没有远后备保护，因为地铁牵引供电系统短路的特点就是多电源、多回路、多参数。牵引变电所 6 台直流开关中任意一台失灵拒动，只跳其上级断路器是不能切断电源的，还有五路开关向短路点供电。因此，解决牵引变电所直流断路器的远后备保护，只有实现牵引变电所联跳，如图 3.2.3 所示。

（1）当直流进线开关上口至整流器出口处短路时，如短路点 K_r，则流向短路点的短路电流共有 6 路，即 2 路整流机组、4 路馈出回路的短路电流。

当 K_r 点发生短路时，如果直流开关 DS1 失灵拒动，即便是短路电流使直流开关 DS2 跳闸，并使交流开关 QF1、QF2 也同时跳闸，也不能切断短路点的电源，还有 I_{k3}、I_{k4}、I_{k5}、I_{k6} 四路短路电流通过牵引网向短路点 K_r 继续供电，要迅速切断电源，必须同时使四路馈出开关

DS3、DS4、DS5、DS6 同时跳闸，即实现牵引变电所联跳。

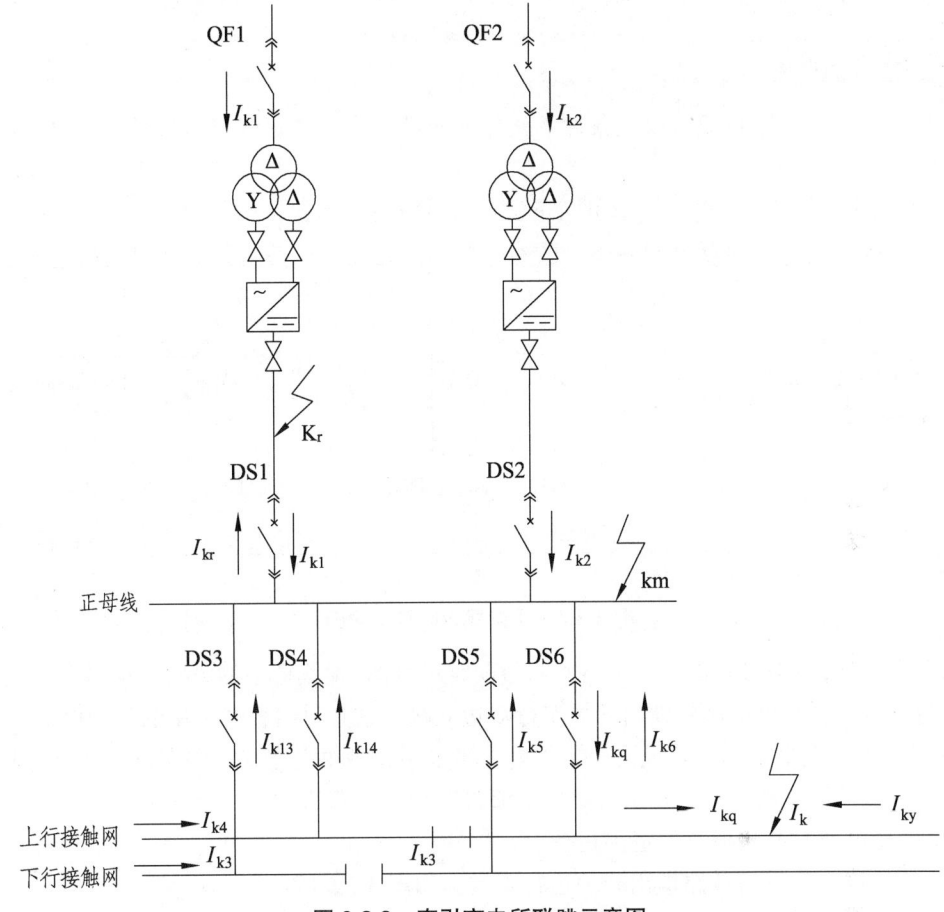

图 3.2.3　牵引变电所联跳示意图

（2）当直流母线短路时，如短路点 K_m，则流向短路点的短路电流也是 6 路，即 2 路整流机组、4 路馈出回路。

此时只断开交流侧断路器 QF1、QF2 亦不能切断短路电流，还有 I_{k3}、I_{k4}、I_{k5}、I_{k6} 四路短路电流向短路点继续供电。要迅速切断电源，也必须同时使四路馈出开关跳闸，即实现牵引变电所联跳。

（3）当牵引网发生短路时，如短路点 K_q，流入短路点的短路电流也为 6 路。

由上面的分析可以看出，无论牵引供电系统何处发生短路，直流开关都没有远后备保护，因为它的上一级有多路电源、多路开关。尽管馈出开关设置了多种保护，但这些保护均属近后备保护，当开关失灵拒动时，只有实现牵引变电所联跳才能及时而迅速切断电源，保证列车运行安全。

（二）联跳保护的几种形式

牵引供电系统联跳保护有以下 5 种：牵引网正常双边联跳、一路开关退出运行时仍实行双边联跳、大双边联跳、上下行牵引网并联时单边联跳、牵引变电所联跳，而后者就是从根本上解决牵引供电系统的直流开关没有远后备保护的问题，下面分别介绍牵引网 4 种联跳保护方式。

1. 正常双边联跳

正常双边联跳，是指原有联跳条件不作任何变动，牵引网正常双边联跳，可以分以下两种情况：

① 牵引网正常双边供电。当牵引网正常双边供电时，为保护运行列车的安全，供电区一侧断路器事故跳闸，同时联跳同一供电区另一侧的断路器，以使短路点及时切断电源。如图 3.2.4 所示。

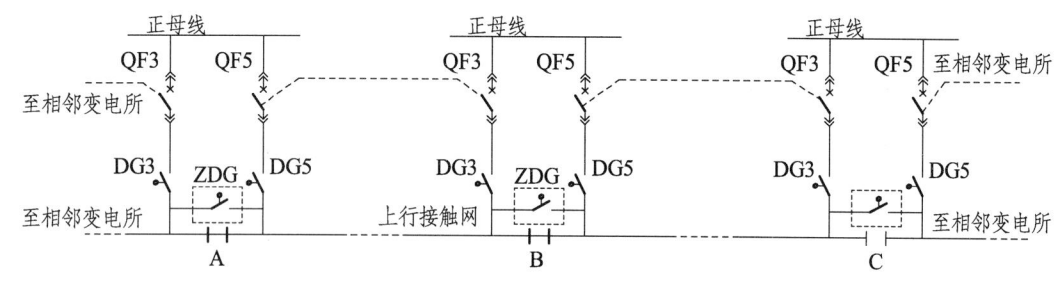

图 3.2.4 正常双边联跳示意图

为便于简化，图中只画出上行牵引网双边联跳示意图，虚线框中的纵向电动隔离开关 ZDG 处于分闸位置，同一供电区的馈出开关实行双边联跳，这是目前普遍采用的一种保护方式。

② 利用牵引变电所母线构成大双边供电。当采用这种供电方式，仍实行正常双边联跳，联跳条件不做任何变动。利用牵引变电所直流母线构成大双边供电的条件是：

a. 牵引变电所只有整流机组退出运行。

b. 直流母线、上下行 4 路馈出开关运行正常，如图 3.2.5 所示。

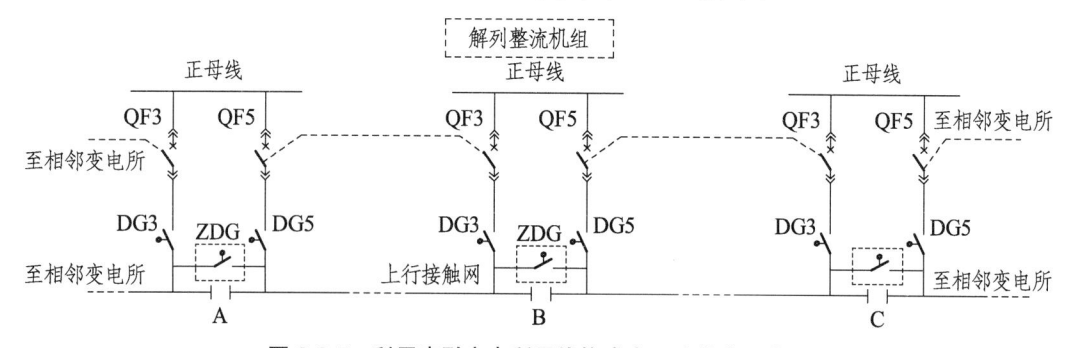

图 3.2.5 利用牵引变电所母线构成大双边供电示意图

图 3.2.5 中，纵向电动隔离开关 ZDG 处于分闸状态，这样构成大双边供电的优点是简单方便，容易实现，通过直流母线将上下行牵引网并联，使供电回路电阻降低，改善电压质量。缺点是一旦发生短路故障时，可能引起多路馈出开关跳闸，从而使事故范围扩大。

2. 一路馈出开关退出运行时的双边联跳

当牵引变电所一路馈出开关退出运行时，为保证列车运行时的电压质量仍和正常双边供电时一样，可以继续实行正常双边供电，并实行双边联跳，双边联跳条件需进行自动转换。

即由相邻变电所来的联跳条件从退出运行开关 QF3 转换至同一电分段另一侧开关 QF5。这种保护方式适用于上行或下行一路馈出开关故障退出运行时的保护，也适用于两路（不同电分段的两路）开关故障退出运行的保护，如图 3.2.6 所示。

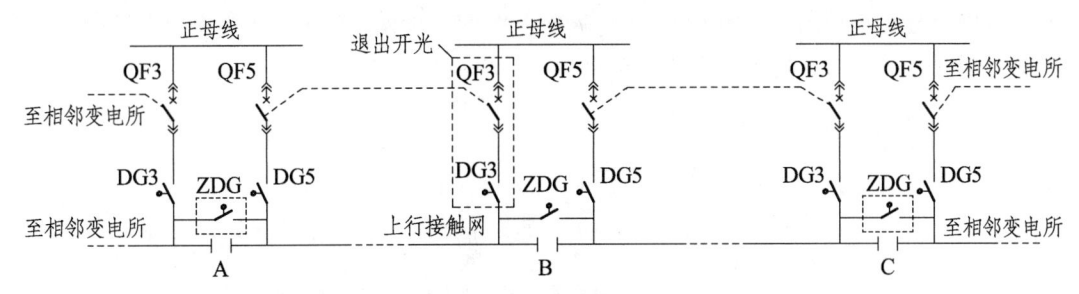

图 3.2.6 一路馈出开关退出运行双边联跳示意图

图 3.2.6 中 B 牵引变电所馈出开关 QF3 因故退出运行。另一路馈出开关 QF5 继续运行，纵向电动隔离开关 ZDG 处于合闸位置，此时牵引网仍实行正常双边供电。将从 A 牵引变电所来的联跳条件自动转换至馈出开关 QF5，即 B 牵引变电所的馈出开关 QF5 同时与 A 所和 C 所均实现联跳。一路馈出开关退出运行仍实行正常双边联跳，有以下优点：

① 各牵引变电所负载率不变，因 B 牵引变电所没有退出运行。A、C 区间的牵引负荷仍然由 A、B、C 三个变电所分担。

② 电压损失比大双边供电时小 1/2。

③ 功率损失比大双边供电时小 1/2。

④ 杂散电流比大双边供电时小 1/2。

这种运行方式无疑可以减小运营费用，对运营有利，这是运营中可以采用的一种方式，牵引变电所设计时应满足这个运营条件。当牵引变电所上行或下行只一路馈出开关故障退出运行时，避免采用大双边供电方式而实行正常双边供电。图 3.4.6 中，一路馈线开关（QF5）为左右两个区间供电，其整定值也无需做大的调整，因为只需躲过一列车的起动电流即可。在牵引变电所的四路馈线开关中，只有两路列车出站的馈线开关承担起动电流，而另外两路列车进站的开关则不承担列车起动电流。

3. 牵引网大双边联跳

这种保护适用于以下两种情况：

① 牵引变电所 B 故障解列、退出运行。

② 牵引变电所同一电分段的两路馈出开关故障退出运行，如图 3.2.7 所示。

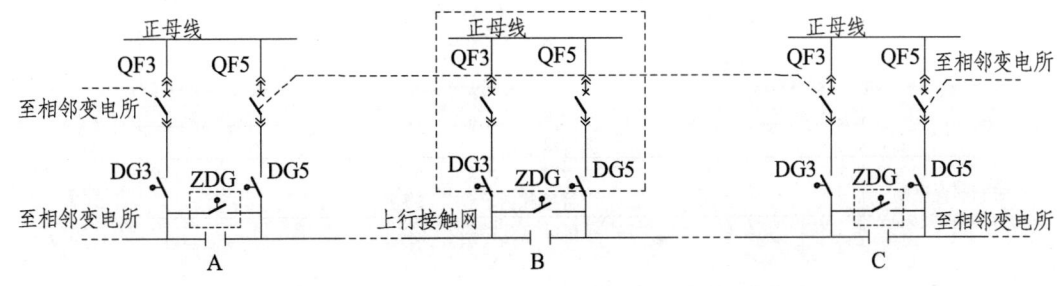

图 3.2.7 牵引变电所退出运行大双边联跳示意图

牵引变电所 B，合纵向电动隔离开关 ZDG，由相邻牵引变电所（A、C）对牵引网实行大双边供电，一侧断路器跳闸同时引起同一供电区另一侧断路器也跳闸，同时其联跳条件也应自动转换。

通过以上分析可以看出，在运营中，应尽量采用双边供电方式，从改善列车运行条件、减小能量损耗、减小杂散电流，双边供电都比单边供电优越得多。

4. 牵引网单边联跳

所谓单边联跳，指当线路终端牵引变电所故障解列、或一路馈线开关故障退出运行时，如因单边供电距离长，允许最大电压损失超过国家标准，为减小牵引网回路电阻，可在终端变电所处将上、下行接触网并联。

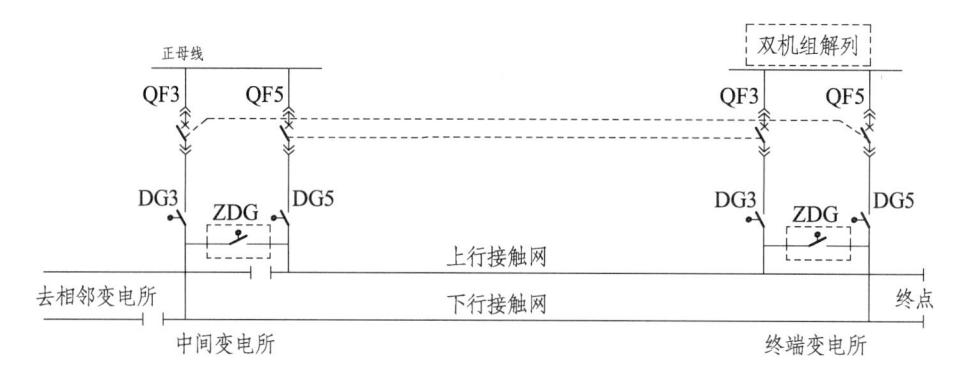

图 3.2.8　利用直流母线将上下行接触网并联

① 牵引变电所整流机组退出运行，可利用直流母线和馈出开关将上下行接触网并联，如图 3.2.8 所示。图 3.2.8 中，变电所两套整流机组退出运行，横向隔离开关 HDG 处于分闸状态，利用变电所直流母线将上下行接触网并联。

此时，相邻牵引变电所双边联跳关系不变，只是从一个变电所供电，仍属单边供电。

② 牵引变电所故障解列、或一路馈线开关故障退出运行时，可利用横向电动隔离开关（HDG），将上下行接触网并联，如图 3.2.9 所示。

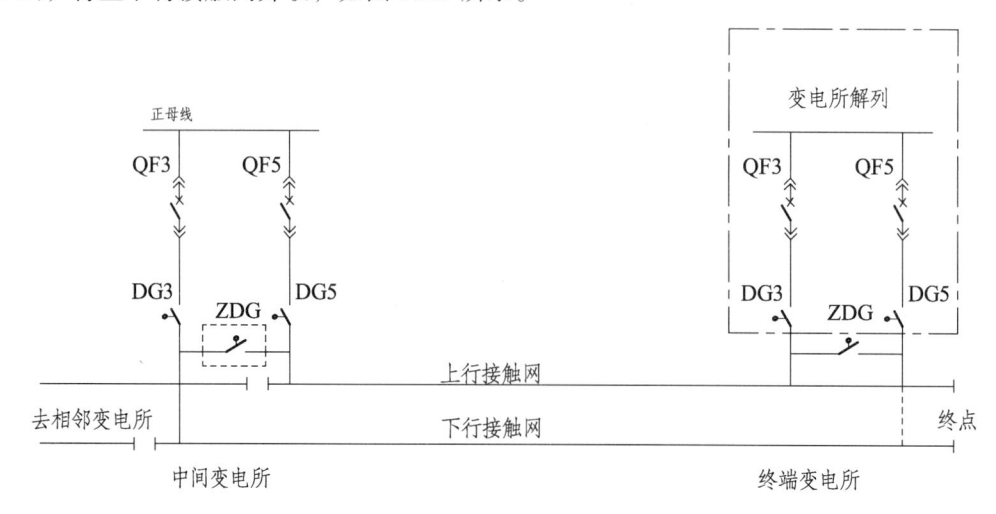

图 3.2.9　利用横向隔离开关（HDG）将上下行接触网并联

图 3.2.9 中，横向隔离开关 HDG 处于合闸状态，上下行接触网并联运行。图 3.2.9 中，中间变电所馈出开关向终端变电所的联跳条件，转换至本变电所的馈出开关进行联跳。无论图 3.2.8 还是图 3.2.9 所示，皆可使列车在终端变电所起动时，牵引网中最大电压损失减少 25% 以上，如 750 V 牵引网允许最大电压损失为 250 V，则上、下行接触网并联后，最大电压损失可减小为 187.5 V；1 500 V 牵引网允许最大电压损失为 500 V，上、下行接触网并联后，最大电压损失减小为 375 V 即可满足要求。

5. 用直流快速断路器代替纵向电动隔离开关时的联跳保护

目前国内地铁多在牵引网电分段处设纵向电动隔离开关，以保证在牵引变电所解列时实行大双边供电。在实际运行中，操作电动隔离开关联锁条件太多，要实现大双边供电的时间较长，给值班员快速实现倒闸作业带来不便。如果用直流快速开关代替电动隔离开关，则会取消所有的联锁条件，调度人员可以根据需要随时操作纵向直流快速断路器开关，任何一路馈出开关故障退出、或牵引变电所解列，都可以用它代替，为运行中电力调度操作带来极大的便利和快捷，如图 3.2.10 所示。

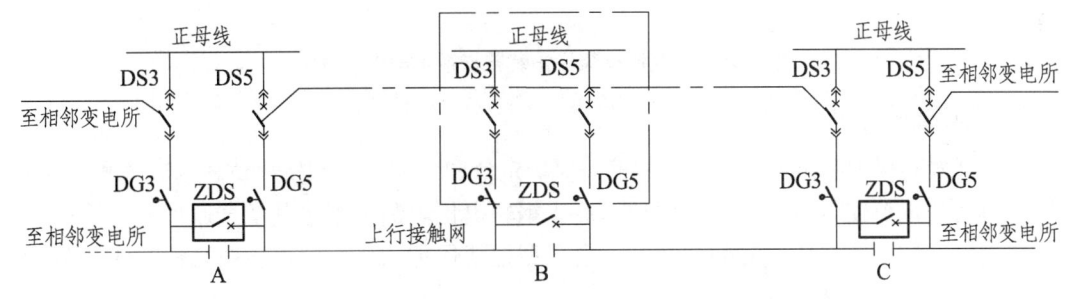

图 3.2.10 用 ZDS 代替 ZDG 大双边联跳示意图

用 ZDS 代替 ZDG 的最大优点就是操作无需联锁条件，为运营操作迅速实现大双边供电提供了有利条件，ZDS 的作用实际上就是牵引变电所的备用开关。

知识点 3：直流框架保护

直流正极接地保护，也称直流框架保护。因为牵引供电系统的正极、负极均不接地，为悬浮安装，对地面牵引变电所，当直流正极碰壳时，属小电流接地系统，其接地短路电流受牵引变电所接地电阻与走行轨对地过渡电阻的制约，不足以使保护开关动作，故专为此而设置框架保护。框架保护装置与系统构成见图 3.2.11。

1. 保护原理

电流测量元件一端接设备外壳，另一端接地，用于检测外壳与地之间流过的故障电流。电压测量元件用于测量设备外壳与直流设备负极之间的电压，一端接于负极，另一端接设备外壳。

当任意一个直流设备内正极对外壳短路时，对地电流通过电流测量元件流入地网，再通过钢轨与地之间的过渡电阻（或排流柜）回到钢轨（负极）。当对地电流达到整定值时，框架保护的电流元件动作；同时电压测量元件检测负极与设备外壳间的电压值，当电压大于整定值时，电压元件在整定的时间内动作，使相应的交、直流断路器跳闸，切除故障。

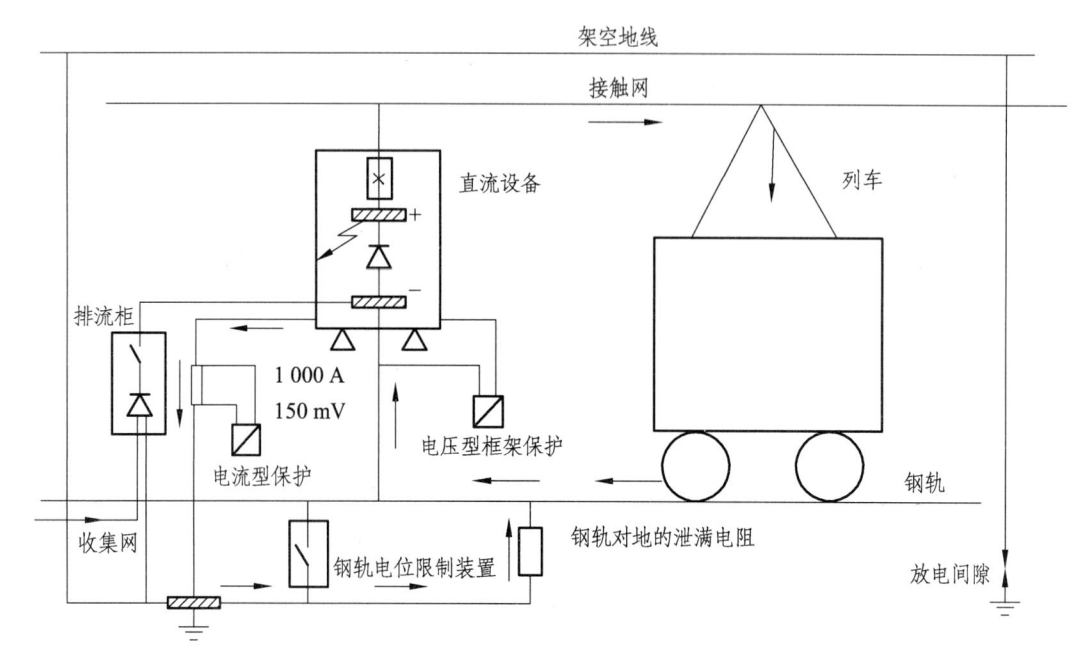

图 3.2.11 直流框架保护装置与系统构成示意图

2. 整定原则

电压型框架保护整定原则：电压型框架保护定值和时间要与钢轨电位限制装置相互配合，电压与时间整定值使得电压型框架保护滞后于钢轨电位限制装置。其配合原理见电压型框架保护与钢轨电位配合电压、时间曲线图。电压型框架保护动作后，本所内直流馈线断路器跳闸，相邻所仅作为报警。

电流型框架保护动作后，本所内整流机组高压侧断路器及所有直流馈线断路器跳闸，同时联跳相邻牵引变电所直流馈线断路器，并闭锁本所直流馈线断路器，但不闭锁相邻所直流馈线断路器。

为了避免发生电流型框架故障而将两组整流机组联跳，也就是说只切除故障整流机组，每套整流机组设置独立的电流型框架保护较合适。当该保护动作时，仅切除故障整流机组相应的高压断路器和进线直流断路器。

3. 几点说明

（1）通过大量实验证实，在地下车站，直流正极接地并不是小接地电流系统，而是大接地电流系统。流经外引接地装置的短路电流只是总短路电流的3%左右，约97%的接地短路电流是通过地下结构钢筋流到走行轨，从而流回牵引变电所的负母线。其短路电流之大，完全可以依靠开关本身的保护动作跳闸，无需专门设置框架保护。

（2）当走行轨不明原因电位升高时，或当某一个牵引变电所发生框架泄漏故障时，整条线路的钢轨对地电位都会升高。此时，各个牵引变电所框架保护电压元件都会检测到负极与地之间较高的电压值，并同时起动框架保护。如此，没有发生框架泄漏故障的牵引变电所很易产生框架保护误动作，扩大了事故停电范围。当接触网对架空地线发生短路时，其动作情况与其相同。为此，大多取消了电压测量元件。

（3）由于框架保护的电流测量元件线圈电阻很小，并不起限制电流的作用，直流设备之所以绝缘安装，主要目的就是当正极碰壳时，让对地小电流集中流过框架保护的电流线圈。因此，直流设备的外壳名义上是绝缘安装，实际上是通过设备的金属外壳与框架保护的电流线圈（小电阻）接地的。

知识点4：纵联差动保护

电流保护和Ⅰ段距离保护，通常只保护线路全长的80%~85%，对其余15%~20%的线路，则通过带延时0.5 s时限的Ⅱ段保护来实现保护。在高压输电线路中，当线路上发生故障时，要求全线速动（即无时限切除任意一点故障），以满足系统稳定性要求。因此，电流保护与距离保护往往不能满足系统稳定性的要求，需要寻求能保护线路全长的新的保护方式。

（一）纵联差动保护

纵联差动保护，也即输电线的纵联差动保护，是用某种通信通道将输电线两端的保护装置纵向联结起来，将各端的电气量（电流、功率的方向等）传送到对端，将两端的电气量比较，以判断故障在本线路范围内还是在线路范围外，从而决定是否切断被保护线路的一种保护方式。

（二）结构组成

一套完整的纵联差动保护包括两端继电保护装置、通信设备和通信通道。结构组成示意图如图3.2.12所示。其中通信通道有导引线、载波、光纤、微波等方式。

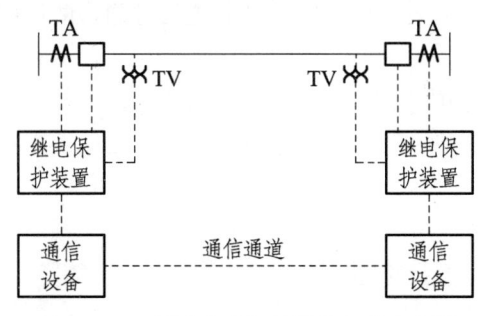

图3.2.12 纵联差动保护结构组成示意图

（三）纵联差动保护的分类

纵联差动保护按照通道类型、保护原理、信息含义等有多种分类方法。

1. 按通道类型分类

① 导引线。导引线通道就是用二次电缆将线路两侧保护的电流回路联系起来，主要问题是导引线长度与输电线路相当，敷设困难；通道发生断线、短路时会导致保护误动，运行中检测、维修通道困难；导引线较长时电流互感器二次阻抗过大也易导致误差增大。导引线通道构成的纵联差动保护仅用于少数特殊的短线路上。

② 载波通道。载波通道是利用电力线路、结合加工设备、收发信机构成的一种有线通信通道，以载波通道构成的线路纵联保护也称为高频保护。

③ 微波通道。微波通道为无线通信方式，采用频率为 2 000 MHz、6 000～8 000 MHz，主要用于电力系统通信，由定向天线、连接电缆、收发信机组成。

④ 光纤通道。光纤通信的原理是将电气量编码后送入光发送机控制发光的强弱，光在光纤中传送，光接收机则将收到的光信号的强弱变化转为电信号，如图 3.2.13 所示。光纤通道通信容量大，不受电磁干扰，随着光纤通信技术的快速发展，使用光纤通道的纵联保护应用日益广泛。

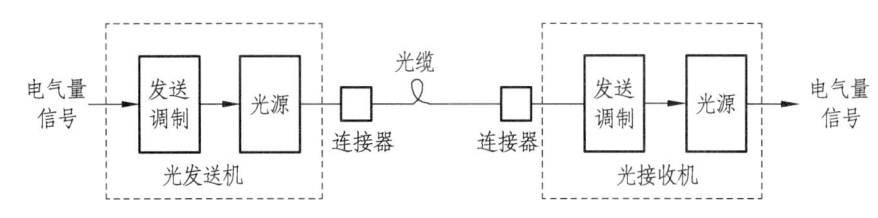

图 3.2.13　光纤通道原理示意图

2. 按保护动作原理分类

① 方向比较式纵联保护。

两侧的保护装置将本侧的功率方向、测量阻抗是否在规定的方向、区段内的判别结果传送到对侧，每侧保护装置根据两侧的判别结果，区分是区内故障还是区外故障。

传送的是逻辑信号，而非电气量本身。分为方向纵联保护和距离纵联保护。

② 纵联电流差动保护。

将本侧电流的波形或代表电流相位的信号传送到对侧，两侧同时比较后区分是区内故障还是区外故障。

在每侧直接比较两侧的电气量；要求两侧信息同步采集。

分为纵联电流差动保护和纵联电流相位差动保护。在地铁工程中，纵联电流差动保护应用最为广泛。

（四）纵联电流差动保护原理

纵联电流差动保护的基本原理建立在基尔霍夫电流定律的基础之上，是基于比较被保护线路始端和末端电流的大小和相位原理构成的。即被保护线路上发生短路和被保护线路外短路，线路两侧电流大小、电流相位、功率大小是不相同的。通过比较线路两侧电流大小和相位，可以区分是线路内部短路，还是线路外部短路。

图 3.2.12 显示了一套完整的纵联保护包括两端保护装置、通信设备和通信通道的输电线路纵联保护框图，两端的电压互感器 TV、电流互感器 TA 分别获取本端的电压、电流。根据不同的保护原理，形成或提取两端被比较的电气量特征，一方面通过通信设备将本端电气量特征传送到对端，另一方面通过通信设备接收对端发送过来的电气量特征，并将两端的电气量特征进行比较，若符合动作条件则跳开本端断路器并告知对端，若不符合动作条件则不动作。

差动继电器并联接在线路两端的电流互感器二次端子上，如图 3.2.14 所法。规定 TA 的正极性端指向母线侧，电流的参考方向以母线流向线路为正方向。流入继电器的电流即为各互感器的二次电流的总和。

$$\dot{I}_k = \dot{I}_{2m} + \dot{I}_{2n} = \frac{1}{n_{TA}}(\dot{I}_{1M} + \dot{I}_{1N})$$

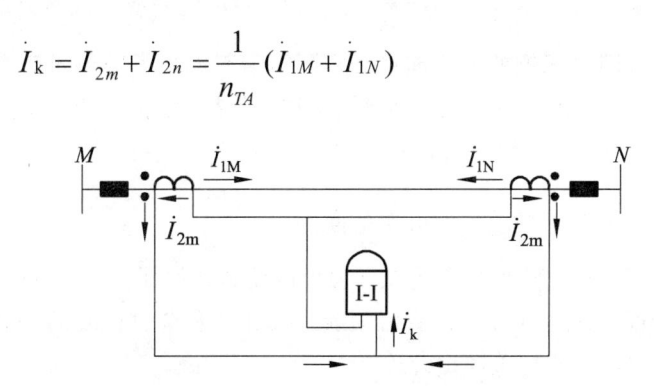

图 3.2.14 差动保护原理示意图

1. 正常运行及外部故障时

一侧电流由母线流向线路为正值，另一侧电流由线路流向母线为负值，图中一次电流箭头为电流的实际流向，一次电流大小相同相位相同；两端电流互感器中的二次电流流经差动继电器时的相位相反。如图 3.2.15 所示。

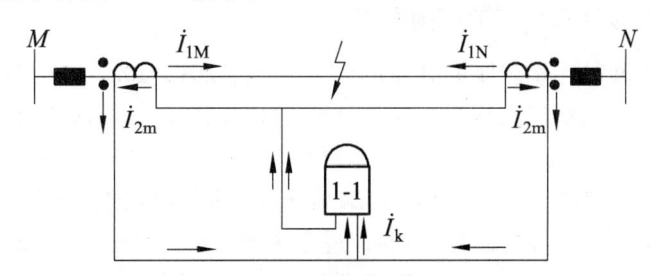

图 3.2.15 正常运行及外部故障差动电流示意图

一次侧同一电流从一端流入，又从另一端流出，二次侧也感应相同的电流，此电流在导引线中形成环流 $\dot{I}_k = \frac{1}{n_{TA}}(\dot{I}_{1M} + \dot{I}_{1N}) = 0$，继电器不动作。

2. 保护范围内部故障时

一次电流大小可能不同但相位相同，两端电流互感器中的二次电流流经差动继电器时的相位相同。如图 3.2.16 所示。

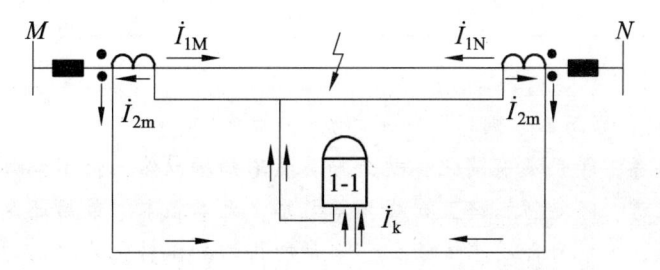

图 3.2.16 保护范围内故障差动电流示意图

对于双侧电源供电，两侧均有电流流向短路点，一次侧短路点的总电流为 $\dot{I}_K = \dot{I}_{1M} + \dot{I}_{1N}$，二次侧差动回路的电流 $\dot{I}_k = \dfrac{1}{n_{TA}}(\dot{I}_{1M} + \dot{I}_{1N}) = \dfrac{1}{n_{TA}}\dot{I}_K$。由于 TA 误差或者线路分部电容的影响，正常运行或者外部发生故障时两侧的电流向量和实际不为零。为了避免误动作，继电器动作电流需设一个门槛值 $\dot{I}_{set.k}$，当 $\dot{I}_k \geqslant \dot{I}_{set.k}$ 时，继电器动作，将故障线路两侧断路器同时跳闸。

【任务实施】

第一步：分析电流框架保护动作时开关的跳闸

由于框架保护不能辨别故障点是发生在开关柜内还是其他部位，开关柜发生框架泄漏时，框架保护联跳本所全部直流进线开关、直流馈线开关和两套牵引整流机组交流进线开关，同时联跳上下行相邻牵引变电所相关馈出开关。

根据图 3.2.1 可知，当 B 所框架对地故障泄漏电流大于整定值时，电流型框架保护动作，B 所的 322、324、201、202、211、212、213、214 开关跳闸；同时 B 所会同时向 A 所、C 所发联跳信号，A 所的 213、214 开关、C 所的 211、212 开关也跳闸。这样一来，从 A 所到 C 所区段的接触网都会停电，从而使有故障的设备与有电区域彻底隔离，保证了人身及设备的安全。

第二步：分析大双边供电时的倒闸操作

B 所出现框架泄漏时，联跳保护 B 所的 322、324、201、202、211、212、213、214 开关在分位，需要将故障变电所退出运行，遥分 B 所 2111、2121、2131、2141 隔离开关。故障隔离后，断开 B 所联跳开关，复归 A 所 211、212 柜和 C 所 213、214 柜保护装置信号。A 所 213、214、2113、2124，C 所 211、212、2113、2124 在分位，B 所纵向电动隔离开关满足合闸条件。可遥合 B 所纵向电动隔离开关 2113、2124，遥合 A 所 213、214，C 所 211、212 开关，相邻牵引变电所通过本牵引变电所纵向电动隔离开关构成大双边供电。

【任务小结】

请简要小结本任务的学习要点、难点与困惑，写在下面的横线上！

_____
_____
_____
_____
_____

【格言语录】

"学而不思则罔，思而不学则殆"——《论语·为政》

只学习，不思考，等于没有消化，就会知其然不知所以然，悟不到知识的真谛，最终还是惘然无知；只思考，不学习，终究是成无源之水，无本之木，最后还是一无所得。只有经过深入思考的学习，才有可能将书本上的、老师所讲的知识转化为自己的。也只有真正成为了自己的知识，才能学以致用，知识才会转化为能力。故善学贵在善思！

【拓展知识】

城轨供电系统继电保护配置

城轨供电系统继电保护的配置及整定应满足可靠性、选择性、灵敏性和速动性的要求。下表为某地铁线路供电保护配置。

表 3.2.1　城轨供电系统主要保护配置表

序号	设备名称		保护配置
1	35 kV 进、出线		线路差动保护 过电流保护 零序电流保护
2	35 kV 母联		过电流保护 零序电流保护
3	35 kV 馈线	整流机组	电流速断保护 过电流保护 零序电流保护 过负荷保护 整流变压器温度保护（变压器内部保护） 断路器失灵保护 整流器内部保护
4	35 kV 馈线	动力变压器	电流速断保护 过电流保护 零序电流保护 过负荷保护 温度保护（变压器内部保护） 断路器失灵保护
5	直流 1 500 V 进线		大电流脱扣保护（断路器本体保护） 逆流保护
6	直流 1 500 V 馈线		大电流脱扣保护（断路器本体保护） $di/dt+\Delta I$ 保护 电流速断保护 过电流保护 过负荷保护 低电压保护 双边联跳保护 大双边联跳保护 框架泄漏保护联跳

续表

序号	设备名称	保护配置
7	0.4 kV 进线断路器	短路短延时保护 过负荷长延时保护 接地保护
8	0.4 kV 母线分段断路器	短路短延时保护 过负荷长延时保护
9	0.4 kV 馈线断路器	短路瞬时保护 过负荷长延时保护 接地故障保护

【练习与评价】

选读某城市地铁供电图册，结合本任务所学知识，回答表 3.2.2 中的问题。

表 3.2.2 任务 3.2 完成情况评价表

序号	任务内容	完成记录	标准分	评分
1	城轨牵引供电系统为什么会存在保护上的"死区"？		15	
2	什么是联跳？什么是变电所联跳保护？		10	
3	什么是远后备保护？什么是近后备保护？		10	
4	简述框架保护装置的构成与原理。		15	
5	为何框架保护的电压测量元件易引起误动作？		10	
6	简述纵联电流差动保护的原理。		20	
7	"任务小结"完成情况		20	
总体评价： 好　　较好　　一般　　较差　　差				

任务 3.3　接触网与牵引动力系统

> **任务导读**
>
> 接触网是一种沿着轨道架设并通过弓网接触取流实现给机车供电的线路，它与城轨列车共同构成城轨牵引供电系统的重要组成。

【学习目标】

1. 知识目标

（1）了解城轨接触网的组成、分类及供电方式。
（2）了解交流传动原理与直线电机在地铁的应用等。

2. 能力目标

（1）会识别城轨接触网的类型。
（2）会分析城轨列车的牵引动力原理。

3. 素质目标

（1）培养辩证思维意识。
（2）培养系统思维意识。

【任务描述】

请分析图 3.3.1 中的接触网属于哪一种类型？牵引动力采用哪种形式？

图 3.3.1　某城轨线路

【任务分析】

通过学习城轨接触网与牵引动力系统两个知识点，从中可以找到完成本任务所需的知识。

【基本知识】

知识点 1：城轨接触网

接触网是城轨供电系统的重要组成部分，架设在轨道的上方（或侧面），是一种特殊的输电线。机车通过受流装置（受电弓或集电靴）从接触网中获得电能。所以，接触网受流质量的好坏，对机车运行起着重要的作用。本知识点只对接触网进行简单概述，详细内容见接触网的相关教材。

（一）接触网的组成

接触网是一种悬挂在轨道上方（或侧面）沿轨道敷设的和铁路轨顶（或线路中心）保持一定距离的输电网。接触网通过与电动车组受流装置的滑动接触，将牵引电能引入电动车组，驱动牵引电动机使列车运行。

馈电线是连接牵引变电所和接触网的导线，它把经牵引变电所变换成符合牵引制式用的电能馈送给接触网。

轨道在非电力牵引情形下只作为列车的走行轨。在电力牵引时，轨道除具有走行轨功能外，还需要完成导通牵引回流的任务。因此，电力牵引的轨道还需要具有畅通导电的性能，称为"回流轨"。

回流线是连接轨道和牵引变电所的导线，通过回流线把轨道中的牵引回流引入牵引变电所。

（二）接触网的工作特点

1. 没有备用

牵引负荷是重要的一级负荷，向牵引变电所供电的电源线均设置两个回路，牵引变所内主变压器及其他重要设备也在设计中考虑了备用措施，一旦主电源、主要设备故障时，备用电源、备用设备可及时（自动）投入运行，以保证对接触网的不间断供电。接触网由于与电动车组在空间上的关系，和轨道一样无法采取备用措施。所以，一旦接触网故障，整个供电区间即全部停电，在其间运行的电动车组失去电能，列车将停运。

2. 高速接触取流，故障率高

和一般的电力线路只在两点间固定传输电能的作用不同，接触网线路上同时会有许多高速移动的电动车组与接触网接触取流。电动车组受流装置以一定的压力和速度与接触网接触摩擦运行，通过接触网的电流很大。运行中不可避免地会产生受电弓离线而引起电弧，再加上在露天区段还要承受风、雾、雨、雪及大气污染的作用，使接触网昼夜不停地处在振动、摩擦、电弧、污染、伸缩的动态运行之中。这些因素对接触网各种线索、零件都产生较大影响，使其发生故障的可能性较一般电力线路的概率要大得多。

3. 结构复杂，技术要求高

接触网的运行环境和运行特点决定了接触网的结构较一般电力线路有很大的不同。为了满足电动车组安全、可靠、质量良好地从接触网取流，接触网的结构比较复杂，技术要求也较高。如对接触网导线的高度、拉出值，定位器的坡度，接触网的弹性、均匀度等都有定量的要求。

（三）对接触网的基本要求

接触网的工作状态主要是指接触线和电动车组受流装置滑板的接触和导电情况。从电路要求上，为保证良好的导电状况，滑板与接触线的接触应保持一定的接触压力。在电动车组静止时，接触压力可以保持不变。当电动车组运行时，滑板跟着运动，与接触网形成滑动摩擦接触。这时，如能继续保持一定的接触压力，接触网才处于良好的工作状态，才能不间断地向电动车组供电。

实际上，上述要求是不容易做到的。由于电动车组的振动和接触线高度变化等因素，往往造成滑板和接触线间的压力变化很大，有时甚至产生脱离现象，致使滑板和接触线之间的脱离处发生电弧。如果接触线本身不平直而出现小弯或是悬挂零件不符合要求超出接触面时，滑板滑到此处将发生严重冲击或电弧，这是很不利的，这种引起受电弓运行状态瞬间改变的各类因素的总称称为接触线的硬点。因为冲击和电弧会造成接触网和受电弓的机械损伤和烧伤，严重者将造成断线事故，而且取流不良对电动车组上的电机和电器产生不利的影响，所以应该尽量避免。因此，为了尽量保证对电动车组良好的供电，对接触网有一些基本的要求。

（1）接触网悬挂应弹性均匀、高度一致，在高速行车和恶劣的气象条件下，能保证正常取流。

（2）接触网结构应力求简单，并保证在施工和运营检修方面具有充分的可靠性和灵活性。

（3）接触网的寿命应尽量长，具有足够的耐磨性和抗腐蚀能力。

（4）接触网的建设应注意节约有色金属及其他贵重材料，以降低成本。

（四）接触网的分类

接触网分为架空式接触网和接触轨式接触网。架空式接触网用于城市地面或地下、铁路干线、工矿的电力牵引线路。接触轨式接触网一般仅用于净空受限的地下电力牵引。我国在城轨交通系统中，架空式和接触轨式的接触网均有采用。

架空式接触网的悬挂类型大致为三种：简单悬挂、链形悬挂、刚性悬挂，如图3.3.2和图3.3.3所示。不同类型其导线粗细、条数、张力都是不一样的。架空接触网的悬挂方式，要根据架线区的列车速度、电流容量等输送条件以及架设环境进行综合勘察来决定要采取什么方式。

图 3.3.2　架空式接触网（柔性悬挂）　　图 3.3.3　架空式接触网（刚性悬挂）

接触轨式接触网是沿轨道线路敷设的附加接触轨，从电动客车转向架伸出的受流器通过滑靴与第三轨接触而取得电能。接触轨可以有三种方式，即上接触式、下接触式和侧接触式。如图3.3.4所示为下接触式接触轨。

3.3.1 弓网动态接触力.MP4　　　　　　3.3.2 受电弓动态包络线.MP4

图 3.3.4　下接触式第三轨接触网

一般，牵引网电压等级较高时，为了安全和保证一定的绝缘距离，宜采用架空式接触网。在净空受限的线路和电压等级较低时多采用接触轨式接触网。北京地铁采用的是接触轨式接触网，上海和广州地铁则采用了多种接触网形式。

（五）接触网供电方式

牵引变电所是沿铁路线布置的，每一个牵引变电所有一定的供电范围。供电距离过长，会使末端电压过低及电能损耗过大；供电距离过短，又使变电所数目太多而不经济。

牵引变电所向接触网供电有两种方式：单边供电和双边供电。接触网通常在相邻两牵引变电所间的中央断开，将两牵引变电所之间两供电臂的接触网分为两个供电分区。每一供电分区的接触网只从一端的牵引变电所获得电流，称为单边供电。

如果在中央断开处设置开关设备，可将两供电分区连通，则相邻牵引变电所间的两个接触网供电分区均可同时从两个变电所获得电流，这称为双边供电。一般来说，车辆段内采用单边供电方式，正线采用双边供电方式。正常运行时，列车从牵引变电所以双边供电方式获得电能。正线上任何牵引变电所故障退出运行时，均由相邻牵引变电所实施大双边供电。在大双边供电方式下，供电末端的接触网（或接触轨）电压较低，电能损耗较大，因此，视情况要适当减少同时处在该供电区段的列车数量。另外，直流馈线保护整定时还需考虑大双边供电方式下的灵敏度。因此，越区供电只是在事故状态下短时采用的一种运行方式。

知识点 2：城轨牵引动力系统

本知识点主要介绍了城市轨道交通车辆、牵引传动系统和直线电机在城轨列车上的应用等内容。城轨列车是城轨供电系统最重要的用电设备之一，作为供电人员，也需要对这些内容有所了解。

城市电力牵引交通发展初期是地面有轨电车,网压制式为 DC 550~600 V,后来进入地下,此时网压制式一般为 DC 1 500 V。由于大城市发展,客流量也越来越大,为满足大客流量的需要以及安全的考虑,在 20 世纪 80 年代以后,轨道交通车辆一般采用 DC 750 V 和 DC 1 500 V 供电方式。

(一) 车辆简介

城市轨道交通车辆作为城市公共交通的旅客运载工具,不仅要保证车辆运行的安全、准点、快速,而且要为乘客提供良好的服务条件,使乘客乘车舒适、方便,同时还考虑对城市的景观和环境的影响。为了达到这些要求,近代在设计、制造城市轨道交通车辆上采用了大量的高新技术,例如,车体结构、材料的轻量化、线性电机驱动、再生制动技术、走行装置的低噪声和高平稳性设计以及交流变频调压技术等。

不同的城市轨道交通模式,所采用的车辆类型之间有很大的差异。但不论是地铁车辆、轻轨车辆或是独轨车辆,均为电动车组编列运行,都有动车和拖车及带驾驶室车和不带驾驶室车之分。上海地铁车辆共分 3 种车型:A 型带驾驶室的拖车,B 型带受电弓的动车,C 型不带受电弓的动车。编列运行时,带驾驶室的 A 型车始终编在列车的两端,其他车型在列车中的位置可以互换。例如 6 节编组的形式可以为 A-B-C-C-B-A,也可以编成 A-B-C-B-C-A。当为 8 节编组时,可以编成 A-B-C-B-C-B-C-A,也可以是 A-B-C-C-B-B-C-A。对于轻轨交通常采用铰接式车辆,有单铰六轴车和双铰八轴车,车辆两端均设驾驶室,可以单节运行,也可以多节连挂编组运行。

(二) 牵引传动系统

牵引传动系统需要满足车辆动力性能、故障运行、救援能力及实现预期的旅行速度等,并考虑系统各参数匹配和满足地铁车辆特殊的运行工况(运行站距短、启/制动频繁且启/制动加/减速度大)及电气性能要求(启/制动力矩大、启/制动峰值功率大以及导致的直流供电电压变化范围大)。

牵引传动系统如图 3.3.5 所示。

随着科技进步,尤其是电力电子装置技术发展,全控型电力电子器件与功能强大的微处理器芯片成功地开发应用,加之少维护、结构简单又坚实牢固的交流异步牵引电机的发展及其控制理论不断完善,20 世纪 90 年代中后期起,逐步采用异步牵引电机的交流传动取代直流牵引电机的直流传动。

牵引系统的基本工作原理是将接触网(轨)的高压直流电通过逆变器转换成频率和电压均可调的三相交流电,供给驱动用牵引电机。交流笼型电机具有坚固耐用,维修少、体积小、质量轻等优点,但同时需要通过调频才能更便捷地调节其转速,通过调压才能使其恒力矩或恒功率的牵引特性。随着大功率电力电子器件和微型计算机的出现与应用,使交流电动机良好的牵引特性更加易于实现。

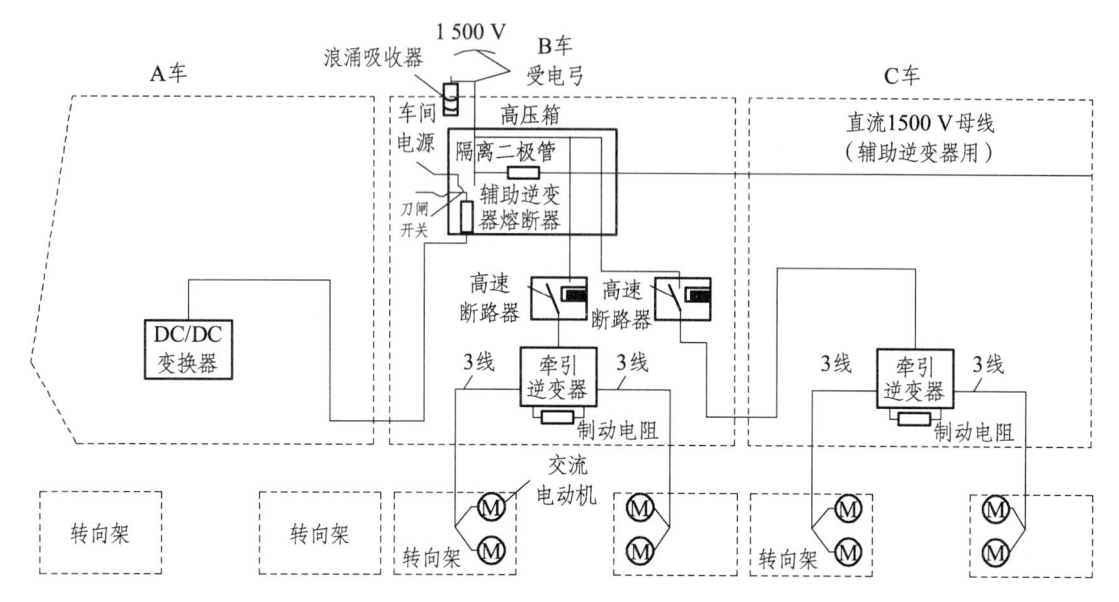

图 3.3.5 牵引传动系统示意图

如图 3.3.6 所示。列车受电弓从接触网接受电流，通过高速断路器后，将直流电流送入 VVVF 牵引逆变器。VVVF 牵引逆变器采用脉宽调制（PWM）模式，将直流电逆变成频率、电压可调的三相交流电，平行供给车辆四台交流笼型异步牵引电机，对电动机进行调速，实现列车的牵引与制动功能。其半导体变流元件采用大功率晶闸管，输出可调频、调压的电源供牵引电机使用。

牵引电机为三相交流感应电机，由于采用这种电传动方式，可使车辆具有良好的制动性能。在制动时，电动机变为发电机状态运行，将车辆动能变为电能，经逆变器整流成直流电反馈回接触网，可供其他车辆牵引或作他用。当无其他装置吸收时，可全功率转变为电阻制动，低速或紧急时还有空气制动投入，车辆制动十分可靠。

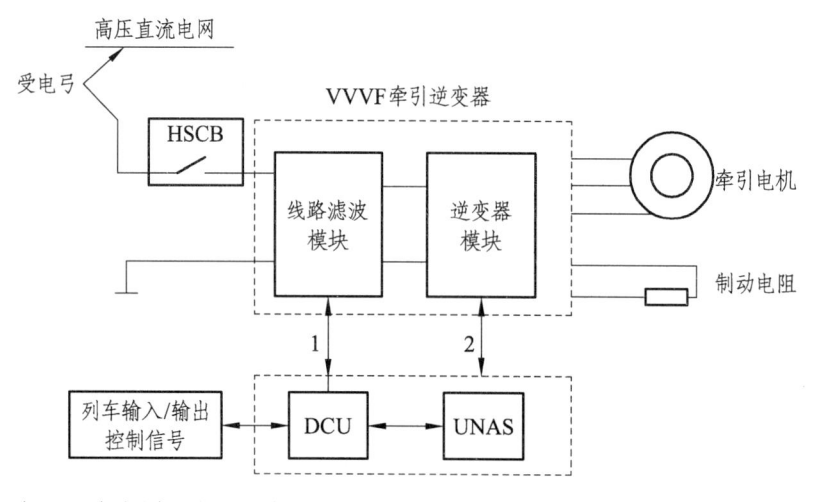

1—DCU 对 VVVF 牵引逆变器的线路电容器充/放电控制；2—DCU/UNAS 对 VVVF 牵引逆变器及电机转矩控制

图 3.3.6 牵引系统组成示意图

3.3.3 "交-直"型机车工作原理.MP4　　　　　3.3.4 "交-直-交"型机车工作原理.MP4

（三）直线电机在城轨列车上的运用

20世纪80年代后，加拿大、日本、美国、马来西亚等国均在部分城市轨道交通线路上开始采用了直线感应电机驱动的轮轨交通系统。我国则在广州地铁4号线、5号线和北京地铁国际机场线等开始采用。现简单介绍直线电机的原理及其在地铁列车的应用。

1. 工作原理

与旋转电动机不同，直线电动机是能够直接产生直线运动的电动机，但它却可以看成是从旋转电动机演化而来，如图3.3.7所示。设想把旋转电动机沿径向剖开，并将圆周展开成直线，就得到了直线电动机。旋转电机的定子、转子在直线电机中称为初级和次级。

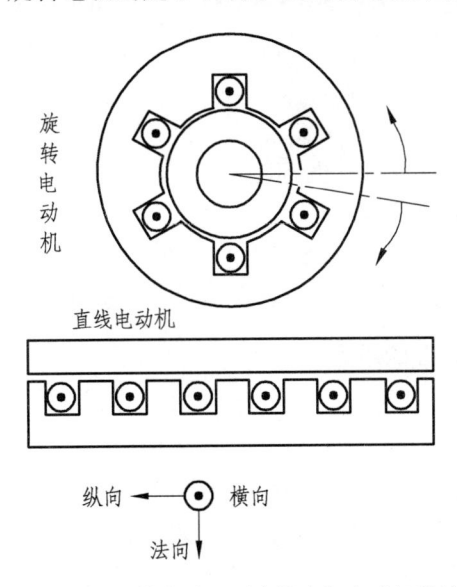

图3.3.7　从旋转电动机到直线电机电动机的演化

直线电动机的工作原理与旋转电动机相似。以直线感应电动机为例：当初级绕组通入交流电源时，便在气隙中产生行波磁场，次级在行波磁场切割下，将感应出电动势并产生电流，该电流与气隙中的磁场相作用就产生电磁推力。如果初级固定，则次级在推力作用下做直线运动；反之，则初级做直线运动。

当初级线圈通以三相交流电时，由于感应而产生电磁力，直接驱动车辆前进，改变磁场移动方向，车辆运动的方向也随之改变。车辆平稳运行时，定子与感应轨之间的间隙一般保持在10 mm左右。

直线电机在地铁列车上的运用实物如图3.3.8所示。

直线电机(定子)　　感应轨(转子)

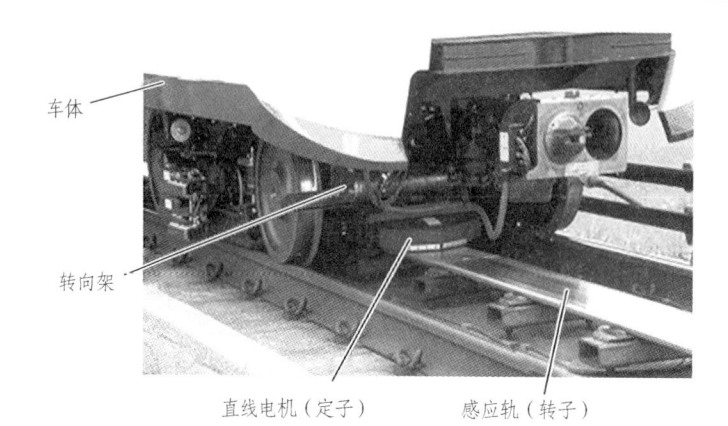

图 3.3.8　直线电机在地铁列车上的运用

2. 使用直线电机牵引的优点

① 省去了把旋转运动转换为直线运动的中间转换机构，节约了成本，缩小了体积。

② 不存在中间传动机构的惯量和阻力的影响，直线电动机直接传动反应速度快，灵敏度高，准确度高。

③ 直线电动机容易密封，不怕污染，适应性强。由于电机本身结构简单，又可做到无接触运行，因此容易密封，可在有毒气体、核辐射和液态物质中使用。

④ 直线电机散热条件好，温升低，因此负荷和电流密度可以取得较高，可提高电机的容量定额。

⑤ 装配灵活性大，往往可以将电机与其他机件合成一体。

⑥ 某些特殊结构的直线电动机也存在一些缺点，如大气隙导致功率因数和效率降低，存在单边磁拉力等等。

⑦ 减少隧道及高架的过渡段，减少拆迁工作量，隧道断面小，大大降低工程投资。

3. 使用直线电机牵引存在的不足

由于车载定子与地面转子是处在一个相对直线运动的弹性（轴箱垂向弹性定位）系统间，不可避免地会造成相互间隙变化，因此气隙设计得不能太小，否则会导致不安全因素，一般定在 12 mm 左右（比德国磁悬浮列车的气隙 8 mm 要高一些）；再加上直线电机是有端部的（旋转电机是闭环），因此漏磁场较大，机电能量转化率低，所以直线电机的效率较低，一般在 0.7 ~ 0.8 之间，功率因数也较低，一般在 0.5 ~ 0.6 之间；对于直线电机气隙的安装、运行、保养、维护较困难，如何确保运行中气隙的精度是直线电机驱动地铁应给予高度关注的技术难题，为此所需的工作量和维护成本较高，也容易引发安全性问题。

【任务实施】

第一步：分析接触网类型

从图 3.3.1 中，可以看出在轨道的左右两侧，均安装了带绝缘防护罩的下接触式第三接触轨系统，由此可知该城轨线路的接触网采用的是接触轨供电。

第二步：分析牵引动力形式

从图 3.3.1 中，可以看到左右两条铁路线的轨道中间均安装了感应轨，由此可知该城轨线路采用的是直线电机牵引动力形式。

【任务小结】

请简要小结本任务的学习要点、难点与困惑，写在下面的横线上!

_____

_____

_____

_____

【格言语录】

"独学而无友，则孤陋而寡闻。"——[春秋至秦汉]《礼记·学记》

"文明因交流而多彩，文明因互鉴而丰富"。文明如此，个人的学习亦如此。学习的过程既需要独立思考，也需要相互交流碰撞。古今中外，读书治学最终成大器者，大多十分注重结交学友。子曰"三人行，必有我师焉，择其善者而从之，其不善者而改之"。取人之长，补己之短。广交学友，向他人学习，方可避免孤陋而寡闻。

【拓展知识】

汇流排

汇流排是架空刚性悬挂接触网系统的重要导流元件，主要有"Π"型和"T"型两种汇流排。其中，"Π"型刚性悬挂接触网系统结构简单、安装维护方便、安全可靠、国产化率高，在我国城轨行业中应用较多。"Π"型刚性悬挂接触网具有以下特点。

1. 结构简单，施工方便

"Π"型刚性悬挂汇流排如图 3.3.9 所示，标准制造长度 12 m；截面积 2 213 mm^2，相当于铜截面为 2 213×0.61=1 350 mm^2，单位重量：5.9 kg/m，型材的最大高度 110 mm；最大宽度 90 mm。其下嵌入传统柔性悬挂接触导线后，即等同于柔性悬挂承力索、接触导线和架空馈电线的作用。因而刚性悬挂的结构形式相对于传统的柔性悬挂接触网来讲更简单、更紧凑。

图 3.3.9 刚性悬挂汇流排

2. 安全可靠、易于维护

刚性悬挂接触网处于无张力自然悬挂状态，它依靠铝合金汇流排的刚性来保持接触导线的位置恒定,不需要像柔性悬挂设置重力下锚张力装置,悬挂结构变得更加简单,节约了有限的隧道空间,且对土建结构的承力要求较柔性悬小得多,系统的安全性及稳定性均较柔性悬挂要好。而且由于刚性悬挂接触网不存在张力作用,完全消除了突发断线之忧。日常维护和事故抢修工作量比柔性接触系统要少得多,事故平均恢复时间较柔性悬挂短得多,能最大限度地保证正常的运营。

3. 形式特殊、要求较高

由于刚性悬挂采用硬质铝合金材质,施工过程中的一个小小的失误都可能造成难以恢复的永久性缺陷,设计对刚性悬挂系统性能要求很高,对施工安装的精度要求更高。

4. 灵活方便、性能优良

刚性接触网可根据需要,在特殊的地方设计为可移动的形式。如在地铁车辆段检修库、隧道段人防门、防淹门等地方,在需要检修或关闭人防门、防淹门时移去上部刚性悬挂,待检修完成或打开人防门、防淹门后再移回这部分刚性悬挂,恢复正常工作状态,这一特点的优越性是显而易见的。

【练习与评价】

结合本任务所学知识,回答表3.3.1中的问题。

表3.3.1 任务3.3完成情况评价表

序号	任务内容	完成记录	标准分	评分
1	为什么接触网与一般供电线路相比故障率高、结构更复杂呢?		15	
2	对接触网有哪些基本要求?		10	
3	接触网主要分哪两大类型?接触轨又分哪三种方式?		10	
4	接触网单边供电与双边供电的主要区别是什么?		10	
5	简述城市轨道交通车辆的A型、B型和C型的区别。		10	
6	城市轨道交通车辆采用的牵引电动机是哪种类型?是如何实现转换的?		10	
7	简述直线电机的基本工作原理。		15	
8	"任务小结"完成情况		20	
总体评价: 好　　较好　　一般　　较差　　差				

任务 3.4 杂散电流防护

任务导读

杂散电流是一种环境污染，如果防护措施不力，就会对走行轨及其扣件、结构钢筋和沿线金属管线等造成严重腐蚀。城轨供电系统中的杂散电流是如何形成的，它的分布有何特点，杂散电流对城轨交通工程内部与外部的各种金属管线与金属物体以及人身安全有何危害，如何通过采取"防-排-测"的综合治理方法，将杂散电流的影响与危害降至最低。这是本任务学习的主要内容。

【学习目标】

1. 知识目标

（1）了解杂散电流的成因及危害。
（2）熟悉杂散电流的防护措施。
（3）了解杂散电流监测点的设置原则。

2. 能力目标

（1）会分析排流柜、钢轨电位限制装置、单向导通装置等设备的工作原理。
（2）会阐述杂散电流监测方法。

3. 素质目标

（1）培养学生行为规范意识。
（2）培养求真务实的科学精神。

【任务描述】

根据"图 3.4.1 单向导通装置原理图"分析单向导通装置的工作原理及其保护。

【任务分析】

要了解单向导通装置的工作原理及其保护，首先要掌握其系统构成。单向导通装置用于连接绝缘结两端钢轨，其内设有电动隔离开关和晶闸管消弧装置；当单向导通装置的二极管支路出现故障及检修时，合上隔离开关使绝缘节两端的钢轨导通，保证负回流回路通畅，同时隔离开关还有在地铁直流供电系统特殊运行方式下连通钢轨的作用；晶闸管消弧装置保证列车在任何情况下，在轨道绝缘结处产生的电弧不烧损钢轨。通过学习单导系统结构、主接线等知识，即可完成这一读图与分析任务。

【基本知识】

杂散电流是在城市轨道交通直流牵引供电回流中产生的，它会对城市轨道交通系统内外的设备和管线造成一定的危害和影响，尤其会使走行轨、各种金属管线和金属部件等产生腐蚀，如沿线煤气管道会因腐蚀穿孔而造成煤气泄漏，隧道内水管会因腐蚀穿孔造成漏水等。因此需要对杂散电流腐蚀进行防护和监测。

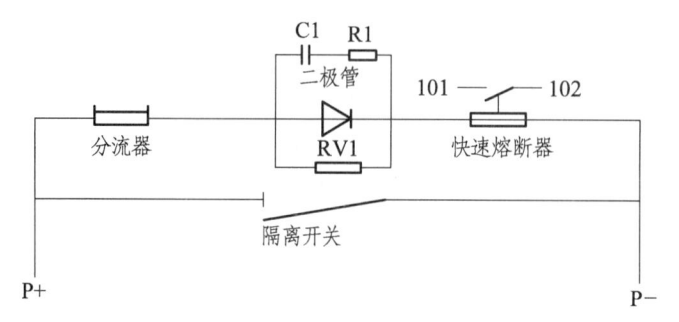

图 3.4.1 单向导通装置原理图

知识点 1：杂散电流的成因及危害

（一）杂散电流的产生

1. 杂散电流的成因

目前城市轨道交通一般采用直流牵引供电。列车所需牵引电流由牵引变电所提供，通过牵引网（架空接触网或接触轨）送向列车，并通过走行轨作为牵引电流回路，返回到牵引变电所。尽管走行轨对地绝缘，但不能做到完全绝缘，走行轨存在电压降，形成了钢轨对地电位，所以直流牵引电流并非全部沿走行轨回到牵引变电所负极，而是有一部分通过走行轨漏泄到道床，杂散电流从道床再向大地漏泄。对于设计有主、辅排流网的通路，理论上漏泄电流经由主、辅排流网回流。但是，若沿线路附近有导电性能较好的埋地金属管线（自来水管、煤气管、电缆等），则一部分杂散电流会选择电阻较小的金属管线作为流通路径，在牵引变电所附近从金属管线中流出，由大地回到钢轨并返回到牵引变电所负极。这部分电流就是杂散电流（简称"迷流"）。杂散电流形成如图 3.4.2 所示。

3.4.1 牵引电流回路.MP4

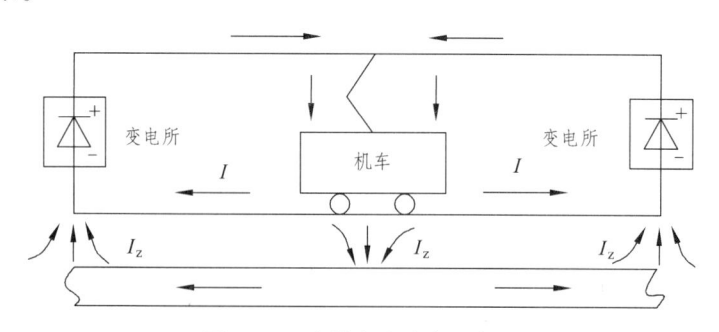

图 3.4.2 杂散电流分布示意图

随着城市轨道交通运营时间的推移，由于受到不可避免的污染、潮湿、渗水、漏水等影响，使城市轨道交通车站以及区间隧道中的轨、地绝缘性能降低或先期防护措施失效，势必增大由走行轨泄漏到土壤介质中的杂散电流。

杂散电流通过沿线结构钢筋、管线返回牵引变电所，杂散电流不仅造成大量沿线金属腐蚀，更为严重的是，可能造成结构的破坏和其他系统的损害，由于腐蚀的隐蔽性和突发性，一旦发生事故，往往会造成灾难性的后果。因此，对杂散电流防护必须给予足够的重视。

2. 杂散电流分布的一般规律

杂散电流的大小与取流列车的位置、牵引电流、走行轨纵向电阻以及走行轨对地过渡电阻等多种因素有关,并且道床混凝土和土壤电阻率对杂散电流也有较大影响。特别是牵引电流对杂散电流的影响很大,因为列车是移动负荷,列车处在启动、惰行、制动等运行状态下,牵引电流都在变化。

为了分析的需要,暂时只考虑供电回路的理想情况,所谓理想情况是指:

① 双边供电时,两侧供电的牵引变电所相应的电源电压、牵引整流机组参数及外特性曲线均相同。

② 从接触网泄漏的电流极微,可忽略不计。

③ 走行轨的纵向电阻和对地过渡电阻处处相同。

④ 地下金属管线与大地电位相同。

下面分别分析单边供电方式和双边供电方式两种情况下杂散电流的分布。

(1) 单边供电方式下杂散电流的分布。

杂散电流的分布也有一定的规律,单边供电时,杂散电流纵向分布如图 3.4.3 所示,其典型供电回路如图 3.4.4 所示。牵引电流 I 一部分经轨道流入地,另一部分沿轨道流回牵引变电所。沿轨道回流的电流沿途又相继泄入大地,之后又相继由大地流回轨道。所以沿轨道的电流先是多,中间少,最后是多;地中的电流则先是少,中间多,最后是少。可见,杂散电流是沿轨道逐渐入地,又逐渐流回轨道,而不是在列车所在位置集中泄漏入地,又集中流回变电所。需要说明的是,这里的大地除大地土壤外,还包括道床、结构钢筋、沿线金属管线等。

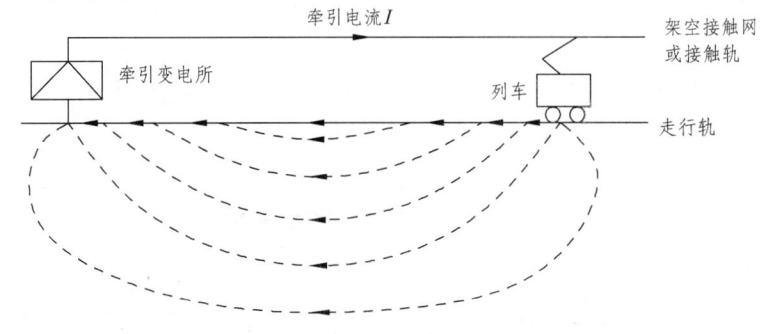

图 3.4.3 单边供电时杂散电流纵向分布示意图

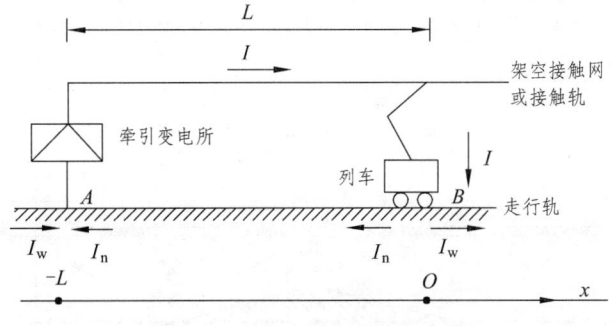

图 3.4.4 单边供电回路示意图

(2) 双边供电方式下杂散电流的分布。

双边供电方式其典型供电回路如图 3.4.5 所示,在双边供电方式下杂散电流分布的一般规律如下：

① 双边供电方式下，轨道回路的中性点向牵引变电所方向偏移，阳极区范围增大，走行轨阴极区范围明显减小。

② 牵引变电所负极附近的轨道电位为负的最大值，此处杂散电流从埋地金属结构流出，埋地金属结构为阳极，受杂散电流腐蚀最严重。列车下部的走行轨电位为正的最大值，该处杂散电流从走行轨流出，走行轨为阳极，埋地金属为阴极，此处走行轨受杂散电流腐蚀最严重。

③ 牵引电流的大小对走行轨电位有影响，牵引电流越大，走行轨对地电位越高，杂散电流也越大。

④ 牵引变电所之间的距离增加，在牵引电流不变的情况下，走行轨对地电位和杂散电流也随之增加。

⑤ 轨地过渡电阻对杂散电流的分布影响最大，过渡电阻越小，杂散电流强度越大，过渡电阻越大，杂散电流强度越小。

⑥ 走行轨纵向电阻对走行轨电位影响较大，走行轨纵向电阻增加，走行轨纵向电位成比例增加，走行轨对地电位增加，杂散电流也增加。

⑦ 埋地金属结构的纵向电阻对走行轨电位和杂散电流的影响较小。

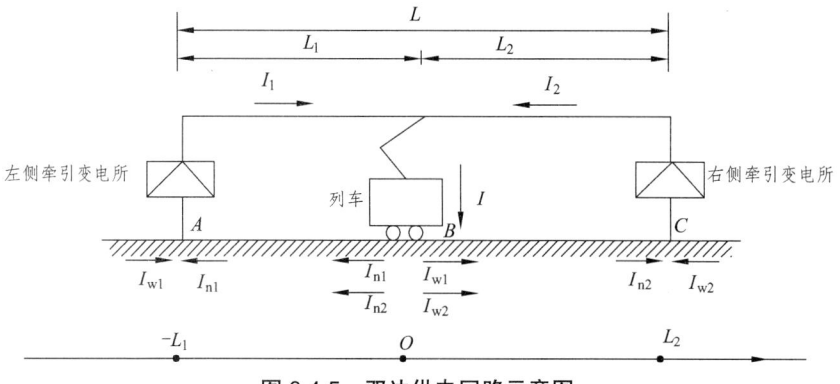

图 3.4.5　双边供电回路示意图

3. 钢轨电位分布

当列车在两牵引变电所间运行时，钢轨电位分布如图 3.4.6 所示。列车位置处为钢轨阳极区，钢轨电位为正（图中所示阴影，对应的结构钢筋则为阴极区），杂散电流从钢轨流向结构钢筋，而结构钢筋为电子流入（称阴极保护状态），结构钢筋对地电位形成阴极区，不会产生腐蚀。

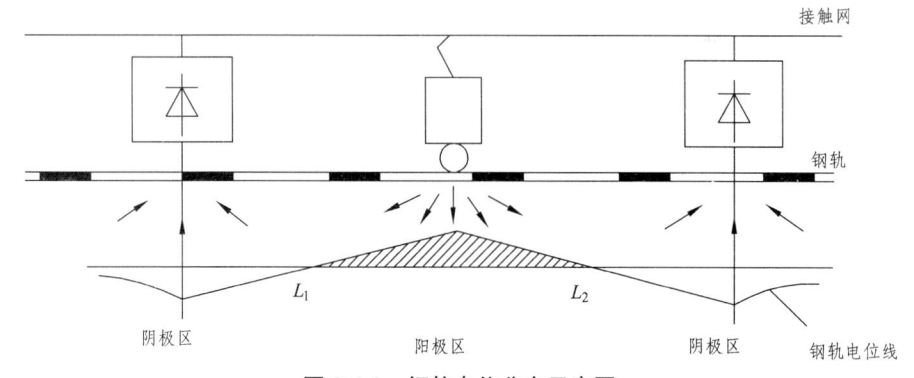

图 3.4.6　钢轨电位分布示意图

牵引变电所位置处为钢轨阴极区，钢轨电位为负（利用钢轨电位受牵引负极的电位钳制作用，对应的金属结构则为阳极区，会产生腐蚀），杂散电流从结构钢筋流回钢轨或经排流装置返回牵引变电所负极。杂散电流与该处的钢轨电位及钢轨对地泄漏电阻有关。

（二）杂散电流的危害

当轨道交通沿线地下有金属管线或建筑物钢筋等导电体时，地中的杂散电流会沿金属导电体流动到回流点附近，再流向钢轨回到牵引变电所负极。因此，在回流点附近的金属导电体形成阳极区（对大地为正），阳极区内的金属管线或建筑物钢筋，失去电子带正电称为正离子，正离子流向大地，发生了电解腐蚀。杂散电流对沿线结构钢筋及金属管线造成危害，其原理如图 3.4.7 所示。

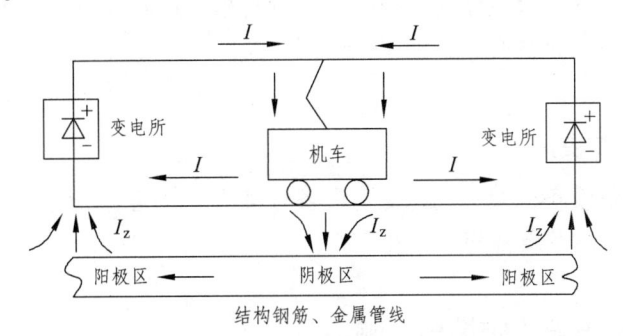

图 3.4.7　杂散电流对沿线结构钢筋及金属管线腐蚀示意图

1. 腐蚀金属

杂散电流对轨道交通自身地下结构的钢筋及沿线金属管线产生严重影响，杂散电流引起的腐蚀比自然腐蚀要严重得多。杂散电流腐蚀是由于外部电源泄漏的电流作用而引起的结果，在数值上要比自然腐蚀的电流大几十倍，甚至上千倍。其腐蚀强度大、危害大、范围广、随机性强、腐蚀激烈。一般，腐蚀集中于局部位置（阳极区），当有防腐层时，往往集中于防腐层的缺陷部位。

对于排流网而言，由于它是杂散电流的良好通道，在回流点（阳极区）附近，杂散电流从排流网的结构钢筋中流出，排流网的结构钢筋失去电子带正电称为正离子，铁离子与水蒸气中的硫酸根离子作用而变成硫酸盐遭到腐蚀。

于 20 世纪 70 年代开始运行的北京、天津地铁已发现隧道内的部分金属管线和主体结构钢筋有严重的杂散电流腐蚀，隧道内的水管被侵蚀穿孔的情况，车站站台地面外露钢筋头发现了成块腐蚀、严重脱落现象。

2. 破坏混凝土结构

杂散电流通过混凝土时对混凝土本身并不产生影响，但如果有钢筋存在，钢筋则起到汇集电流作用，并把电流引导到排流点。

在杂散电流由混凝土进入钢筋之处，钢筋呈阴极，如果阴极析氢，且氢气不能从混凝土逸出，就会形成等静压力，使钢筋与混凝土脱开。在杂散电流离开钢筋的部位，钢筋呈阳极，发生腐蚀并形成腐蚀产物生成 $Fe(OH)_2$ 继续被介质中的 O_2 氧化成 Fe_2O_3（红锈的主要成分），

Fe(OH)$_3$ 可进一步生成 Fe$_3$O$_4$（黑锈的主要成分）。根据研究，黑锈体积可能大到原来的 2 倍，而红锈的体积可能大到原来钢筋体积的 4 倍。铁锈的形成，使钢筋体积膨胀，进而对周围混凝土产生压力，其内部形成拉应力。由于混凝土的抗拉强度很低，一般只有 0.88~1.5 MPa，会造成混凝土沿钢筋方向开裂。

3. 腐蚀管线

轨道交通沿线附近埋有自来水、煤气、石油、电缆等各种管线，由于埋设管线多为金属材质，因此容易集结杂散电流，使其金属管线遭受腐蚀，产生严重的后果。

4. 烧毁排流设备

一般钢轨与轨枕、道床有绝缘材料相隔，如果某种原因，绝缘材料损坏或钢轨与排流网短路，这时将有非常大的杂散电流通过排流网、排流柜，流回牵引变电所，而由于排流柜中的核心元件排流二极管的容量有限，如果短时间内杂散电流超过其限定的二极管导通电路，将有可能烧毁排流柜。

5. 危及设备和人身安全

杂散电流会在通信设备机架和其他受电设备有接地的外壳上产生高电位，使设备外壳与附近大地形成电位差，危及设备和人身安全。

知识点 2：杂散电流的防护与监测

杂散电流的防护按照"防-排-测"的思路，也即为"以防为主，以排为辅，加强监测，防止外泄"的综合防护措施。

以"防"为主，既是"堵"，也是加强隔离防护，从源头开始，尽量减少杂散电流泄漏，采用钢轨、轨枕以及道床结构绝缘安装法。

以"排"为辅，是基于上述"堵"的前提，防排结合，加强回流通路。在加强自身系统回流通路的基础上，利用杂散电流的首经通路-道床内的结构钢筋，将钢筋良好连通形成第一道屏蔽网（收集网），防止杂散电流向道床外部漏泄；利用隧道结构钢筋连通形成第二道屏蔽网（收集网），又防止杂散电流向隧道外部漏泄，避免危及市政公共设施。在牵引变电所内设置自启动智能型排流装置，排流装置自动将杂散电流屏蔽网中的电流引回牵引变电所的负极。

"限"，包含两层意思。对于车辆段钢轨对道床的泄漏电阻较低，杂散电流较大的区段，设置单向导通装置，限制杂散电流的扩散。对隧道内的钢筋管线和其他钢筋设施采取材质选择和对地绝缘等措施，限制杂散电流向其漏泄。

"加强监测"，设置杂散电流监测系统，监测装置测量的信息通过上位机进入 SCADA 系统或设专用通道将监测装置测量的信息上传到控制中心和复示系统，以便了解分析杂散电流的特点。目前上海轨道交通系统将监测信息送入网络级能量监测管理系统。

下面分别介绍其具体内容。

（一）杂散电流腐蚀防护措施

通过对杂散电流产生原因及腐蚀过程的分析，可以知道，提高走行轨对地绝缘以及保持牵引回流畅通是治理杂散电流泄漏的两种直接方法。这两种措施能否在工程中高质量实施，以及线路运营维护水平如何，关系到杂散电流腐蚀防护成功与否。

提高走行轨对地绝缘电阻值，目的就是让牵引电流尽可能多地沿走行轨流回牵引变电所的负极，而尽量少地向外泄漏。回流轨与地之间的绝缘电阻要足够大，以控制和减小杂散电流产生的根源，隔离所有可能的杂散电流泄漏途径，这就是"防"。"防"属于源控法。

另外，还需要保持畅通的杂散电流排流通路，即设置合理的杂散电流收集网，以便需要时能为杂散电流提供一条畅通的低电阻通路，这就是"排"。"排"就是排流法。

1. "防"——源控法

杂散电流腐蚀防护是"以防为主"，其目的是从源头上根本控制和减小杂散电流泄漏量。影响杂散电流大小的主要因素有：牵引电流、牵引变电所之间的距离、走行轨的电阻值及对地过渡电阻等。根据实践经验，单边供电情况下杂散电流的估算公式如下：

$$i_g = \frac{1}{8} I \frac{R_{sl}}{R_{gl}} L^2 \qquad (3.4.1)$$

式中　I——列车牵引电流（A）；

　　　R_{sl}——走行轨纵向电阻（Ω/km）；

　　　R_{gl}——走行轨对地过渡电阻（Ω·km）；

　　　L——牵引变电所和列车之间的距离（km）。

杂散电流值与列车到牵引变电所距离的平方成正比，与回流走行轨的纵向电阻成正比，与牵引电流成正比，与走行轨对地的过渡电阻成反比。目前已建或在建的城市轨道交通工程中采用了很多有效的杂散电流腐蚀防护方法。

① 合理设置牵引变电所。

杂散电流值与列车到牵引变电所距离的平方成正比，牵引变电所之间的距离越长，杂散电流越大。因此要合理设置牵引变电所，所间距离不宜过长，结构钢筋及道床钢筋的极化电位要控制在《地铁杂散电流腐蚀防护技术标准》规定范围之内。另外，在满足供电负荷与供电质量等前提条件下，可以适当调整牵引变电所的数量和位置，尽量使牵引变电所均匀布置。

② 牵引网采用双边供电。

在牵引网制式、牵引变电所间距以及走行轨电阻值等条件相同的情况下，采用双边供电比采用单边供电，其牵引电流值减小近一半，杂散电流值仅为单边供电的1/4，故城市轨道交通正线的牵引变电所（除末端站牵引变电所外）均采取双边供电方式，变电所解列时也不宜采用单边供电方式。此外，停车场或车辆段需要单独设置牵引变电所，正常情况下停车场或车辆段和正线牵引变电所之间无电气连接，防止正线的杂散电流流入停车场或车辆段。

③ 加强走行轨对地绝缘。

杂散电流的大小与走行轨对地绝缘水平成反比，即走行轨对地绝缘水平越好，则杂散电流的值越小。城市轨道交通运营中，轨地过渡电阻值的降低是产生杂散电流的最主要原因。因此，保持走行轨对地过渡电阻值或避免过渡电阻不断下降是防止杂散电流产生的有效方法。《地铁杂散电流腐蚀防护技术标准》中规定：新建线路的走行轨与区间主体结构之间的过渡电阻值不应小于15 Ω·km，对于运行线路不应小于3 Ω·km。

加强和保持轨道绝缘是一项系统工程,需要土建、轨道和给排水等多工种、多专业进行紧密配合。目前加强走行轨对地绝缘主要有以下做法:

a. 走行轨下设置绝缘垫。

根据《地铁杂散电流腐蚀防护技术标准》的要求,走行轨必须采用绝缘法安装。安装时要采用绝缘水平较高的绝缘材质,并对螺栓道钉、铁垫板、扣件等相关部件作绝缘隔离处理,例如,加设绝缘垫板、绝缘垫圈等。城市轨道交通工程中一般要求走行轨单块绝缘垫的电阻不小于 $10^8\ \Omega$。走行轨下绝缘垫的设置如图 3.4.8 所示。

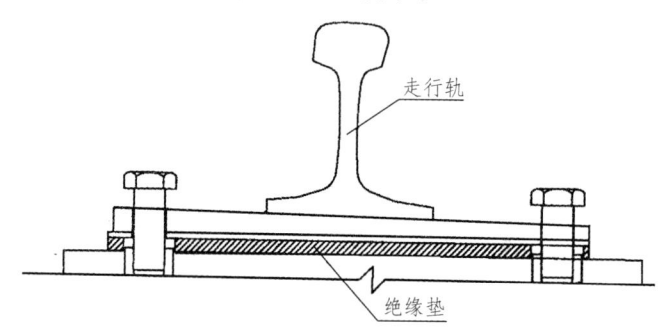

图 3.4.8 走行轨下绝缘垫设置示意图

b. 走行轨对地保持一定间隙。

走行轨对地保持一定的距离,能够有效避免因走行轨下面积累含盐沉积物或其他杂物而造成走行轨与地面间接接触,从而避免形成杂散电流对地泄漏通道,降低轨道对地过渡电阻值。因此,走行轨和地之间要保持一定的间隙。根据《地铁杂散电流腐蚀防护技术标准》中规定,道床面至走行轨底面的间隙应不小于 30 mm。

c. 道床排水沟设置。

根据测定,不同含水状态下混凝土电阻率差别很大,具体数据见表 3.4.1。

表 3.4.1 电阻率参考表

类别	名称	电阻率参考值($\Omega \cdot m$)
混凝土	在水中	40~55
	在湿土中	100~200
	在干土中	500~1 300
	在干燥的大气中	12 000~18 000

从电阻率参考表中可以看出混凝土在潮湿和干燥状态下,电阻率相差很大。因此保持混凝土整体道床的干燥,不但是加强走行轨对地绝缘的有效措施,而且也是减少轨道绝缘垫堆积含盐沉积物的有力措施。

因而,宜将道床排水沟设在道床两侧,并保证排水通畅,有利于保持道床混凝土的干燥,可以有效防止走行轨对地绝缘水平的降低。

d. 道床混凝土的设置。

为有效地防止杂散电流对主体结构钢筋进行腐蚀,杂散电流道床收集网钢筋与走行轨之间需要进行绝缘处理,道床收集网钢筋与主体结构钢筋之间也应避免金属连通。

为保证收集网与走行轨之间的绝缘性能,位于钢轨下面的道床混凝土层需要有一定厚度。

④ 保持牵引回流通路顺畅。

杂散电流的大小与牵引网的回流电阻值成正比。走行轨电阻较大时，回流电流在其上流过时产生的电压降也较大，使钢轨对地的电位差增大，从而增加了杂散电流泄漏，因此必须设法降低走行轨的电阻值。为此一般采取以下措施：

a. 有条件时，走行轨尽量选用重型钢轨，如 60 kg/m 钢轨。

b. 对回流网选用电阻率低的材料。

c. 将短钢轨焊接成长钢轨，其接头之间的电阻值不大于回流轨 1 m 长度电阻值的 3 倍。如果钢轨之间是采用鱼尾板连接，则两段钢轨之间要加设电缆（一般采用铜芯绝缘电缆）以减小钢轨接缝处的电阻，如图 3.4.9 所示。此电缆的电阻值应满足接头标准电阻的要求，满足牵引电流长时间通过时的温升要求，且散热性要好，工作稳定，可靠性高。

图 3.4.9　钢轨接缝处的电气联接

d. 走行轨和道床之间应采用点支撑安装，减少钢轨与道床的接触面。

e. 正线上、下行走行轨之间设置对地绝缘的均流线，把上、下行走行轨并联起来，降低走行轨回流电阻。均流线的设置位置需要与信号专业沟通后确定，如图 3.4.10 所示。

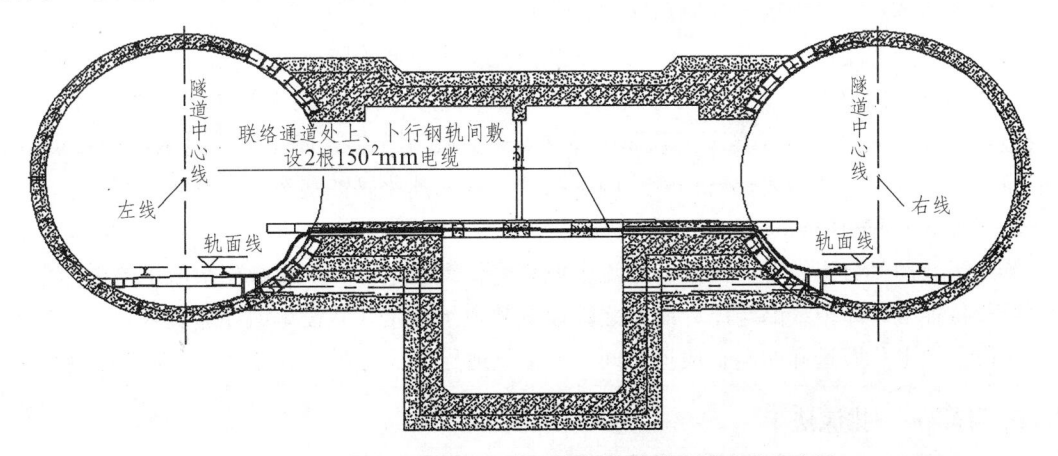

图 3.4.10　联络通道处上、下行走行轨并联电缆连接示意图

f. 牵引变电所至上、下行走行轨的负回流线采用铜芯电缆，可以降低回流通路的电阻。

g. 在车辆段和停车场根据各供电分区的划分，设置多个回流点，使牵引电流就近回流，并设置均流线，减小回流通路的电阻，以降低车辆段或停车场杂散电流的总量。

⑤ 重视日常运营维护。

杂散电流腐蚀防护在工程建设时采取合理措施，严格施工，同时加强运营养护和维修，保证杂散电流腐蚀防护获得长期效果。

在城市轨道交通建成并投入运营的初期，走行轨与道床之间的绝缘程度较高，杂散电流较少。随着运营时间的推移，走行轨周围铁屑、灰尘、油污、含盐沉积物的积累，甚至道床排水沟长时间积水，对地过渡电阻值将逐步减小。因此运营维护显得格外重要，应采取相关措施保证轨道绝缘性能保持在一定水平上。其主要措施如下：

a. 必须定期清扫线路，清除粉尘、油污、脏物、沙土等，保持走行轨的清洁和绝缘水平良好。

b. 及时消除道床积水及积雪，保持道床处于清洁干燥状态。

c. 根据杂散电流监测系统的报警信息，及时处理线路异常现象。

⑥ 采用第四轨回流方式。

现阶段，我国地铁均是通过架空接触网或接触轨（第三轨）向地铁车辆供电，并通过钢轨流回牵引变电所。由于钢轨不可能完全绝缘于道床，因此，牵引回流电流将经钢轨向道床及其他结构泄漏并产生杂散电流。鉴于避免杂散电流的不利影响，国外研究出专设回流轨的"四轨"供电系统，即变电所通过第三轨供电，通过第四轨回流至变电所，从根本解决了杂散电流产生的所有问题。虽然表面上第四轨回流使牵引网系统的工程投资有所增加，但与杂散电流防护工程和安全防护项目（道床和隧道钢筋杂散电流收集网工程、增加牵引变电所的排流柜、钢轨电位限制装置、车站站台设置绝缘地板或绝缘垫等）节省的投资相比较，初步估算一次工程全面投资是相当的，而且后期维护运营费用大大减少。此外，对于供电系统监控与保护方面，第四轨回流与传统的钢轨回流基本无差别，不需改变原有的监控与保护模式。

⑦ 特殊区段防护方案。

a. 盾构区段防护方案。

盾构区间隧道结构钢筋采用隔离法进行防护。

隔离法充分利用了盾构管片的结构及安装特点。由于盾构隧道是由纵向 1 米多长的管片构成，盾构管片间存在用于防水的橡胶垫圈，且盾构管片内部结构钢筋同管片之间的连接螺栓通过素混凝土隔离，这样客观上隔断了盾构管片的相互连接，使得管片内钢筋所收集的杂散电流数量非常小，从而实现盾构管片内部结构钢筋的钝化腐蚀状态，达到防护目的。

b. 车辆段/停车场杂散电流腐蚀防护方法。

场段区域通过恰当设置回流点和均流电缆以降低钢轨电位，从而减少杂散电流的泄漏。

场段各种电化库内线路与库外线路之间设置轨道绝缘结并装设单向导通装置。

场段段内电化股道和非电化股道之间、电化股道尽头线与车档设备之间设置轨道绝缘结。

2. "排"——排流法

对于新建城市轨道交通工程，通过加强走行轨对地绝缘及保证牵引回流畅通，可以有效减少杂散电流产生。但随着运行时间的推移，走行轨对地绝缘水平的下降，杂散电流有可能会超标，此时可适当考虑投入排流装置。因此，在工程建设时适当设置合理的杂散电流收集网及排流装置，以便在必要时将杂散电流引回牵引变电所的负极。

① 排流法的概念。

只有当杂散电流从走行轨或钢筋等金属管线流出时才会对其产生腐蚀，而杂散电流流出的区域集中在阴极区（即在牵引变电所附近），若在牵引变电所处将结构钢筋或其他可能受到杂散电流腐蚀的金属结构与走行轨或牵引变电所负母排相连，由于杂散电流总是走电阻最小的通路，这样杂散电流就直接流回至牵引变电所，从而大大减小了杂散电流从钢筋再扩散至混凝土的可能，减少了杂散电流流出钢筋导致的电化学反应，该方法称为排流法。

排流法也存在一定缺点。当牵引变电所负母排通过排流柜与道床收集网钢筋电气连通后，原来负母排的负电位因钳制作用而接近零电位，使得两座牵引变电所之间的走行轨对地电位成倍增加，两牵引变电所间几乎全成为阳极区，除牵引变电所附近钢筋腐蚀减少外，其他区域钢筋以及走行轨腐蚀将更严重。因此排流法既有其有利的一面，也有其不利的一面。

② 设置收集网。

杂散电流收集网主要是针对运营期间，当先期防护措施逐渐失效或由于渗水等因素造成杂散电流超标时而采取的应急防护措施。其目的在于收集由走行轨泄漏出的杂散电流，并通过收集网将杂散电流引导至牵引变电所的负极，防止杂散电流过多地流向主体结构钢筋和其他金属导体。收集网的设置方式主要分地下区段和高架区段。

a. 地下区段收集网的设置。

地下区段收集网分主收集网与辅助收集网。杂散电流首先流经道床内的结构钢筋。因此将道床内的钢筋电气连通，并利用连接电缆将全线结构钢筋电气贯通，形成第一道屏蔽网，叫做主收集网，也叫做主排流网，防止杂散电流向道床外部漏泄。同时在隧道衬砌内将纵向钢筋通过横向钢筋连通形成杂散电流辅助收集网，专门收集从道床泄漏到隧道衬砌内的杂散电流，防止杂散电流向隧道外泄漏。地下区段杂散电流收集网整体设置如图 3.4.11 所示。道床主收集网断面示意图如图 3.4.12 所示。

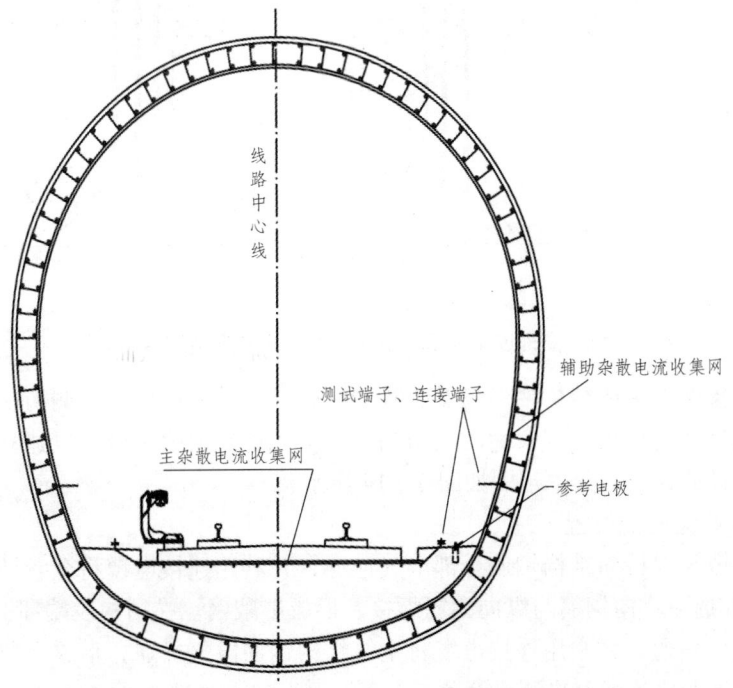

图 3.4.11　地下区段杂散电流收集网示意图

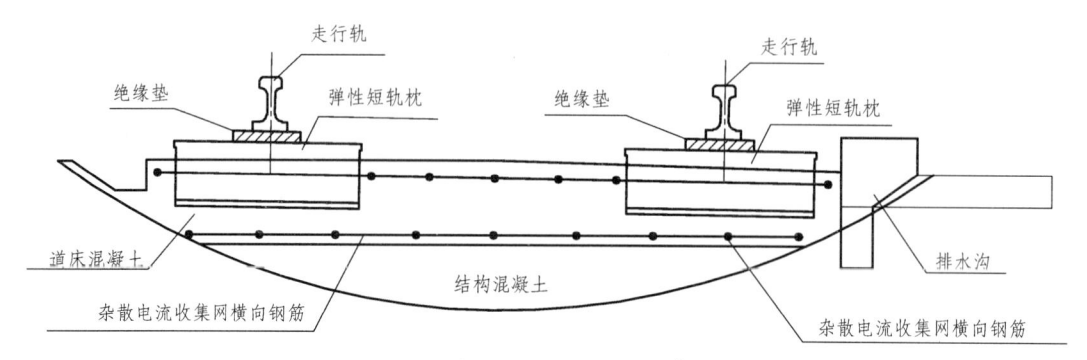

图 3.4.12 杂散电流主收集网断面示意图

在地下隧道内，杂散电流收集网纵向钢筋沿隧道纵向铺设在道床混凝土内，道床内纵向每间隔一定距离（一般为 5～6 m）选一根以上横向钢筋与道床内所有纵向钢筋焊为一体形成网状，构成道床钢筋收集网。

在整体道床伸缩缝两侧引出结构钢筋连接端子（即杂散电流收集网连接端子），两侧的连接端子通过 95 mm² 铜电缆连接。在地下车站（含区间牵引所）和区间隧道（盾构区间隧道除外）的伸缩缝两侧侧墙上引出结构钢筋连接端子（即杂散电流监测网连接端子），连接端子之间需用 95 mm² 铜电缆连接。如图 3.4.13 所示。

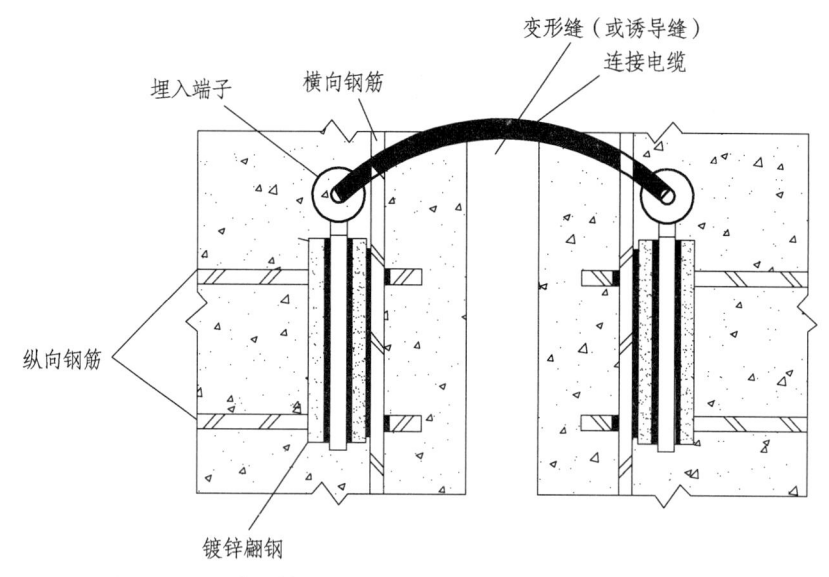

图 3.4.13 变形缝（或诱导缝）处连接端子电缆连接示意图

道床钢筋收集网在道床结构变形缝或沉降缝处断开，并在两侧引出测防端子。纵向钢筋网通过绝缘电缆将所有引出道床表面的测防端子连接成连续的收集网，以建立一条低阻抗的杂散电流收集与排放通路，其原理图如图 3.4.14 所示。

b. 高架区段收集网的设置。

高架区段一般采取桥面结构钢筋全部电气连通，并利用连接电缆将全线结构钢筋电气贯通。每隔 5～6 m 选一环向钢筋与纵向钢筋焊接，形成屏蔽网。在结构段端部引出连接端子，使全线排流网电气贯通。并利用连接电缆将全线结构钢筋电气贯通，形成屏蔽网，使全线排流网电气贯通。辅助排流网引出测量端子，用于监测系统。如图 3.4.15 所示。

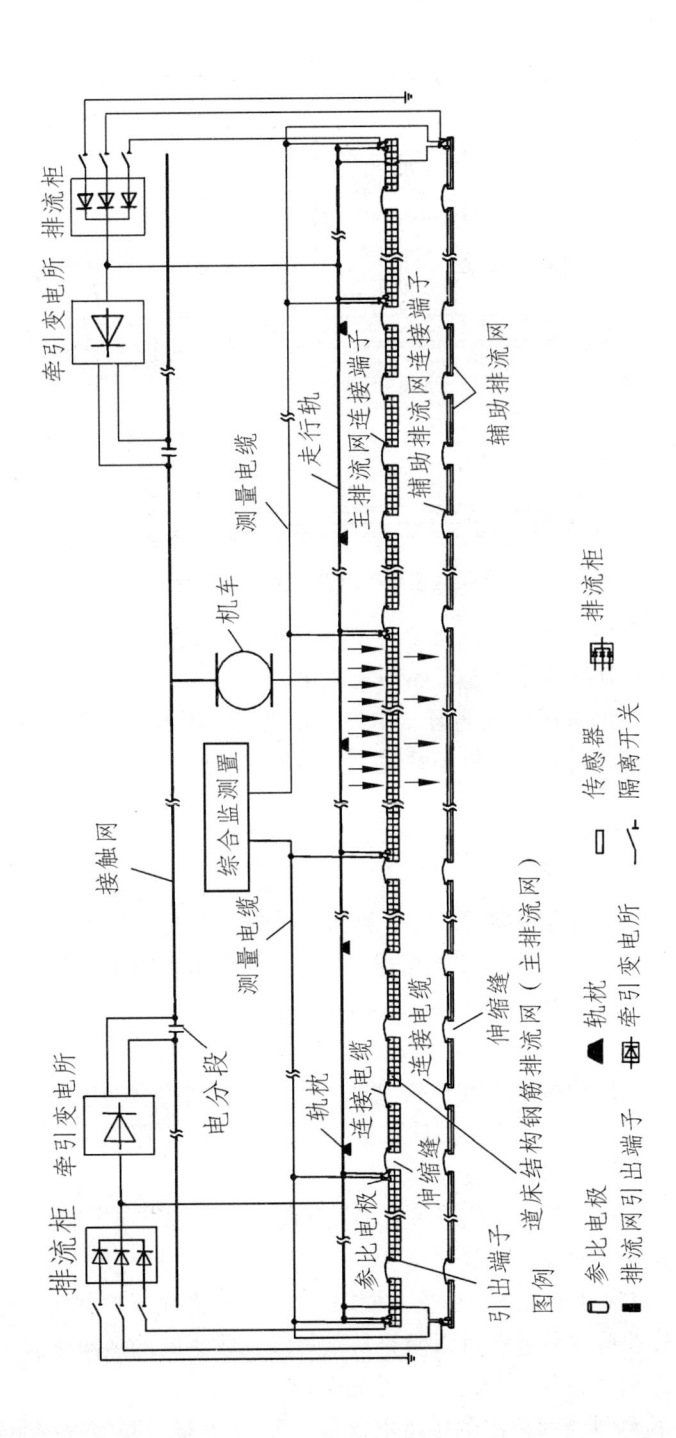

图 3.4.14 杂散电流防护原理图

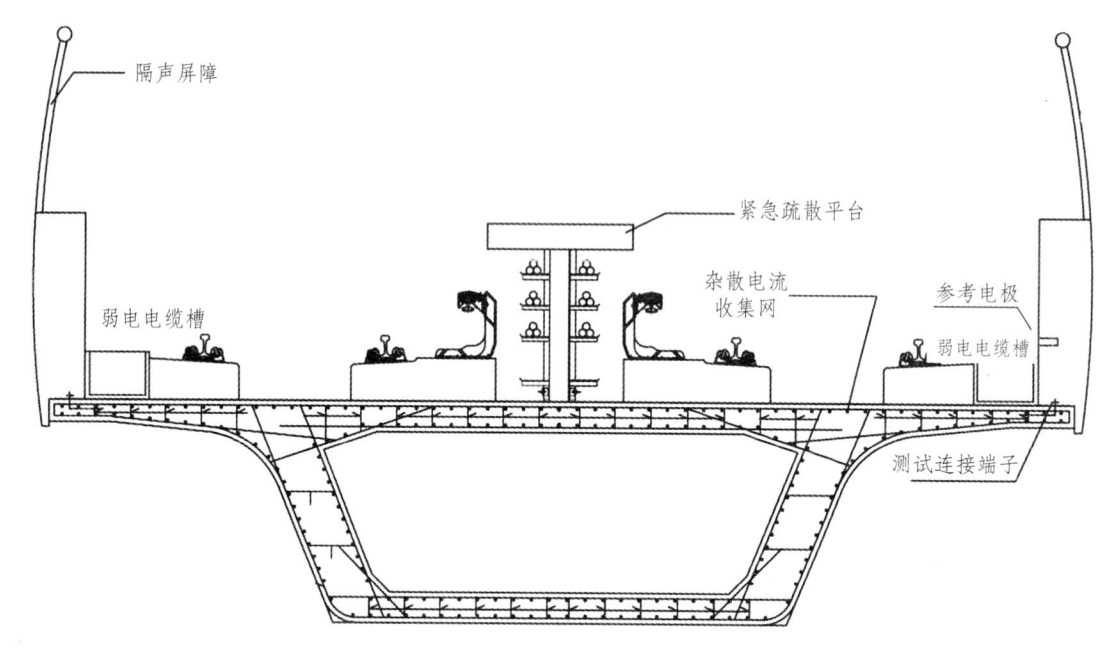

图 3.4.15 高架区段杂散电流收集网示意图

桥面测量和连接端子位置应设在距钢轨中心 1.4 m 的位置，紧邻电缆沟，避免设在整体道床范围内。高架桥面应有良好的排水措施，不应有积水。

也有的桥面结构钢筋全部采用电气连通，作为主收集网，不再利用道床结构段内的纵向钢筋作为排流网，原因是道床结构段内钢筋数量小，不易满足要求。

3. 排流柜

① 排流柜的设置。

当采取排流法进行杂散电流腐蚀防护时，一般在正线牵引变电所内设置杂散电流排流柜，排流柜的一端通过电缆与牵引变电所负极柜相连接，另一端与收集网的排流端子相连接。排流柜一般设置在牵引变电所内。电气联接如图 3.4.16 所示。

② 排流柜的原理。

排流柜是杂散电流腐蚀防护系统中的重要设备。目前城市轨道交通中所采用的是智能型排流柜，工作原理如图 3.4.17 所示，主要由硅二极管 D_1、可调节电阻 R_1、固定限流电阻 R_2、自动整流部分、显示部分和保护部分组成。

智能型排流柜主回路的核心元件为硅二极管 D_1，利用硅二极管正向导通反向截止的特性，实现杂散电流的极性排流。

直流接触器 CZ 用于控制排流支路是否投入使用，R、C 回路用于抑制主回路通断时产生的尖峰脉冲。利用二极管的单向导通性可以阻止从负母线到收集网的逆向排流，快速熔断器 Fu 用于在出现短路过载时对排流柜及柜内元器件的保护。

电流传感器 M 用于检测排流回路中的排流电流量的大小，并通过排流柜控制器控制 IGBT 通断的占空比，以实现对排流电流大小的控制。当 IGBT 关断时，排流回路串联了电阻 R_1 和 R_2，电阻较大，排流电流较小。当 IGBT 导通时，仅串入阻值较小的 R_2，排流较大。R_2 用于限制排流的瞬时电流，以保护 IGBT。电阻 R_1 和 IGBT 构成了排流支路的电阻调节电路，保证了设备既处于可靠安全的工作状态，又能够根据设备的排流能力，尽可能地将更多的杂散电流通过负母线回收。

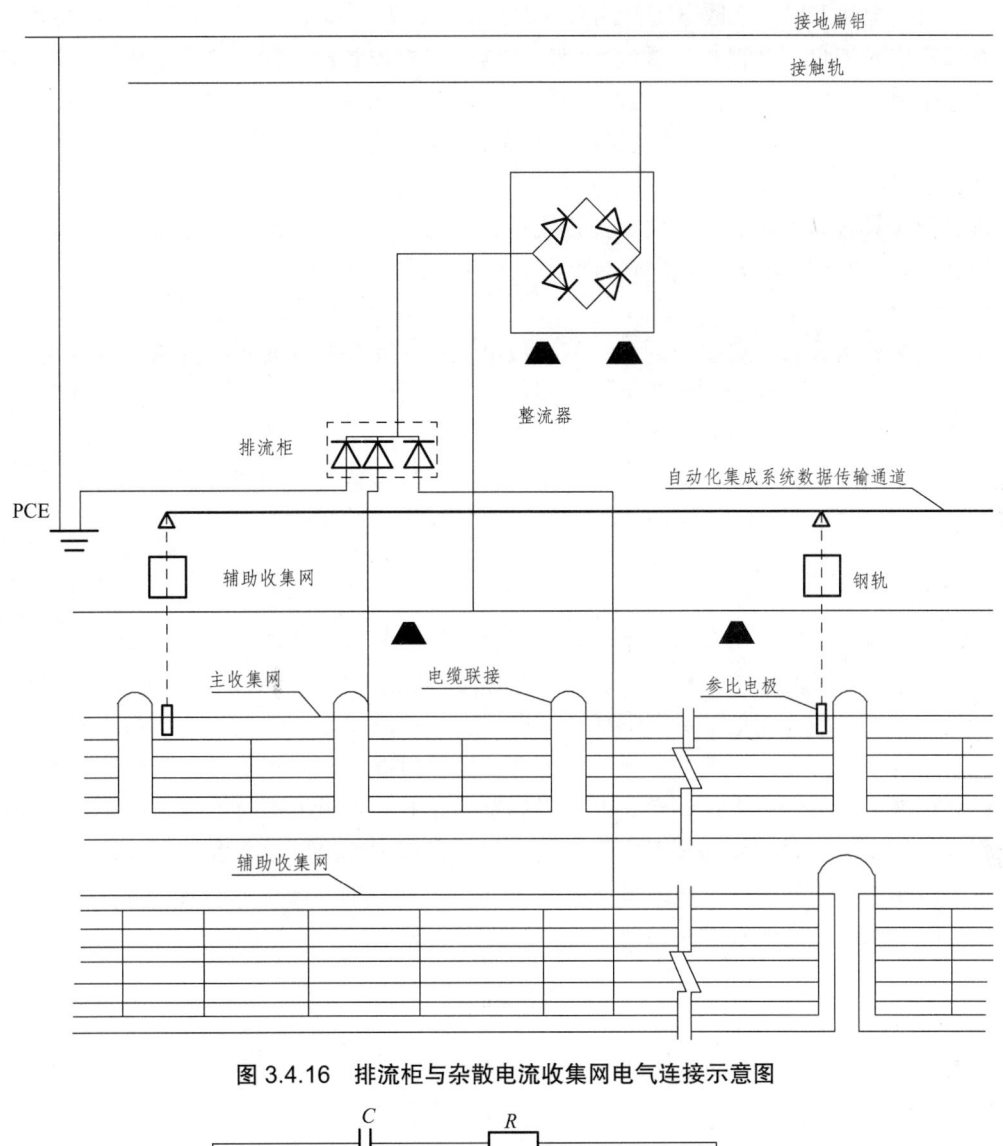

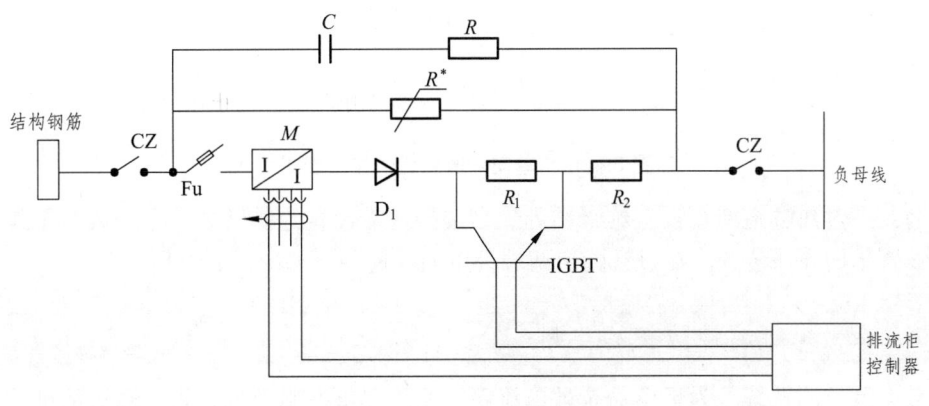

图 3.4.16　排流柜与杂散电流收集网电气连接示意图

图 3.4.17　排流柜原理图

排流柜控制器与杂散电流监测系统之间可通过通信电缆联系，以实现与杂散电流监测系统的信息交换。杂散电流监测系统对结构钢筋进行电位检测，当检测被保护的金属结构的极化电位处于安全状态时，杂散电流监测系统向排流装置发出停止排流的命令。当需要排流时，监测系统确定排流量，并把排流量的数值传送给排流柜控制器。控制器检测排流电流小于给定值时，控制 IGBT 连续导通；当检测排流电流大于给定值时，控制 IGBT 连续关断。正常情况下，IGBT 的导通占空比将排流电流量控制在规定的数值范围内。

③ 排流柜的功能。

排流柜应具有如下功能：单向极性排流；自动调节排流电流值，大电流限度排流；自动监测记录收集网的排流电流值；具有与电力监控系统的数据通信功能。

④ 排流柜的投运。

排流柜在线路开通时应安装到位，但杂散电流值在满足规程要求时排流柜不投入运行。只有当监测到道床收集网钢筋极化电位值超过设定数值时，排流柜才投入运行，道床收集网开始收集。排流只能作为一种应急手段。

一旦监测到结构钢筋极化电位严重超标，则断开排流通路，加强轨道维护，提高走行轨对地过渡电阻，减少道床收集网钢筋及结构钢筋的杂散电流腐蚀。

4. 单向导通装置

单向导通装置主要应用在采用钢轨作为牵引回流通路的地铁系统中，并接于钢轨设置的绝缘结处，用于连接绝缘接头两端的钢轨，使钢轨中电流流向一个方向，而另一个方向截止。其目的是，当回流电流向地下泄漏形成杂散电流时，可以缩小杂散电流的影响范围，减小杂散电流对结构钢筋的腐蚀。单向导通装置配有自动灭弧设施，用于防止列车再生制动运行时绝缘结处可能产生电弧而烧损钢轨，同时限制单向导通装置附近钢轨电位升高，保证钢轨附近工作人员的安全。单向导通装置内设有隔离开关，用于单向导通装置出现故障时或需要连接绝缘结两端钢轨，其工作原理见图 3.4.18 所示。二极管的正极接地面段，负极接地下段，列车运行时不允许电流进入地面段。

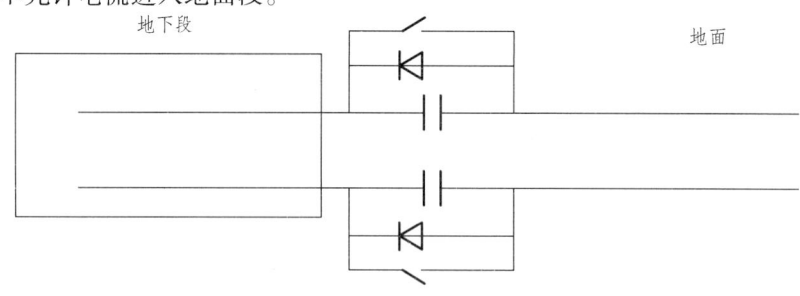

图 3.4.18 单向导通装置工作原理图

同理，在过江隧道两端设置绝缘结处、高架桥两端设置绝缘结处、车辆段与正线设置绝缘结处设置单向导通装置。在过江隧道两端设单向导通装置如图 3.4.19 所示。

（二）杂散电流腐蚀防护的监测

杂散电流监测系统可为运营后杂散电流腐蚀防护提供准确数据，指导轨道的维护与保养工作。因而在做到"以防为主，以排为辅，防排结合"的同时，还要加强杂散电流监测工作，监测主要内容包括泄漏量及极化电位。

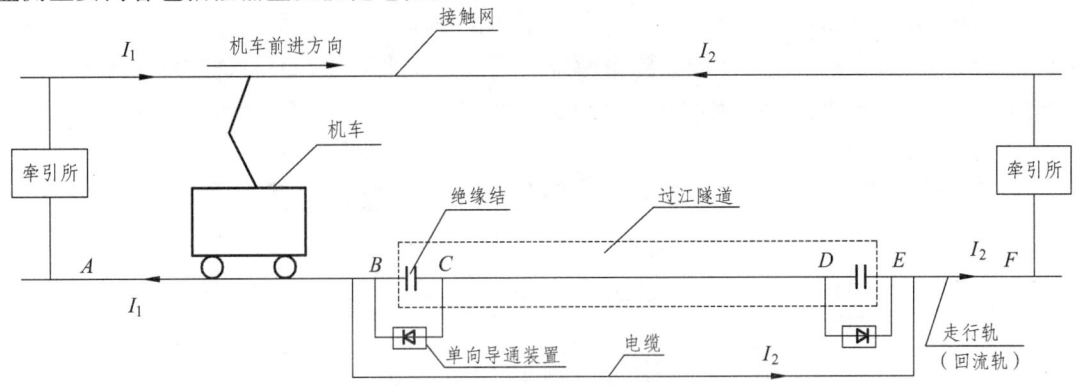

图 3.4.19 过江隧道处单向导通装置安装示意图

1. 杂散电流监测内容

钢轨泄漏出来的杂散电流能否引起隧道结构钢筋的腐蚀,以杂散电流引起结构钢筋的极化电位偏移值来确定。在"地铁杂散电流腐蚀防护技术标准"中的3.0.5条规定:对于钢筋混凝土地铁主体结构的钢筋,极化电压 30 分钟内的正向偏移平均值不超过 0.55 V。因此,杂散电流监测的主要内容是全线所有车站及区间局部地段的结构钢筋极化电压偏移值和道床钢筋极化电压偏移值。

3.4.2 过江隧道杂散电流的特殊防护.MP4

其测量原理是,当线路没有列车运行时,电位差 V_1 为参比电极的自然本体电位,当线路有列车运行时,V_1-V_2 即为结构钢筋对参比电极的电位。由此可计算出结构钢筋极化电位 $V_1-(V_1-V_2)=V_2$,即为结构钢筋的极化电位。如图 3.4.20 所示。

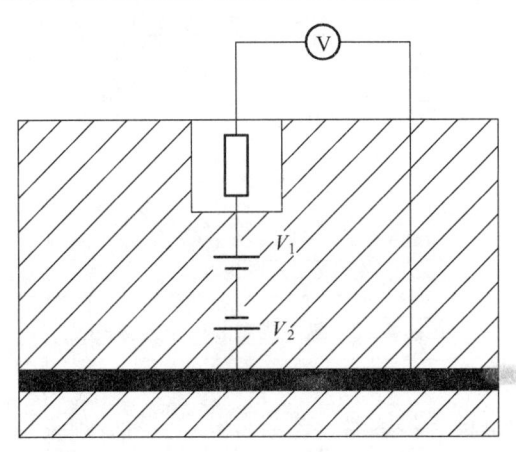

图 3.4.20 结构钢筋极化电位测量原理

2. 杂散电流监测方案

目前,杂散电流监测方案有分散式、集中式和分布式三种。

① 分散式杂散电流监测。

监测系统一般由参比电极、信号盒、信号测量电缆、测试端子箱、综合测试装置和微机管理系统等组成。该系统结构简单,省去智能传感器方案,同时省去相关沿线电源,综合节省投资可观。直接将模拟量送到杂散电流监测装置,但测量精度存在问题。由于布局分散,没有中央监控单元,只能通过移动式的综合测试装置进行数据的采集和处理,直接将模拟量送到监测装置,测量精度低。天津地铁 1 号线、南京地铁 1 号线和北京首都机场线等采用了这种模式,其接线如图 3.4.21 所示。

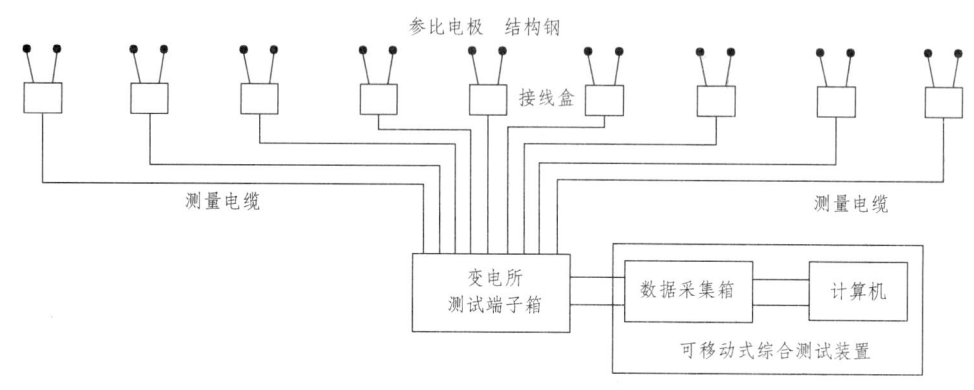

图 3.4.21 分散式杂散电流监测模式

② 集中式杂散电流监测。

监测系统一般由参比电极、传感器、信号转接器、监测装置、微机管理系统等组成。该系统在中心站主控室内设有中央监控计算机,对全线的杂散电流进行集中监控。但是,监测装置只与上位机相连,监测装置之间无直接通信,故上位机的数据交换和处理负担较重。

广州地铁、武汉轻轨 1 号线、深圳地铁 1 号与 4 号线、哈尔滨地铁 1 号线等均采用了集中式杂散电流监测模式。其接线如图 3.4.22 所示。

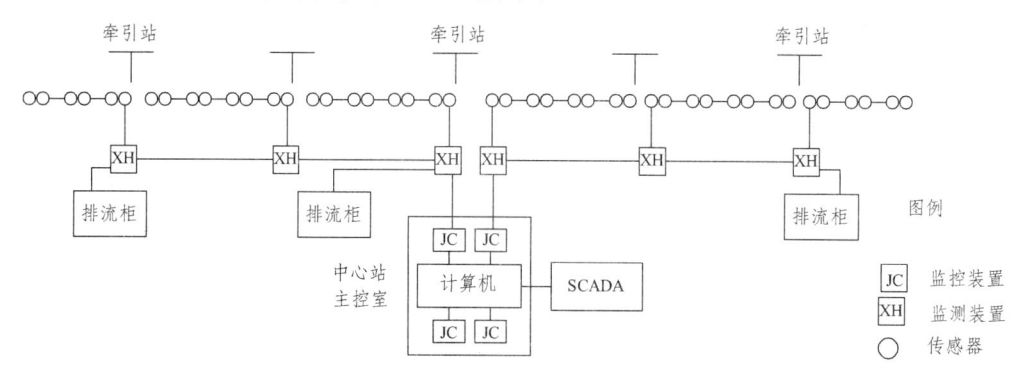

图 3.4.22 集中式杂散电流监测模式

③ 分布式杂散电流监测。

监测系统一般由参比电极、传感器、监测装置、微机管理系统等组成。该系统在控制中心设有中央监控计算机,对全线的杂散电流进行集中监控。同时监测装置之间能借助变电所 SCADA 系统的通信通道直接进行数据交换。运行方式灵活,可靠性高。

上海市轨道交通 9、10 号线、3 号线北延伸段均采用了分布式杂散电流监测模式。其接线如图 3.4.23 所示。

3. 杂散电流监测点的设置原则

杂散电流防护系统要求监测点设置合理、数据测量准确、通信实时可靠。监测点设置原则:

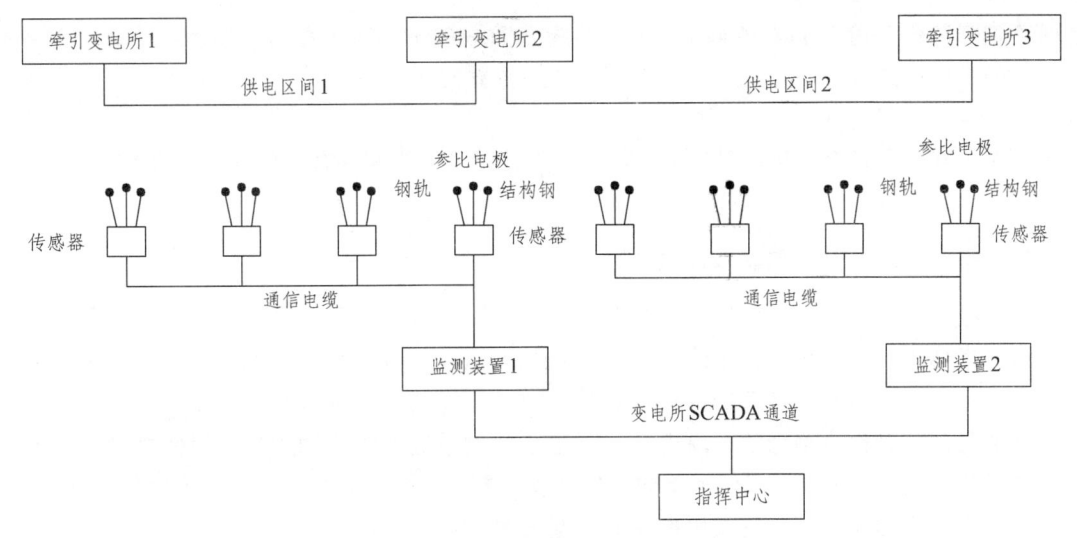

图 3.4.23 分布式杂散电流监测模式

① 回流点附近、站台两侧、重大建筑物附近，每个监测点设置参比电极和传感器。

② 地下车站范围内，车站站台两端的道床和隧道壁上分别（上下行）各设置一处测试端子，测试端子位置要求，应在车站两端的端头井以内（约 5 米）处，即位于旅客站台视野以外，共设 8 个测量端子。

③ 地下车站牵引变电所负回流点处道床和隧道壁上分别（上下行）各设置一处测试端子。

④ 在隧道区间内，靠近车站 250 米处道床和隧道壁上分别（上下行）各设置一处测试端子。

⑤ 在盾构区间隧道内，靠近车站 250 米处道床（上下行）各设置一处测试端子。

⑥ 高架车站范围内，车站站台两端附近桥梁伸缩缝处（上下行）各设置一处测试端子。

⑦ 高架车站牵引变电所负回流点处，桥梁伸缩缝处（上下行）各设置一处测试端子。

⑧ 高架区间桥梁上，靠近车站 250 米处的附近桥梁伸缩缝处（上下行）各设置一处测试端子。

⑨ 线路的端头及线路与车辆段的连接坡道处设置一处测试端子。

【任务实施】

第一步：分析单向导通装置系统构成

通过阅读"图 3.4.1 单向导通装置原理图"可知，单向导通装置主要包含消弧装置、二极管回路、旁路隔离开关；为了实现远控功能，还包含有智能控制器等。

（1）消弧装置。

晶闸管消弧装置主要由晶闸管、熔断器、保护回路等组成。

（2）二极管回路。

单向导通装置主回路由多个整流二极管支路并联组成，实现牵引供电回路单向导通功能。单向导通装置每个支路的设计容量约为额定容量的 1.5 倍，当一支二极管损坏造成断路后，单向导通装置可正常运行。

（3）旁路隔离开关。

当主回路故障（如快速熔断器熔断或二极管损坏）时或在维护调试阶段，为保障牵引供电回路正常工作，可合上旁路隔离开关使绝缘节两端钢轨短接而实现旁路运行模式。旁路隔离开关的操作方式可分为手动操作方式或电动操作方式。

（4）智能控制器。

智能控制装置具有远传信号功能，通过干接点方式远传 SCADA 系统，并可实现单导装置的隔离开关远程分合闸遥控功能。

第二步：分析单向导通装置原理及保护

由于绝缘节两侧牵引变电所的电源和负载情况不一致，可能会导致绝缘节两端存在一定的电压；当列车经过绝缘节，绝缘节两侧存在的电压及电流达到一定值时，将形成了电弧。为了防止产生的电弧对绝缘节回路造成影响，单向导通装置设置晶闸管消弧装置。当列车通过绝缘节时，装置检测绝缘节两端电压，当电压达到设定值时，触发晶闸管使之导通，列车通过绝缘节后晶闸管关断，以保证单向导通装置正常工作。消弧装置的主回路由可控硅组成，当轨道绝缘接头两端电压达到放电电压时，触发可控硅使之反向导通，电压降低后，自动关断。可控硅回路串接快速熔断器，以保护可控硅。另外可控硅回路串接分流器，以向单导通装置智能控制设备提供该回路的快速熔断器及可控硅通断信号。

主回路设置短路保护、断路保护、过电压保护。

（1）短路保护。

短路保护采用两种方式：熔断器保护和反向电压保护。

装置中每个支路均由数个二极管并联组成，在每个二极管前设有一个快速熔断器，当出现接触网与钢轨短路时，单向导通装置流过短路电流，此时要保证二极管不受损坏，并发出信号，保证系统主断路器跳闸；另外，在每个二极管另一端设有分流器，当二极管击穿而快速熔断器未熔断时，依靠逆向电流通过分流器而测得的数据可知二极管的故障，此保护与熔断器保护形成可靠的保护系统，以确保在二极管发生故障时能可靠地发出信号。

（2）断路保护。

装置中每个支路均应选用特性相同的二极管，即在正常情况下，每个二极管流过的电流都是相同的。如果某个二极管支路损坏造成断路时，支路中无电流流过，通过其串接的分流器向单导通装置智能控制设备提供二极管回路的通断情况。

（3）过电压保护。

每个二极管支路并联一 RC 回路，以抑制在直流系统短路或电力机车启动时可能出现的涌流。为防止过电压，在 RC 支路上并联一压敏电阻，当二极管两端电压超过其阀值时，压敏电阻将二极管自动旁路，以防止二极管损坏，当电压恢复时，压敏电阻恢复正常。

【任务小结】

请简要小结本任务的学习要点、难点与困惑，写在下面的横线上！

_____

_____

_____

_____

【格言语录】

"博学之，审问之，慎思之，明辨之，笃行之。"——《礼记·中庸》

为学有几个层次，首先要广博，是为"博学"；学问学问，不懂就问，对所学内容凡有不明处，就要问个明白，是为"审问"；问过以后还要经过自己的思考与分析，所学方能为自己所用，是为"慎思"；经过了学、问、思，形成了自己的思想与主见，就可分辨真伪良莠，越辩越明，是为"明辨"；学有所得，更要学有所行，学以致用，"知行合一"，是为"笃行"。

【拓展知识】

杂散电流防护对相关专业的要求

（一）对牵引供电系统的要求

（1）合理设置牵引变电所，正线牵引网采用双边供电，提高牵引网电压与减小走行轨的电阻值。

（2）直流牵引供电设备均采用绝缘安装。

（3）车辆段（停车场）设置独立运行的牵引变电所。

（4）牵引回流回路要畅通，加大上下行走行轨至牵引变电所负母线的负回流线截面，电缆根数根据牵引回流大小确定，为保证回路不因意外故障中断，每个回路不得少于两根，回流电缆应与钢轨可靠焊接。如图 3.4.24 所示。

（5）各车站两端上下行钢轨间设置均流线，但在有负回流线的一端，上下行钢轨间不再设置均流线，可利用负回流线代替均流线。在较长供电区段，加设回流点和回流电缆。除车站外，区间上下行走行轨间设置均流线，原则上不超过 600 米设一处均流线。均流线设置如图 3.4.25 所示。

图 3.4.24 车辆段回流电缆联接

图 3.4.25 均流电缆联接

（6）车辆基地内应适当设置回流点和均流电缆；停车库内单列位停车时，均流电缆设置应不少于 2 处；停车库内双列位停车时，均流电缆设置应不少于 3 处，停车库内的均流电缆应单端与接地极相连。

（二）对轨道系统的要求

（1）加大走行轨的截面和减小走行轨的电阻，正线走行轨采用 60 kg/m 焊接成长钢轨（无缝钢轨），车辆段（停车场）内采用 50 kg/m 焊接成长钢轨（无缝钢轨），正线钢轨采用鱼尾板连接或正线与岔线的连接处，钢轨之间焊接不少于两根 120 mm² 截面的铜心电缆。

（2）加大走行轨与大地的过渡电阻，正线回流钢轨、钢轨点支撑和固定采用绝缘垫、绝缘加件，新建线路走行轨与大地（道床）的过渡电阻不小于 15 Ω·km。

（3）电气化钢轨与非电气化钢轨之间设绝缘分段。

（4）钢轨尽头线的车挡与电气化钢轨之间设绝缘分段。

（5）运行线路与正在建设的线路区段之间实现电气隔离。

（6）道床与混凝土轨枕之间不小于 30 mm，保持道床清洁，严格清扫制度。

（7）穿越道床的所有管线采用绝缘管或具有防护绝缘层的金属管。

（8）在正线与车辆段线路之间及段内检修库、停车库与库外线路之间设置绝缘轨缝，并设单向导通装置。

（9）地下和地面线路分段处设绝缘轨缝和单向导通装置。

（10）牵引变电所回流点附近，设道床钢筋收集网排流端子，全线道床钢筋收集网设有连接端子，需要钢轨施工时预先安装好。

（三）对道床收集网的要求

（1）将每个道床结构段内的纵向钢筋电气连通，钢筋连接处必须牢固焊接。在结构段两端和中间每隔 5 m，用一横向钢筋与纵向钢筋焊接，形成屏蔽网，其收集网的单线总截面一般不小于 1 800 mm²。道床结构段内的钢筋不得与辅助排流网的钢筋接触，如主、辅排流钢筋有接触，采用绝缘套隔离。

（2）结构段端部必须引出测量和连接端子，结构段间利用 95 mm² 电缆连接，构成全线电气贯通，形成屏蔽网，使全线排流网电气贯通。引出的测量端子用于监测系统。另外还要引出排流端子，用于连接牵引变电所的排流系统，排流端子的位置应设在站台侧的墙边（避免设在钢轨中心），即靠近牵引变电所，方便引入连接。

（四）地下主体结构的防护要求

1. 盾构区间采用隔离防护方法

对于盾构区间隧道采用隔离法，即管片间电气隔离对盾构管片结构钢筋进行防护。隔离法要求管片结构钢筋同管片之间的连接螺栓用混凝土隔离。隔离法充分利用了盾构管片的结构及安装特点，由于盾构隧道是由纵向 1.2~1.5 m 长的管片构成，由于管片纵向排布密度大，管片间存在用于防水的橡胶垫圈，管片间的接触电阻积累使隧道纵向电阻相当大，且管片内部结构钢筋同管片之间的连接螺栓通过素混凝土隔离，客观上隔断了管片间的电气连接，使得每片管片内钢筋所收集的杂散电流数量非常小，从而实现管片内部结构钢筋的钝化腐蚀状态，达到防护目的。北方城市轨道交通基本采用隔离防护方法。

2. 盾构区间采用连通防护方法

盾构区间采用连通方式，将盾构区间中的结构管片通过管片四边各螺栓连接口设置电气连接垫片（垫片表层涂有防腐导电膜），通过螺栓紧固，从而使每块间结构管片内部结构钢筋在电气上全部连通，将每个管片通过螺杆连接，使所有管片间形成了电气连通，形成杂散电流辅助收集网，达到防护目的。上海市轨道交通均采用连通防护方法。

3. 矩形断面区间采用连通防护方法

隧道结构纵向主钢筋要焊接，沿隧道纵向在电气上全部连通，每段隧道结构始、末端设横向钢筋圈，在结构段中间每隔 5 m，用一横向钢筋与纵向钢筋焊接，使之与隧道结构纵向主钢筋紧密焊接，结构段间留有连接端子，可采用 95 mm^2 的电缆连接。

4. 明挖法施工的车站隧道连通防护方法

对于明挖法施工的车站、隧道，利用车站、隧道结构钢筋全部采用电气连通，每隔 5~6 m 选一环向钢筋与纵向钢筋焊接，在沉降缝或变形缝分开的结构段部引出连接端子连通（一般沉降缝或变形缝内有一定底板主筋纵向连通），并利用连接电缆将全线结构钢筋电气贯通，形成屏蔽网，使全线排流网电气贯通。辅助排流网引出测量端子，用于监测系统。测量和连接端子位置应设在内衬结构墙（避免设在钢轨中心），高度距轨面 300 mm。

（五）高架桥主体结构防护要求

高架桥主体结构防护要求详见本知识点 2 中的相关要求。

（六）车辆段（停车场）内设施的防护要求

为保证段内运营、检修人员安全。直流牵引供电系统负极（钢轨）为接地系统，即钢轨与接地系统连接，保证一点接地。也有牵引供电系统负极（钢轨）不接地系统，与正线标准一致，即正常情况下系统的设备所有正极和负极均与地绝缘。多方面因素，段内室外钢轨采用碎石道床。因此车辆段钢轨无收集网，防迷流系统要采取措施，加强回流和管线自身防护。

（1）正线出入段线与出入场线间以及检修库内外线路间设置绝缘轨缝，同时在此处设置单向导通装置，以限制正线区段钢轨电流通过车辆段钢轨泄漏于地下和限制库外钢轨电流泄漏于库内地下。绝缘轨缝位置应与接触网电分段配合。

（2）为保证人身安全，检修库及停车库内走行轨需与大地连接，且库内钢轨之间根据规模大小设置均流电缆。另外在库内利用接触网隔离开关独立接地极，待接触网检修时将钢轨接地。

（3）直流牵引供电系统负极（钢轨）为接地系统，有利于段内运营、检修人员安全，但库内钢轨需经电缆引回牵引变电所地网一点接地，也可经轨道电位限制器接地，避免与大地连接形成杂散电流回路，造成杂散电流腐蚀扩散。或者库外场区和库内钢轨之间不设置绝缘轨缝（钢轨绝缘结），也不设置单向导通，库外场区和库内钢轨看作一个整体。上海轨道交通 1、2 号线、香港等车辆基地均采用此方案。

（4）车辆段内应根据接触网分段情况分别设置回流回路。

（5）车辆段内管线应尽量采用非金属材质，如采用金属材质则应加强防腐。进出车辆段的金属管线在进出部位设置绝缘法兰。车辆段内信号采用钢轨电路方式，即单牵引轨回流，注意设绝缘结处的连结，保证回流畅通。

（七）绝缘防护措施要求

（1）高架桥梁与桥墩内部结构钢筋之间应采取绝缘措施。

（2）由外界引入轨道交通或由轨道交通内引出至轨道交通外部的金属管线均应在衔接处做绝缘处理。沿线的弱电设备金属外壳应经过电缆与电缆支架上的接地相连接，与钢轨绝缘。

（3）进出车站的金属管线必须安装绝缘接头或绝缘法兰，穿越部位应与周围结构钢筋绝缘。金属给水管、排水管道与回流走行轨间不应有直接的电气连接。与地面轨道平行铺设的金属管道除进行绝缘涂覆外，应与道床有 3~5 m 距离。

（4）对平行于回流钢轨敷设的金属管道、电缆，在出入地下隧道区间、车站时应与隧道、车站的主体结构钢筋在电气上进行绝缘处理，在隧道和车站内部电气上应连成一体，并单点接地。

（5）在走行轨下方穿越的管线，宜采用非金属绝缘材质，否则需采用特加强防腐层，并在穿越部位两侧装设绝缘法兰。管线上部与走行轨底面的间距不得小于 30 mm。

（6）车站及区间内的所有电气设备的金属外壳、各类金属管线等均应采用绝缘安装，与主体结构钢筋绝缘。

（7）管线支撑结构（无论支架支撑还是墩台支撑）应与管道绝缘，若支架和墩台结构能与道床和隧道结构绝缘，则可与管线不绝缘。

（8）沿线的通信信号机设备，如道岔控制箱、信号机、电话箱等采用绝缘安装，与走行轨、收集网绝缘。

（9）站台设屏蔽门、安全门，屏蔽门、安全门采用绝缘安装，其接地应经过电缆与钢轨相连接。要求沿站台边设 2 m 宽的有效绝缘层，其绝缘等级为 AC 1 kV-1 min，绝缘阻值应大于 0.5 MΩ。

（八）接地系统要求

综合接地系统除应满足正常的工作接地和人身、设备保护接地的功能之外，还应考虑杂散电流腐蚀防护的需要。对接地系统的构成一般要求如下：

（1）每个车站设一个接地网，供车站各种设备的工作接地和保护接地，与结构钢筋独立，其接触电位差、跨步电位差应满足相关要求。

（2）沿线电缆支架上敷设贯通的接地扁钢（铝），供沿线区间电气、通信、信号等机电设备保护接地用，与结构钢筋独立。

（3）敷设架空地线，供接触网系统设备工作接地、保护接地和防雷接地用，不要自设接地，高架段接触网防雷的设备引至自设接地。

（4）直流牵引回流系统采用浮空不接地方式，钢轨、负回流线、直流开关柜、整流器、负极柜等均采用绝缘法安装。

（5）当杂散电流腐蚀防护设计与保护接地发生矛盾时，优先考虑保护接地。

（6）各车站和车辆段设置钢轨电位限制装置，设置数量一个车站 1 台，一个车辆段 2 台。（广州、深圳设置数量为车站 2 台，车辆段 3 台。）

（7）直流系统钢轨对地最大电位不大于 90 V，交流系统不大于 65 V，目前 IEC 和新的国家标准中直流系统钢轨对地最大电位不大于 120 V。

（九）运营管理要求

城市轨道交通投入运营后，除应对轨道等进行定期养护维修外，还应加强杂散电流的监测。如果监测系统监测到排流柜电流出现异常增大，且持续时间较长，则多是由回流系统出现电气导通"断点"或有"集中泄漏点"所引起，应及时检查相应区段回流系统，将"断点"处连接至设计要求标准，或对"集中泄漏点"进行恢复处理。

为保证杂散电流防护设施正常使用，运营中应根据防护监测的情况对杂散电流各项防护指标进行维护性检查测量，检查测量内容包括走行轨对结构钢筋过渡电阻、走行轨对道床钢筋过渡电阻、金属管线接头电阻等。

【练习与评价】

选读某城市地铁供电图册，结合本任务所学知识，回答表 3.4.2 中的问题。

表 3.4.2　任务 3.4 完成情况评价表

序号	任务内容	完成记录	标准分	评分
1	杂散电流是如何形成的？		10	
2	杂散电流主要有哪些危害？		15	
3	杂散电流的大小与哪些因素有关？		10	
4	杂散电流主要有哪些防护措施？		15	
5	城轨供电系统中为什么要设置单向导通装置？		15	
6	单向导通装置通常设在哪些地段？		15	
7	"任务小结"完成情况		20	
总体评价：　　好　　　较好　　　一般　　　较差　　　差				

项目4 动力照明系统

项目导读

城轨供电系统中的动力照明系统包括动力和照明两部分。动力系统主要向城市轨道交通系统内的机电设备提供可靠的电力能源，照明系统则是向乘客及工作人员提供可靠、方便、舒适的照明。学习这部分内容，就是要掌握城轨供电系统降压变电所的主接线和运行方式，了解动力照明配电与控制方式，如何确保动力照明系统稳定运行。这是本项目的主要任务，如图 4.0 所示。

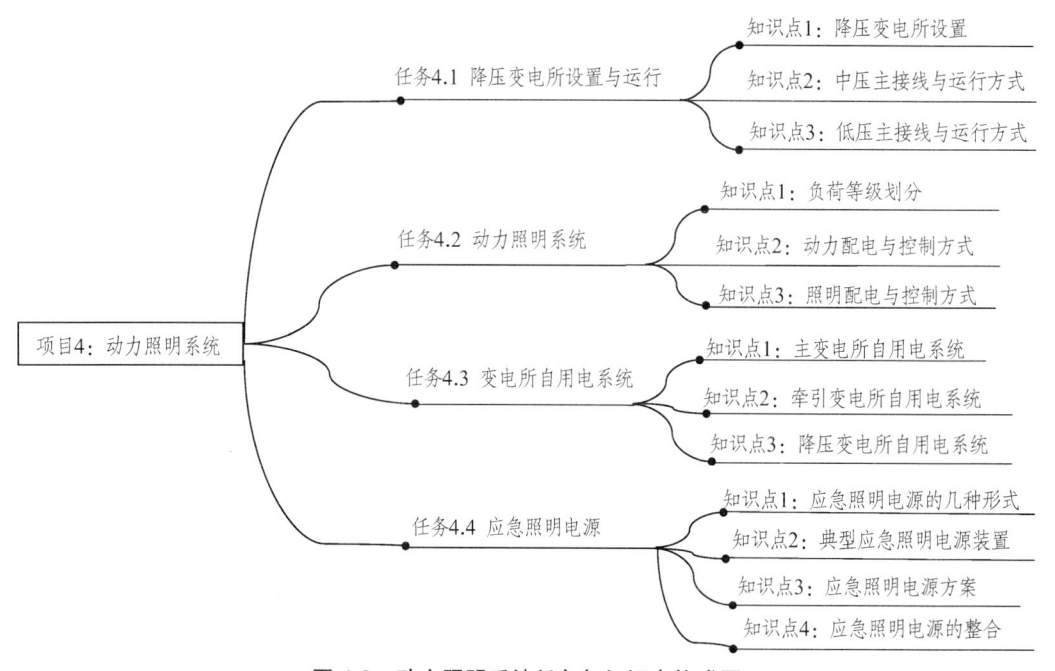

项目4：动力照明系统
- 任务4.1 降压变电所设置与运行
  - 知识点1：降压变电所设置
  - 知识点2：中压主接线与运行方式
  - 知识点3：低压主接线与运行方式
- 任务4.2 动力照明系统
  - 知识点1：负荷等级划分
  - 知识点2：动力配电与控制方式
  - 知识点3：照明配电与控制方式
- 任务4.3 变电所自用电系统
  - 知识点1：主变电所自用电系统
  - 知识点2：牵引变电所自用电系统
  - 知识点3：降压变电所自用电系统
- 任务4.4 应急照明电源
  - 知识点1：应急照明电源的几种形式
  - 知识点2：典型应急照明电源装置
  - 知识点3：应急照明电源方案
  - 知识点4：应急照明电源的整合

图 4.0 动力照明系统任务与知识点构成图

任务 4.1 降压变电所设置与运行

任务导读

降压变电所将中压电能转换为低压电能，向车站、区间、车辆段（停车场）、控制中心所有低压用电负荷提供电源，为城市轨道交通运营安全、行车安全、防灾安全以及应急处理等提供动力照明供电的保障。降压变电所有哪些类型？降压变电所采用何种主接线形式和运行方式？通过本任务的学习，可以了解这方面的知识，解答这些问题。

【学习目标】

1. 知识目标

（1）掌握降压变电所的作用。
（2）了解降压变电所的类型。
（3）熟悉降压变电所的设置和布点原则。
（4）掌握降压变电所中压主接线与运行方式。
（5）掌握降压变电所低压主接线与运行方式。

2. 能力目标

（1）能根据接线图区分降压变电所类型。
（2）会按构筑物描述降压变电所的布点与选址。
（3）会根据接线图分析降压变电所主接线形式并说明其运行方式。

3. 素养目标

（1）养成系统思维意识。
（2）树立安全责任意识。
（3）养成求真务实的科学精神。

【任务描述】

阅读图4.1.1某牵引降压混合变电所主接线图，分析图中降压变电所的中压主接线为哪种接线形式？简述中压主接线运行方式。低压主接线为哪种接线形式？简述低压主接线运行方式。

【任务分析】

任务中已明确该降压变电所的类型，要分析图中降压变电所的中压主接线形式，首先要了解中压主接线的形式有哪些，并熟悉不同接线方式下的运行方式，然后找到图中降压变电所中压主接线的位置，分析其属于哪一种接线方式并说明其运行方式。通过学习降压变电所中压主接线及运行方式等知识，即可完成这一读图与分析任务。

【基本知识】

知识点1：降压变电所设置

降压变电所的位置应靠近负荷中心，考虑电缆进出方便与设备运输方便，同时还应综合考虑低压用电负荷的分布与大小以及车站规模等来合理确定车站降压变电所的数量及位置。区间是否设置跟随式降压变电所，取决于直供低压电源电缆和跟随式降压变电所的经济技术比较。本知识点详细介绍了降压变电所设置的有关具体要求。

（一）降压变电所的类型

降压变电所有独立式、混合式和跟随式三种类型。

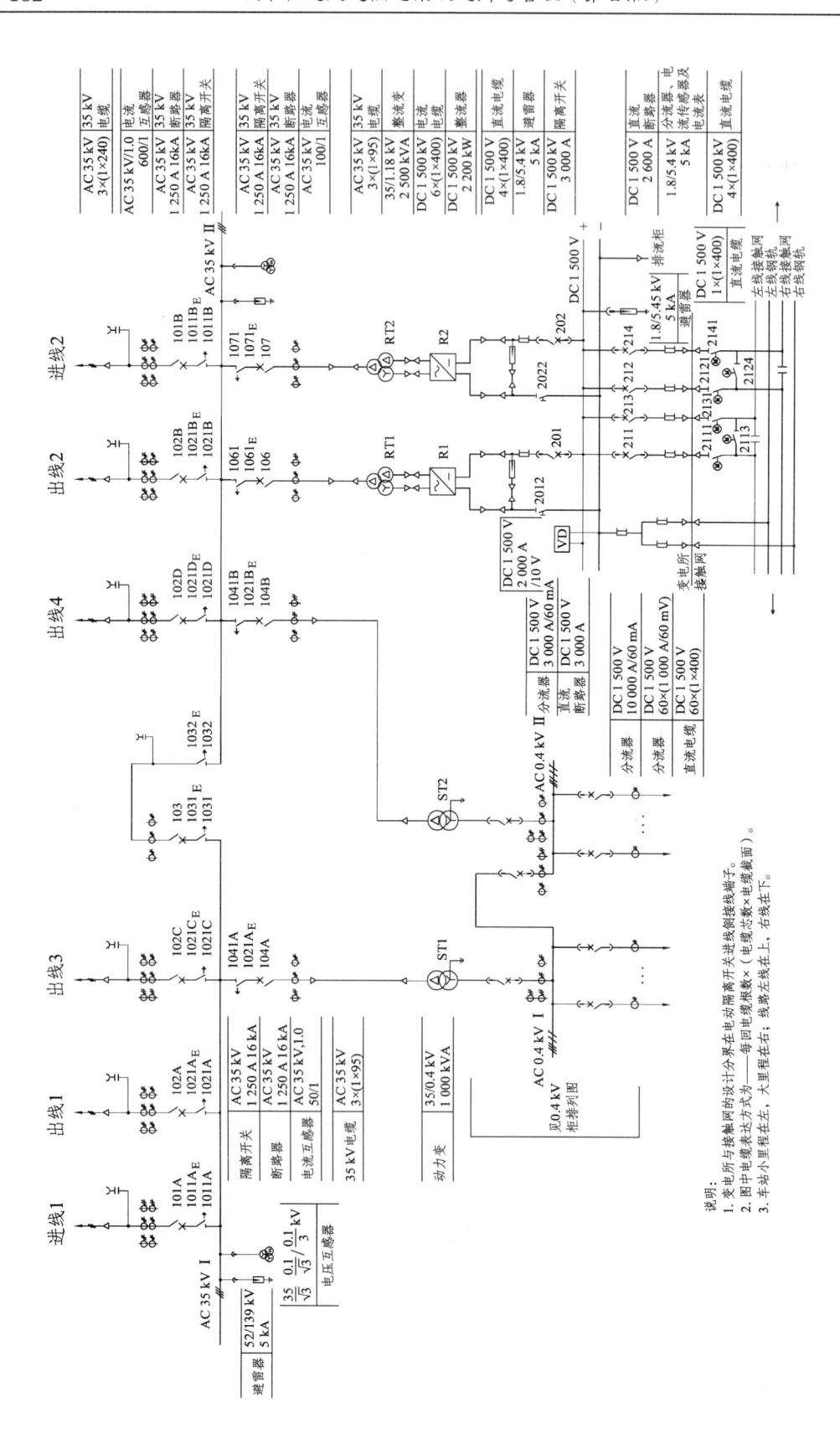

图 4.1.1 某牵引降压混合变电所主接线图

对于独立式和混合式降压变电所，采用分段单母线中压接线形式。两台配电变压器分别接在不同母线上，分列运行。跟随式降压变电所一般在有换乘或折返的车站或动力与照明负荷较大的车站，为减少低压配电线路电缆的敷设数量与损耗，除在车站 A 端设置降压变电所外，还在车站 B 端考虑设置一座变电所，该所进线电源引自 A 端的降压变电所，负责车站 B 端（包括站内和临近区间）电气设备的供电。设在 B 端的这座变电所通常称为跟随式降压变电所。

降压变电所电源应有两个独立的引入电源。主接线的确定和动力照明配电系统、降压变电所本身运行的可靠性、灵活性和经济性密切相关，并且对动力照明配电系统设备选择、设备布置、继电保护配置和控制方式设置有较大影响。

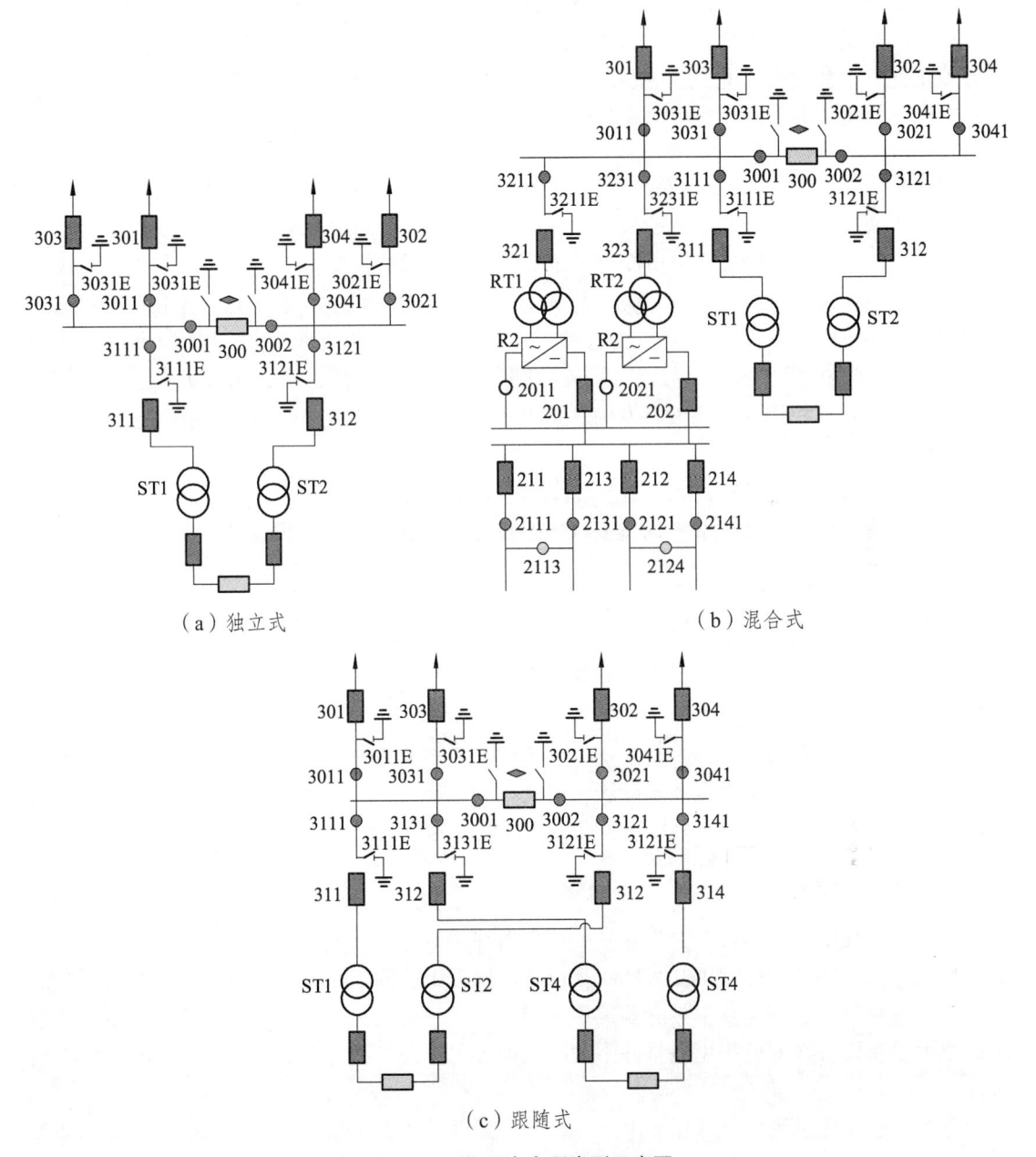

（a）独立式　　（b）混合式

（c）跟随式

图 4.1.2　降压变电所类型示意图

（二）降压变电所的布点

需要设置降压变电所的场所有车站、区间、车辆段（停车场）、控制中心大楼等，其数量取决于低压用电负荷的分布与大小、车站规模与综合经济指标等。按构筑物形式不同，有与车站合建式、单建式、箱式三种类型。在满足各种用电负荷供电要求的情况下，同一个车站内，降压变电所与牵引变电所应合建。车辆段降压变电所应尽量与牵引变电所合建。

降压变电所的位置应综合考虑以下因素：① 接近负荷中心；② 进出线方便；③ 设置吊装、运输方便；④ 不应设在有剧烈振动的场所；⑤ 不宜设在多尘、水雾（如大型冷却塔）或有腐蚀性气体的场所，如无法远离时，不应设在污染源的下风侧；⑥ 不应设在厕所、浴室或其他经常积水场所的正下方或邻近；⑦ 不应设在爆炸危险场所内和不宜设在有火灾危险场所的正上方或正下方；⑧ 降压变电所为独立建筑物时，不宜设在地势低洼和可能积水的场所；⑨ 车站存在牵引变电所时，降压变电所应与牵引变电所合建。

1. 车站

地面或高架车站由于建筑规模较小，通风空调系统用电量大幅减少，用电负荷比地下车站小了许多，设置一座降压变电所即可满足低压用电负荷的需要。

地下车站的土建造价较高，设置降压变电所时，应充分注意到这一点。当地下车站长度不超过 200 m 时，可设置一座降压变电所。由于车站两端均设有配电室，照明末端配线距离相对较短，设两座降压变电所的优势得不到发挥。对于动力负荷，其中 70%以上是环控设备，每个地下车站在环控用房区均设有专为环控设备供电的环控电控室，这也替代了设两座变电所深入配电负荷中心的优势。

当地下车站建筑规模较大时，如车站长度为 230 m 或建筑面积达 10 000 m^2 以上，且低压用电负荷分布较均匀，基于节省低压配电线路投资及能耗，可以考虑设置一座降压变电所和一座跟随式降压变电所。

2. 车辆段（停车场）

车辆段（停车场）占地规模大，设置了综合维修基地以及综合办公楼等，总的低压用电量比车站大，且用电负荷分散。

一般设置两座降压变电所，其中一座与车辆段牵引变电所合建，主要为办公区、信号楼等提供低压电源。另一座为跟随式降压变电所，为维修车间、停车库及邻近场所提供低压电源。如确实需要，也可以设置更多降压变电所，但应充分论证。

3. 控制中心大楼

在实际工程中，控制中心大楼除具有调度指挥功能外，一般具有办公功能，其中办公建筑面积还会占大部分。控制中心大厅及其设备区服务于线路、车站、车辆段、停车场等全部场所的运营与管理，在运营中具有非常重要的地位，它对电源安全性和可靠性要求很高。控制中心大厅及设备区的低压用电量并不大，但如考虑办公等其他功能需求，低压用电量将增大许多。

控制中心大楼设置一个降压变电所，可以满足低压用电负荷的需要。考虑到办公等功能的用电需要，配电变压器容量要适当增容。控制中心降压变电所不宜与正线降压变电所合建，目的在于充分保障控制中心供电的独立性、安全性和可靠性。

4. 区间

一般情况下，区间不设置降压变电所。隧道区间低压用电负荷主要为检修电源、照明、风机、排水泵。地面区间低压用电负荷只有检修电源和照明。这些低压用电负荷可以由邻近车站降压变电所直接供电。

个别地下区间安装了大容量风机，或长大区间安装了排水泵等，这种情况下经综合比选，可考虑设置区间跟随式降压变电所。

（三）降压变电所的选址

地上车站、地下车站以及区间均可以设置降压变电所，但往往受车站建筑规模和用地规划的制约。降压变电所的选址应结合具体条件和低压配电系统自身需求，选择合理的位置。在有牵引变电所的车站，降压变电所应与牵引变电所合建。

1. 正线

① 地面（高架）车站降压变电所。

降压变电所应与车站合建。地面/高架车站低压用电负荷分布均匀，可以设置在车站的任一端头。对于地面车站，设备机房一般设置在站台层，便于设备运输。对于高架车站，根据车站建筑功能布局，设备机房可设置在站台层或站厅层，应注意便于设备运输和电缆敷设。

② 地下车站降压变电所。

降压变电所应与车站合建。地下车站低压用电负荷分布均匀时，可以设置在车站的任一端头。设备机房一般设置在站台层，便于设备运输。

地下车站低压用电负荷分布非常不均匀时，降压变电所应设置在低压用电负荷较重的一端。

③ 地下区间降压变电所。

安装了机械通风、排水泵等设备的长大区间，当由邻近车站降压变电所提供低压电源不经济时，可以设置跟随式降压变电所。

降压变电所可以傍建在区间风道外侧，有条件时也可以利用盾构竖井。

2. 车辆段（停车场）

车辆段（停车场）有停车列检库、月修库、运用库、架修库等维修车间及办公设施。牵引变电所一般靠近场区，离办公区较近，降压变电所可以和牵引变电所合建，为办公区、信号楼等提供低压电源。

其他降压变电所应靠近生产维修用电的负荷中心，并与车间附属用房合建。

3. 控制中心

降压变电所可设置在控制中心大楼地下一层或地上某一层，具体位置要有利于电缆敷设和设备运输。

知识点2：中压主接线与运行方式

降压变电所中压主接线由交流中压开关设备、配电变压器、交流低压开关设备等几部分组成。主接线形式与降压变电所的位置、中压网络构成形式、运行方式及服务对象有关，应满足可靠性、灵活性和经济性的基本要求。

降压变电所电源应有两个独立的引入电源。主接线的可靠性包括一次部分和相应二次部分的综合可靠性，其很大程度取决于设备的可靠性，采用可靠性高的电气设备可以简化接线。当开关故障或检修、单段母线故障或检修时，不应影响一级负荷的供电连续性。

（一）中压主接线形式

中压主接线一般为分段单母线，根据系统运行需要，可设或不设母线分段开关。跟随式降压变电所一般采用线路-变压器组接线。单台配电变压器正常负载率宜在70%左右，并应满足本降压变电所一、二级低压负荷的用电要求。

1. 分段单母线接线（设母线分段开关）

降压变电所中压电源侧为分段单母线，设母线分段开关，母线分段开关可手动和自动操作。降压变电所两段母线上各设一台配电变压器，其接线组别采用DYn11，如图4.1.3所示。

中压部分包括中压开关、中压隔离手车、电压互感器、电流互感器和微机综合测控保护装置等主要设备。

中压开关：进线、联络、馈出以及分段开关可采用真空断路器，利于继电保护设置和提高运行方式灵活性。进线、联络以及分段开关也可以采用负荷开关，应注意负荷开关的短时耐流能力不得小于开关下口的短路容量，存在弊端是由于无法设置继电保护，对系统及时恢复送电有一定影响。馈出开关也可以采用负荷开关配熔断器的组合电器。

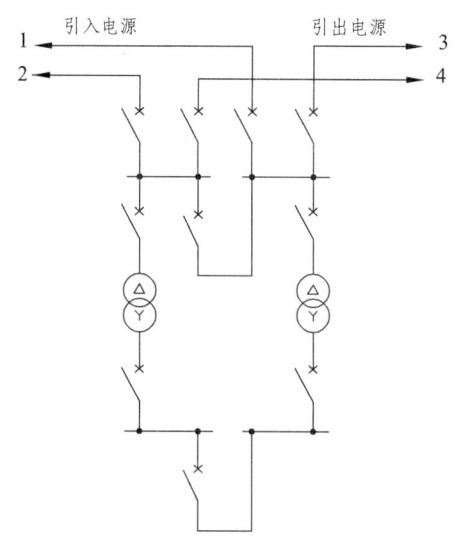

图4.1.3 分段单母线接线示意图（设母线分段开关）

中压隔离手车：母线分段开关连接两段母线时，由于制造工艺的需要，隔离手车起母线转换作用。

电压互感器：主要为测量（计量）与联锁提供电压信号。

微机综合测控保护装置：集保护、控制、联锁、测量为一体的综合装置，配有与变电所综合自动化系统连接的通信接口，是变电所综合自动化系统的基础设备。

2. 分段单母线接线（不设母线分段开关）

降压变电所中压电源侧为分段单母线，不设母线分段开关。降压变电所在两段母线上各设一台配电变压器，变压器接线组别采用 DYn11，如图 4.1.4 所示。

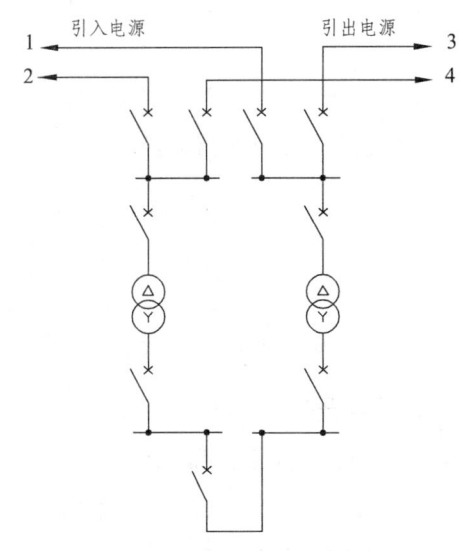

图 4.1.4　分段单母线接线示意图（不设母线分段开关）

中压部分包括中压开关、电压互感器、电流互感器和微机综合测控保护装置等主要设备。除无母线分段开关外，其余设备配置参见设置母线分段开关接线。

城轨供电系统的中压网络一般为单环网、双环网结构形式，也有采用放射式结构形式的，以保证降压变电所两个独立电源进线的要求。单台配电变压器容量应满足降压变电所全部一、二级用电负荷的用电要求，当只有单台配电变压器运行时，对车站、区间、控制中心以及车辆段、停车场的正常运营不应构成影响。母线分段开关在技术上没有设置的必要性，取消母线分段开关，可以节省供电系统投资，但中压网络运行方式略欠灵活。

此类主接线形式应用较为广泛。

3. 线路-变压器组接线

线路-变压器组接线是由带熔断器的负荷开关（或断路器）和配电变压器组成。此接线形式一般用在跟随式降压变电所，如图 4.1.5 所示。

中压部分包括中压负荷开关、熔断器等主要设备。

① 中压负荷开关：可以带负荷操作，但不能切除故障，应注意负荷开关的短时耐流能力不得小于开关下口的短路容量。

② 熔断器：与负荷开关配合，切除故障。

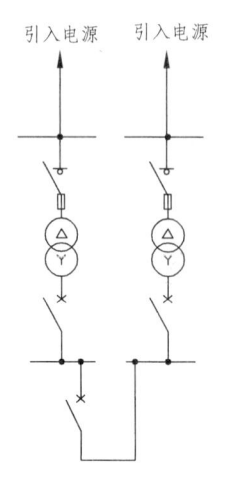

图 4.1.5 线路-变压器组接线示意图

(二)中压主接线运行方式

正常运行时,两个独立的进线电源同时供电,两台变压器分列运行,负载率应尽量接近。下面仅分析中压主接线在各种非正常情况下的运行方式。

1. 分段单母线接线(设母线分段开关)

分段单母线接线(设母线分段开关)如图 4.1.6 所示。

一个进线电源 QF1(QF2)失电退出后运行方式一:根据低压负荷情况,自动或手动切除三级负荷,另一台配电变压器 TM2(TM1)承担本降压变电所全部一、二级负荷的正常用电。

一个进线电源 QF1(QF2)失电退出后运行方式二:分段开关 QF5 投入运行,由另一个进线电源 QF2(QF1)向本降压变电所的两段母线供电。

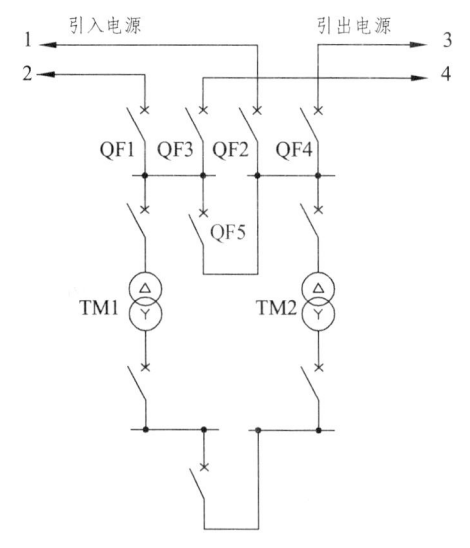

图 4.1.6 分段单母线接线示意图(设母线分段开关)

当进线开关断电检修而不能影响两段母线运行时,可以采用短时间的合环运行方式。正常运行时,合环转换开关置于退出位。在合环工作状态时,合环转换开关置于合环选跳位,合环选跳任一进线开关或母线分段开关。

两个进线电源 QF1、QF2 失电退出后,通过调度命令进行倒闸操作,由相邻变电所反向提供中压电源 QF3、QF4。采用这种方式时,倒闸操作需要一定的时间。在倒闸期间,本降压变电所暂时退出,对线路运营有短时间的影响。

当一段母线退出后,闭锁分段开关 QF5 的投入功能,分段开关不投入运行,另一段母线继续运行。根据低压负荷的使用情况,自动或手动切除三级负荷,另一段母线上的配电变压器承担本降压变电所全部一、二级负荷的正常用电。

当一台配电变压器 TM1(TM2)退出后,根据低压负荷情况,自动或手动切除三级负荷,另一台配电变压器 TM2(TM1)承担本降压变电所全部一、二级负荷的正常用电。

当两段母线或两台配电变压器同时退出后,本降压变电所退出运行。

2. 分段单母线接线(不设母线分段开关)

分段单母线接线(不设母线分段开关)如图 4.1.7 所示。

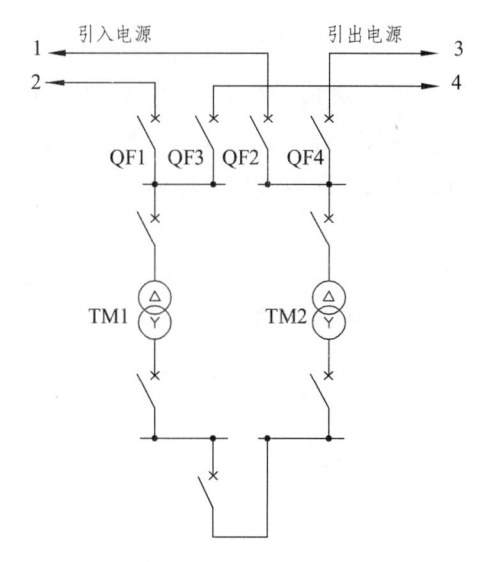

图 4.1.7　分段单母线接线示意图(不设母线分段开关)

一个进线电源 QF1(QF2)失电退出后运行方式一:根据低压负荷情况,自动或手动切除三级负荷,另一台配电变压器 TM2(TM1)承担本降压变电所全部一、二级负荷的正常用电。

一个进线电源 QF1(QF2)失电退出后运行方式二:通过调度命令进行倒闸操作,由相邻变电所反向提供中压电源 QF3(QF4)。采用这种方式时,倒闸操作需要一定时间。在倒闸期间,本降压变电所的全部一、二级负荷由另一段母线上的配电变压器承担。

当一段母线或配电变压器 TM1(TM2)退出后,运行方式和设置母线分段开关的分段单母线接线相同。

两个进线电源 QF1、QF2 失电退出后,通过调度命令进行倒闸操作,由相邻变电所反向提供中压电源的 QF3、QF4。采用这种方式时,倒闸操作需要一定时间。在倒闸期间,本降压变电所暂时退出,对线路运营有短时间的影响。

当两段母线或两台配电变压器同时退出后,本降压变电所退出运行。

3. 线路-变压器组接线

当一个进线电源失电或一台配电变压器退出后,根据低压负荷的使用情况,自动或手动切除三级负荷,本段的配电变压器容量满足本降压变电所全部一、二级负荷的正常用电需要。

当两进线电源或两台配电变压器同时退出后,本降压变电所退出运行。

知识点3：低压主接线与运行方式

低压主接线直接服务于低压用户,低压用户中存在大量的一、二级负荷,其中包含应急照明等特别重要负荷,所以低压主接线采用分段单母线(设母线分段断路器)形式。单台配电变压器容量应满足本降压变电所供电范围内一、二级负荷的用电要求。因近、远期低压用电负荷容量变化可能较大,应充分考虑系统的增容与扩展性。

(一) 低压主接线形式

0.4 kV 配电系统直接面向车站、区间的低压用户,从用电设备负荷分类来讲,一、二级负荷占绝大多数,对低压电源的可靠性要求高。主变电所、电源开闭所、中压网络等输变电环节采取了一系列措施以提高供电系统的可靠性,在 0.4 kV 配电系统这一环节采用分段单母线接线,设母线分段开关,如图 4.1.8 所示。

两段低压母线上的负荷应尽量均衡分配,与配电变压器安装容量相匹配。

采用低压集中补偿,0.4 kV 低压母线设电力电容器组,电容器通过无功功率补偿控制器进行分组循环投切。

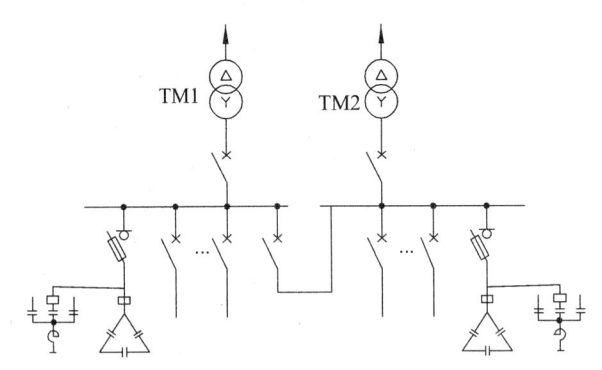

图 4.1.8 低压主接线示意图

(二) 低压主接线运行方式

正常运行时,两个独立的低压进线电源同时供电,两段母线分列运行。

当一个低压进线电源失压时,进线开关与母线分段开关可以采用"自投自复、自投手复、手投手复"等投入方式。

1. 自投自复运行方式

当一个低压进线电源失压延时跳闸时，母线分段开关自动投入，另一个低压进线电源向两段母线供电。该低压进线电源来电时，母线分段开关自动分闸，该低压进线开关自动合闸，恢复正常运行方式。该方式属于常用的一种运行方式。

2. 自投手复运行方式

当一个低压进线电源失压延时跳闸时，母线分段开关自动投入，另一个低压进线电源向两段母线供电。该低压进线电源来电时，母线分段开关手动分闸，该低压进线开关手动合闸，恢复正常运行方式。

3. 手投手复运行方式

当一个低压进线电源失压延时跳闸时，母线分段开关手动投入，另一个低压进线电源向两段母线供电。该低压进线电源来电时，母线分段开关手动分闸，该低压进线开关手动合闸，恢复正常运行方式。

以上三种控制方式，均满足两个进线开关与母线开关之间"三合二"联锁，即在任何情况下，两个进线开关和母线分段开关中，只允许有两个开关在合闸状态，另一个开关在分闸状态。

（三）上下级开关保护的选择性

降压变电所 0.4 kV 低压开关柜的馈出开关和下一级开关是否考虑保护的选择性，取决于低压配电形式和低压负荷重要性。

1. 低压配电形式

低压配电常用形式：树干式配电、放射式配电与链式配电。

① 树干式配电形式。

在正常环境的场所内，当大部分用电设备为中小容量且无特殊要求时，可以采用树干式配电形式，如图 4.1.9 所示。

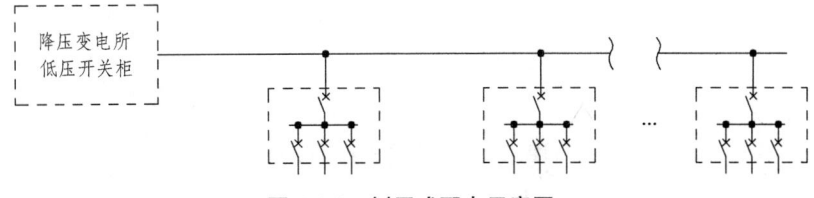

图 4.1.9 树干式配电示意图

树干式配电形式的配电级数较多，某级发生故障时，可能会引起降压变电所 0.4 kV 低压开关柜馈出开关越级跳闸，从而影响了其他设备的正常用电，降低了配电系统的可靠性和安全性。

降压变电所 0.4 kV 低压开关柜馈出开关故障退出，导致低压负荷断电时，如果对运行安全构成一定危害或严重影响服务水平，则降压变电所 0.4 kV 低压开关柜馈出开关与下一级电源开关之间应具有保护选择性，上下级开关应采用断路器或负荷开关加熔断器等具有保护选择性的电气元件。上下级开关保护具有选择性，同时满足了迅速查找故障点、及时维修和恢复送电的管理要求。

否则，基于经济上的考虑，可不考虑上下级开关保护的选择性，以减少配电干线的截面，节省铜材，降低开关与配电线路的整体造价。

② 放射式配电形式。

当用电设备为大容量，或负荷性质重要，或在有特殊要求的场所内，可采用放射式配电形式，如图 4.1.10 所示。

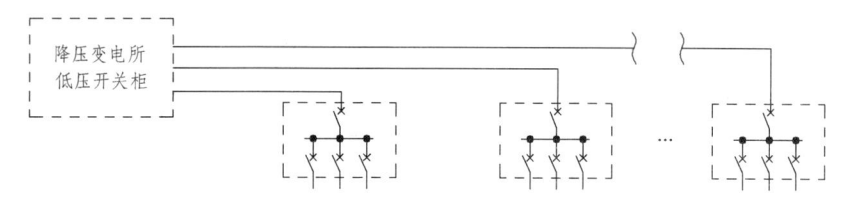

图 4.1.10　放射式配电示意图

放射式配电形式属于降压变电所 0.4 kV 低压开关柜馈出开关与下级电源开关之间一对一的电源关系，可以不考虑彼此之间的保护选择性。当发生越级跳闸时，其后果与避免越级跳闸是相同的，都面临用电设备退出、断电维修等问题。

当降压变电所 0.4 kV 低压开关柜馈出开关跳闸时，断开下一级电源开关后，合闸 0.4 kV 低压开关柜馈出开关，如果 0.4 kV 低压开关柜馈出开关再次跳闸，一般可以判断为故障点发生在 0.4 kV 低压开关柜馈出电缆上。如果 0.4 kV 低压开关柜馈出开关没有跳闸，故障点一定发生在下一级配电系统中。利用电力监控系统或低压电能管理系统，很容易实现远方判断故障功能。

③ 链式配电形式。

对距降压变电所较远，而彼此相距很近、容量很小的次要用电设备，可采用链式配电形式，如图 4.1.11 所示。

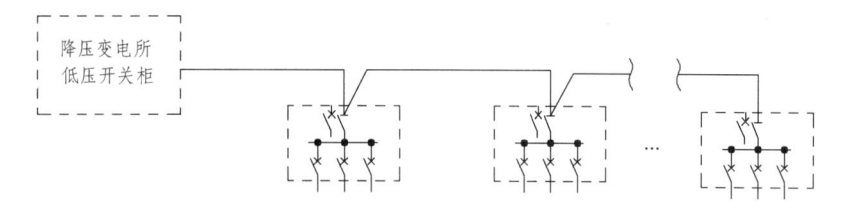

图 4.1.11　链式配电示意图

链式配电形式的配电级数较多，某级发生故障时（末级除外），将影响其后面链接设备的正常用电。基于链式配电形式的应用范围，可不考虑上下级开关保护的选择性。

2. 传统的选择性方案

降压变电所 0.4 kV 低压开关柜馈出开关保护和下一级电源开关保护之间的选择性涉及动力照明配电系统的形式及运营管理要求等。实现上下级开关保护选择性的条件：上下级保护装置均具有保护选择性，且保护曲线基本吻合。上级开关保护定值一般为下级开关保护定值的 1~3 倍，准确的保护定值应根据具体选用的产品而定。

降压变电所 0.4 kV 低压开关柜馈出开关长延时脱扣电流应小于馈出电缆允许的持续电流，避免馈出电缆过负荷运行。电缆长期过负荷运行容易导致电缆加速老化，缩短使用寿命，严重时会因电缆外皮过热而造成电气火灾。此时，降压变电所 0.4 kV 低压开关柜馈出开关的额定电流已经不受下级低压负荷电流大小的制约，因与下级电源开关的级联关系，其额定电流已经提高，相应地必须加大馈出电缆的截面。所以，由于保护选择性的设置，将出现小负荷、大容量开关、大截面电缆的现象，造成资金严重浪费。

3. 新型的选择性方案

随着现代电器制造技术的发展，断路器的不断更新，保护选择性技术的不断改进，推出了各种保护选择性技术。

① 逻辑选择性。

上、下级开关之间设置逻辑联锁，当下级开关保护区发生故障，故障电流大于脱扣整定值时，给上级开关发出逻辑等待命令，使上级脱扣延时跳闸而下级开关立即脱扣跳闸，切除故障。当上级开关保护区内发生故障时，不会接收到等待命令，开关立即跳闸，迅速切除故障，保证了各级间保护的选择性。

② 能量选择性。

当故障电流均超过上、下级脱扣器的整定电流时，开关同时动作，但开关设了能反映短路电流能量的脱扣器，而且下级开关的额定电流小于上级断路器，启动下级开关脱扣器所需能量也小于上级开关。下级开关下口故障时，上、下级开关同时检测到故障电流，上级开关产生的能量使脱扣器动作所需时间大于下级开关，上级开关保持短时闭合，下级开关先行跳闸，上、下级开关的保护选择性得到了配合。

【任务实施】

第一步：分析中压主接线和低压主接线形式

阅读图 4.1.1，可以得知该降压变电所类型为牵引降压混合所，通过图中标识有 AC 35 kV 和 AC 0.4 kV 母线的位置确定降压变电所的中压电源侧和低压侧并分析其主接线形式。35 kV 中压电源侧采用分段单母线接线形式，中间设母联断路器 103，所以中压主接线形式为分段单母线接线（设母线分段开关）的接线形式。0.4 kV 低压侧采用分段单母线接线形式，中间设母线分段开关，所以低压侧主接线形式为分段单母线接线（设母线分段开关）的接线形式。

第二步：分析中压主接线的运行方式

正常运行时，母线分段开关打开，两个独立的进线电源同时供电，两台变压器分列运行。非正常情况下的运行方式，包括一个进线电源失电、两个进线电源失电、一段母线退出、一台配电变压器退出、两段母线或两台配电变压器同时退出等情况，详见知识点二。

第三步：分析低压主接线的运行方式

正常运行时，两个独立的低压进线电源同时供电，两段母线分列运行。当一个低压进线电源失压时,进线开关与母线分段开关可以采用"自投自复、自投手复、手投手复"等投入方式。详见知识点三。

【任务小结】

请简要小结本任务的学习要点、难点与困惑,写在下面的横线上!

_____

_____

_____

_____

_____

【格言语录】

"预防是解决危机的最好方法。"——迈克尔·里杰斯特(英国)

当你面对企业的面试时,为什么会感到焦虑呢?因为要去面试前才发现自己的就业推荐表没有亮点,学业成绩排名靠后,其他方面也无特长或优势。结果投了几家企业都无音信。古人云"人无远虑,必有近忧。"如果一开始就想到这一点,自进大学校门开始就努力,即使明天面试,又何足虑哉。居安思危,未雨绸缪,提前预防,危机就会化解于无形之中,也就会少了很多近忧。

【拓展知识】

成都地铁 1 号线南延线动力与照明系统设计

成都地铁 1 号线南延线工程 5 座车站分别为科技园站(车站总长度约为 194.3 m,地下一层侧式站台)、锦江站(车站总长度约为 212.2 m,地下二层岛式站台)、华阳北站(车站总长度约为 483.0 m,地下二层岛式站台)、华阳站(车站总长度约为 181.5 m,地下二层岛式站台)、广都北站(车站总长度约为 348.5 m,地下二层岛式站台)。

以上车站中,科技园站、锦江站、华阳站车站长度均在 200 m 左右,华阳北站车站总长度约为 483.0 m,但车站主体段长 188 m,配线段长 295 m,配线段无大容量负荷。广都北站车站总长度约为 348.5 m,但有效站台长度也仅为 118 m,其余大部分为配线。

根据以上车站规模及形式,结合各站用电设备分布情况,各车站均只设置一座 35/0.4 kV 降压变电所或牵引降压混合变电所。变电所低压主接线形式为单母线分段式,并设三级负荷小母线。正常运行时,0.4 kV 母线分段断路器断开,两段低压母线分别运行。当一路电源故障失电时,该电源进线断路器跳闸,同时切除两段低压母线上的三级负荷,母线分段断路器自动投入,由一台变压器提供两段低压母线上的全部一、二级负荷用电。当恢复供电时,母线分段断路器断开,进线断路器合闸,恢复正常运行。动力与照明系统内部发生短路等电气故障时,系统自动将事故部分切除,避免造成事故扩大,减小事故影响范围。车站发生火灾时,由火灾自动报警系统直接切除降压变电所的三级负荷电源,低压主接线如图 4.1.12 所示。

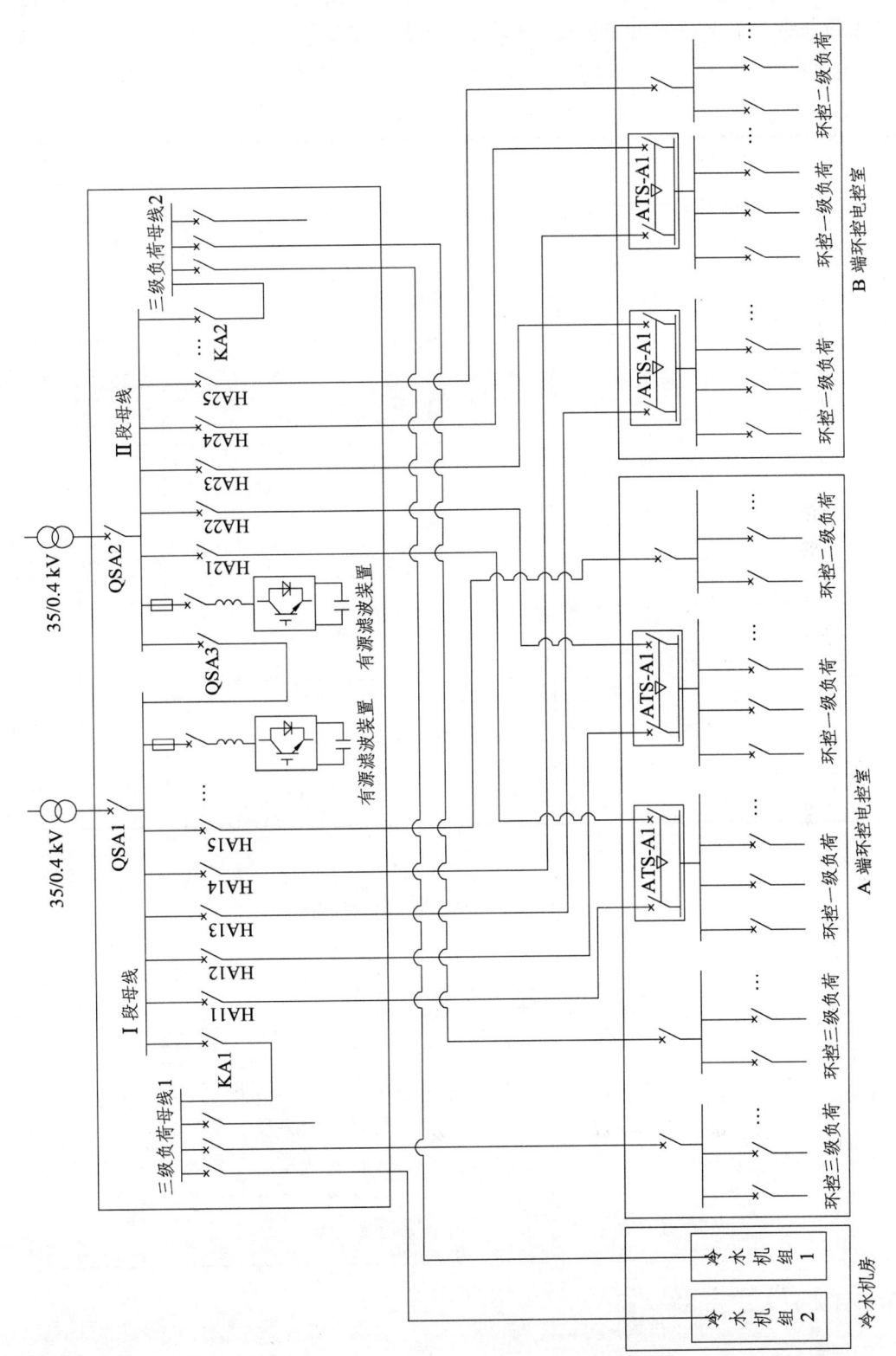

图 4.1.12 低压主接线系统图

【练习与评价】

选读某城市一条地铁线路供电图册，结合本任务所学知识，回答表 4.1.1 中的问题。

表 4.1.1　任务 4.1 完成情况评价表

序号	任务内容	完成记录	标准分	评分
1	图中共有几个主变电所？几个牵引降压混合变电所？几个降压所？几个跟随式降压变电所？		20	
2	图中降压变电所中压主接线采用了哪种接线形式？请简述该主接线形式的运行方式。		25	
3	图中降压变电所低压主接线采用了哪种形式？请简述该主接线形式的运行方式。		25	
4	跟随式降压变电所主要设在哪些地点？		10	
5	"任务小结"完成情况		20	
总体评价：	好　　较好　　一般　　较差　　差			

任务 4.2　动力照明系统

任务导读

动力及照明工程的范围是从降压变电所 400 V 低压开关柜及交直流盘馈出开始至车站、区间的动力、照明、通信、信号、屏蔽门等所有用电设备。系统负荷分为动力负荷和照明负荷。动力负荷和照明负荷应分开配电。动力照明配电系统设计应满足安全可靠、技术先进、经济合理、接线简单、操作灵活以及方便运营维护等要求。通过本任务的学习，可以明确城轨动力照明系统各类用电负荷的等级及供电电源要求，同时了解车站与区间动力配电、照明配电以及控制方式。

【学习目标】

1. 知识目标

（1）掌握动力照明负荷等级划分及供电电源要求。

（2）了解动力配电及动力控制方式。
（3）了解照明配电及照明控制方式。

2. 能力目标

（1）能区分负荷等级并说出其供电电源要求。
（2）会按负荷分级原则进行动力配电，选择控制方式。
（3）会选择照明配电及控制方式。

3. 素养目标

（1）树立安全责任意识。
（2）养成求真务实的习惯。

【任务描述】

北京地铁六号线是一条贯穿中心城区东西方向的轨道交通线，全线长约 42 km，设车站 26 座，8 辆编组。该线地理位置重要，车站动力、照明负荷容量大、供电时间长，因此优化车站动力、照明配电与控制设计对节约能源、降低投资和运营成本、方便系统维护具有重要的意义。请区分下列动力及照明负荷等级，说出对应的供配电方式，并选择合适的动力配电和照明配电供电方式。

通信系统设备、信号系统设备、火灾自动报警系统设备、气体灭火、综合监控系统设备（BAS、电力监控、OA、门禁）、自动售检票系统设备、安全门、变电所操作电源、人防集中信号显示系统、应急照明、消防用风机及其配套设备、废水泵、雨水泵、消防电梯、兼作疏散用的自动扶梯、防火卷帘门、变电所工作照明、地下站公共区正常照明、地下区间照明、普通风机、污水泵、电梯、自动扶梯、维修电源、地上站公共区照明、附属房间照明、空调制冷及水系统设备、清洁电源、电热设备、商业用电、室外照明、广告照明。

【任务分析】

区分该地铁站动力及照明负荷分级，首先应了解负荷分级及供电要求，然后根据负荷的特点确定上述负荷的等级及供配电方式。通过学习动力照明配电和控制等知识，即可完成选择合适的动力配电和照明配电方式这一分析任务。

【基本知识】

知识点 1：负荷等级划分

动力照明等用电负荷分为一级、二级、三级负荷。根据《地铁设计规范》（GB50157-2013），负荷分级应符合以下规定：

1. 一级负荷

下列负荷为一级负荷：

（1）火灾自动报警系统设备、消防水泵及消防水管电保温设备、防排烟风机及各类防火排烟阀、防火（卷帘）门、消防疏散用自动扶梯、消防电梯、应急照明、主排水泵、雨水泵、防淹门及火灾或其他灾害仍需使用的用电设备;通信系统设备、信号系统设备、综合监控系统设备、电力监控系统设备、环境与设备监控系统设备、门禁系统设备、安防设施;自动售检票设备、站台门设备、变电所操作电源、地下站厅站台等公共区照明、地下区间照明、供暖区的锅炉房设备等。

(2)火灾自动报警系统设备、环境与设备监控系统设备、专用通信系统设备、信号系统设备、变电所操作电源、地下车站及区间的应急照明为一级负荷中特别重要负荷。

一级负荷应由双电源双回路供电。当有一路电源发生故障时,另一路电源应保证对其正常供电,如站台、站厅公共区正常照明由变电所两段低压母线分别供电,各带约一半的照明负荷。一级负荷中特别重要负荷,除由双电源供电外,尚应增加应急电源,下列电源可作为应急电源:

① 蓄电池。
② 独立于正常电源的发电机组。
③ 独立于正常电源的专用供电线路。

2. 二级负荷

乘客信息系统、变电所检修电源、地上站厅站台等公共区照明、附属房间照明、普通风机、排污泵、电梯、非消防疏散用自动扶梯和自动人行道,应为二级负荷。

二级负荷宜由双电源单回路供电。变电所母线引一路电源至用电设备,电源在变电所母线处切换,供配电系统规范要求,宜由两回线供电,在负荷较小或地区供电条件困难时,可由一回 6 kV 及以上采用架空线路或电缆供电。

3. 三级负荷

区间检修设备、附属房间电源插座、车站空调制冷及水系统设备、广告照明、清洁设备、电热设备、培训及模拟系统设备等一级一、二级负荷以外的其他负荷系统应为三级负荷。

三级负荷可由一路电源供电(通常取自 0.4 kV 三级负荷母线),必要时可自动或手动切除(当电源故障或变压器检修时)。

4. 电压偏差允许值

正常运行情况下,用电设备端电压偏差允许值(以额定电压的百分数表示)应符合下列条件:

(1)动力设备,正常情况:±5%。
(2)照明设备,一般情况:±5%。
(3)区间照明,5%~10%。

知识点 2:动力配电与控制方式

动力照明系统中的动力配电系统主要是为低压设备供电。

(一)动力配电

按负荷分级原则进行配电,动力系统采用放射式的供电方式为主,部分容量较小、相对集中的二、三级负荷也可采用树干式供电，变电所内的动力与车站的分开。重要负荷，如消防、通信等专用设备采用专用的供电回路，车站同一套冷水机组及辅助设备电源应接入同一段 0.4 kV 母线。其配电设备应设有明显标志，全线同类动力设备的控制箱（柜）接线设计应统一。

（1）车站站厅层环控负荷中心附近设置环控电控室，环控设备由环控电控室集中配电。

（2）冷水机组等单机负荷，虽属三级负荷，但因为容量特别大，通常直接由降压变电所的一、二级负荷母线供电，也可取自 0.4 kV 三级负荷母线，必要时自动/手动切除。

（3）环控电控室设备宜采用智能化低压配电装置。环控配电系统的一次主要元件应力求统一，二次控制应按通用图要求设计。

（4）降压变电所及车站动力照明 0.4 kV 低压断路器额定电流选择时，应以同一回路计算电流为依据，按计算电流的 1.1～1.2 倍选择，适当考虑大容量低压断路器降容使用的因素。

（5）同一回路动力第一受电点（简称下级）低压断路器的额定电流整定值必须小于等于降压变电所内 0.4 kV 出线（简称上级）回路低压断路器的额定电流整定值。

（6）同一回路上下级配电开关应选用低压断路器，并进行设计配合；下级配电回路若仅起隔离作用时，可选用负荷开关。

（7）若下级配电使用负荷开关（或熔断器），则其后一级的配电必须是能够与之相配合的低压断路器。

（8）在车站站台端部左右线洞口处应各设一个区间检修电源配电箱，便于进出隧道时控制检修电源的分合。

（9）环控电控室内成排布置的低压柜，其长度超过 7 m 时，柜后的通道应设两个出口，并应布置在通道的两端。当两个出口之间的距离超过 15 m 时，应增加一个中间出口。

（10）成排布置的低压配电柜，其柜前柜后的通道最小宽度应不小于下表所列数据。

（11）车站公共区应每隔 30 m 左右设置供清扫机械等使用的单相电源插座。

（12）在发生火灾时，应在变电所或动力配电箱按 FAS（防灾报警系统）要求切除与消防电源无关的馈线回路。

（13）区间动力配电以区间中心线为界，由相邻就近的车站降压变电所给车站左右各半个区间内动力负荷供电。如长距离隧道设有区间风井及风井降压变电所，可以考虑由就近的风井降压变电所供电。

（14）道岔附近、区间每隔 100 m 左右设一动力插座箱，供区间维修用电，容量为 15 kW，每路仅考虑一组使用，插座箱应设漏电开关保护，防护等级为：IP55。

（15）位于区间风机、车站排热风机房内的配电控制箱及电线电缆应满足该处环境的特殊要求。

（16）区间废水泵、雨水泵、防淹门和射流风机为一级负荷，由降压变电所两段母线各提供一路电源，末端自切。

（17）区间应杂散电流专业要求，区间线路两侧每隔 250 m 左右设杂散电流监测电源箱一处，电源由检修插座箱内引出，电源 T 接自检修插座箱。如有通信专业要求，在区间的光纤直放站和区间中继器需设置电源，电源引至通信电源配电箱的上端头，并满足接地要求。

（二）动力控制方式

（1）根据各专业工艺要求选择对动力设备的控制方式，可采用就地控制、距离控制和自动控制。同类环控设备的控制原理及接线应全线统一。

（2）自动控制应采用可编程控制器（PLC）完成。

（3）车站动力设备的启动要求应满足规范规定；当单机容量较大（$\geqslant 55\text{ kW}$），启动时产生电压降影响其他供电负荷时，应采用软启动方式。

（4）区间动力设备以直接启动为主，直接启动的压降影响其他设备运行时，应采用软启动方式或其他补偿措施。

（5）车站内设有多台事故风机时，应考虑事故风机的错时启动。

（6）环控设备中回排风机、组合式空调箱及排热风机等应结合工艺要求采用变频控制、车站内电扶梯采用变频控制。

（7）车站冷水机组、冷冻水泵、冷却水泵及冷却塔等应结合工艺要求采用变流量智能控制技术进行控制。

（8）车站控制室或防灾报警室内应设置消防设备的直接启动装置。

（9）根据各专业工艺特点及控制要求预留与 BAS（环境与设备监控系统）、FAS 系统的接口。

（10）低压配电柜至单、双电源动力配电箱之间采用电缆配电。动力配电箱至用电设备间采用绝缘导线配电（特殊情况除外）。低压配电柜采用上出线时，从柜顶部到电缆桥架部分应采用金属槽保护。

（11）车站站台、站厅公共区，在适当位置设置插座箱（公共区要加锁防护），容量不小于 2 kW。车站管理及设备用房墙上设置至少 2 个单相两孔、三孔组合插座，插座回路电流不超过 16 A，其配电回路应设置漏电保护，电源可从房屋照明配电箱接引。

（12）站厅至站台的自动扶梯由动力照明专业设双电源切换电源箱，其余的自动扶梯设单电源箱，电源箱均应就近设置。

（13）垂直电梯由动力照明专业根据需要设双电源切换电源箱，电源箱位置应与土建专业配合，以土建专业所提资料为准。

（14）消防泵、喷淋泵专用消防设备的控制线应引至车站综合控制室 IBP 屏，由 FAS 专业设手动直接控制装置，控制线芯数预留 25% 的备用芯。

（15）环控设备由环控电控室集中供电（特大负荷可直接由降压变电所直配），如需系统控制的排风机配电回路需设接触器和热元件一对一供电，不需系统控制的排风机配电回路不需设接触器和热元件。远离配电箱的设备按实际情况考虑设就地手操箱控制。

（16）车站配电控制应满足建筑物的防火分区划分要求，火灾时按防火分区切除非消防电源。配电箱进、出线断路器应设分立元件及辅助触点，并为 FAS 系统提供接线端子。

（17）区间废水泵房、雨水泵设就地、远程（BAS）和水位自动控制。

（18）区间射流风机设就地、远程（BAS）和水位自动控制，自动控制宜采用可编程控制器 PLC 完成。

（19）各级断路器根据需要设瞬时速断（短延时速断）、过载长延时及接地保护，插座（箱）及移动式等用电设备设漏电保护。

知识点3：照明配电与控制方式

动力照明系统中的照明配电系统主要是为地铁车站及区间内各类照明设备配电，以保证车站及区间的正常照明。

1. 照明配电

照明系统采用放射式和树干式相结合的供电方式，以树干式供电方式为主，站台、站厅公共区照明和变电所工作照明的一级负荷供电采用两段不同母线交叉供电方式。应急照明、疏散诱导照明正常供电时为双电源自动切换交流供电，当双电源失电后，由EPS交流供电，其容量必须满足90分钟供电需要。EPS装置一般设在车站两端，其中一端设在变电所内。新线直流自用电系统的电池容量包含应急照明EPS的容量。变电所与车站应急照明分开设置，站台、站厅两端各设一照明配电室，作为照明配电和控制用。在配电柜、配电箱处留有适当数量的备用回路，一般为总回路的25%预留。

（1）车站照明设计应选择节能型光源及高效灯具，合理选择照明方式和控制方式，照明标准应符合现行国家标准GB/T16275《城市轨道交通照明》的规定。

（2）车站照明包括站台站厅一般照明、设备房与管理房照明、标志照明、应急照明（备用照明、疏散照明）、出入口照明、广告照明、安全照明及区间照明等。

（3）变电所、配电室、站长室、车站控制室、消防泵房、环控电控室、通信机房、信号机房等火灾时需要继续工作的房间备用照明照度应不低于正常照明照度值的50%。

（4）车站公共区照明宜由站厅、站台二端照明配电室内的配电装置按照供电范围及照明种类要求分回路供电。

（5）站厅、站台、出入口、换乘通道、车站附属房间等照明配电回路应分别设置，车站导向照明由照明配电总箱的专用回路供电。

（6）以照明等单相负荷为主的低压配电线路，中性线截面不应小于电流最大一相导线的截面，同时应考虑谐波电流的影响。

（7）变电所电缆夹层、站台板下（高度低于1.8 m）和折返线检查坑内的照明应采用36 V安全电压供电，采用防水、防潮的36 V灯，同时站台板下36 V照明配电箱设在配电室内。

（8）车站站台、站厅、楼梯、安全通道及通道转弯处应设置灯光安全疏散标志，布置间距不应大于15 m；袋形走道区，不大于10 m；走道转弯区，不大于1 m。

（9）车站站台端部上、下行线洞口处各设一个区间照明总配电箱，可就地控制和远程控制。

（10）渡线、岔线、折返线等地下区间隧道内应增设工作照明灯。

（11）正常情况下，车站公共区及区间的应急照明由变电所交流电源供电。在两路电源均失电的情况下，由降压变电所直流电源屏或车站蓄电池屏直接为应急照明提供电源。

（12）在车站各房间设有一定的单相安全插座，个别房间设三相插座。

（13）车站公共区照明光源应采用光效高、寿命长、显色性好的细管径、配用电子镇流器的新型节能灯。应急照明灯具宜选用交直流电源两用的LED防水型灯具。

（14）照明灯具采用一类灯具时，其灯具的外露可导电部分应可靠接地。

（15）在发生火灾时，照明配电箱按FAS要求切除与消防电源无关的馈线回路。

（16）照明的灯具及附件均应布置在车辆限界以外。

（17）区间隧道内照明以区间中心里程为界，分别由相邻就近车站的降压变电所供电，区间照明电压偏差值为+5%～-10%。照明配电采用树干式为主的方式。

（18）区间一般照明和应急照明采用 AC 380/220 V 供电，疏散指示采用 36 V 安全电压供电。

（19）地下区间每隔 100～150 m 设一个一般照明配电箱，为附近的工作照明供电；每隔 100～120 m 设一个应急照明配电箱，为附近的应急照明和疏散指向标志照明供电；配电箱应采用不锈钢材质，外壳防护等级 IP65。

（20）地下区间一般照明每隔 5 m 设一盏照明灯具，应急照明每隔 15 m 设一盏应急照明灯具，一般照明与应急照明灯具比例为 2∶1。区间疏散指向（双向）标志照明灯具在列车运行方向左侧，每隔 15 m 设一盏。

2. 照明控制方式

（1）在照明分支回路中不应采用三相低压断路器对三个单相分支回路进行控制和保护。

（2）地下车站公共区及区间隧道的应急照明应连续工作，不设就地控制。

（3）车站公共区照明以车站站厅或站台中心线为界，半个站厅或站台为一个控制单元。站厅层可做到 1/6～1 共分 6 档灵活可控，站台层可做到 1/4～1 共分 4 档灵活可控，且都要求做到照度均匀。

（4）车站出入口、高架车站站厅站台等照明，在有自然采光的区段应设单独照明回路且采用光控方式。

（5）为满足运营管理及节能要求，除照明配电室内开关分组集中控制外，宜采用智能照明控制系统对车站照明、区间照明进行多种模式的控制，并留有与 BAS 系统通讯的接口，BAS 系统可对车站、区间照明系统进行模式选择控制。

（6）由低压配电柜至配电箱间采用电缆配线。室内照明由配电箱至灯具采用绝缘导线配线，室外照明由配电箱至灯具采用电缆配线。PE 线要配到灯具，照明线路严禁采用包布包扎。

（7）根据照明（使用功能）分类控制的需要，照明按种类分别设配电箱，照明分为一般照明、应急照明（疏散诱导照明 LED 及事故工况需继续工作场所的备用照明）、广告照明 LED、泛光照明、广场照明、标志照明、安全照明等。兼有的照明功能应在说明中进行叙述。公共区一般照明控制可按设计照度的 100%、50%、10%（10% 为应急照明兼作值班照明）分区分别控制，并能达到均匀照度。

（8）车站照明配电箱设于照明配电室，并按照明的供电范围及照明的种类要求分回路供电。公共区两路电源交叉供电，供电在照明配电室内集中设置，集中管理。根据车站功能及面积，一般馈出 6～9 个回路，尽量做到各回路、各相间负载平衡。每一单相分支回路的电流不宜超过 16 A，所接光源数不宜超过 25 个。

（9）一般房屋设工作照明，重要设备机房及管理用房屋、站厅和站台公共区设应急照明。电缆夹层及电缆通道净高小于规范要求的地方，照明设安全照明，安全照明供电电压为 36 V 或 24 V。

（10）公共区一般照明控制采用就地控制和在车站控制室经 BAS 系统控制。应急照明采用就地控制和 FAS 系统控制。需 FAS、BAS 监控的配电箱的进线要设置接触器，并配置接线端子。过街地道照明增加 PLC 控制。

（11）车站配电控制应满足建筑物的防火分区划分要求，在火灾时切除非消防电源，照明配电箱进、出线断路器应设分立元件及辅助触点，并为FAS系统提供接线端子。

（12）车站综合控制室、消防泵房、配电室以及发生火灾时仍需坚持工作的房间的应急照明（兼值班照明），应保证足够照度。

（13）为方便乘客和工作人员在灾害情况下顺利疏散，出入口及通道必须设应急照明和疏散标志发光贴膜。在通道转弯处、太平门顶部及直线段不大于20 m处设疏散诱导灯，广告照明、诱导灯为LED型1×3 W。安全出口标志宜设在出口的顶部；疏散诱导灯宜设在疏散走道及其转角处距地面1 m的墙面上。走道疏散应急灯的间距不应大于20 m，灯具应满足《消防应急灯具》和《应急照明灯具安全要求》的相关规定。

（14）照明灯具应简洁实用、便于维修，并应与车站装修风格相协调。光源以荧光灯为主，白炽灯为辅。所有灯具均需单灯补偿，补偿后功率因数不小于0.9。应急照明采用节能型荧光灯。

（15）金属卤化物灯和超过100 W的白炽灯泡的吸顶灯、槽灯、嵌入式灯的引入线应采取保护措施。白炽灯、金属卤化物灯、高压钠灯、镇流器等不应直接设置在可燃装修材料或可燃构件上。

（16）站厅层两侧各设广告照明配电箱于照明配电室，每箱6回路预留，容量按30 kW计。站台层两侧各设广告照明配电箱于照明配电室，每箱6回路预留，容量按30 kW计。站台层广告照明管线过轨位置应及时与轨道专业配合。

（17）在车站与区间接口处设工作照明配电总箱进行控制，区间工作照明设有现场控制、BAS联动控制（含车控室和OCC控制）。

（18）疏散指向（双向）标志照明由设在站台层照明配电室的应急照明配电总箱控制，有三种控制方式，现场控制、车控室IBP控制、防灾FAS系统控制，在火灾工况下通过送风方向，人工控制指示方向（也可以联动），动态调整疏散指向标志，正常时光源不点亮。应急照明采用常明方式，不设开关。

（19）照明同类设备系统图及二次控制图应全线统一。

【任务实施】

第一步：分析动力及照明负荷等级

根据负荷分级规定可知，符合下列情况之一时，应视为一级负荷：

（1）中断供电将造成人身伤亡时。

（2）中断供电将在经济上造成重大损失时。

（3）中断供电将影响重要用电单位的正常工作。

在一级负荷中，当中断供电将造成重大设备损坏或发生中毒、爆炸和火灾等情况的负荷，以及特别重要场所的不允许中断供电的负荷，应视为一级负荷中特别重要的负荷。

符合下列情况之一时，应视为二级负荷：

（1）中断供电将在经济上造成较大损失时。

（2）中断供电将影响较重要用电单位的正常工作。

不属于一级和二级负荷者应为三级负荷。因此，动力及照明负荷分级情况如下表4.2.1所示：

表 4.2.1　动力及照明负荷分级

负荷分级	包括的负荷
一级负荷中特别重要负荷	通信系统设备、信号系统设备、火灾自动报警系统设备、气体灭火、综合监控系统设备（BAS、电力监控、OA、门禁）、自动售检票系统设备、安全门、变电所操作电源、人防集中信号显示系统、应急照明等
一级负荷	消防用风机及其配套设备、废水泵、雨水泵、消防电梯、兼作疏散用的自动扶梯、防火卷帘门、变电所工作照明、地下站公共区正常照明、地下区间照明等
二级负荷	普通风机、污水泵、电梯、自动扶梯、维修电源、地上站公共区照明、附属房间照明等
三级负荷	空调制冷及水系统设备、清洁电源、电热设备、商业用电、室外照明、广告照明等

一级负荷通常情况下由两路来自变电所不同低压母线的电源供电，互为备用，在末端配电箱处自动切换。地下站公共区正常照明由变电所两段低压母线分别供电，各带50%照明负荷交叉配线。一级负荷中特别重要负荷除上述两个电源外再增设不间断电源或蓄电池作为应急电源。

二级负荷由一路来自变电所的一段低压母线的电源供电，当变电所只有一路电源时，由低压母联断路器切换供电。

三级负荷：由一路电源供电。当变电所任一路电源发生故障时，自动切除该部分负荷。

第二步：分析动力照明配电供电方式

根据知识点二动力配电与控制方式可知，动力配电主要采用放射式配电方式，小容量、分散的、同负荷等级的负荷可就近共用同一电源箱。根据知识点三照明配电与控制方式可知，照明配电采用放射式和树干式相结合、以放射式供电为主的配电方式。

【任务小结】

请简要小结本任务的学习要点、难点与困惑，写在下面的横线上！

_____

_____

_____

_____

【格言语录】

"学贵知疑，小疑则小进，大疑则大进。"——陈献章（明）

学问学问，不懂就问。做学问贵在勤于思考、勇于质疑，小的疑问会带来小的进步，大的疑问会带来大的进步。疑问就如引导学习者进入知识宝库的指路明灯。在学习过程中，要勤于思考，敢于发问，同时努力探索与解答疑问，要有打破砂锅问到底的精神，才能更快地悟到知识的真谛。

【拓展知识】

区间动力照明安装注意事项

（1）穿越人防门的区间电缆要严格按照人防门设计单位指定的孔洞施工敷设。

（2）区间照明灯具所用接线盒的大小应根据实际的电缆尺寸定制。

（3）区间动力照明电缆的敷设位置以供电专业的施工图为准。

（4）双圆盾构区间废水泵的电力电缆敷设时每个区间敷设一根至废水泵房，并做好防火封堵。

（5）一边施工一边对区间工作及应急照明的照度进行测量，并做好记录，如不满足要求应及时通知并采取措施。

（6）本段区间电力电缆均沿电缆支架、电缆爬架、电缆桥架敷设，须保证电缆平直。电缆在区间曲线及过渡段敷设困难处需增加支架、爬架。

（7）电缆敷设在支架上应绑扎牢固，不得松动。

（8）所有电气设备的金属外壳、配线钢管等均应与PE线可靠联接。

【练习与评价】

结合本任务所学知识，回答表4.2.2中的问题。

表 4.2.2 任务 4.2 完成情况评价表

序号	任务内容	完成记录	标准分	评分
1	城轨供电系统中，哪些设备的用电属于一级负荷？其中哪些属于特别重要的负荷？		20	
2	车站动力电源一般按什么原则进行配电？动力系统采用哪种供电方式为主？		20	
3	车站照明系统采用哪种方式供电？变电所电缆夹层、站台板下和折返线检查坑内的照明应采用多少伏的安全电压供电？		25	
4	正常运行情况下，动力设备和照明设备端电压偏差允许值应符合什么条件？		15	
5	"任务小结"完成情况		20	
总体评价： 好　　较好　　一般　　较差　　差					

任务 4.3 变电所自用电系统

任务导读

变电所设备及附属设备的正常运行需要低压电源,这些设备的用电称为变电所自用电。变电所位置的不同使自用电内容和供电要求略有差别。对于主变电所和独立牵引变电所,所内没有配电变压器及其低压配电设备,自用电系统需要设置所用变压器,以得到低压交流电源;牵引降压混合变电所或降压变电所的所用低压交流电源可由所内低压配电设备提供。变电所自用电系统的可靠性直接影响变电所的可靠运行,是变电所的重要组成。通过本任务的学习,可以进一步了解主变电所、牵引变电所和降压变电所的自用电设备、自用电设备负荷分级与供电制式以及自用电设备的供电等内容。

【学习目标】

1. 知识目标

(1)了解变电所自用电系统的作用。
(2)掌握主变电所、牵引变电所、降压变电所的自用电接线图。
(3)了解主变电所、牵引变电所、降压变电所自用电系统的区别。

2. 能力目标

(1)能看懂变电所自用电系统接线图。
(2)能概述变电所自用电系统设备负荷分级和供电制式。
(3)会根据变电所自用电接线示意图说出变电所类型。

3. 素养目标

(1)养成系统思维意识。
(2)养成求真务实的科学精神。

【任务描述】

变电所自用电设备可分为交流用电设备和直流用电设备,供电电压等级为 220 V 及以下。变电所自用电设备包括变电所照明设备、变电所内开关设备操作机构、通风设备、继电保护设备、变电所自动化设备、开关设备电加热器、开关设备内部照明等,请区分上述哪些设备为交流用电设备,哪些设备为直流用电设备?并说明它们的负荷等级。

【任务分析】

变电所自用电系统由交直流电源屏等设备构成。交流电源屏提供交流电源,直流电源屏提供直流电源。分析上述设备为交流用电设备或直流用电设备,首先要了解交流用电设备和直流用电设备的特点,并通过学习变电所自用电设备负荷分级和供电制式知识,即可完成这一任务分析。

【基本知识】

知识点 1：主变电所自用电系统

地面或地下城轨主变电所，这两种情况下其自用电设备内容有所不同，主要差异在于地下变电所设置有气体灭火系统。

主变电所电气设备主要有：高压交流开关设备、中压交流开关设备、有载调压主变压器、接地变压器等。

自用电的服务对象为主变电所操作电源、检修电源、照明、通风系统、主变电所综合自动化系统等。

1. 自用电设备

主变电所自用电设备包括：变电所的照明，变电所的通风设备，变电所的空调，变电所的检修设备，开关设备柜内的照明及电加热器，主变压器温控器，开关设备的操作与继电保护，综合自动化设备，火灾报警设备，气体灭火及排气设备（仅地下主变电所设置）等。

2. 自用电设备负荷分级和供电制式

变电所自用电设备负荷分级与供电制式如表 4.3.1 所示。

表 4.3.1　变电所自用电设备负荷分级和供电制式

序号	自用电设备		供电制式	负荷等级	主要功能
1	照明设备	正常照明	交流	二级（地面）一级（地下）	为工作人员的值班与检修等提供视觉条件
		应急照明	交流	一级（特别重要负荷）	在正常照明失效时应能保证主变电所正常运行和设备检修所需要的照度要求
		开关柜内照明	交流	二级	为设备维护检查、查找故障隐患提供视觉条件
2	通风设备		交流	二级	保证主变电所电气设备正常运行的温度、湿度环境要求
3	空调设备		交流	二级	一般设于值班控制室和蓄电池室，用于保障运行人员的工作环境条件，保持蓄电池室适宜的环境温度，维持蓄电池的正常使用寿命
4	检修设备		交流	二级	当电气设备出现故障时，为维护、检修提供电源，及时解决电气设备的故障，保证电气设备运行的冗余度
5	电加热器		交流	二级	用于开关设备除湿，保障设备正常运行
6	温控器		交流	一级	属于继电保护的基础设备，为变压器的温度保护提供报警和跳闸信号
7	设备的操作和继电保护		直流	一级（特别重要负荷）	为各种开关设备与继电保护装置提供工作电源

续表

序号	自用电设备	供电制式	负荷等级	主要功能
8	综合自动化设备	交流	一级	为远方电力调度中心的控制、监视以及故障的判断处理提供条件
9	火灾报警设备	交流	一级（特别重要负荷）	属于消防设备，发生火灾时及时报警和控制火情，为避免或减少生命与财产损失创造条件
10	气体灭火及排气设备	交流	一级	用于电气设备发生火灾时的灭火和火灾后灭火气体的排出。报警主机还设有直流备用电源

3. 自用电设备的供电

自用电设备均为低压供电，交流供电设备的负荷等级为一级负荷，因此需要两路低压电源。

由于主变电所没有低压开关设备，自用电所需要的交流低压电源需要设置所用变压器。因自用电中有一级用电负荷，这对电源可靠性的要求很高，因而主变电所设置两台所用变压器。两台所用变压器分接在中压配电系统的不同母线上，变压器中性点直接接地。所用变压器低压侧接至交流电源屏，作为两路交流进线电源。

根据主变电所自用电设备中存在消防负荷的情况，低压交流接线一般采用单母线分段设分段开关方式。每段母线为消防负荷提供一路电源，消防末级配电设备实施双电源切换。

自用电各设备的馈出回路独立设置，为三相四线制放射式配电。进线开关与各馈出开关具备馈出回路过负荷和短路情况下的全选择性。低压配电接地型式采用 TN-S。

为消防设备配电的馈出开关，过负荷保护动作于报警而不跳闸。

一级负荷中的特别重要负荷，增设蓄电池作为备用电源，如开关设备所需的直流操作电源、继电保护装置电源，由设置的直流电源屏提供。

交流电源屏为直流电源屏提供交流电源，直流电源屏采用高频开关电源模块将交流电源整流为所需的直流电源，增设的蓄电池组正常处于在线浮充状态，待交流电源全部失电时，蓄电池放电实现不间断供电。

交流电源全部失电，蓄电池容量应满足规定时间内全所直流设备运行的容量要求，且应满足在蓄电池放电末期最大冲击负荷容量的要求。按照《35～110 kV变电站设计规范》（GB 50059—2011）的要求，蓄电池容量满足全所事故停电的时间为 1 小时。

主变电所自用电接线如图 4.3.1 所示。

知识点 2：牵引变电所自用电系统

牵引变电所可独立设置或与车站、车辆段、停车场降压变电所合建为牵引降压混合变电所。牵引变电所既可设于地面也可设于地下。地面牵引变电所可独立设置或采用箱式牵引变电所。不同的设置方式，自用电的内容也不同。

牵引变电所主要电气设备有：中压交流开关设备、牵引变压器、整流器、直流开关设备。若土建为牵引降压混合变电所，电气设备还有配电变压器和低压开关设备。

自用电的服务对象为牵引变电所操作电源、检修电源、牵引变电所综合自动化系统等。

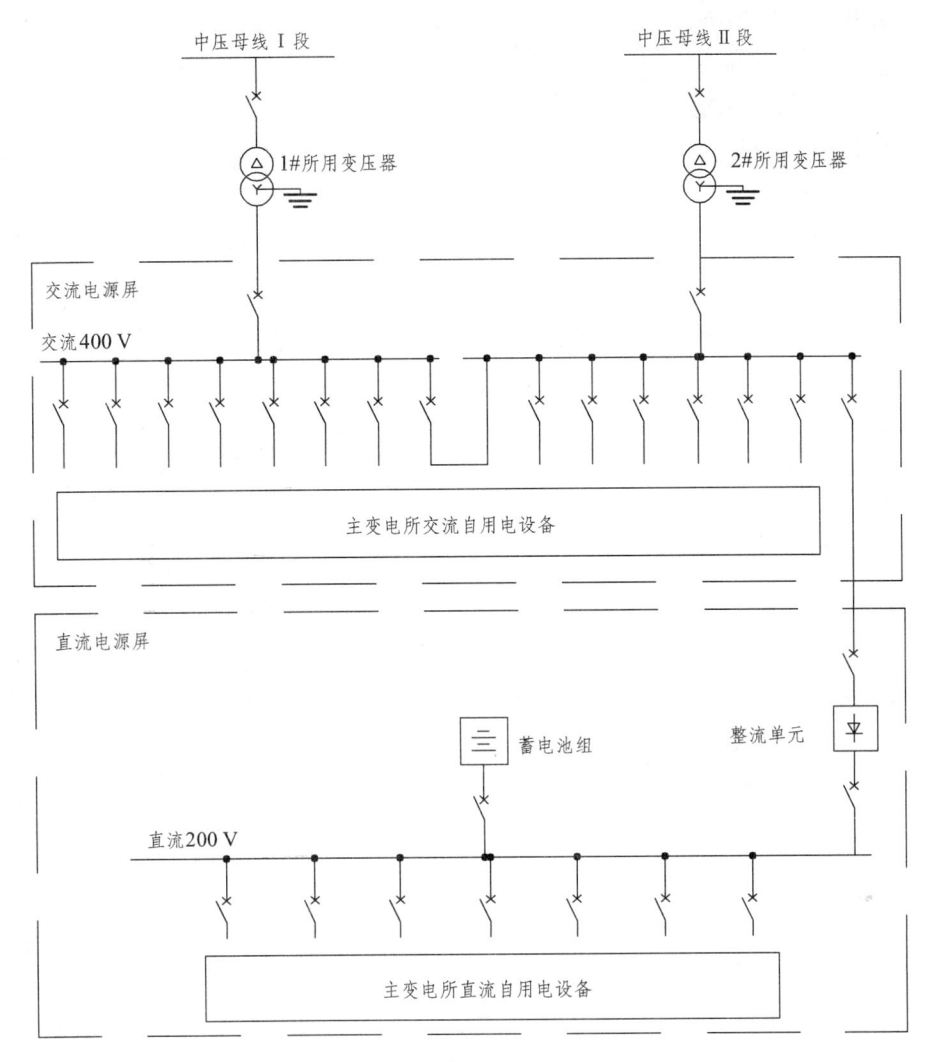

图 4.3.1 主变电所自用电接线示意图

1. 自用电设备

牵引变电所自用电设备包括：变电所的照明，变电所的通风设备（仅独立牵引变电所设置），变电所的空调（仅独立牵引变电所设置），变电所的检修设备，开关设备柜内的照明及加热器，牵引变压器温控器，整流器温控设备，配电变压器温控器（仅牵引降压混合变电所设置），中压、直流开关设备的操作与继电保护，低压开关设备的操作（仅牵引降压混合变电所设置），变电所综合自动化设备，气体灭火及排气设备（仅地下牵引变电所设置）。

2. 自用电设备负荷分级和供电制式

与主变电所相比较，牵引变电所或牵引降压混合变电所的自用电设备，没有火灾自动报警设备，其余的负荷种类是相同的，只是有些设备的名称不同，如温控设备，在主变电所中为主变压器温控器，牵引变电所中为牵引变压器、整流器和配电变压器的温控设备。同类负荷的负荷等级和供电制式与主变电所的相同。

3. 自用电设备的供电

独立的牵引变电所当采用所用变压器提供交流所用电源时，所用变压器设置情况与主变电所相同。由于地面牵引变电所没有消防负荷，由两个所用变压器分别引入电源，低压接线一般采用单母线接线方式，引入端设置电源自动转换装置。独立牵引变电所自用电接线如图4.3.2 所示。

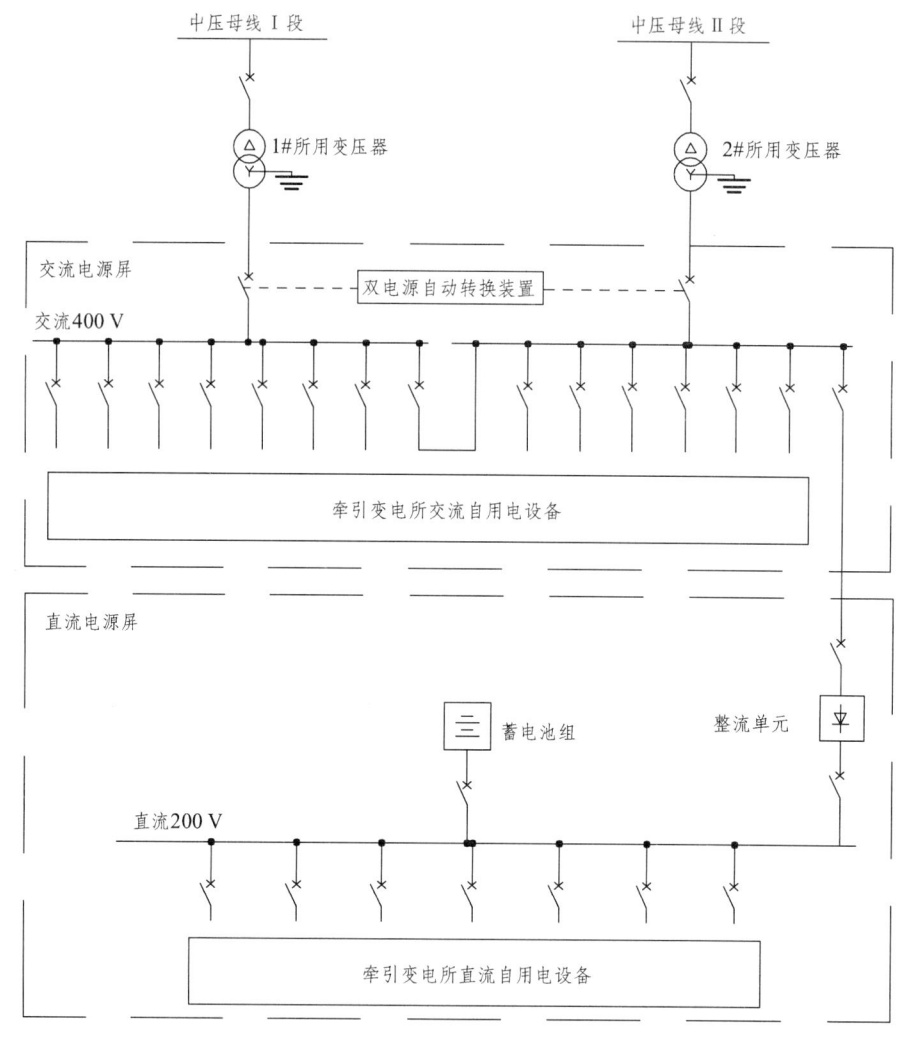

图 4.3.2 独立牵引变电所自用电接线示意图

牵引降压混合变电所自用电的交流电源引自所内低压开关设备的不同母线，一般采用单母线接线方式，引入端设置电源自动转换装置。牵引降压混合变电所自用电接线如图 4.3.3 所示。其余内容同主变电所。

知识点 3：降压变电所自用电系统

城市轨道交通工程降压变电所的土建工程一般不独立建设，而设于车站内和车辆段、停车场的某个建筑物内。

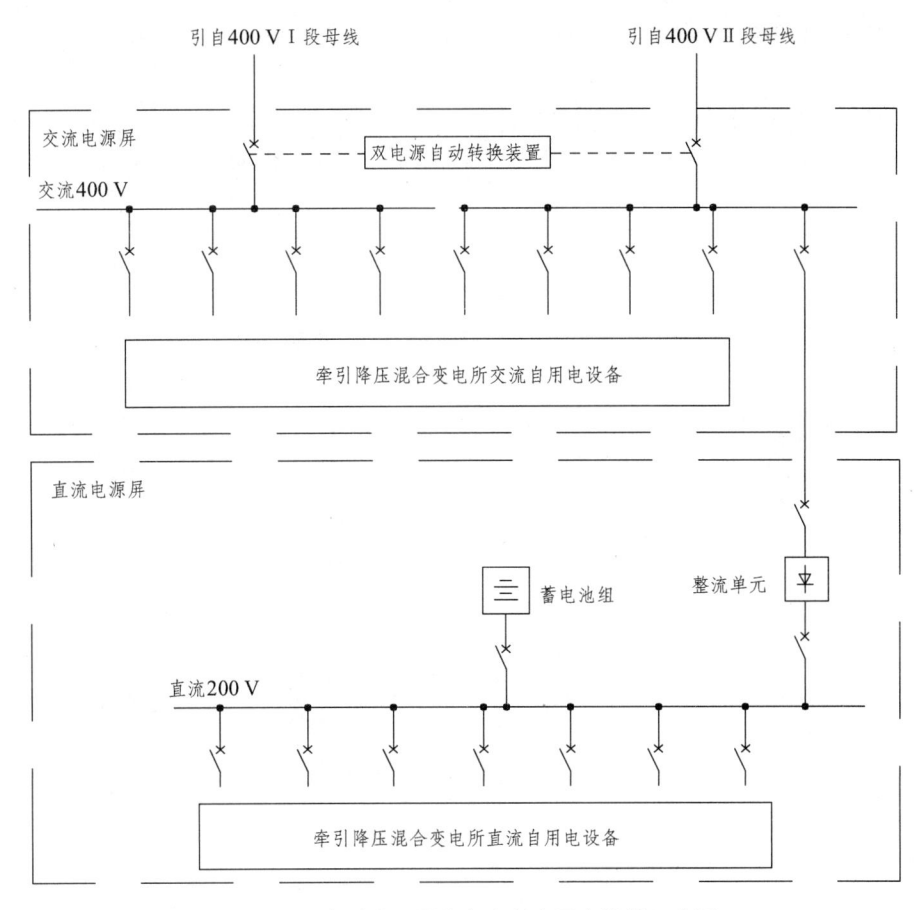

图 4.3.3 牵引降压混合变电所自用电接线示意图

降压变电所电气设备主要有：中压与低压交流开关设备，配电变压器等。

自用电的服务对象为变电所操作电源、变电所综合自动化系统等。

1. 自用电设备

降压变电所自用电设备包括：变电所的检修设备，开关设备柜内的照明及电加热器，配电变压器温控器，中压开关设备的操作与继电保护（采用断路器），变电所综合自动化设备，气体灭火及排气设备（仅地下变电所设置）。

2. 自用电设备负荷分级和供电制式

与主变电所相比较，降压变电所的自用电设备减少了火灾报警系统、变电所照明、通风和空调设备等。中压开关设备采用断路器作为分断设备时，其操作和继电保护的电源属于一级负荷中特别重要的负荷，采用直流供电。若采用电动隔离开关，其操作电源为一级负荷，可采用交流供电。其余的负荷种类是相同的。同类负荷的负荷等级和供电制式与主变电所的相同。

3. 自用电设备的供电

交流电源屏的两路交流进线电源由低压开关设备不同母线提供。交流电源屏低压接线采用单母线接线形式，在电源进线处设置电源自动转换装置。

其余相关内容与主变电所相同。

降压变电所自用电接线如图 4.3.4 所示。

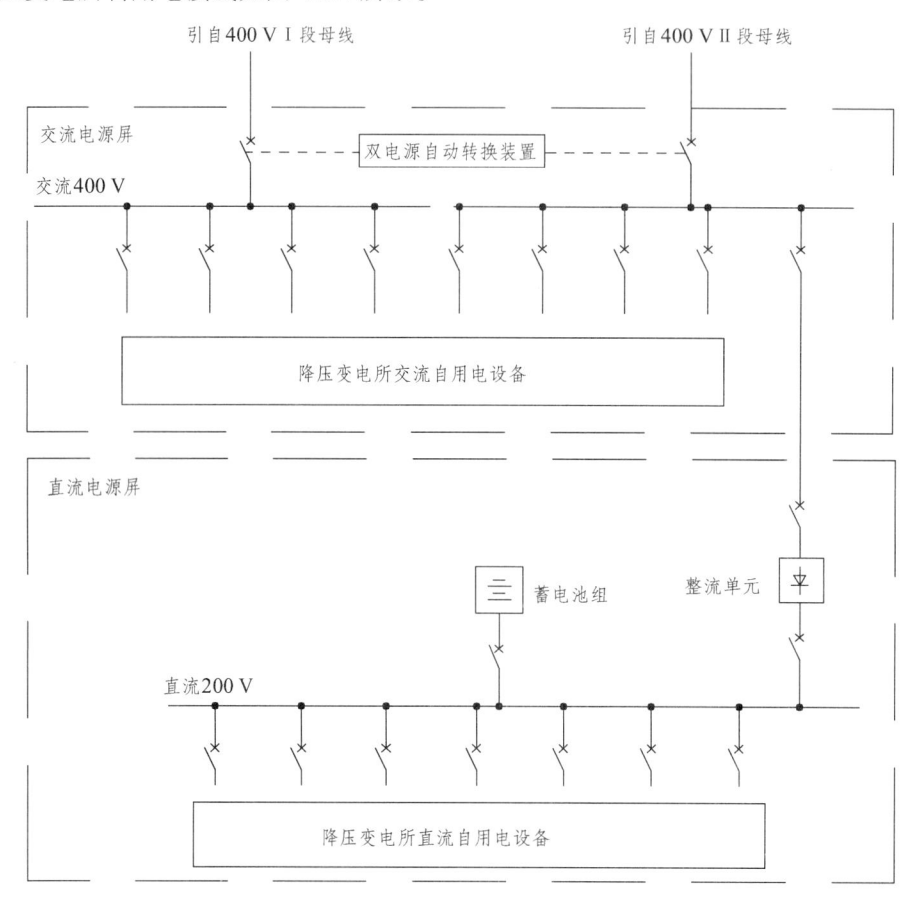

图 4.3.4　降压变电所自用电接线示意图

【任务实施】

第一步：分析自用电设备供电制式

根据表 4.3.1 分析可知，变电所照明、通风设备、开关设备电加热器、开关设备内部照明等需要交流电源，由交流电源屏供电。低压电源均引至交流电源屏。交流电源屏的主接线一般为单母线接线，通过电源自动转换装置引入低压电源。

变电所内开关设备操作机构、继电保护设备、变电所自动化设备等一般需要直流电源，由直流电源屏提供主用电源，备用电源多采用蓄电池组。直流电源屏由整流设备和蓄电池组成，整流设备以往采用三相桥式整流设备，目前一般采用整流模块，并采用 N+1 冗余配置。直流电源屏的交流输入电源一般引自交流电源屏。

第二步：分析自用电设备负荷分级

根据表 4.3.1 分析可知，变电所照明包括正常照明和应急照明，采用交流供电，其中地面主变电所正常照明为二级负荷，地下主变电所正常照明为一级负荷。应急照明为一级负荷中特别重要负荷。

通风设备为二级负荷，采用交流供电，正常的通风条件可保证主变电所电气设备正常运行的湿度、温度环境要求。

开关柜内部照明及电加热器为二级负荷，采用交流供电，为设备维护检查、查找故障隐患提供视觉条件，电加热器应用于开关设备除湿，保障设备正常运行。

开关设备的操作和继电保护的电源，属于一级负荷中特别重要的负荷，采用直流供电。具体设备有高压和中压开关设备的电动操作机构，微机综合保护装置，各种信号指示等。

【任务小结】

请简要小结本任务的学习要点、难点与困惑，写在下面的横线上！

_____
_____
_____
_____
_____

【格言语录】

"学如逆水行舟，不进则退。"——谚语

"逆水行舟，不进则退。"其本意是指行舟逆流而上，如果不奋力向前，就会顺流而退。学习亦如此。不坚持学习或学习不努力，都会导致退步。故"学贵有恒"，贵在坚持，不得松懈。

【拓展知识】

交流屏与直流屏

交流屏本质上就是低压配电柜，交流进交流出，一般与直流屏配套，给直流屏和配电室提供低压交流电源。直流屏则把交流电整流成直流电，通过直流母线给高压开关的分合闸机构以及控制系统、各种微机综合保护装置等提供直流工作电源。同时给蓄电池充电，当交流电源失电断电时改由蓄电池提供直流电源。

直流屏主要由机柜、整流模块、绝缘检测、监控系统、电池巡检、降压单元等组成，总体分为两部分，其中一部分是电池屏，另一部分为充电屏，电池屏就是用来摆放蓄电池的机柜，这些电池可为直流系统提供直流电源，目前使用的蓄电池主要是阀控式密封免维护铅酸电池。直流屏主要为高压开关柜、仪器仪表、事故照明等提供直流电源。

交流屏一般由电压表、电流表、开关、信号灯、保险、线路等组成，根据不同用户用电设备的不同以及用电量的不一样，交流屏的配置有所区别，其作用就是在整个动力系统中监测总电压、电流或分支电压以及电流的使用情况，可根据所需情况配置开关支路。

【练习与评价】

结合本任务所学知识，回答表 4.3.2 中的问题。

表 4.3.2 任务 4.3 完成情况评价表

序号	任务内容	完成记录	标准分	评分
1	读图 4.3.1～图 4.3.4，请概述主变电所、独立牵引变电所、牵引降压混合所及降压变电所自用电系统有哪些异同。		30	
2	选读某城市地铁供电图册交流和直流所用电源接线图，画出其自用电接线示意图。		30	
3	变电所操作电源与应急照明电源属于哪一类负荷？		10	
4	照明包括正常照明和＿＿＿＿，采用＿＿＿＿供电，其中地面主变电所正常照明为＿＿＿＿级负荷，地下主变电所正常照明为＿＿＿＿级负荷。		10	
5	"任务小结"完成情况		20	
总体评价： 好　　较好　　一般　　较差　　差			

任务 4.4　应急照明电源

任务导读

应急照明是在正常照明因故熄灭的情况下，供暂时继续工作、保障安全或人员疏散用的照明，包括疏散照明、备用照明等。疏散照明用于正常电源失电时，为乘客安全撤离出车站提供条件，另外当发生火灾时，保障乘客及管理人员安全撤离。变电所、通信和信号机房内的应急照明属于备用照明，用于在正常电源故障时，进行故障检修或灾害情况下维持机房设备继续运行。通过本任务的学习，可以进一步了解应急照明的几种形式、典型应急照明电源装置、应急照明电源方案和变电所自用电与应急照明电源的整合的内容。

【学习目标】

1. 知识目标

(1) 了解应急照明电源的几种形式。
(2) 掌握 EPS 应急电源的工作原理。
(3) 熟悉应急照明电源的方案。
(4) 熟悉变电所自用电与应急照明电源的整合特点和接线方案。

2. 能力目标

(1) 能说出应急照明电源的几种形式与应用情况。
(2) 会区分不间断电源 UPS 和应急电源装置 EPS，能说出 EPS 工作原理。
(3) 会根据变电所的设置情况选择应急照明电源方案。

3. 素养目标

(1) 养成居安思危和有备无患意识。
(2) 养成认真严谨的工作习惯。

【任务描述】

城市轨道交通为什么要设置应急照明电源？常见的应急照明电源中，UPS 和 EPS 有什么区别？请根据城市轨道交通对应急照明电源的要求在 UPS 和 EPS 中选用合适的形式，并说明其工作原理。

【任务分析】

分析城市轨道交通设置应急照明电源的作用，首先要分析城市轨道交通的环境以及照明负荷的配电要求，并了解应急照明电源的几种形式，从而掌握 UPS 和 EPS 的特点并进行区分，并通过学习典型应急照明电源装置的工作原理，选择适用于城市轨道交通的应急照明电源装置，即可完成这一任务分析。

【基本知识】

知识点 1：应急照明电源的几种形式

应急照明是一级负荷中的特别重要负荷，除要求正常双路电源外，还需要有独立于正常电源的备用电源。备用电源根据不同的负荷性质、负荷容量和电源切换时间的要求，可采用独立于正常电源的其他交流电源、蓄电池或发电机组等。

应急照明的正常电源引自车站低压配电系统，备用电源可引自相邻车站的低压配电系统或采用蓄电池供电。采用蓄电池供电时，蓄电池的安装形式可分为分散式安装和集中式安装。分散式安装即应急照明灯具自带蓄电池；集中式安装即将蓄电池集中设置，构成应急照明电源系统，分别为各应急照明回路提供电源。

1. 独立于正常电源的发电机组

提供交流应急电源，包括应急燃气轮机发电机组、应急柴油发电机组。快速自启动的发电机适用于允许中断供电时间为 30 s 以内的负荷。

发电机组由于其动力来源都是可燃性物质，并为了满足规定时间内的供电需要储存一定数量的燃料，而城市轨道交通车站规模相对于大型民用建筑工程要小得多，人员密集程度高，对城市轨道交通工程尤其是地下消防安全不利。快速自启动的发电机需要 30 s 以内的时间，如果应用于应急照明电源，还需要和其他电源系统配合使用。虽然国外城市轨道交通工程中有采用，但目前国内城市轨道交通工程尚没有采用发电机组用作应急电源的实例，也没有单独用作应急照明电源。

2. UPS（Uninterruptable Power Supply）

即不间断电源，保护意外断电数据丢失的一种备用电源设备，可以在交流电断开的情况下，保证短时间的工作。适用于允许中断供电时间为毫秒级的负荷，以蓄电池和逆变器作为备用电源。

UPS 一般用于精密仪器负载（如电脑、服务器等负载）等要求供电质量较高的场合，强调逆变切换时间短、输出电压及频率稳定性、输出波形的纯正、无各种干扰等。城市轨道交通工程控制调度相关系统和自动清分结算系统等采用计算机设备的重要系统，一般采用 UPS 不间断电源。而应急照明电源一般不采用 UPS 装置。

3. EPS（Emergency Power Supply）

即应急电源装置，提供交流应急电源，以蓄电池和逆变器作为备用电源，多用于允许中断供电时间为 0.25 s 以上的负荷。

EPS 装置多用于应急照明电源，也可用于消防用电设备，如应急照明灯、标志灯、消防电梯、消防水泵、防火卷帘、防火门、排烟风机等或其他供电质量相对要求不高的用电设备，强调能持续供电这一功能。但不可用于计算机、交换机、服务器等精密仪器负载，以免出现数据丢失的情况。

4. 带有自动投入装置而有效独立于正常电源的专用馈电回路

适用于允许供电中断时间 1.5 s 或 0.2 s 以上的负荷。可用于应急照明电源，目前北京地铁某些既有线路使用这种方式。

5. 蓄电池

适用于容量不大的特别重要负荷，并要求采用直流电源，如变电所直流操作电源。由于蓄电池直接接在直流母线上，交流电源正常时为浮充状态，因此由交流电源经高频开关装置供电转为蓄电池直接供电，没有转换时间。也可采用正常由高频开关供电，在有冲击负荷时由蓄电池放电。在直流操作电源屏的输出回路增设逆变器可用于提供应急照明电源。在应急照明灯具内也可直接设置蓄电池，作为备用电源。

按照现行国家标准《城市轨道交通照明》（GB/T 16275—2008）的要求，城市轨道交通工程应急照明由正常电源切换到应急电源的允许时间为不大于 5 s。

知识点2：典型应急照明电源装置

（一）EPS 应急电源

1. EPS 的工作原理

EPS 应急电源由充电器、逆变器、蓄电池、隔离变压器、切换开关、监控器、保护装置等和机箱组成。相对于 UPS 来讲，EPS 均为离线式。由于采用不同形式的切换开关，EPS 的切换时间是不同的，切换开关可采用接触和静态旁路开关等。

当交流电源正常时，由电源经过 EPS 装置的交流旁路给重要负载供电，同时进行电源检测及蓄电池充电管理，然后再由电池组向逆变器提供直流能源。在此，充电器是一个仅需向蓄电池提供相当于 10%蓄电池组容量（Ah）的充电电流的小功率直流电源，它并不具备直接向逆变器提供直流电源的能力。此时，交流电源经由 EPS 的交流旁路和转换开关所组成的应急电源系统向用户的各种应急负载供电。同时，在 EPS 的逻辑控制板的调控下，逆变器停止工作处于自动关机状态。用户负载实际使用的电源是来自电网的交流电，EPS 应急电源也是通常说的一直工作在睡眠状态，可以有效地达到节能的效果。

当交流电源供电中断或电压超限（如±15%或±20%额定输入电压）时，切换开关将投切至逆变器供电，在蓄电池所提供的直流能源的支持下，用户负载所使用的电源是通过 EPS 的逆变器转换的交流电源。

当交流电源电压恢复正常工作时，EPS 的监控装置发出信号对逆变器执行自动关机操作，同时还通过它的转换开关执行从逆变器供电向交流旁路供电的切换操作。EPS 在经交流旁路供电通路向负载提供交流电源的同时，还通过充电器向电池组充电。

EPS 工作原理如图 4.4.1 所示。

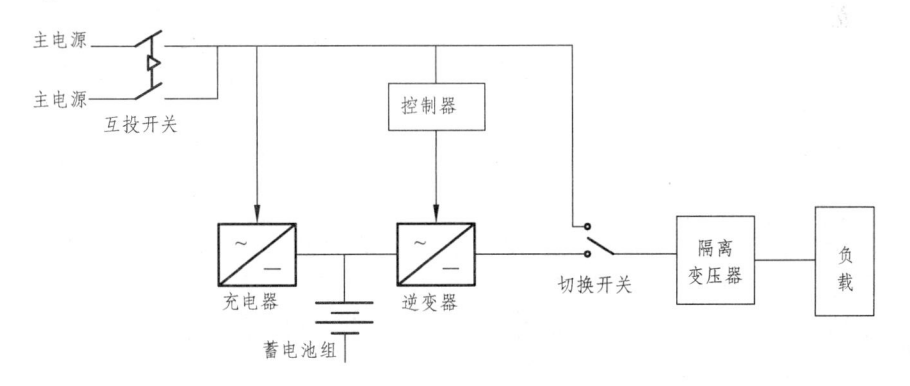

图 4.4.1 EPS 工作原理框图

EPS 装置较多用于应急照明电源，它也可作为消防动力的电源。不同的供电对象，对 EPS 装置的要求也有不同。EPS 作为应急照明电源的一般要求如下。

① 向应急照明灯供电的 EPS，供电中断时间小于 5 s。

② 为尽可能地利用正常交流电源，减少 EPS 的能耗，当交流电源电压在 187～242 V（220 V：-15%～+10%）的范围内，EPS 允许仍为交流旁路供电，而不采用逆变器供电。

③ EPS 配置蓄电池的容量，应满足在交流电源供电中断时，保证应急照明的供电时间要

求：对于地下车站和控制中心不小于 60 min，对于地面车站等建筑物，不小于 30 min。

2. EPS 的容量及选择

在交流供电正常时，EPS 是通过交流旁路向负载供电。原则上，它可以带具有各种不同功率因数的负载，但在交流供电中断或电压或频率超限时，则是由 EPS 中的逆变器来供电的。因此 EPS 的承载能力不仅要考虑逆变器在不同功率因数值负载时的下降额度输出特性，而且还要根据所使用的应急照明灯具的不同来选配 EPS 的输出功率和机型。

① 应急照明灯具光源为白炽灯：由于应急照明的功耗是用有功功率 P（kW）来标注的，而 EPS 逆变器的输出功率是用功率因数 $\cos\varphi=0.8$（滞后）时的视在功率 S（kV·A）来标注的，实际选用 EPS 的满载输出功率应为 $S=P/0.8$。

② 应急照明灯具光源为荧光灯：由于荧光灯启动时存在较大的"启动浪涌"电流。EPS 满载输出功率应为 $S=(1.3\sim1.5)P/0.8$。

③ 应急照明灯具的光源也可采用为高压气体灯，但城市轨道交通工程目前尚未使用。此时宜选用切换时间小于 20 ms 的 EPS 设备。因为，如果对高压气体灯的供电中断时间超过 20 ms 时，就有可能致使气体灯中的放电电弧"熄灭或中断"。一旦发生放电电弧中断现象，即使马上恢复供电也可能导致长达数分钟的黑灯现象，因为需要足够长时间来重新预热高压气体灯中的灯丝。

（二）电源自动转换装置

所谓电源自动转换装置（ATSE），是由两个或几个转换开关电器和其他必需的联锁、控制设备组成，用于监视电源，并在特定条件下，将负载设备从一个电源自动转换到另一个电源的电器设备。它主要由开关转换电器、联锁设备和转换控制电器组成。

根据 IEC-60947-6 国际标准规定，自动转换装置可分为 PC 级或 CB 级两个级别。根据采用转换开关电器的不同可分为四种，接触器式、断路器式、负荷开关式、专用转换开关式。按照转换控制电器的不同分为电磁继电器和数字控制器。

PC 级指能够接通、承载但不用于分断短路电流的自动转换装置。CB 级指采用断路器并配备过电流脱扣器的自动转换装置，它的主触头能够接通并用于分断短路电流。因此，只有转换开关电器采用了断路器，能够在短路情况下分断短路电流，才称为 CB 级自动转换装置，其余不采用断路器，不能分断短路电流的，都称为 PC 级。

因此采用负荷开关、接触器和专用转换开关的 ATSE 都属于 PC 级，本体只能作为自动转换开关使用，不具备过载和短路以及其他保护功能。

电源自动转换装置由开关电器本体和转换控制器组成。开关电器采用断路器时，即为 CB 级，由两台或以上断路器和机械联锁机构组成，具有过载、短路保护功能，体积较大，切换时间一般为 1.5 s 以上。PC 级开关电器为一体式结构（二进一出），体积小，转换速度较快，一般在 0.2～1.3 s 之间。

由传统的电磁式继电器构成的转换控制器，优点是成本低，但存在性能单一、体积大的缺点。数字电子式转换控制器，可根据用户要求设定产品参数，具有精度高、体积小、使用方便的特点。

知识点 3：应急照明电源方案

在城市轨道交通工程中，应急照明电源方案可能是一种形式，也可能是几种形式的组合。如地下车站的应急照明电源采用 EPS 应急电源系统，而在地面独立设置的变电所，其应急照明电源也可采用分散式安装的蓄电池。

1. 独立设置的变电所

对于主变电所及独立设置牵引变电所，其应急照明电源是独立考虑的，与城市轨道交通车站的应急照明电源没有联系。它有三种方案可供选择。

方案一：考虑到应急照明灯具数量不多，容量不大，可以采用分散设置于应急照明灯具的蓄电池作为应急电源。应急照明灯具采用三线制，当正常电源失电时，由灯具自带的蓄电池继续供电，供电时间不小于 60 min。应急照明灯具的交流电源引自变电所交流电源屏，馈出回路与正常照明分开，避免正常照明回路故障对应急照明供电造成影响。为保证应急照明灯具可靠工作，需对蓄电池进行维护。由于蓄电池分散布置，其维护工作量比蓄电池集中设置或采用 EPS 应急电源略大。

方案二：在变电所中设置较小容量的 EPS 应急电源，应急电源的交流电源引自变电所交流电源屏，为单独馈出回路。EPS 的馈出回路接至应急照明灯具。EPS 应急电源的供电时间不小于 60 min。此方案造价较高。

方案三：在变电所直流操作电源屏的馈出回路中加装逆变器，为应急照明提供交流电源。正常交流电源失电，由蓄电池放电后继续供电，供电时间不小于 60 min。这需要加大操作电源屏的高频开关电源及蓄电池的容量。

2. 车站内牵引变电所与降压变电所

由于变电所处于车站内，变电所与车站的应急照明电源应统一考虑。主要有以下三个方案。

方案一：在车站配电室设置 EPS 应急电源。应急电源的交流输入电源引自车站消防配电系统。EPS 引出若干回路为变电所应急照明提供电源，应急照明的供电时间不小于 60 min。

方案二：采用独立于正常电源的第三路电源作为应急电源。在变电所内设置应急照明电源柜，由变电所交流电源屏提供正常双路电源，应急的第三路电源由相邻车站引入，并向另一相邻车站提供备用电源。应急照明电源柜提供若干馈出回路分别引至变电所与车站应急照明设备。当本车站变电所双路低压电源失电，自动切换至应急电源后继续供电。本方案的优点在于应急电源的供电时间不受限制。

方案三：在变电所直流操作电源屏的馈出回路中加装逆变器，为应急照明提供交流电源。其他同独立设置的变电所中的方案三。

3. 车辆段、停车场内的牵引变电所与降压变电所

当降压变电所独立设置或与之合建的建筑物没有应急照明时，应急照明电源方案同独立设置的变电所。合建建筑物设置应急照明时，可有以下两个方案：

方案一：在建筑物内配电室设置 EPS 应急电源。应急电源的交流输入电源引自建筑物消防配电系统或照明配电系统独立馈出回路。EPS 引出若干回路为变电所应急照明提供电源。

应急照明的供电时间不小于 60 min。

方案二：在变电所直流操作电源屏的馈出回路中加装逆变器，为应急照明提供交流电源。正常交流电源失电，由蓄电池放电后继续供电，供电时间不小于 60 min。

知识点 4：应急照明电源的整合

变电所自用电由交、直流电源屏提供电源，应急照明电源多采用 EPS。虽然交流电源屏能够为应急照明提供出两路交流电源，但不具有备用电源，不能满足变电所应急照明作为一级负荷中特别重要负荷的供电要求。

直流电源屏有蓄电池作为备用电源，但它服务对象是变电所内的开关设备，提供开关设备的控制、合分、信号等所需要的直流电源。只需在直流馈出回路中加装逆变器，就可以输出交流电源，为应急照明进行供电。

1. 整合特点

变电所自用电和应急照明电源的整合是电源设备的整合，在上海和北京地铁都有过工程应用。即利用变电所直流操作电源屏的蓄电池及馈出回路为应急照明提供备用电源，不再设应急照明备用电源设备。设备整合有利于减少设备投资，方便电源设备的统一管理、维护，有利于延长设备的使用寿命。

整合后电源系统供电的负荷为变电所开关设备直流操作设备和应急照明，均为一级负荷中特别重要负荷，所需要的电源既有交流也有直流。

整合电源系统共用整流装置、蓄电池和控制装置，整流装置可采用高频开关电源，并采用 N+1 冗余配置，正常均投入运行，通过控制装置实现均流。当某一个高频开关电源发生故障，控制装置自动将其切除，不影响整合装置的正常使用。

整流装置将交流输入电源整流为需要的直流电源，为蓄电池充电。整流直流电源经稳压后，提供开关设备直流操作电源，经逆变器提供应急照明所需交流电源。

当交流输入电源出现故障，则蓄电池放电，继续提供直流操作电源和应急照明电源。蓄电池容量的选择需满足直流操作电源、应急照明容量和时间的要求。

2. 接线方案

整合电源屏的接线如图 4.4.2 所示。

3. 车站蓄电池电源整合

城市轨道交通工程通信、信号、AFC（自动售检系统）等系统设备都需要蓄电池作为交流失电后的应急电源，常用的做法是各专业、各设备系统单独设置并单独采购。产生的结果是电源设备的品牌不一致、设备投资高、蓄电池总容量大，各个专业都要考虑蓄电池的活化和日常维护问题，维护维修的工作量大、运营成本高。

目前城市轨道交通工程正在实施综合设置蓄电池，即在满足各设备系统对电流制式、电压等级要求的基础上，统一考虑备用电源系统，实现 UPS 电源的整合设置、统一管理和综合监控，这有利于资源共享，降低建设投资和运营费用。

车站蓄电池电源整合应结合车站平面布局和设备用房位置进行，整合后蓄电池电源室应位于其服务对象的负荷中心。根据设备用房的分布，可设置一个整合蓄电池电源室或在站台两端设备机房区各设一个蓄电池电源室。

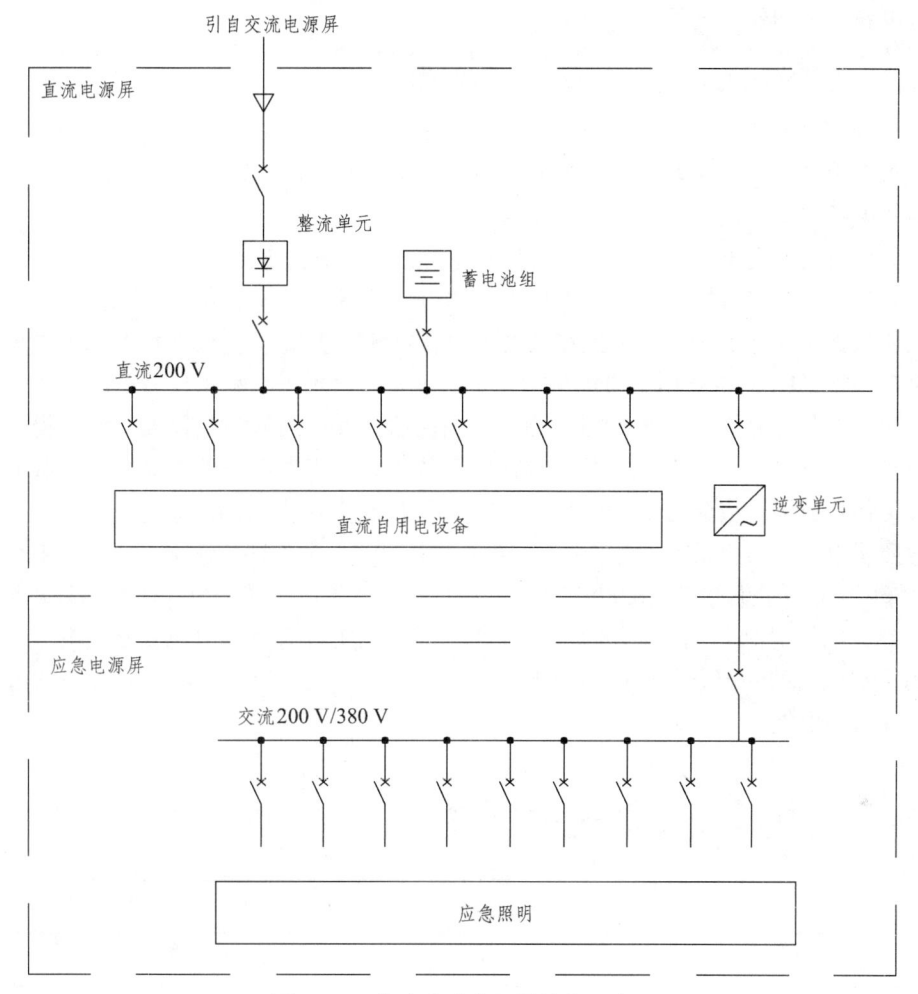

图 4.4.2 整合直流电源屏接线示意图

【任务实施】

第一步：分析应急照明电源的作用

地铁是一个较为封闭的地下空间，所以当地下出现险情时，人员的疏散就显得尤为重要，尤其是当正常照明出现问题时，应急照明的立即投入可以有效地保护人身安全。因此，应急照明是在正常照明系统因电源发生故障，不提供正常照明的情况下，供人员疏散、保障安全或继续工作的照明。

第二步：分析 UPS 和 EPS 的区别

根据知识点一可知，UPS 电源即不间断电源，适用于允许中断供电时间为毫秒级的负荷，以蓄电池和逆变器作为备用电源。一般用于精密仪器负载（如电脑、服务器等负载）等要求供电质量较高的场合。城市轨道交通工程应急照明电源一般不采用 UPS 装置。EPS 电源即应急电源装置，提供交流应急电源，以蓄电池和逆变器作为备用电源，多用于允许中断供电时间为 0.25 s 以上的负荷。一般用于应急照明电源，也可用于消防用电设备，如应急照明灯、标志灯、消防电梯、消防水泵、防火卷帘、防火门、排烟风机等或其他供电质量相对要求不高的用电设备，强调能持续供电这一功能。

第三步：选择合适的城市轨道交通应急照明电源

地铁中的应急照明一般通过市电电源和后备电源两种方式供电，其中，后备电源在发生火灾或者重大险情时可以起到良好的保障作用，所以在后备的电源的选择上更显得尤为重要。常用的后备电源主要有由发电机组等组成的旋转型后备电源和由充电机、蓄电池组、逆变器、自动切换装置及交流配电屏组成的静止型后备电源。主要分为 EPS 和 UPS 两大类。

EPS 是为保证节能可靠而选择市电优先，致力于提高电源可靠性及强制运行，而 UPS 为保证供电质量而选择逆变优先，因此在致力于提高电源的质量，UPS 和 EPS 功能类似，但并不等于可以替换，UPS 主要用于市电比较稳定的场所，适用于高精密仪器；EPS 则主要用于消防这一块，在供电系统发生故障时，为确保消防联动和电力保障的需要，它能提供不间断电源，保护人身安全。所以在地铁的应急照明系统中，由于对电源的可靠性、过载能力、后备时间和工作环境的适应能力要求较高，我们采用 EPS 集中供电的应急电源方案。在车站两端设应急照明电源室，由 EPS 直接向应急照明供电。EPS 设备正常情况下，蓄电池处于浮充状态，由降压变电所提供的交流 380/220 V 电源直接供电给应急照明及应急导向标志回路。当两路电源都失电的情况下，自动切换装置动作，应急照明负荷全部由逆变器供电。车站应急照明作为正常照明的一部分。区间应急照明正常行车时关闭，以给驾驶人员提供比较好的驾驶环境，并节约电能。

【任务小结】

请简要小结本任务的学习要点、难点与困惑，写在下面的横线上！

_____

_____

_____

_____

【格言语录】

"欲速则不达。"——《论语·子路》

事物发展有它的规律性，拔苗助长，违反了事物自身的发展规律，就会适得其反。学习亦是如此。学习需要循序渐进，要一步一个脚印，把前面的基础知识学扎实了，才能更好地学习后续的知识。临考时再突击，临时抱佛脚，这是行不通的。

【拓展知识】

UPS 电源和 EPS 电源的比较

在我国 EPS 主要用于消防类负荷及一些对供电质量要求不太高但需保证连续供电的用电设备，仅强调能持续供电这一功能。EPS 用于消防负荷时，其产品技术受公安部消防认证。

UPS 一般用于计算机及数字信息系统等场合，要求供电质量较高的负载，主要强调逆变切换时间、输出电压、频率稳定性、输出波形的纯正、无各种干扰等，UPS 电源和 EPS 电源的比较如表 4.4.1 所示。

表 4.4.1　UPS 电源和 EPS 电源的比较

指标	EPS 电源	UPS 电源
转换时间	≤0.1~0.2 s	10 ms 左右
节电	在电网供电正常时处于睡眠状态，耗电不足 0.1%，无电网供电时，其效率为 85%~92%	在电网供电正常时也工作，其效率为 80%~90%
噪音	在殿外供电正常时处于睡眠状态，静置无噪音、无电网供电时，其噪音＜55 dB	工作噪音一般为 55~65 dB
价格	约为同容量 UPS 电源主机价格的 60%	价格偏高
寿命	只有在电网无电时才进行逆变工作，主机使用寿命相对较长，一般 20 年以上	只要开机就连续不断地工作，因此寿命相对较短，一般为 8 年
负载适应性	尤其适用于电机等感性负载和各种混合用电负载	适用于电容性和电阻性负载（计算机负载）
工作目的	确保应急供电万无一失	确保供电不间断和稳压
使用地点	放在建筑竖井或配电室内	放在计算机房或空调房间内

【练习与评价】

结合本任务所学知识，回答表 4.4.2 中的问题。

表 4.4.2　任务 4.4 完成情况评价表

序号	任务内容	完成记录	标准分	评分
1	简述变电所自用电与应急照明电源的整合方法，并画出接线示意图。		20	
2	EPS 电源和 UPS 电源有什么区别？请概述 EPS 应急电源的工作原理。		15	
3	城市轨道交通工程应急照明由正常电源切换到应急电源的允许时间为应不大于多少秒？		15	
4	EPS 配置蓄电池的容量，对于地下车站和控制中心，应满足在交流电源供电中断时保证应急照明的供电时间要求不小于多少分钟？		15	

续表

序号	任务内容	完成记录	标准分	评分
5	按照《35~110 kV变电所设计规范》(GB 50059—2011)的要求，蓄电池容量应满足全所事故停电的时间为多少小时？		15	
6	"任务小结"完成情况		20	
	总体评价： 好　　较好　　一般　　较差　　差			

项目 5　综合接地系统与过电压防护

项目导读

城市轨道交通工程既有地下线路，也有地上线路，既有地面供电设备和用电设施，也有地下供电设备与用电设施，共同为地铁列车的运行保驾护航。为保证所有这些电气设备的安全运行，通常均采取了多种接地保护与过电压防护措施。接地可以分为工作接地、保护接地、防雷接地等多种形式。在城轨供电系统中，通常将各种不同用途的接地系统均接至共同的接地装置，并实施等电位联结措施，构成综合接地系统，同时针对城轨供电线路不同的过电压类型采取相应的过电压防护措施，包括轨电位限制装置等。这是本项目的主要内容。

本项目的知识点构成图，如下图 5.0 所示。

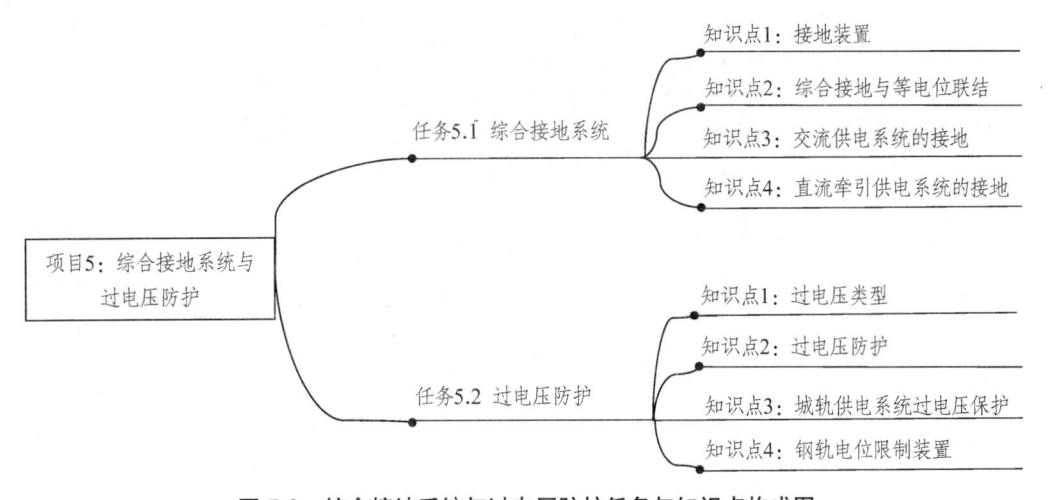

项目5：综合接地系统与过电压防护
- 任务5.1 综合接地系统
  - 知识点1：接地装置
  - 知识点2：综合接地与等电位联结
  - 知识点3：交流供电系统的接地
  - 知识点4：直流牵引供电系统的接地
- 任务5.2 过电压防护
  - 知识点1：过电压类型
  - 知识点2：过电压防护
  - 知识点3：城轨供电系统过电压保护
  - 知识点4：钢轨电位限制装置

图 5.0　综合接地系统与过电压防护任务与知识点构成图

任务 5.1　综合接地系统

任务导读

接地类型很多，用途各异，同时并存，为避免相互干扰，城轨供电系统多采用综合接地系统；交流供电系统接地分高压系统接地与低压系统接地，高压系统接地主要分为小电流接地和大电流接地两大类，低压系统接地则广泛采用 TN、TT 和 IT 三种系列，各有差异。这些是本任务的主要内容，除此之外，还介绍了直流牵引供电系统的接地以及接地装置与接地电阻的要求等内容。

【学习目标】

1. 知识目标

（1）了解接地、接地类型、综合接地和等电位联结等概念。
（2）掌握交流供电系统与直流牵引供电系统接地方式。
（3）熟悉接地装置与接地电阻要求。

2. 能力目标

（1）会看综合接地系统图。
（2）会分析简单的接地故障。

3. 素质目标

（1）养成系统思维意识。
（2）树立"安全第一"的理念。

【任务描述】

阅读某城轨车站综合接地系统图（图5.1.1），分析接地系统设计原则、接地系统方案等。

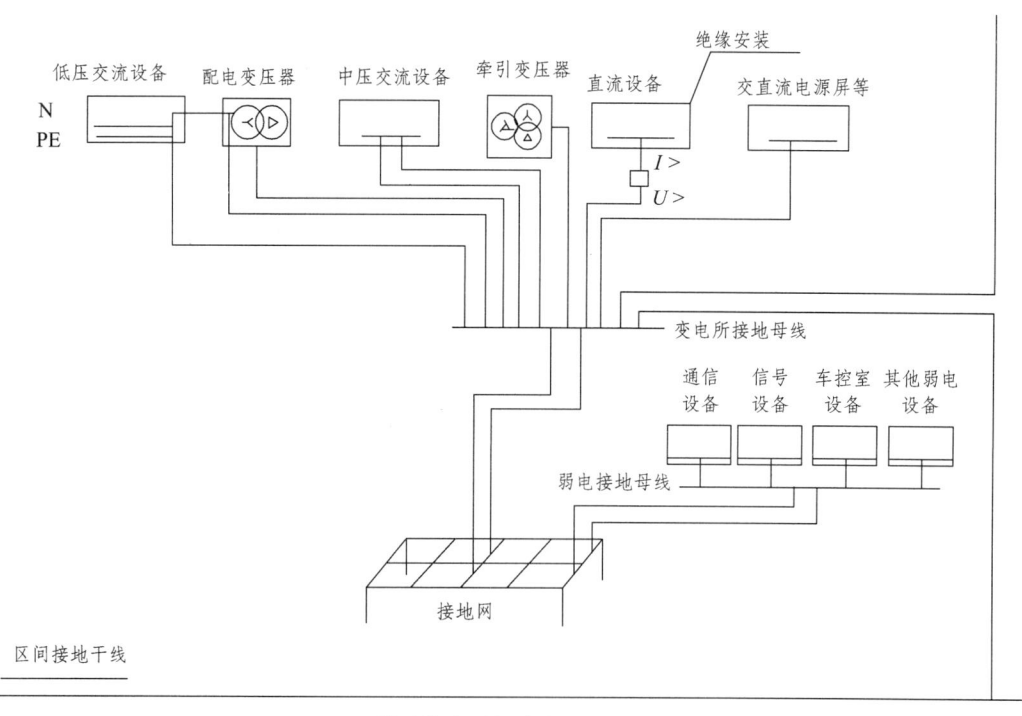

图 5.1.1　某城轨车站综合接地系统图示意图

【任务分析】

要了解城轨综合接地系统的整体概念，首先要阅读城轨综合接地系统图。它反映了城轨各系统与地网之间的联接关系。通过学习接地与接地类型、综合接地与等电位连接、交流供电系统的接地、直流牵引供电系统的接地、接地装置及接地电阻要求，即可完成这一读图与分析任务。

【基本知识】

知识点 1：接地装置

接地问题的本质就是反映电气系统及设备与"地"之间的关系。在供电系统中，接地的范围很广，凡是电气系统及设备都涉及接地问题。其中"地"的概念包括大地，或指范围更加广泛、能用来代替大地的等效导体，比如轮船的金属外壳等。

在城市轨道交通工程中，关于地的概念也很多，有大地（earth）、结构地（tunnel earth）、牵引系统地（traction system earth）等，其中牵引系统地即为直流牵引供电系统回流用的走行轨（the running rail）。

在供电系统接地论述中，接地一般指与变电所接地母排直接连接，或通过设备中的接地母排与变电所接地母排连接，而不是指与埋在大地内的接地体直接相连接。

（一）接地类型

按照供电系统电流制式和频率可划分为交流供电系统的工频接地、直流牵引供电系统的接地、雷电接地及过电压的冲击接地。按照供电系统电压等级可划分为高压系统的接地、中压系统的接地和低压系统的接地。目前接地的分类多按其作用进行划分。

接地按其作用可分为两类，其一为功能性接地，这是为了系统正常运行的可靠性及异常情况下保障系统的稳定性而设置的，如工作接地、电磁兼容接地等，主变压器、配电变压器的中性点接地，电压互感器高压侧绕组末端接地就属于工作接地。其二为保护性接地，这是以人身和设备安全为目的的，如保护接地、防雷及过电压接地、防静电接地等。

工作接地是处理系统内电源端带电导体的接地问题，是为了保证供电系统的正常运行，防止系统振荡，保证继电保护的可靠性。如工作接地采用直接接地方式，可在系统发生接地故障时，产生较大的接地故障电流，使继电保护迅速动作，切除故障回路。

电磁兼容接地是为了保证器件、电路、设备或系统在其电磁环境中能够正常工作，且不对该电磁环境中的任何器件、电路、设备或系统构成不能承受的电磁干扰。

保护接地是为了防止电气设备绝缘损坏，或产生漏电时，使正常运行不带电的电气设备、外露可导电部分带电而导致电击危险。保护接地能够在设备绝缘破坏时，降低电气设备外露可导电部分对地的电压，从而降低人身接触该可导电部分对地的接触电压。保护接地还为接地故障电流提供了返回电源的通路，但只有系统接地为直接接地或小电阻接地时，才会形成较大的故障电流，保护装置快速动作切除故障回路。

防雷接地为雷电流提供导入大地的通路，防止或减轻建筑物、构筑物、电气设备等遭受雷电流的破坏，防止人身遭受雷击。防雷接地分直击雷接地和雷击感应过电压保护装置的接地。直击雷通过防雷装置进行防护，由接闪器、防雷引下线和接地体组成，直击雷的接地就是将接闪器引导的雷电流经过防雷引下线引至接地体。对雷感应过电压应设置避雷器保护，避雷器安装在配电装置（如开关柜）内，避雷器一端与相线连接，另一端接地，当雷感应过电压超过避雷器的放电值，避雷器被击穿，从而保护电气设备绝缘不被损坏。

内部过电压设备的接地也是为系统运行产生的异常电磁能量提供向大地释放的通路，避免设备绝缘破坏。内部过电压保护设备也是避雷器或阻容吸收装置，一端接在相线上，另一端接地，当内部过电压超过避雷器的放电值，避雷器被击穿，从而保护电气设备绝缘不被损坏。

各种接地是彼此关联的，需要共同起作用，完成系统或设备运行的要求，不应将系统性接地、保护性接地中的内容独立对待。

（二）接地装置

接地装置是完成系统、设备接地功能的材料和设备的总称，包括接地母排、接地线和接地体等，表征接地装置的重要参数之一是接地电阻。接地装置的接地电阻值应始终满足各接地系统接地电阻最小值的要求，接地装置的各个组成部分应有足够的截面，满足在接地故障条件下的动热稳定，接地装置的材质和规格在其所处环境内应具备抗机械损伤、腐蚀和其他有害影响的能力。如图 5.1.2 所示为水平接地体与垂直接地体的联接。

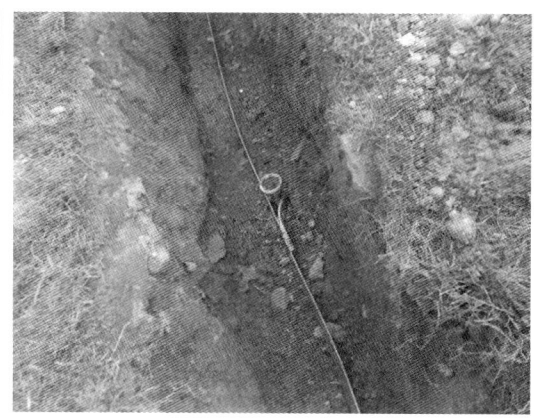

图 5.1.2　水平接地体与垂直接地体的联接

接地母排为汇集各系统、设备接地线并与接地体电气连接的金属导体，接地母排多采用铜材，以减小接触电阻。接地体即为埋设在大地中的金属导体，当水平埋设时称为水平接地体，垂直埋设时称为垂直接地体，若接地体为一组水平埋设、相互连接的导体网格称为水平接地网，若接地体为水平接地网和垂直接地体构成称为复合接地网。可以利用车站结构钢筋等作为自然接地体，若接地电阻不能满足要求，还应敷设人工接地体，并能分别测量其接地电阻值。为减少土壤对接地体的腐蚀，延长接地体的使用寿命，接地体多采用铜材，由接地体或接地网引至接地母排的接地线与接地体材质相同。变电所内设备接地线多采用镀锌扁钢。当接地系统中相互连接的接地线等采用不同材质时，需要考虑不同金属间的腐蚀问题。

接地电阻分为工频接地电阻和冲击接地电阻，冲击接地电阻应用于防雷和过电压接地。接地电阻的大小与接地体埋设方式（水平、垂直等）、埋设位置的土壤电阻率以及接地体的几何形状等因素相关，而与材质无关。关于接地电阻计算可参见《交流电气装置的接地设计规范》（GB/T 50065—2011）。

在系统正常情况下，没有电流通过接地体向地中流散，接地体的电位是其在土壤中的极化电位。当系统发生故障或受到雷击时，故障电流或雷电流经过接地体向地中流散，由于接地电阻的存在，将使接地体电位升高，此电位引入到系统内部即产生人身接触电压问题，同时在地表也会产生电位梯度，由此带来人身跨步电压的问题。为此，在接地设计中需要对接触电压、跨步电压进行计算，并采取必要措施，避免对人身产生伤害。接触电压、跨步电压和对地电压示意图如图 5.1.3 所示。

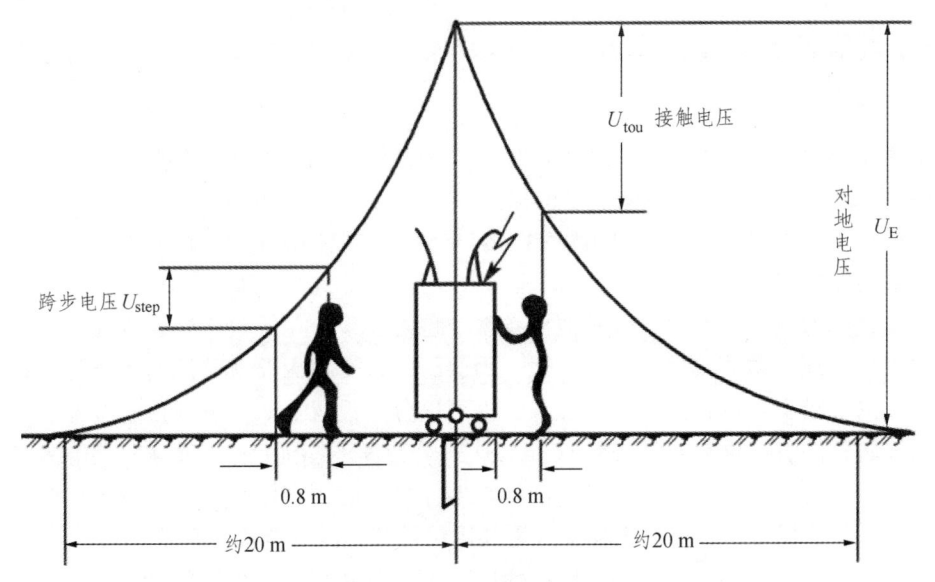

图 5.1.3 接触电压、跨步电压与对地电压示意图

（三）接地电阻

接地电阻允许值与系统接地方式以及高、中压和低压是否共用接地装置有关。无论主变电所还是其他变电所涉及低压设备的接地问题，各电压等级的接地都是同一个接地装置。

1. 电源系统中性点非直接接地

接地装置的接地电阻计算公式如下：

$$R \leqslant \frac{120}{I} \tag{5.1.1}$$

式中　R——考虑到季节变化的最大接地电阻（Ω）；
　　　I——计算用的接地故障电流（A）。

接地电阻不应大于 4 Ω。

2. 电源中性点直接接地或小电阻接地

接地装置的接地电阻计算公式如下：

$$R \leqslant \frac{2\,000}{I} \tag{5.1.2}$$

式中　R——考虑到季节变化的最大接地电阻（Ω）；
　　　I——计算用的接地故障电流（A）。

由于在电源中性点接地情况下，接地故障电流较大，对地电位有较大的抬升；若低压配电系统采用 TN 接地型式，低压配电设备外壳将有较高的异常电位，应采取总等电位联结措施，消除对人身的伤害。

知识点 2：综合接地与等电位联结

（一）综合接地系统

供电系统中，同时存在多个用于不同目的、不同用途的接地系统，这一点在接地分类中已进行了说明。在交流供电系统中任一电压等级都同时存在工作接地和保护接地的问题，如 110/35 kV 主变电所中存在 110 kV 设备的保护接地、35 kV 系统的工作接地、35 kV 设备的保护接地；车站 35/0.4 kV 降压变电所中存在 35 kV 设备的保护接地、0.4 kV 系统的工作接地和 0.4 kV 设备的保护接地等。

城市轨道交通工程中的通信等其他设备系统也需要设置用于设备正常工作以及设备和人身安全的工作接地、防雷接地和保护接地。因此，一个车站内要求接地的系统和设备很多。从接地装置的要求上，可以共用接地装置，也可以分开设置。对于分开设置接地装置时强电和弱电接地装置的引接线间需要相距 20 m 以上。若距离不能满足这一要求，将导致由于接地装置电位不同所带来的不安全因素，不同接地导体之间的耦合影响也难以避免，会引起相互干扰。因此，目前城市轨道交通工程多采用共用接地装置的综合接地系统。

综合接地系统是指供电系统和需要接地的其他设备系统的系统接地、保护接地、电磁兼容接地和防雷接地等采用共同的接地装置，并实施等电位联结措施。各类接地可以采用单独的接地线，但接地体和"等电位面"是共用的，不存在不同接地系统接地导体之间的耦合问题，也避免了采用不同接地导体时产生的电位不同问题。综合接地装置的接地电阻值按照接入设备的要求和人身安全防护的要求等方面综合确定，综合接地装置的接地电阻值必须不大于接入设备所要求的最小接地电阻值。

综合接地系统一般由共用接地体引出两个接地母排，即一个强电接地母排，一个弱电接地母排，分别用于供电系统和通信信号等弱电系统的各类接地，如图 5.1.1 所示。

（二）等电位联结

等电位联结是指在电气装置间或某一空间内，将金属可导电部分包括电气装置外露可导电部分和电气装置外部可导电部分，以恰当的方式互相联结，使其电位相等或相近，此类连接称为等电位联结。

对设备和人身安全造成危害的电气问题，都不是因为电位的高或低引起的，人身遭受电击、电气火灾的发生和电子信息设备的损坏，主要原因是由电位差引起的放电造成的。消除或减少电位差，是消除此类电气灾害的有效措施。采用等电位联结可以有效消除或减小各部分之间的电位差，有效防止人身遭受电击、电气火灾等事故的发生。等电位联结是安全接地的重要内容，是间接接触防护的主要措施，它不是强调与地的联结，而是要求人身所能同时接触到的、电气系统正常运行不带电而异常时可能带电的设备外露可导电部分（金属外壳）和设备外部可导电部分相互之间的电气连接，从而避免或减小两者或多者之间的电位差，防止人身发生触电危险。

等电位联结可分为总等电位联结、辅助等电位联结和局部等电位联结等方式。

总等电位联结是将下列可导电部分包括总保护导体、总接地导体或总接地端子，建筑物内的金属管道（通风、空调、水管等）和可利用的建筑物金属部分进行连接，以降低车站、建筑物内间接接触电压和不同金属部件间的电位差，并消除自建筑物外经电气线路和各种金属管道引入危险故障电压的危害。

辅助等电位联结，是将可同时触及的两个或几个可导电部分，进行电气连通，使他们之间的故障接触电压小于接触电压安全限值。

局部等电位联结，是在某一个局部电气装置范围内，通过局部等电位联结板，将该范围内电气设备外露可导电部分和外部可导电部分等进行电气连通，使该局部范围内，故障接触电压小于接触电压安全限值。

当变电所中压设备发生漏电，将使共用接地体的电位升高，而且中压系统接地电流越大，接地装置的电位越高。当低压配电系统接地型式采用 TN 系统，高电位将随 PE 或 PEN 传导到低压配电设备，若没有等电位联结，可能存在人身安全问题。因此在综合接地系统中，等电位联结是非常重要的。

低压配电系统内部发生接地故障，接地故障保护应在规定的时间内切除故障回路，当不能满足切除时间要求时，就需要采用辅助等电位联结。

对于泵房等潮湿场所，需要增加局部等电位联结，消除不同金属导体之间可能出现的接触电压。

知识点 3：交流供电系统的接地

城轨交流供电系统的电压等级一般有 110 kV、35 kV、10 kV 和 0.4 kV 等，其接地内容包括工作接地、电磁兼容接地等功能性接地和电气装置的接地、防雷接地、过电压设备接地等保护性接地。

系统的工作接地包括电源中性点、中性线、保护中性线、电流互感器、电压互感器、三工位负荷开关、接地开关等接地。电源中性点、中性线、保护中性线的接地是指主变压器、配电变压器中性点的接地方式，是与变电所接地母排直接连接关系。电流互感器、电压互感器、三工位负荷开关、接地开关等设备或电气元件均设在成套开关设备中，这些接地不直接与变电所接地母排单独连接，而先与开关设备中的接地排相连，通过设备的保护接地线与变电所接地母排相连。

电气装置的保护接地为各种电气装置外露可导电部分与变电所接地母排的电气连接；防雷接地指接闪器通过防雷引下线与大地的连接；过电压设备的接地就是为防止过电压击穿设备绝缘而设置的避雷器的接地，避雷器也设在开关设备内，因此避雷器的接地端与开关设备接地排相连接，通过开关设备的保护接地线与变电所接地母排连接，实现接地。

电磁兼容接地就是屏蔽层的接地，它具有两面性。所谓两面性就是针对不同的设备，它体现出的用途不唯一，有功能性接地的作用，也有保护性接地的作用。如对于继电保护装置金属外壳作为屏蔽层的接地就属于为设备正常运行而设置的功能性接地；但对于中压开关柜金属外壳的接地，虽然有减小对外电磁干扰的作用，但主要还是保护性接地。对于电缆屏蔽层的接地主要是减小对外电磁干扰的作用，保证设备正常运行，属于功能性接地。

对于不同电压等级的交流供电系统，其工作接地具有其特殊性，而保护性接地的要求和做法是基本相同的。

（一）工作接地

10 kV 及以上电压等级的工作接地方式是指系统电源中性点的接地方式，其选择是一个综合性问题，它与电压等级、单相接地短路电流、过电压水平、继电保护配置等有关，直接影响系统的绝缘水平、系统供电的可靠性和连续性。因此，应根据供电可靠性要求、电网和线路的结构、过电压与绝缘配合、继电保护技术要求、人身及设备安全、对通信及电子设备的电磁干扰等进行技术及经济分析，综合考虑各种因素后确定工作接地方式。

工作接地方式分为两类：其一，电源中性点非直接接地方式，包括中性点不接地、中性点经消弧线圈接地和中性点经高电阻接地，由于发生单相对地短路时，接地电流较小，也称为小电流接地方式；其二，电源中性点直接接地或经小电阻接地方式，也称为大电流接地方式。

1. 电源中性点不接地

中性点不接地方式发生单相接地时允许带故障运行 2 小时，供电连续性好，接地相故障电流为线路及设备的电容电流，但同时非接地相的相电压升高为原来的 $\sqrt{3}$ 倍，过电压水平要求高，线路及设备要求有较高的工频绝缘水平。系统标称电压越高，此种接地方式对电气设备投资的影响越大，不宜用于 110 kV 以上电压等级。

在 10 kV ~ 66 kV 电压等级可以采用中性点不接地方式，但电容电流不能超过允许值，否则接地电弧不易自熄，易产生较高弧光间歇接地过电压。

当 35 kV、66 kV 系统的接地电容电流不超过 10 A 时，可以采用中性点不接地方式。10 kV 电缆线路构成的系统接地电容电流不超过 30 A 时，可以采用中性点不接地方式。当 10 kV 为架空线路时，电容电流分别为 10 A 或 20 A，前者使用钢筋混凝土与金属杆塔，后者采用非钢筋混凝土与非金属杆塔。

2. 中性点经消弧线圈或高电阻接地

当接地电容电流超过不接地方式允许值，可采用消弧线圈补偿电容电流，使接地电弧瞬间熄灭，以消除弧光间歇接地过电压。也可采用中性点经高电阻接地，此方式与经消弧线圈的接地方式相比，加速泄放回路中的残余电荷，促使接地电弧自熄，从而降低弧光间歇过电压，同时可提供一定的电流和零序电压，使接地保护动作。高电阻接地一般多用于大型发电机中性点。

采用不接地还是消弧线圈等接地方式，与接地电容电流有关，而接地电容电流的大小与供电线路采用架空还是电缆线路相关。

3. 中性点直接接地或小电阻接地

中性点直接接地或小电阻接地方式的单相接地短路电流很大，故障设备或线路须立即切除，降低了供电连续性。但由于过电压较低，设备和线路的绝缘水平可以选择低一些，减少了设备造价，特别是在交流高压系统，经济效益会比较明显。110 kV 及以上电压等级多采用直接接地或小电阻接地。

交流高压系统的接地方式由当地城市电力部门确定。由于城轨交流中压系统均采用电缆，若仍采用消弧线圈接地，消弧线圈的需要容量较大。目前，交流中压系统的接地方式既有消弧线圈接地，也有小电阻接地方式。

低压系统的工作接地，分为中性点直接接地和不接地两种方式。在具体型式上，我国等效采用国际电工委员会（IEC）标准，将工作接地和低压电气设备接地进行组合。

（二）保护接地

交流设备的保护接地就是处理电气装置或电气设备的外露可导电部分，即金属外壳与地的关系。无论系统接地采用什么型式，交流系统电气装置的外露可导电部分均要接地。实施保护接地可以降低预期接触电压，提供接地故障电流回路，为过电压保护装置接地提供条件，实施等电位联结。

对于变电所内的电气设备，接地做法为外露可导电部分直接通过接地线与接地母排进行电气连接。

交流电气设备的接地范围：
① 主变压器、牵引变压器、配电变压器的底座和外壳。
② 交流高压封闭式组合电器（GIS）和箱式变电所的金属箱体。
③ 中压、低压开关设备的金属外壳。
④ 交直流电源屏的金属外壳。
⑤ 电气用各类金属构架、支架。
⑥ 电缆桥架和金属线槽。
⑦ 电力电缆、控制电缆穿线金属管。
⑧ 电力电缆、控制电缆的金属护套和外铠装等。

知识点 4：直流牵引供电系统的接地

城市轨道交通工程的牵引供电制式多采用直流 750 V 或直流 1 500 V，直流牵引供电系统主要设备有牵引整流器、直流开关设备、上网开关设备、钢轨电位限制装置、接触网和回流轨等。

1. 系统接地方式

城轨直流牵引供电系统的负极相当于交流系统的中性点，直流牵引供电的工作接地就是负极对地关系问题。为减小直流杂散电流对金属结构的腐蚀，直流牵引供电的工作接地采用不接地系统，即正常情况下系统设备的所有正极和负极均与地绝缘。这里的"地"包括大地也包括结构地。

采用走行轨回流，在直流大双边越区供电情况下，走行轨对地电位将高于正常双边供电，有时会超过允许值。另外在运行过程中，走行轨也可能出现不明原因的电位升高。此时为保护乘客及运行人员的安全，可通过钢轨电位限制装置将走行轨与地进行短时电气连接，以钳制走行轨对地电位。

走行轨对电位超过允许限值时，为避免乘客上下车受到跨步电压的影响，钢轨电位限制装置本应将走行轨与结构地短时连接，但考虑到杂散电流问题，目前做法是将走行轨与电位同结构地基本相当的外引接地装置短时连接。

2. 牵引变电所内直流牵引供电设备的接地

牵引整流器、直流开关设备（包括直流进线柜、直流馈线柜、负母线柜、钢轨电位限制装置等）都安装于牵引变电所内，其外露可导电部分即金属外壳不与地直接电气连接，而是通过直流框架泄漏保护装置与地形成单点电气连接。

金属外壳与基础槽钢之间设有硬质绝缘板，设备固定采用绝缘安装方法。当系统标称电压为 750 V 时，绝缘电阻一般不小于 50 kΩ；当标称电压为 1 500 V 时，绝缘电阻一般不小于 100 kΩ。设备金属外壳之间采用电缆实现电气连接，一般在负母线柜接地端子单点通过电缆与直流框架泄漏保护装置连接后，接至变电所接地母排，实现变电所内直流牵引供电设备单点接地。

3. 区间直流上网开关设备的接地

区间直流上网开关包括区间检修线隔离开关设备的接地可以有以下四种方式：

（1）当上网开关设备设在站台的独立设备房间或牵引变电所内时，纳入直流开关柜的框架泄漏保护中，在发生设备外壳漏电时框架保护联跳直流馈出断路器。上网开关设备安装要求与牵引变电所内直流牵引供电设备相同，金属外壳与基础槽钢之间设置硬质绝缘板。这种方式需增加接地电缆。

（2）采用非金属绝缘外壳，当柜内发生直流漏电时，设备外壳不会带直流异常电位，也没有杂散电流泄漏问题。这种方式设备投资较高。

（3）设备金属外壳与基础槽钢之间设置硬质绝缘板，设备外壳与附近走行轨电气连接，发生直流泄漏时会产生系统正负短路，直流馈线保护动作并切除故障，这种方式要求设备操作维护只能在直流停电后进行，应用受限。

（4）设备金属外壳直接与附近结构钢筋电气连接，相当于交流低压 IT 系统的接地方式，这种方式需要保证并保持正极对外壳的绝缘，使正常泄漏的直流电流不能对结构钢筋产生腐蚀，并需要在正极碰壳时能迅速切除故障或进行报警。

4. 车辆段、停车场直流上网开关等设备的接地

车辆段、停车场范围大，直流上网开关设备与检修设备的数量多、分布广，内部金属管线较多。直流上网开关等设备的接地问题可通过柜内设置绝缘护板、绝缘电缆支架或采用非金属绝缘外壳等措施解决。

【任务实施】

第一步：分析车站内需接地的设备

阅读图 5.1.1，可以得知轨道交通车站存在多系统、多专业特点，除了牵引供电设备、中压交流设备和低压交流设备等需要接地外，还有车站的通信、信号、车控室设备以及其他弱电设备等均需接地。

第二步：分析接地方式

由图 5.1.1 可知，车站的牵引变压器、直流设备、交直流电源屏、中压交流设备、配电变压器和低压交流设备等的接地均通过变电所接地母排引接至车站的接地网；而车站的通信设备、信号设备、车控室设备和其他弱电设备等的接地则通过弱电接地母排引接至车站共同的接地网。因此，该车站采用的是综合接地系统。

【任务小结】

请简要小结本任务的学习要点、难点与困惑，写在下面的横线上!

_____

_____

_____

_____

【格言语录】

"吾日三省吾身"——[春秋]孔子《论语·学而》

"吾日三省吾身"出自曾子所言。意为每天都要多次自我反省，及时检查自己做得不够好的地方，及时改进。学习是否有效，最终还要看自己是否内心醒悟。因此，常常自省，是最重要也是最有效的学习方式。通过自省，强化自律，不断自强，进而自立。

【拓展知识】

TN、TT、IT 三种中性点接地方式

TN、TT、IT 中的第一个字母表示电源端与地的关系：

T——电源端有一点直接接地，即中性点直接接地。

I——电源端所有带电部分不接地或有一点通过阻抗接地，即中性点不接地。

TN、TT、IT 中的第二个字母表示电气装置的外露可导电部分与地的关系：

T——电气装置的外露可导电部分直接接地，此接地点在电气上独立于电源端的接地点。

N——电气装置的外露可导电部分与电源接地点有直接电气连接。

下面对由 TN、TT、IT 接地型式构成的低压配电系统分别进行介绍。

1. TN 系统

电源端有一点直接接地，电气装置的外露可导电部分通过中性导体或保护导体连接到此接地点。根据中性导体和保护导体的组合情况，TN 系统有以下三种型式。

TN-S 系统：整个系统的中性导体和保护导体是分开的，如图 5.1.4 所示。

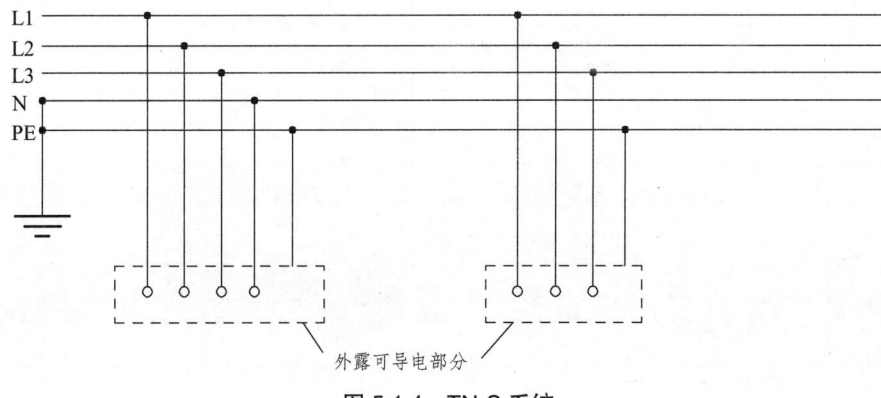

图 5.1.4　TN-S 系统

TN-C 系统：整个系统的中性导体和保护导体是合一的，如图 5.1.5 所示。

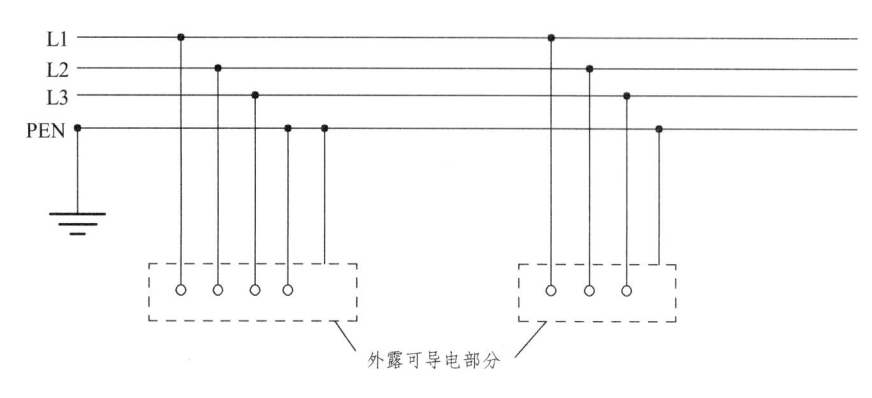

图 5.1.5　TN-C 系统

TN-C-S 系统：系统中一部分线路的中性导体和保护导体是合一的，如图 5.1.6 所示。

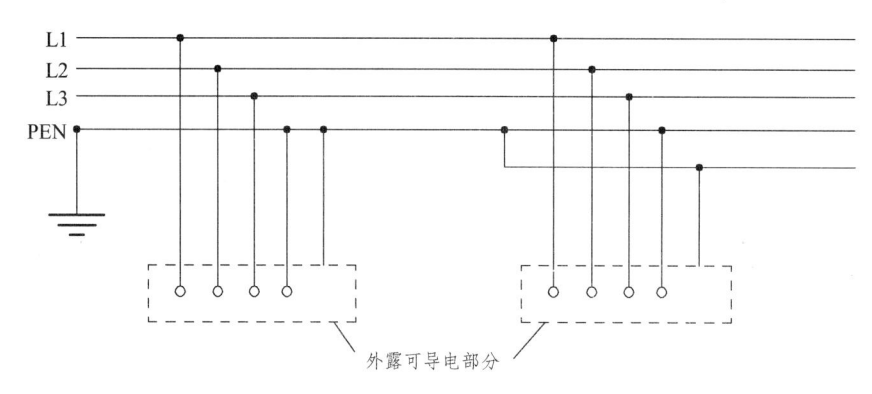

图 5.1.6　TN-C-S 系统

2. TT 系统

电源端有一点直接接地，电气装置的外露可导电部分直接接地，此接地点在电气上独立于电源端的接地点，如图 5.1.7 所示。

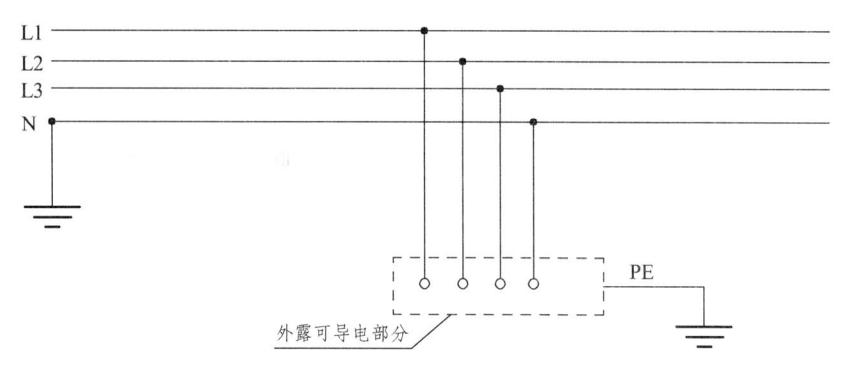

图 5.1.7　TT 系统

3. IT 系统

电源端的带电部分不接地或有一点通过高阻抗接地,电气装置的外露可导电部分直接接地,如图 5.1.8 所示。

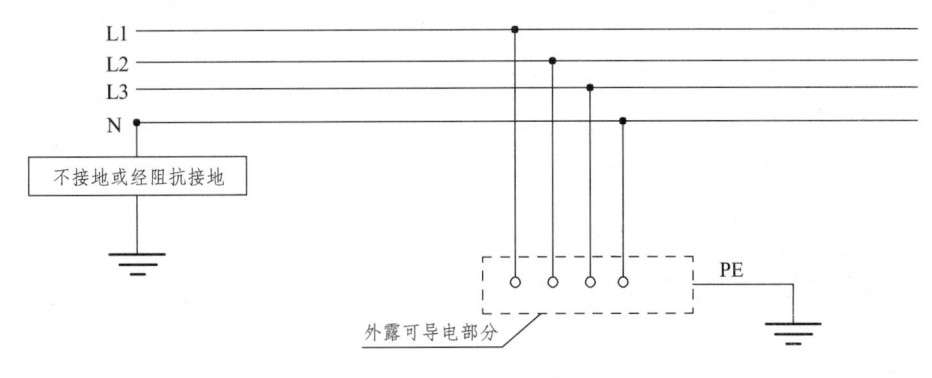

图 5.1.8 IT 系统

4. 各种接地型式的特点

TN-C 系统,PE 线和 N 线合用,PEN 线兼有两者的作用,节省了 PE 线;PEN 线在引入建筑物时,需要进行重复接地,可减小建筑物内低压系统接地故障时的接触电压;正常情况下 PEN 线通过电流,产生电压降,使设备外露可导电部分对地有电压;当中压系统发生接地故障时,PEN 线将传导故障电压;若接地故障电流较大,过电流保护在满足切断时间要求时,可兼作接地故障保护。

TN-S 系统,PE 线与 N 线分开设置,正常情况下 PE 线不流过电流,电气设备外露可导电部分不带对地电压,但比 TN-C 系统多了 PE 线;PE 线在引入建筑物时,可进行重复接地,可减小建筑物内低压系统接地故障时的接触电压;当中压系统发生接地故障时,PE 线将传导故障电压;若接地故障电流较大,过电流保护在满足切断时间要求时,可兼作接地故障保护。

TT 系统电源接地点与设备接地点没有电气联系,电气设备外露可导电部分有独立的接地,不会传导系统故障电压;由于配电系统有两个独立接地体,发生接地故障时接地故障电流较小,不能采用过电流保护兼作接地故障保护,而需要采用剩余电流保护器;因采用剩余电流保护器保护线路,双电源转换时需要采用四极开关。

IT 系统(不引出中性线)电源中性点不接地,当电气设备发生第一次接地故障时,接地故障电流仅为非故障相对地的电容电流,其值很小,电气设备外露可导电部分对地电压不超过 50 V,不需要立即切断故障回路,保证供电的连续性;但此时,非故障相的对地电压升高 $\sqrt{3}$ 倍;由于 IT 系统没有引出中性线,为单相 380 V 配电。220 V 负荷需配降压变压器,或由系统外部电源专供。需要安装绝缘监察设备,当发生接地故障时,进行警示。

城市轨道交通工程车站低压配电系统的接地型式一般采用 TN-S 系统,在车辆段、停车场可采用 TN-C-S 或 TN-S 系统,也可根据工程实际情况,同时采用局部 TT 系统。

【练习与评价】

选读《地铁设计规范》,结合本任务所学知识,回答表 5.1.1 中的问题。

表 5.1.1 任务 5.1.1 完成情况评价表

序号	任务内容	完成记录	标准分	评分
1	车站各系统设备,哪些设备接至强电接地母排,哪些设备接至弱电接地母排上?		15	
2	什么是工作接地和保护接地?请分别举例说明。		15	
3	什么是等电位联结?等电位联结主要有哪些形式,其主要作用是什么?		15	
4	接地系统设计原则是什么?		20	
5	车站综合接地仅设置人工接地网,位于围护结构下方,变电所高压设备与人工接地网如何联结?		15	
6	"任务小结"完成情况		20	
总体评价: 好　　较好　　一般　　较差　　差				

任务 5.2　过电压防护

任务导读

过电压主要分为外部过电压(雷电过电压)与内部过电压。雷电过电压又主要分为直击雷过电压和感应雷过电压;内部过电压又分为工频过电压、操作过电压和谐振过电压等。根据各种过电压的不同特点,通常采取不同的过电压防护方式。

【学习目标】

1. 知识目标

(1)熟悉过电压的类型。
(2)了解过电压保护的概念。
(3)掌握城轨供电系统过电压保护的方法。
(4)掌握钢轨电位限制装置原理。

2. 能力目标

（1）会分析过电压现象。

（2）会解释不同类型的过电压保护措施。

（3）会解释钢轨电位限制装置的原理，会分析其与直流框架保护的不同。

3. 素质目标

（1）培养系统思维意识。

（2）树立安全第一、预防为主的意识。

【任务描述】

某轨道交通 2 号线一期工程以高架线路为主，并有少量 U 型槽及地下线路，车辆段为地面线路，为防止大气过电压和内部过电压对电气设备的危害，设计部门拟对该线路防雷及抑制过电压采取以下措施。请结合所学知识，分析某轨道交通线路地下牵引变电所或降压变电所主要采取的防雷及抑制过电压的措施。

（1）户外区段接触轨每隔约 200 m 设一处避雷器。

（2）户外区段馈线上网处设置避雷器。

（3）车站两端接触轨设置避雷器。

（4）库前接触轨设置避雷器。

（5）防雷接地的接地电阻应≤10 Ω。

（6）变电所两段 35 kV 母线各设置 1 组避雷器。

（7）整流器正负母线间设置 1 组避雷器。

（8）牵引所 DC 750 V 正母线对地、正负母线间分别设置 1 组避雷器。

（9）变电所 0.4 kV 母线各设置 1 组浪涌保护器。

【任务分析】

要分析城轨变电所防雷及抑制过电压的措施，首先要了解过电压的类型，熟悉电气设备的绝缘配合和过电压的保护措施。当然也需要了解城市轨道交通的一些基本知识，例如：地面站、地下站、车辆段、牵引变电所、降压变电所、牵引混合所等基本概念。通过学习城市轨道交通供电系统过电压保护措施、钢轨电位限制装置，即可完成这一分析任务。

【基本知识】

知识点 1：过电压类型

由于雷击或电力系统中的操作、事故等原因，使某些电气设备和线路上承受的电压大大超过正常运行电压，使设备或线路的绝缘遭受破坏。电力系统中这种危及绝缘的电压升高称为过电压。

过电压按引起的原因不同分为大气过电压和内部过电压。由雷电引起的过电压叫作大气过电压；电力系统中内部操作或故障引起的过电压叫内部过电压。大气过电压分为直击雷过电压和感应雷过电压；内部过电压分为工频过电压、操作过电压和谐振过电压。

(一)雷电过电压

由雷电引起的过电压叫作雷电过电压。雷电过电压分为直击雷过电压和感应雷过电压。

直击雷过电压是指雷电直接对电气设备或线路放电,可引起电气设备或线路损毁。感应雷过电压是指雷电虽然没有直接击中电气设备或线路,但是由于大气中的雷云电荷作用,在电力系统的架空线路上感应出异种电荷。当雷云对地面或其他物体放电时,雷云电荷迅速流入地中,架空电力线路上的感应电荷由于失去雷云电荷对它的束缚,而向两侧迅速流动。迅速流动的感应电荷形成雷电进行波,对电气设备的绝缘构成威胁,称为雷电侵入波,也就是所谓感应雷过电压。架空电力线路和输变电设备附近发生打雷时,强大的雷电流通过电磁感应在电力线路和电气设备上也感应产生一个很高的电压,形成过电压,使电力线路和电气设备击穿损坏。这种过电压也称为雷电感应过电压,或简称感应雷。

(二)内部过电压

内部过电压是指电气设备和电力线路在运行中有时要改变运行方式,如停送电操作、系统短路跳闸、断线接地等都会引起电力系统运行状态的局部变化,系统将从一种状态变为另一种状态(电力系统称为过渡过程或暂态过程),在这一过渡过程中会引起电场能量和磁场能量的转换而可能出现很高的电压,形成过电压,这种过电压称为内部过电压。

产生内部过电压的原因很多,所引起的过电压大小也不同,有时几种因素交叉重叠一起,引起的过电压数值很高。一般认为,对地内部过电压可达相电压的3~4倍,相间内部过电压则为对地内部过电压的1.3~1.4倍。根据现场运行经验,有时内部过电压高达相间电压的5~6倍。一般来说,对于中性点直接接地的低压系统内部过电压数值不会很高,很少由于内部过电压引起事故。而对于中性点不接地的中、高压系统,内部过电压就较为危险,由于内部过电压引起的设备事故较为常见。

为了防止内部过电压造成事故,也可以采用避雷器,但有时效果并不令人满意。有的内部过电压,例如铁磁谐振分频过电压,会使避雷器接二连三爆炸;也有的内部过电压造成电气设备绝缘击穿,而与电气设备并联接线的避雷器一点也不起作用。因此,为了防止内部过电压造成事故,应该分析引起内部过电压的原因,从根本上采取措施防止内部过电压的出现,或者限制内部过电压的幅值和陡度,以保证电力系统的安全运行。

1. 工频过电压

工频过电压包括工频稳态过电压和工频暂态过电压。

① 工频稳态过电压。

工频稳态过电压主要是指空载长线路末端的电压升高,在三相中性点不接地系统中发生单相接地时,其他两相对地电压的升高。

工频稳态过电压对系统中电气设备的正常绝缘一般无多大危害,因此不需要采取特殊措施来加以限制。但是工频稳态过电压对避雷器的工作状态有重要影响,而且又常常是其他过电压的基值,因此对它也不能忽视。

② 工频暂态过电压。

工频暂态过电压是指当系统内突然跳闸,甩掉大量负荷后,在发电机组的调速器及调压器来不及起作用的短暂瞬间内，发电机的转速上升而引起的电压升高。暂态过电压时间很短，数值也不大，一般不需要采取特殊限制措施。

2. 操作过电压

操作过电压包括分合空载长线路引起的过电压，投退空载变压器引起的过电压以及中性点不接地系统中单相弧光接地过电压。

① 分、合空载长线路引起过电压。

分空载长线路产生过电压是由于开关灭弧能力不强、触头具有重燃现象的结果。退出空载长线路如同退出电容器一样，在开关触头电流经过零值时，电弧瞬间熄火。但由于这时电压不为零，因此线路上有残留电荷，在电荷没有泄漏前，仍保持着原有电压，这时电源电压波形仍按正弦规律变化。当断路器断口间的电位差越来越大时，断口间绝缘被击穿，电弧重燃，电源电压又向线路充电，引起线路上的电压振荡，造成过电压。根据分析，断路器断口间的电弧重燃次数越多，过电压数值也越高。

当合空载长线路时，线路电压从零值变化到电源侧电压值，也经过一个振荡过程，出现过电压。如果线路上有残留电荷时合闸，例如断路器跳闸后又重合闸，这时的过电压与切空载线路时电弧重燃引起的过电压相似。

② 投、退空载变压器引起过电压。

在退出空载变压器时，由于励磁电流很小，断路器的灭弧能力又很强，因此在电流自然过零之前就可能被强行切断，在此截流的瞬间，变压器线圈上的磁场能量可能以振荡形式转换给线圈匝间或对地的小电容，引起线圈匝间或对地过电压。

投入空载变压器时也可能引起过电压，特别是如果三相非同期合闸时，变压器对地电容和匝间纵向电容与变压器电感产生振荡，过电压倍数可能很高。

③ 单相弧光接地过电压。

对于中性点不接地系统，如果线路较多，对地电容电流较大，则当发生单相接地时，接地电流较大，接地电弧不容易熄灭，常常是电弧熄灭后又重燃，形成间歇性电弧，引起故障相和其余健全相的电感电容回路上产生高频振荡过电压。其过电压数值一般可达相电压的 3~3.5 倍，在最不利情况下，甚至可高达相电压的 7.5 倍。

3. 谐振过电压

由电感和电容元件串联，当感抗与容抗接近相等时，即构成串联谐振电路。当电路发生串联谐振时，电感或电容上的电压将远大于电源电压，形成过电压。根据谐振时的不同特点，谐振过电压可分为线性谐振过电压、铁磁谐振过电压和参数谐振过电压。

① 线性谐振过电压。

线性谐振过电压的特点是谐振串联电路的电容、电感都为恒定常数。在串联谐振回路内，如果电源中某次谐波的频率正好与电路的振荡频率相同，则发生串联谐振。如果电路中的电阻为零，则串联谐振时电流为无穷大，电感、电容上的电压也为无穷大。实际上电路中总是存在电阻，因此，线性谐振过电压对额定电压的倍数 K 的计算公式如下：

$$K = \frac{\omega L}{R} = \frac{1}{R\omega C} \tag{5.2.1}$$

式中　　K——谐振过电压倍数；

Ω——角频率（Hz）；

L——线路电感（H）；

R——线路电阻（Ω）；

C——线路电容（F）。

② 铁磁谐振过电压。

铁磁谐振过电压的特点是电路中的电感带有铁心，由于铁心电感的感抗随电源电压的变化而变化，不是一个常数。在正常运行条件下，电感、电容串联回路中感抗大于容抗，由于出现某种因素导致电感两端电压有所升高，使铁心饱和，感抗减小，当感抗变得小于容抗时，电路相位从感性变为容性，形成相位翻转。这时回路中的电流突然升高，电容、电感上的压降也突然升高，形成过电压，这种过电压称为铁磁谐振过电压。

③ 参数谐振过电压。

参数谐振过电压是指水轮发电机的同步电抗在直轴电抗与交轴电抗之间周期性的变动，或者水轮发电机、汽轮发电机的定子磁通发生变动引起电抗周期性变动，这时如果外电路的容抗与发电机的同步电抗正好相等，就会出现电流、电压谐振现象，使发电机端子电压和电流急剧上升，不仅影响设备绝缘，而且影响发电机并网。这种现象称为参数谐振过电压。

知识点 2：过电压保护

（一）雷电过电压保护

（1）变电所的直击雷保护可采用避雷针或避雷线，户外安装的变压器设置独立的避雷针。避雷针的保护范围及防雷要求按照《建筑物防雷设计规范》（GB 50057）确定。

（2）具有 35 kV 及以上电缆进线段的变电所，在电缆与架空线的连接处应装设避雷器，其接地端应与电缆金属外皮连接，以防止雷电波侵入。对三芯电缆，其末端的金属外皮应直接接地；对单芯电缆，可经金属氧化物电缆护层保护器或保护间隙接地；连接电缆段的 1 km 架空线应架设避雷线。

（3）有效接地系统中的中性点不接接地变压器，如中性点采用分级绝缘且未装保护间隙，应在中性点装设雷电过电压保护装置，且宜选变压器中性点设金属氧化物避雷器。如中性点采用全绝缘，但变电所为单进线且为单台变压器运行，也应在变压器中性点装设过电压保护装置。不接地、消弧线圈接地和高电阻接地系统中的变压器中性点，一般不装设保护装置。

（4）35 kV～110 kV 变电所，应根据其重要性和进线路数等条件，在母线上或进线上装设避雷器。

（5）35 kV 配电变压器，其高压及低压侧均应装设避雷器保护。

（6）10 kV 配电装置，应在每组母线和架空进线上装设避雷器。若无所用变压器时，可仅在每路进线上装设避雷器。

（7）10 kV 配电系统的配电变压器应装设避雷器，避雷器应靠近变压器装设，其接地线应与变压器低压侧中性点以及金属外壳等连在一起接地。配电变压器宜在低压侧装设一组避雷器或击穿保险器，以防止反变换波和低压侧雷电侵入击穿高压侧绝缘。

（二）内部过电压保护

1. 工频过电压保护

一般由线路空载、接地故障和退出负荷引起的工频过电压，对 3 kV～10 kV 系统一般不超过 $1.1\sqrt{3}$ pu（工频过电压标幺值 1.0 pu=$U_m/\sqrt{3}$，U_m 为系统最高电压），对 35 kV 系统一般不超过 $\sqrt{3}$ pu，对 110 kV 以下系统一般不需要采取专门措施限制工频过电压。

2. 谐振过电压保护

① 限制谐振过电压首先要适当调整电网的参数，首先应避免谐振发生，出现谐振时要缩短谐振存在的时间，降低谐振的振幅，削弱谐振的影响，一般是采用电阻阻尼进行抑制。

② 限制消弧线圈与导线对地电容的串联线性谐振的方法是采用欠补偿或过补偿运行方式。

③ 避免变压器高压侧发生不对称接地故障，断路器非全相或不同期动作而产生的零序过电压，要求断路器三相同期动作、减少在高压侧使用熔断器。这也有利于限制断相引起的铁磁谐振过电压。

④ 限制电压互感器饱和引起的铁磁谐振过电压，可采用励磁特性较好的电磁式电压互感器或电容式电压互感器。若采用带开口三角形绕组的电压互感器，也可在零序回路中加阻尼电阻。

⑤ 开断空载变压器操作过电压的能量不大，其对绝缘的作用不超过雷电冲击波的作用，可采用阀式避雷器保护。

⑥ 对 10 kV 容量较小的变压器，当采用真空断路器时，操作过电压的保护也可采用阻容吸收装置。

3. 过电压限制装置

① 小电阻接地系统应选用金属氧化物避雷器。

② 不接地、经消弧线圈接地和高电阻接地系统，根据系统中谐振过电压和间歇性电弧接地过电压的可能性及其严重程度，可选用有串联间隙金属氧化物避雷器、碳化硅阀式避雷器，或无间隙金属氧化物避雷器。

知识点 3：城轨供电系统过电压保护

雷电过电压保护与变电所设于地面还是地下密切相关，也与其以电源线路的引入和引出采用架空还是电缆线路关系密切。由于城市轨道交通工程建设所在地均为大中型城市，城市用电负荷密度较大，110 kV 变电所已深入城区，因此，主变电所高压电源和城轨电源开闭所中压电源的引入、引出多采用电缆方式。

电缆线路的单相接地故障电流较大，因此，城轨供电系统接地方式也有采用小电阻接地方式，即主变压器中压侧和配电变压器的中性点为直接接地或小电阻接地，并且与其他需要接地的系统或设备共用接地装置。

当主变电所设于地面，建筑物和设于室外的变压器需要设置避雷针或避雷带，作为直击雷防护。当主变电所高压引入线采用架空线引入时，应按本知识点 2 中的要求采取相应措施进行感应雷防护。

1. 地下线变电所

地下线所设置的牵引变电所和降压变电所一般位于地下,相应的引入线和馈出线也敷设于地下区间或地下车站内,因此不考虑雷电过电压问题,只考虑内部过电压保护措施。

(1)在变压器及其保护断路器之间设置避雷器或阻容吸收装置。避雷器以最短路径与综合接地装置相连接。

(2)变压器低压侧宜采用避雷器保护。

(3)若中压母线设置带有开口三角形零序回路的电压互感器,应采用阻尼电阻保护。

(4)为防止走行轨电位超过允许值,应设置钢轨电位限制装置。

2. 地面及高架线变电所

地面及高架线路所设置的变电所一般位于车站内,但因电力线路明敷于地面区间或直埋敷设,故应考虑雷击过电压的保护措施。

(1)变电所由车站建筑统一考虑直击雷的防护。

(2)变电所每段中压母线设置避雷器保护。

(3)在变压器及其保护断路器之间设置避雷器或阻容吸收装置。避雷器以最短路径与综合接地装置相连接。

(4)若中压母线设置带有开口三角形零序回路的电压互感器,应采用阻尼电阻保护。

(5)变电所低压母线设Ⅰ级SPD浪涌保护器实施保护。

(6)直流开关柜正极和负极母线均设避雷器保护。

(7)为防止走行轨电位超过允许值,设置钢轨电位限制装置。

(8)对于地上区间变电所,需单独采取防直击雷。

3. 车辆段、停车场

车辆段、停车场的变电所一般是牵引变电所(混合变电所)独立设置,降压变电所与其他建筑物合建。因此,过电压保护方案分别与地面及高架线路变电所基本一致。

知识点4:钢轨电位限制装置

对于走行轨回流的直流牵引供电系统,正常运行状态下,供电分区内列车运行时,走行轨中流过牵引负荷电流,走行轨产生对地电位。钢轨对地电位的大小,主要与牵引供电电压等级、列车参数、牵引负荷电流、牵引变电所间距、走行轨对地过渡电阻的均衡程度等因素相关。

直流1 500 V牵引网电压损失允许值是直流750 V牵引网的2倍,相应走行轨上对地电位较高。在采用大双边供电时,牵引供电距离增大,此问题会变得更加突出。

当发生某些故障时,可能会引起走行轨对地电位的陡升,如接触网与走行轨发生金属接触短路,接触网对架空地线(地)发生金属接触故障,直流设备发生框架泄漏故障等。

当列车停靠站台,乘客进出车厢时会触摸金属车体,且当人多拥挤时乘客身体接触车体的时间还会较长。此时,如果走行轨上出现过高电位,乘客有受到电击的危险。

直流牵引供电系统一般设有如下继电保护：直流开关速断保护、大电流脱扣保护、电流变化率及其增量（$di/dt+\Delta I$）保护、过电流保护、线路电压保护、牵引变电所双边联跳保护、直流设备框架泄漏保护以及紧急分闸等。直流牵引供电系统发生故障时，会在短时间内切除故障，以保障人身安全、直流牵引供电系统及其设备安全。直流接触电压与允许时间的关系，见表 5.2.1。

表 5.2.1　直流接触电压与允许持续时间的关系

直流接触电压/V	允许接触时间/s
940	0.02
770	0.05
660	0.1
535	0.2
480	0.3
435	0.4
396	0.5
310	0.6
270	0.7
240	0.8
200	0.9
170	1.0
150	≤300

由于故障情况下可能存在设备拒动问题，仅仅依靠直流牵引供电系统的继电保护措施对于人身安全而言是不够的。因此，在设置继电保护的前提下，还应考虑等电位联结措施。通过等电位联结，降低人身接触电压，使人员处于等电位状态。

为了降低车体与地之间的接触电压和跨步电压，一般在设有牵引变电所的车站和车场设置钢轨电位限制装置，在走行轨对地电位超标时，可将走行轨和变电所接地母排连接起来，这是国际上通用的一种保护人身安全的防护措施。

（一）工作原理

杂散电流腐蚀防护要求走行轨对地绝缘，以减少杂散电流对地的泄漏，所以，钢轨电位限制装置的投入条件很重要，只有当走行轨对地电位超过限值，才能将走行轨通过钢轨电位限制装置与牵引变电所接地母排连通。

钢轨电位限制装置监视走行轨与地之间的电压，如果该电压超过预定的值，钢轨电位限制装置动作，将走行轨短时接地，同时钢轨电位限制装置监视走行轨与地之间的电流，当该电流低于预定值时，钢轨电位限制装置将自动复位，断开走行轨对地的连接。我国现行标准《城市轨道交通直流牵引供电系统》（GB/T 10411—2005）规定利用走行轨回流且在最大负载时，走行轨上任意一点对地电位不大于 90 V。

当正线区间出现正极接地故障时，走行轨电位可能超过限定值而使钢轨电位限制装置导通，钢轨电位限制装置将流过接地故障电流，为避免接触器触头被烧损，钢轨电位限制装置的设计采用了晶闸管加接触器的技术，如图 5.2.1 所示。其实物外形如图 5.2.2 所示。

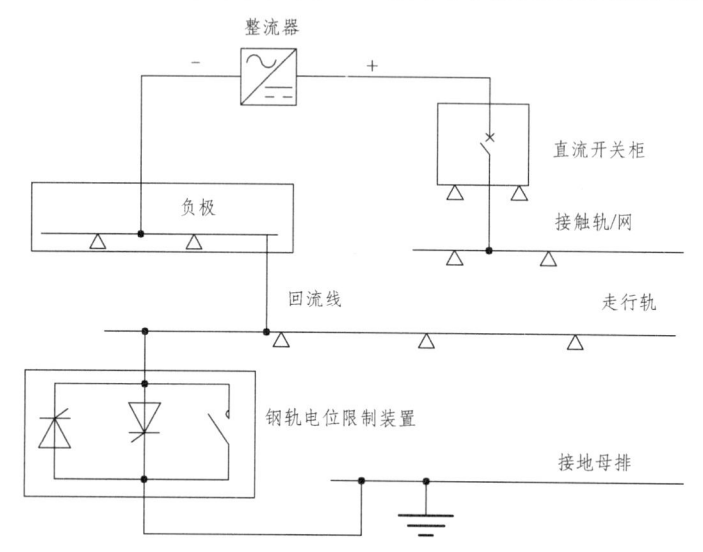

图 5.2.1　钢轨电位限制示意图

图 5.2.2　轨电位装置外形图

在走行轨对地方向和地对走行轨方向设置两组晶闸管，利用电压检测电路和触发脉冲电路来产生触发脉冲和控制信号去触发两组晶闸管的导通以及控制接触器的闭合。通过控制电路来调节预定的电压值和相应的延时时间。通过电流检测电路，当电流低于预定值时使钢轨电位限制装置自动复位，电流值也可以在一定范围内进行设置。

当接触网对地短路时，会有很大的初始故障电流流过钢轨电位限制装置，而此时晶闸管首先被触发导通来承受该电流。采用了晶闸管技术，确保了当走行轨上出现高电位时，晶闸管可在极短的时间内被触发导通并能承受很大的初始故障电流，使得整个系统更加安全、可靠。

晶闸管导通后承受通过钢轨电位限制装置中的故障电流，近、远端的直流断路器将在几十毫秒内分断故障电流,而接触器的接点机械动作时间远远大于晶闸管的导通时间和断路器的动作时间,故接触器的接点容量设计不需要考虑承受故障电流,但要考虑能承受长时间的电流而不发生过热。当接触器接点闭合后,走行轨与地之间的电流将主要通过接触器,直到该电流降至预设电流值以下时钢轨电位限制装置复位,接触器接点才打开。

(二)与直流框架泄漏保护的关系

直流框架泄漏保护用来保护直流设备正极碰壳或对地绝缘损坏,设有电压和电流动作元件,可用于报警或跳闸。钢轨电位限制装置两端分别为走行轨、保护地,用于限制走行轨对地电位,保护人身安全。

当发生直流设备正极碰壳或对地绝缘损坏时,直流框架泄漏保护装置内的电压元件将检测设备外壳与走行轨之间的电位差,发出报警信号;其中的电流元件将检测设备外壳与保护地之间的漏电流,此漏电流的大小取决于直流框架泄漏保护分流器和走行轨对道床过渡电阻的大小,直流框架泄漏保护将会动作于直流开关跳闸。

钢轨电位限制装置检测的是走行轨对保护地的电位差,这是杂散电流在走行轨与道床之间过渡电阻上产生的电压,该电位差较大时,轨道电位限制装置将会动作。

【任务实施】

第一步:分析过电压类型

过电压按引起的原因不同分为大气过电压和内部过电压。由雷电引起的过电压称为大气过电压,分为直击雷过电压和感应雷过电;电力系统中内部操作或故障引起的过电压称为内部过电压。内部过电压分为工频过电压、操作过电压和谐振过电压等类型。

第二步:分析地下牵引变电所采取的抑制过电压措施

城市轨道交通变电所分为地上所和地下所,地下所设置的牵引变电所和降压变电所,相应的引入线和馈出线也敷设于地下区间或地下车站内,因此不考虑雷电过电压问题,主要考虑内部过电压保护措施。

(1)在变压器及其保护断路器之间设置避雷器或阻容吸收装置。避雷器以最短路径与综合接地装置相连接。

(2)变压器低压侧宜采用避雷器保护。

(3)若中压母线设置带有开口三角形零序回路的电压互感器,应采用阻尼电阻保护。

(4)为防止走行轨电位超过允许值,应设置钢轨电位限制装置。

【任务小结】

请简要小结本任务的学习要点、难点与困惑,写在下面的横线上!

_____

_____

_____

【格言语录】

"从善如登,从恶如崩。"——[春秋]左丘明《国语·周语下》

此语是《国语》中收录的一句谚语。意思是学好如登山,学坏如山崩。要养成好的习惯,需要长期坚持;而要杜绝或改变一个坏习惯,也需要时时克制。"不以善小而不为,不以恶小而为之"。从小事做起,严格自律,坚持上课不迟到、不早退、不玩手机、不迟交作业等等,养成良好的学习习惯。这也是大学的一项重要学习内容。

【拓展知识】

电气设备绝缘配合

绝缘配合就是根据系统中可能出现的各种电压和保护装置的特性,来确定设备的绝缘水平;或者根据已有的设备绝缘水平,选择适当的保护装置,以便把作用在设备上的各种电压所引起的设备损坏和影响连续运行的概率降低到经济上和技术上能接受的水平。也就是说,绝缘配合要正确处理各种电压、各种限压装置和设备绝缘耐受能力三者之间的配合关系,全面考虑设备造价、维修费用以及故障损失三个方面,力求较高的经济效益。

(1) 110 kV 及以下电气装置一般由雷电过电压决定绝缘水平。变电所电气设备的雷电冲击强度与避雷器雷电保护水平进行配合。根据国内情况,对雷电过电压的配合系数取不小于1.4,以电气设备的额定雷电冲击耐受电压来表征。

(2) 110 kV 及以下电气装置一般能承受暂时过电压及操作过电压的作用,以电气设备的短时(1 min)工频耐受电压来表征。当需用避雷器来限制某些操作过电压的场合,则以避雷器的相应保护水平为基础进行绝缘配合。对操作冲击的配合系数一般取不小于1.15。

(3) 电气设备的耐受电压。

10 kV~110 kV 电气设备过电压耐受水平见表5.2.2。

表 5.2.2　10 kV~110 kV 电气设备过电压耐受水平

系统标称电压(kV)	设备最高电压(kV)	设备类别	雷电冲击耐受电压(峰值)/kV				1 min 工频耐受电压(有效值)/kV			
			相对地	相间	断口		相对地	相间	断口	
					断路器	隔离开关			断路器	隔离开关
10	12	变压器	75(60)	75(60)	—	—	35(28)	35(28)	—	—
		开关	75(60)	75(60)	75(60)	85(70)	42(28)	42(28)	42(28)	49(35)
20	24	变压器	125(95)	125(95)	—	—	55(50)	55(50)	—	—
		开关	125	125	125	145	65	65	65	79
35	40.5	变压器	185/200	185/200	—	—	80/85	80/85	—	—
		开关	185	185	185	215	95	95	95	118
66	72.5	变压器	350	350	—	—	150	150	—	—
		开关	325	325	325	375	155	155	155	197
110	126	变压器	450/480	450/480	—	—	185/200	185/200	—	—
		开关	450/550	450/550	450/550	520/630	200/230	200/230	200/230	225/265

注:① 分子、分母数据分别对应外绝缘和内绝缘;
② 括号内、外数据分别对应小电阻接地和非小电阻接地系统。

【练习与评价】

结合本任务所学知识,回答表 5.2.3 中的问题。

表 5.2.3　任务 5.2 完成情况评价表

序号	任务内容	完成记录	标准分	评分
1	城轨供电系统怎么防范雷电过电压?		15	
2	城轨供电系统怎么防范内部过电压?		15	
3	为什么要进行电气绝缘配合?		15	
4	户外区段接触轨每隔约 200 m 设一处避雷器,为什么不设置避雷针?		15	
5	为什么城市轨道交通要设置钢轨电位限制装置?某地铁车站区域列车距离车站 500 m 和 800 m 时,哪种情况此处轨电位更高?		20	
6	"任务小结"完成情况		20	
总体评价: 　好　　较好　　一般　　较差　　差				

项目6　电力监控与数据采集系统

项目导读

电力监控与数据采集系统又称电力 SCADA（Supervisory Control and Data Acquisition System）系统，主要由主站监控系统、子站系统和信息通道 3 部分组成，主要采集供电系统中的相关数据信息，并与供电系统相互传递信息，在对各类数据进行处理的同时全方位地监督电能质量，遇到异常或者故障可以及时发现并采取相应的措施，以保证供电系统的稳定运行。了解 SCADA 系统的作用、构成、网络拓扑结构等知识，为后续深入学习与应用电力监控系统奠定基础。这是本项目的主要任务，如图 6.0 所示。

```
                                         知识点1：SCADA系统简介
                    任务6.1 SCADA系统概述
                                         知识点2：SCADA系统构成

                                         知识点1：电力调度主站功能
项目6：电力监控与                        知识点2：变电所综合自动化系统
数据采集系统        任务6.2 SCADA系统功能及应用
                                         知识点3：供电复示系统
                                         知识点4：主要设备监控点

                                         知识点1：城市轨道交通供电智能技术的应用
                    任务6.3 数字化技术的应用与实践
                                         知识点2：数字通信在城轨供电系统中的应用
```

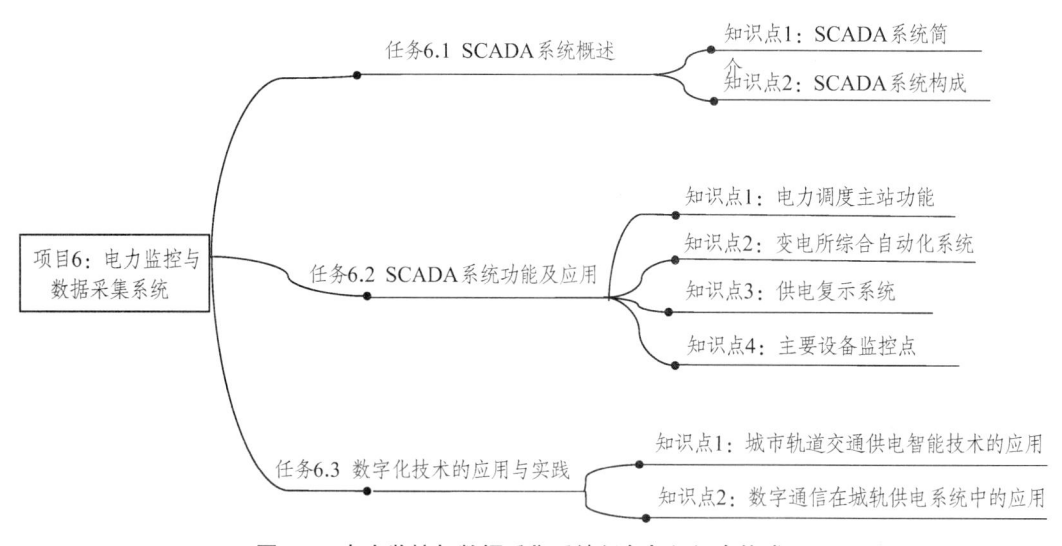

图 6.0　电力监控与数据采集系统任务与知识点构成图

任务 6.1　SCADA 系统概述

任务导读

SCADA 系统又称为电力监控与数据采集系统。需要了解 SCADA 系统的发展历程、理解其功能作用、掌握 SCADA 系统的构成，熟悉 SCADA 系统与其他系统的接口等内容。

项目 6　电力监控与数据采集系统

【学习目标】

1. 知识目标

（1）了解 SCADA 系统的作用。
（2）了解 SCADA 系统的构成。
（3）熟悉 SCADA 系统与其他系统的接口。

2. 能力目标

（1）会阐述 SCADA 系统的构成与作用。
（2）会看图说明与接口设备的接口类型、通信介质。

3. 素质目标

（1）养成系统思维意识。
（2）树立智慧供电意识。

【任务描述】

阅读某地铁站级变电所综合自动化系统结构示意图（图 6.1.5），分析综合自动化系统通信方式、系统构成等。

【任务分析】

要了解城轨电力监控系统的全貌，首先要掌握一个站/所的电力监控系统构成。站级变电所综合自动化的系统是一个缩小版的城轨电力监控系统，反映了变电所综合自动化系统与一次设备之间的连接关系。通过学习站级变电所自动化系统结构、通信方式等知识，即可完成这一读图与分析任务。

【基本知识】

知识点 1：SCADA 系统简介

电力监控与数据采集系统又称电力 SCADA 系统或远动系统，又称 SCADA 系统，有时也称 PSCADA 系统。它对城轨供电系统主变电所、牵引变电所、降压变电所等不同类别变电所内的高压 66～110 kV 设备、中压 10～35 kV 设备、直流 750 V 或直流 1 500 V 设备、低压 400 V 设备、交直流电源屏、排流柜、轨道电位限制装置等对象进行监控，实现对各种设备的控制、信息采集、数据分析处理、远方维护、统计报表、事故报警、画面调阅、历史数据查询等功能。

（一）SCADA 系统发展历程

该系统已经历了三个发展阶段：人工监控、电力监控分立系统（PSCADA）和综合监控系统（ISCS）电力监控子系统。

早期的城轨供电系统由于技术的局限，没有条件设立电力监控系统，其监控管理以人工为主，辅以调度电话方式来实现供电系统的运行管理。这种监控方式要求变电所内设置当地报警设备，当系统发生故障时值班人员能够及时发现并上报调度部门。

从 20 世纪中后期开始，通过应用计算机技术、网络技术，建立了自动化程度较高的电力监控系统。通常由四部分组成：位于控制中心的电力调度中心主站系统（即中央监控系统）、位于变电所的远程终端（RTU，即变电所综合自动化系统）、通信网络以及位于供电维修基地的供电复示系统。电力调度中心主站系统通过设置在变电所的 RTU 采集处理数据，并经过通信网络将信息传送至电力调度中心的电力监控系统服务器，从而实现电力监控系统的遥控、遥信和遥测功能。供电复示系统实现对供电系统的远程监视功能。电力监控系统与其他系统分立，系统的运行不干扰其他自动化系统，也不受其他自动化系统的影响。这种常规的系统构成方式适用于没有设置综合监控系统的工程。

20 世纪末，随着计算机技术和网络技术的快速发展，各个分立的自动化系统逐步走向综合集成，城市轨道交通各专业的自动化系统采用统一的计算机网络平台和统一的软件体系，构成综合监控系统，从而实现不同自动化系统的集成。按目前的技术水平，典型的综合监控系统一般集成电力监控系统、环境与设备监控系统等自动化系统，这种方式有利于不同系统之间的数据信息互通、软硬件资源共享。综合监控系统运行所依赖的底层基础依然是原先各分立系统的远程终端数据采集处理系统或者设备。电力监控系统集成于综合监控系统后，电力监控系统设计范围包括电力调度中心主站系统及供电复示系统的功能设计、变电所综合自动化系统的软硬件设计，而电力调度中心主站系统、供电复示系统的硬件及软件则由综合监控系统统一建设。双方的硬件接口一般位于变电所综合自动化系统与综合监控系统的通信连接装置的通信端子。

（二）SCADA 系统的作用

电力监控与数据采集（SCADA）系统的作用是保证调度人员在控制中心对供电系统中的主变电所、牵引供电系统及供配电系统的供电设备运行状态进行监视、控制及数据采集，直观了解所有运行设备的工作状况，使供电系统安全、可靠地经济运行。SCADA 系统主要作用有以下 3 个方面：

（1）对供电系统安全运行状态进行在线监控。城轨供电系统正常运行时，通过调度管理人员对电网的电压、潮流、负荷、设备运行状态及各项工况指标进行监视和控制，保证供电质量和用户的用电要求。

（2）对供电系统运行实现经济调度。在实现对供电系统安全监控的基础上，通过 SCADA 系统实现电网的经济调度，达到降低损耗、节约电能的目的。

（3）对供电系统运行实现安全分析和事故处理。对供电系统发生事故之前、之后或发生事故时的信息进行及时采集、及时分析，提供事故处理对策和相应的监控手段，以缩小事故范围，减少事故造成的损失。

知识点 2：SCADA 系统的构成

SCADA 系统由主站监控系统（调度端）、设置在变电所内的子站系统（执行端）和信息通道 3 部分组成。

为提高供电系统设备的维护管理水平及工作效率，在车辆段供电车间设置供电复示系统，对全线供电系统设备的运行状况进行实时监视。供电车间复示系统主要由复示工作站、打印机、工作台、UPS 及通信接口设备等组成，配置电力调度主站软件包，并屏蔽其控制功能。其硬件设备规格与控制中心电力调度主站终端设备相同。

某地铁全线电力监控系统构成图，如图 6.1.1 所示。

（一）主站监控系统

SCADA 系统在控制中心设有电力调度系统（主站监控系统），如果采用综合监控系统，电力监控与数据采集系统将被集成到综合监控系统中。

主站监控系统可采用客户/服务器（Client/Server）网络结构，通过以太网形成计算机监控网络，配置专用服务器，采用双机冗余工作方式，并具有软硬件自诊断功能。

在控制中心设置一套电力调度模拟屏，用于实时显示供电系统的运行状态和供电设备的运行状态。控制中心同时设置调度员工作站、维护工作站、系统用终端、供电系统管理计算机、图像监控计算机、打印机等设备。控制中心应设置不间断电源（UPS），以保证监控设备的不间断供电。

1. 局域网

控制中心局域网结构由双以太网构成，互为备用。正常情况下，一个网络用于监控计算机之间的通信，另一个处于热备用状态，当主用网络发生故障时，系统在规定的时间内自动切换到备用网络。

通信网络采用分布式实时网络，网络传输媒介可为同轴电缆。网络服务器管理整个系统资源，要求系统安全性高，网络扩展性好。

传统以太网为总线结构，传输媒介为同轴电缆或双绞线，虽然结构简单，但系统设备不易扩展、不易维修。随着网络技术的发展，由总线结构逐步采用星型网络结构，星型网络结构不但安全可靠，而且便于运行维护和系统扩充。

2. 网络服务器

控制中心一般配备两套功能完全相同的专用网络服务器，采用热备用的方式实现互为备用，以保证整个系统安全可靠地运行。两套服务器通过局域网实现数据交换。正常情况下，一主一备。当主用服务器发生故障时，备用服务器将自动切换并承担全部功能，故障信息在打印机上打印，并在监视器上显示故障系统画面。

3. 调度员工作站

配置两套功能完全相同且互为备用的调度员工作站，每个工作站均可单独承担整个系统的实时监控和调度管理工作，也可同时工作，分区监控和管理。两套调度员工作站互为备用，其中一台发生故障，另一台可自动切换并承担全部功能。

4. 维护工作站

维护工作站用于维护、扩展、开发系统软件，定义系统运行参数、系统数据库，修改用户画面，在线或离线检测等工作。

5. 模拟显示设备

作为整个 SCADA 系统的信息集中显示设备，实时显示供电系统主要设备的运行状态。有下列两种显示方式：一种是光电模拟屏显示系统，一次投资和运营费用较低；一种是背投式大屏幕显示系统，一次投资和运营费用较高。

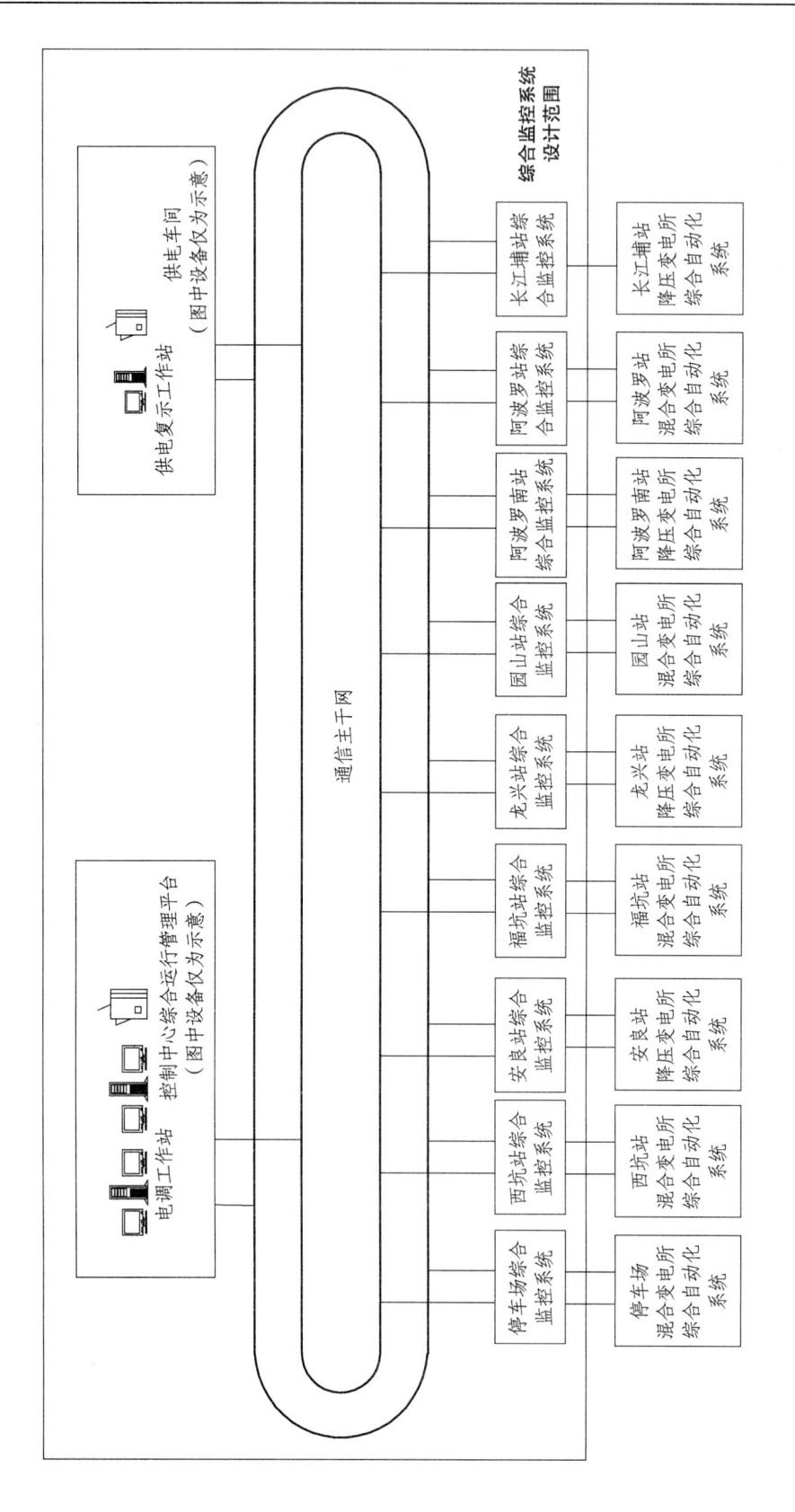

图 6.1.1 某地铁线路全线电力监控系统构成图

6. 图像显示器及控制器

作为变电所主要设备房间的图像监视设备，可显示变电所实时多媒体信息和历史多媒体信息，并可将多媒体信息转存到光盘上。图像显示器及控制器纳入地铁专用闭路电视监控系统。

7. 供电系统管理计算机

作为供电系统管理用终端，供电系统管理人员可直接查阅供电系统的各种实时信息、供电设备的各种报表，并能制定各种检修计划、工作计划，打印各种报表。

8. 不间断电源（UPS）

控制中心 SCADA 系统应设置一套不间断电源（UPS），在交流电源失电后，能维持供电的时间不小于 60 min。根据需要也可各专业共用一套不间断电源。

9. 打印机

调度员工作站配有打印机，用于操作、事故和测量数据的实时记录。系统应配有报表打印机，可进行统计报表打印、画面复制等打印工作。管理人员工作站配备一台供电管理打印机，用于打印各种管理信息。

10. 通信处理机

系统应配备两套通信处理机，组成功能等价的热备用通信系统，用于远方通信的处理，实现控制中心与变电所自动化系统的信息交流。

（二）子站系统

子站系统又称为综合自动化系统，设在主变电所、电源开关站、牵引降压混合变电所、降压变电所。变电所综合自动化系统采用全分布开放式系统结构，各子控制单元均可接入变电所网络。变电所综合自动化系统由变电所综合控制屏内的主控制单元和对应于开关柜内子监控单元及实时通信网络连接构成。

变电所综合自动化系统站级管理层为安装在控制信号屏上的主监控单元和液晶显示屏等；间隔设备层为安装在每台主要供电设备对应的综合保护测控单元、监测装置等，通过与一次开关设备、CT/PT 等设备接口完成保护、控制、数据采集。站级管理层与间隔设备层之间通过所内通信网络进行数据交换，实现所内站级管理层设备的集中控制、监视、测量、自动控制、数据集中管理、远程通信及远程维护等综合自动化管理功能。变电所内的间隔单元继电保护装置动作与运行不受通信网络和变电所主监控单元运行情况的制约。

SCADA 系统的底层结构是按供电设备进行设计的，监控装置直接安装在开关柜上，监控装置与主控单元之间通过同轴电缆或双绞线进行通信联络。一般通信方式主要有总线型和星型两种连接方式。

1. 变电所综合自动化系统结构

① 星型接线。

通信方式是以监控屏为中心，以放射式接线分别通过通信线缆与分散在开关柜内或供电设备附近的监控单元进行连接，形成 1：N 连接型式。星型方式如图 6.1.2 所示。

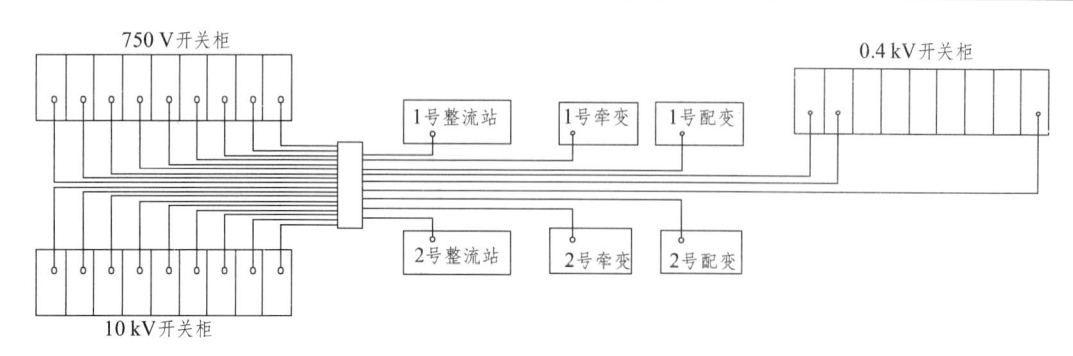

图 6.1.2 星型结构网络

星型结构特点：各监控单元与主控单元单独通信，互不影响、可靠性高。可采用串行通信实现互联，线路简单，但由于连线多，施工复杂，效率低。

② 总线型接线。

为克服星型接线方式接线复杂、效率低的缺点，用一条总线将所有分散布置的监控单元与主控单元连接起来。总线型接线方式如图 6.1.3 所示。

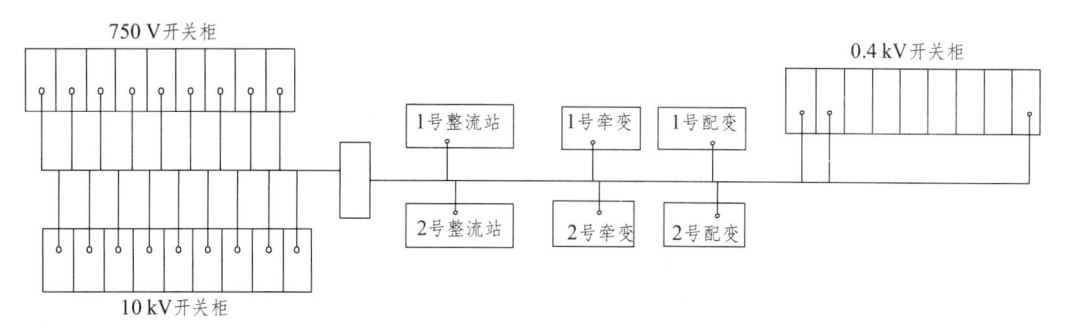

图 6.1.3 总线型结构网络

③ 混合型接线。

总线型和星型通信方式各有优缺点，考虑到地铁变电所中压成套设备（含继电保护装置）、直流成套设备、低压成套设备、配套设备（温控箱、控制器）及排流柜、自用电源屏等，不可能由一家设备厂商提供，采用同一种网络的可能性很小。为此，变电所 SCADA 网络结构宜为混合型，即成套电气设备采用总线型结构，配套电气设备等宜采用星型结构，混合型网络结构图，如图 6.1.4 所示。

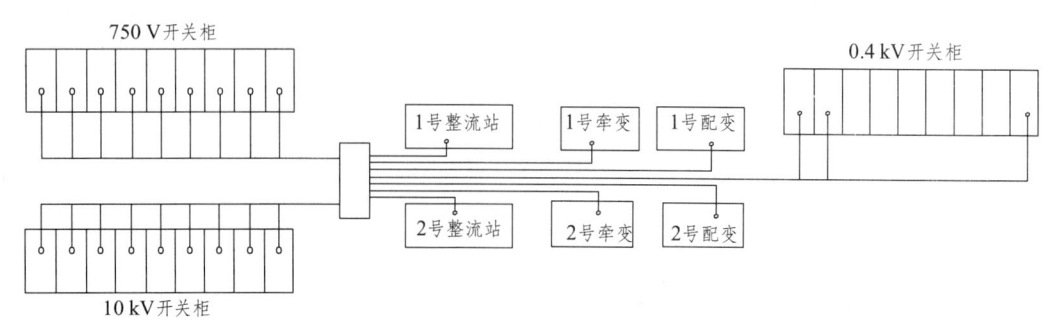

图 6.1.4 混合型网络结构

在变电所内主干通信网络优先采用以太网，网络传输媒介优先选用光纤，对于个别不支持以太网的间隔设备层设备,考虑采用现场总线与以太网转换接口;对于部分节点量的传送可以采用屏蔽电缆。在变电所综合自动化系统内部网络结构中,主监控单元、以太网交换机采用双机冗余结构。下图 6.1.5 为深圳地铁 16 号线某牵引所站级变电所综合自动化系统结构示意图。

2. 综合控制屏

综合控制屏具有事故音响、预告音响和其他信号显示功能,综合控制屏由主控制单元和液晶显示屏(器)组成。主控制单元由通信控制器和 CPU 组成,它和液晶显示屏(器)、键盘共同实现变电所综合自动化系统的各种信息的显示和调用。

3. 子监控单元

子监控单元为变电所综合自动化的基础设备、直接与电气设备的控制回路、测量回路和保护回路相连,实现遥控、遥测、遥信及远方定值修改工作。

4. 摄像头、监视器

摄像头为彩色、光学镜头倍数不小于 12 倍,具有较高的分辨率和较好的可靠性与稳定性。监视器应适应变电所环境要求,具有抗过电压、抗电磁干扰和防污等功能。

5. 通信网络

子监控装置通过实时通信网络同变电所综合控制盘内主监控单元相连。主监控单元通过通信网络从现场设备的子监控单元获取信息。通信网络采用现场总线方式。

6. 综合自动化维护设备

综合自动化系统应设有必要的维修维护设备,以便于综合自动化系统软件、硬件的维护。
① 维护计算机:具有对各种设备的控制、监视、测量数据的显示和统计的功能。具有对通信网络和监控单元编程的功能,可对各子监控单元的软件进行日常维护。维护计算机应采用便携式工业控制计算机,主频不低于 500 MHz。
② 模拟操作器:具有对变电所及车站主要机电设备的各种输入、输出和测量装置进行模拟操作功能,模拟操作器应为便携式。

(三)信息通道

主站监控系统与子站系统之间的通信通道,应包括通道结构形式,主/备通道的配置方式、信息传输通道的接口形式和通道性能要求等。通信通道一般采用光缆,由通信专业统一设置,地铁各子系统均在车站接入通信通道,所以应采用统一的接口型式,并应遵守共同的通信规约,满足通信专业的统一技术要求。通信骨干网应有主备双通道,并能自动切换。

采用通信专业配置的专用数据传输通道,采用以太网传输方式数据传输通道,或采用光纤构成冗余的光纤以太双环网作为数据传输通道,通道结构形式采用点对点的数据传输或共享和点对点相结合的数据传输,主/备通道间实现自动或手动切换。电力监控系统也可采用与继电保护差动光缆合用的传输通道。

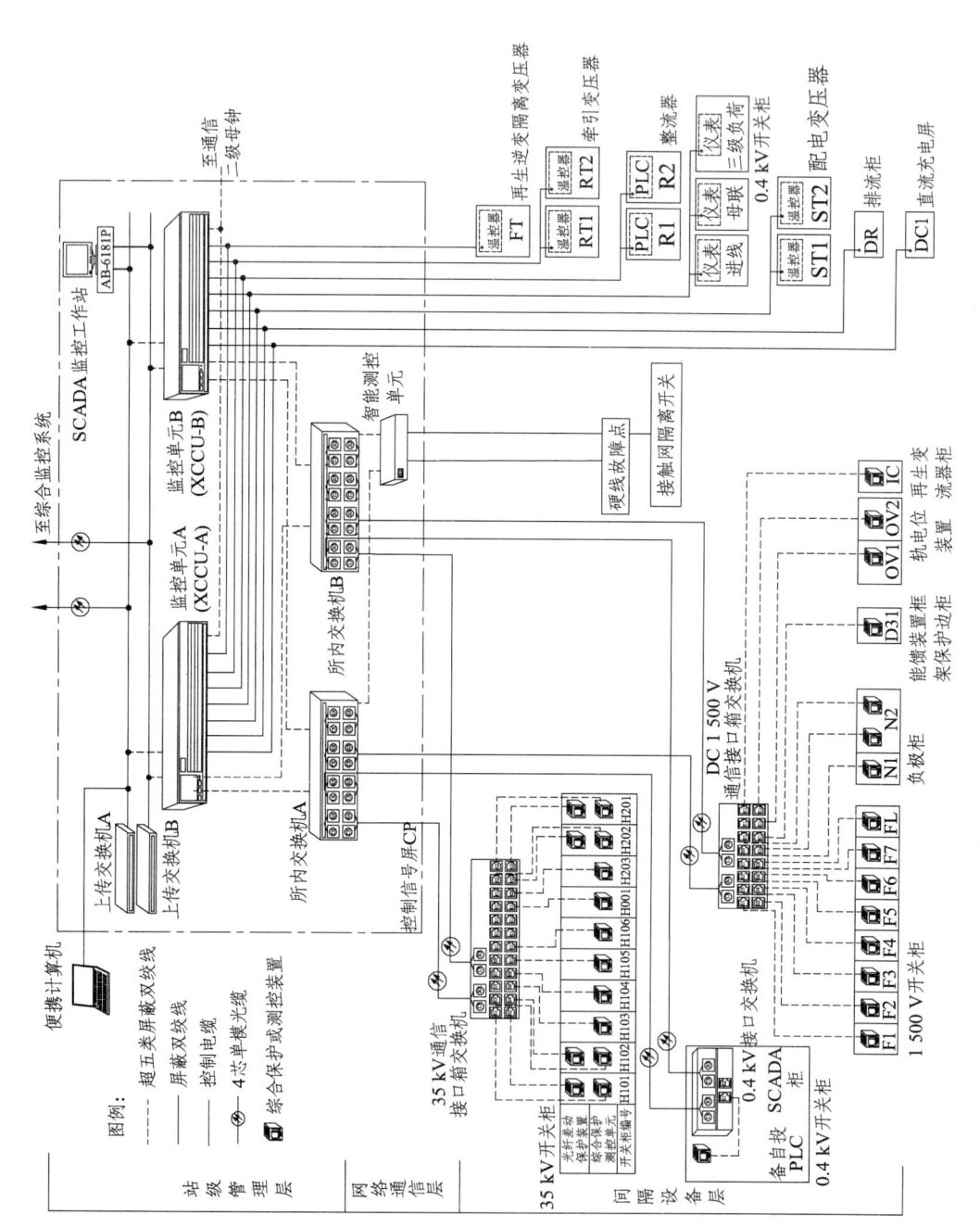

图 6.1.5 变电所综合自动化系统结构示意图

【任务实施】

第一步：分析变电所综合自动化系统通信方式

阅读图 6.1.5，可知 35 kV 开关柜和直流 1 500 V 开关柜通过超五类屏蔽双绞线分别与 35 kV 通信接口交换机/DC 1 500 V 通信接口交换机采用星型连接方式，接口交换机在现场虽然是单独安装，从运营管理的角度属于控制信号屏的设备，35 kV 开关柜和直流 1 500 V 开关柜与综合自动化系统通信方式为星型连接。整流变、动力变温控仪和 0.4 kV 开关柜的仪表通过屏蔽双绞线与控制信号屏采用总线型方式连接。所以该所的通信方式是一种混合型接线通信方式。

第二步：分析变电所综合自动化系统结构

阅读图 6.1.5，可知变电所综合自动化系统采用分散、分层、分布式网络结构，包括：站级管理层、网络通信层、间隔设备层设备。

站级管理层实现变电所控制室对本车站变电所设备的控制、监视、报警功能，并负责变电所综合自动化系统与综合监控系统之间的数据交换。站级管理层设备包括监控工作站、双冗余的监控单元、以太网交换机、综控屏等设备。两台监控单元按照热备方式工作：正常情况下指定 1#单元为主用设备，2#单元处于热备用状态；当 1#单元退出运行时，处于热备状态的 2#单元在 5 s 内自动投入使用。若 1#单元故障修复后具备正常工作的条件，则 1#单元进入热备用状态，2#单元作为主用设备运行。两个单元之间的切换也可以通过人机界面上手动操作来实现。

网络通信层实现站级管理层与间隔设备层之间的通信。变电所内网络通信层包括基础设备与监控单元之间的通信光缆、电缆及光电转换装置。光缆与通信电缆相比具有无电磁干扰的优点。为了避免变电所内电磁干扰信号造成数据传输电缆内的数据波动，本图所示 35 kV、1 500 V、0.4 kV 的智能测控保护设备均通过光缆介质接入变电所综合自动化系统。

间隔设备层实现对基础设备数据的采集、测量等功能，包括综合测控保护装置或者智能采集装置等设备，与供电系统设备的控制/检测回路、PT、CT 等二次设备连接，负责执行监控单元对供电系统设备的控制、监视、测量、保护等。牵引降压混合变电所间隔设备层具体包括以下类型设备：35 kV 综合测控保护装置、1 500 V 综合测控保护装置、0.4 kV 监控装置、牵引变压器温控器、配电变压器温控器、硅整流器智能采集装置、钢轨电位限制器智能采集装置、排流柜（含杂散电流监测装置）、交直流电源屏智能采集装置、再生制动能量吸收装置等。

【任务小结】

请简要小结本任务的学习要点、难点与困惑，写在下面的横线上！

_____

_____

_____

_____

【格言语录】

"欲穷千里目，更上一层楼。"——[唐]王之涣这句诗取自唐代诗人王之涣创作的《登鹳雀楼》。意为人要想看得更远，看得更宽，就要使自己站得更高。而思想的深度，知识的广度，技艺的精度等等都影响着一个人的站位高度。志存高远，努力提升自己，不断地超越自己，就会使自己站得越来越高，看得越来越远。

【拓展知识】

SCADA 系统与其他系统的接口

1. 与地方供电部门调度系统的接口

与地方供电部门调度系统的接口分界在主变电站的站内通信光端机上，站内通信光端机由供电部门负责。

2. 与牵引降压混合变电所和降压变电所的接口

与变电所的接口分界在各设备的通信端子排处。

3. 与杂散电流防护系统的接口

与杂散电流防护系统的分界在变电所综合自动化系统盘内的监控单元通信端子处。综合自动化系统盘由电力监控系统专业负责。

4. 与接触网的接口

与接触网的接口在接触网电动隔离开关开关通信端子排处。

5. 与综合监控系统接口

与综合监控系统的接口以车站（车辆段）综合监控设备室配线架外线侧为界。电力监控系统负责全线所有变电所内的综合自动化系统，控制中心电力调度系统、供电车间电力监控系统复示终端的软硬件由综合监控系统提供，但系统功能要求则由电力监控系统提出。

6. 与主变电站的接口

与主变电站的接口分界在 110 kV 线路保护盘、110 kV GIS 组合电器、110 kV 主变保护盘、35 kV 交流开关柜微机保护监控装置的通信端子排上。

7. 与通信系统的接口

各变电所（含主变电所）电力监控系统与各车站通信系统进行对时，分界点为通信机房配线架外侧。电缆由电力监控专业敷设，敷设通道由通信专业设置。

【练习与评价】

选读某城市地铁供电图册，结合本任务所学知识，回答表 6.1.1 中的问题。

表 6.1.1 任务 6.1 完成情况评价表

序号	任务内容	完成记录	标准分	评分
1	SCADA 系统由哪几部分组成？站级变电所综合自动化系统由哪几部分组成？		20	

续表

序号	任务内容	完成记录	标准分	评分
2	城轨供电系统中的 SCADA 系统主要对哪些对象进行监控，主要实现哪些功能？		15	
3	图中网络通信层，分别采用了哪几种通信线缆？		15	
4	简述 SCADA 系统的主要作用。		15	
5	简述 SCADA 系统与综合监控系统的接口		15	
6	"任务小结"完成情况		20	
总体评价：	好　　　较好　　　一般　　　较差　　　差			

任务 6.2　SCADA 系统功能及应用

任务导读

SCADA 系统可以实现"四遥"等功能，而实现这些功能的基础是完成对相应对象的监控。监控的基本内容包括控制、监视与测量。本任务详细介绍了主站、子站系统的功能，供电复示系统的功能与构成，同时还介绍了城轨供电系统各监控对象的主要设备监控点，最后列举了 SCADA 系统的主要技术指标等。

【学习目标】

1. 知识目标

（1）熟悉电力监控系统"四遥"功能。
（2）掌握综合自动化系统主要功能。
（3）了解复示系统的系统构成及功能。
（4）了解主要设备监控点。

2. 能力目标

（1）会阐述主站和综合自动化系统的主要功能
（2）根据现场子监控单位的接口类型，具备对变电所综合自动化系统的组网能力。

3. 素质目标

（1）养成广泛的兴趣爱好和阳光心态。

（2）养成集体意识和合作精神。

【任务描述】

阅读综合自动化系统功能和变电所主要设备监控点，简述牵引降压混合变电所 SCADA 系统监控测量的基本内容。

【任务分析】

掌握综合自动化系统功能、了解牵引降压混合所包含哪些设备，即可完成这一任务。

【基本知识】

电力监控与数据采集系统要实现遥控、遥信、遥测、遥调等功能，以监控对象为基础进行系统的构建。首先应明确供电系统需要监控的范围和具体对象，然后根据这些对象的具体运行方式与控制模式等要求确定系统的功能及软件硬件。

电力监控系统监控对象随不同地区外电源电网现状、不同类型供电系统建设形式而不同，监控对象需要按照供电系统的具体内容而定。

知识点1：电力调度主站功能

（一）遥控功能

电力监控系统的控制功能应满足供电系统改变运行方式、开展维护检修或进行故障处理等倒闸作业时，不发生误动作。

为了控制输出的安全性，在同一时间内，只允许一台操作员工作站具有控制权，并应保证仅具有控制权的计算机能完成遥控操作；系统应对输出继电器接点黏接、出入接点抖动及多重选择情况进行监测，并有画面提示和警告。

控制对象包括供电系统中可以远方控制的断路器、隔离开关及其接地开关、自动装置以及微机保护的定值切换、保护复归等。运行人员可以在调度终端上安全可靠、直观、方便地操作，实现对系统远方的控制和调节。操作中有必要的安全检查，提示，口令检验，返校确认、撤销及防同时操作功能等，并且将操作人员姓名、操作对象、操作时间、结果均记录存档，可供翻阅、打印。

控制可分为单控、程控、紧急状态控制、定时控制、自动控制。

1. 单独控制

控制过程分两步进行：

第一步：首先调出被控站的主接线图，选择控制对象。若选择成功，此时跳出被选中的对象的确认画面，所选对象分别在 LCD 和投影仪上闪烁。若选择失败，亦在显示器上提示，同时 LCD 及投影仪恢复原状态显示。只有当选择成功后，方可进行后续操作。

第二步：在被选中对象的确认画面上，按下执行键，发出执行命令。若遥控成功，则 LCD 及投影仪上开关状态刷新，停闪，并有打印记录，打印颜色为黑色；若执行失败，则 LCD 及投影仪上开关恢复原状态显示,并有打印记录,其打印颜色为红色。

2. 程序控制

程序控制就其执行过程而言与单控相似,它是若干单控的组合形式,其显示打印类似单控。在执行前应进行条件状态检测,当条件或状态满足要求时,系统允许执行提示信息;当条件或状态不满足要求时,系统给出不允许执行提示信息。

程控种类:站内程控、站间程控。

程控执行步骤分为两步进行:

第一步:调出程控相关画面,选择程控对象,被选择中的程控项符号闪烁,同时在提示区域用汉字显示确认信息。

第二步:执行,按下执行键,发出执行命令,执行一个对象的操作,先检查预定义对象的状态。发出执行命令后,在 LCD 屏幕上出现两个窗口,一个窗口显示程控细目内容,一个窗口显示被控对象所在变电所主接线画面,执行结果由主接线画面的开关符号变色进行确认,并在打印机上打印,打印颜色为黑色。

如果此时被控站发生故障或程控中某个控制失败,程控应被自动中止,并给出提示信息。系统具有带条件判断处理功能,自动判断执行命令的逻辑条件是否满足要求,若满足执行条件,则继续执行下一步;若不满足执行条件,则停止执行命令,同时提示错误信息。

3. 紧急状态控制

当现场发生紧急情况时,通过调用该控制紧急断电,达到避险或减少损失的目的。启动方式应为手动启动。

4. 遥控试验

在综合监控系统电力调度工作站系统主接线画面上设置遥控试验。

(二)遥信功能

对被控对象的位置信号、主要设备故障信号、保护装置及自动装置动作信号等进行实时采集,分类归入数据库中,并在监视器上显示,同时对故障信息提供声光报警。

1. 正常运行状态

各被控站上位监控单元将各种不同类型的信息实时地传递到综合监控系统电力调度工作站,通过 LCD 装置和投影仪实现电力调度系统对各被控站供电设备运行状态的监视。

2. 报警信息处理

当被控站发生事故和预告警时,系统应发出音响报警,且两者音响具有不同频率,此外还有灯光显示和打印记录。报警程度分若干级,各级含义和颜色在数据库中定义。

① 事故。

当事故发生时,在 LCD 故障显示窗口显示故障站名,系统自动推出故障所在的变电所主接线画面,相应的自动变位模拟开关闪烁,同时在故障细目画面显示事故内容。按闪光复归键后停止闪烁，模拟开关显示绿色，故障细目画面自动消失，若故障仍存在，则保留故障细目内容。若同时有两个及以上变电所发生故障时，在 LCD 故障显示窗口同时显示发生故障的站名。系统具有拓扑着色功能，故障停电的部分自动转为灰色或其他指定的颜色。

在 LCD 报警画面上显示事故发生的详细内容，并在打印机上进行打印，内容包括：故障发生地点、对象、性质、时间等。

当电力调度中心接收到事故信号，发出音响报警，操作员按"确认键"后，解除音响。

② 预告。

当某站发出预告信号时，在 LCD 报警画面上显示详细预告内容，并在打印机上进行打印，包括站名、对象、性质、发生时间等。

当电力调度中心接收到预告信号，发出音响报警，操作员按"确认键"后，解除音响。

③ 警报处理提示。

当警报发生后，操作员可调出警报类型画面，判断警报情况，然后调出警报处理一般原则内容画面，对操作员进行警报处理指导。

（三）遥测功能

对变电所主要电流、电压、功率、电度等电参量进行实时采集，并在监视器上通过窗口、曲线、棒图等方式动态显示。对变压器过负荷情况和出现时间，各种模拟电量的极值和出现时间进行统计，并对越限量报警。进线电源处的电能质量监测。

（四）遥调功能

主变电所变压器分接头调整、继电保护整定值切换。

（五）数据处理功能

综合监控系统电力调度工作站接收由被控站上位监控单元经通信通道传送上来的数据信息，经过各种算术及逻辑处理后，并能将数据存储到系统的实时数据库和历史数据库中。数据处理的主要内容包括：

（1）各种开关操作记录（包括站名、对象、性质、发生时间等）

（2）各种故障记录（包括站名、对象、性质、发生时间等）

（3）统计报表记录、检索

（4）电流电压曲线（包括站名、时间）

（5）遥测量超限监视：当电流、电压量超过极限值时，发出超限报警（不响音响，在显示画面上改变显示颜色并闪烁），可进行打印（需要时）和存盘。

（6）过负荷发生时间，持续时间的监视

（7）当日最大负荷，最高、最低电压和电流出现时间的统计。

（8）电流、电压、电度量等曲线的显示可以根据不同的时间要求进行时间分隔显示，以便观察电流、电压、电度量在不同时间的变化情况。

（9）开关动作次数统计（区分操作与事故情况）。

（10）进线电源处的谐波检测，感性无功和容性无功测量。

（11）可信度检验，能过滤掉不在合理性范围内的数据。

（12）变化率检验，提供对突变数据的过滤功能。

（六）调度事务管理功能

根据从变电所采集的设备运行信息，保护、开关动作等信息，设备异常信息，分析设备的动作次数、累计运行时间、异常或故障发生情况，为调度决策提供依据，配合运营维护部分制定合理的变电设备、接触网设备检修维护计划，并可根据维修部门的要求，制定合理的停送电计划。

（七）数据归档和统计报表功能

分类保存操作信息、事件和报警信息的历史记录，以便进行查询和故障分析；实现模拟量测量数据及开关跳闸次数等的日报、月报、年报等统计报表。系统可根据调度人员的要求，建立各种档案报表，采用自动或手动方式录入数据。

（八）模拟操作

（1）开关不下位模拟对位操作。

（2）闭锁、解锁操作。

（3）挂地线操作。

（九）信息查询功能

用户可设定时间和项目在系统中查询各种实时、历史信息。被查询的信息可以是一定时间内的变化过程，被查询的过程可以被重新演示，即过程回顾、事故重演。

（十）用户主要画面显示功能

应配置动态显示的供电系统图、监控系统图、变电所主接线、记录、报警、接触网供电分段示意图、程控等用户界面，另外还应含有变电所盘面动态显示图。系统主要用户画面应包括如下内容。

（1）供电系统示意图：进入调度系统后自动显示的画面，显示供电系统放射式接线图。

（2）系统构成图：包括调度所设备、被控站设备、通信网络在内的整个系统的配置图，可动态监视系统设备的运行状况。

（3）被控站变电所主接线和接触网线路图。

（4）程控显示画面：在主接线图中用鼠标点中程控操作菜单后，将显示该站的程控项目窗口。

（5）遥测曲线画面：显示两小时之内各种遥测量（包括电流/电压、有功功率/无功功率）的趋势曲线。

（6）电度量直方图：显示24小时之内的有功电度量和无功电度量。

（7）日/月/年报报表：用报表的形式显示一天/月/年内的有功电度量和无功电度量及依此

计算出的功率因数。

（8）事件细目画面：用于事件发生后，调度员对事件进行处理，显示事件发生的时间、地点、事件内容和事件性质（紧急或非紧急）。

① 历史数据库功能。

历史数据库按照预先定义的采样周期从实时数据库中采集遥信、遥测、计算量等信息，以预先定义的模式存储在商用数据库中。

② 屏蔽功能。

操作员可以通过键盘对任何一个或一座变电所被控设备进行屏蔽，使之不能被遥控操作，屏蔽被解除后方可恢复遥控。屏蔽分为开关屏蔽控制和变电所屏蔽控制。

③ 与相关系统信息交换功能。

系统应能够直接或者通过网关完成与其他相关系统的信息交换。

④ 模拟培训、仿真功能。

为培训人员提供模拟电力系统真实运行情况的操作平台，给出正常运行、操作、事故状态下的情况，且对系统的实际运行不产生任何影响。

⑤ 口令级别设置功能。

系统设口令字用以对每一位进入系统的人员进行严格的登录，清楚地分辨、记录进入系统和进行操作的人员，口令字分级别用以限制操作者进入系统的深度和授权操作范围，按从低到高划分为：操作员权限、高级操作员权限、调度员权限、系统管理员权限。

⑥ 系统的维护功能。

对各种用户画面、数据库、系统参数实现人机交互式在线修改、编辑、定义及扩展，而无需修改软件程序。

⑦ 系统具有容错、自诊断、自恢复功能。

系统具有远方诊断功能，所有工作站均应具有故障自诊断功能，自检标志达到模块级。

系统能对整个系统的运行状况实施监视，并能以图表来直观反映，并能报警提示维护人员，对运行设备的故障发生时间，恢复时间能自动记录。

系统具有对各通道进行监视的功能，若有通道故障，能发音响报警。系统应能对变电站综合自动化系统运行状况进行监视，能直接显示任一被控站传送来的信息原码，并能对通道误码率进行统计。

知识点2：变电所综合自动化系统

变电所综合自动化系统应实现变电所内各种设备的控制、监视、联动、联锁、闭锁、电流、电压、功率、电度测量以及实现变电所自动装置的功能。

（一）控制及操作功能

1. 遥控

系统遥控功能，即可以对本变电所的任何一个可遥控的对象进行合、分遥控。

遥控操作执行严格的权限管理，执行遥控必须是有操作权限或经过授权的工作人员；在同一时刻，对同一控制对象系统只允许有一个遥控操作进行。

所有的遥控操作都必须保存到系统日志中。遥控为单独控制方式，每步遥控操作均应具有手动确认功能。

2. 保护定值组管理

调度人员可以对 35 kV、1 500 V 开关保护装置的保护定值组进行统一管理，包括保护定值召唤、显示、保存、切换、打印等。可以选择站名、装置名称、装置种类进行召唤显示、保存，保存后可以按照报表格式进行打印。

3. 保护投退

调度员可以根据系统运行方式的需要，对供电系统 35 kV、1 500 V 设备的保护软压板进行投退操作。软压板的投退操作在专用界面上进行。投退操作都记录在日志中。中心调度员投入软压板时，变电所控制室无权解除压板。

4. 供电系统控制闭锁功能

系统具有控制闭锁功能：当现场供电设备故障时，引起相应开关跳闸，则此开关控制命令的操作被自动闭锁。被控对象在定义时，可编辑输入与之相关的闭锁条件，在满足闭锁条件时，执行命令应被自动屏蔽并给出提示信息。

（二）数据采集与处理功能

1. 遥信

系统从变电所综合自动化系统采集各种遥信信息，包括位置遥信和保护遥信。位置遥信分为单位置遥信和双位置遥信，保护遥信为单位置遥信。遥信信息在人机界面上实时刷新，以便操作员及时了解现场设备运行状态。

位置遥信包括各种开关、刀闸、接触器等设备的合、分状态，开关手车的工作、试验位置状态，温度检测设备的过限与否等。

保护遥信包括各类保护动作、重合闸动作的启动、出口、失败等。分为事故遥信和预告遥信。事故遥信指使设备停电、停运的事故信号，预告遥信指不影响设备继续运行的故障信号。

遥信点变位描述可按用户要求定义，系统按遥信的类型（事故总信号、断路器、刀闸、手车、保护信号、通讯状态、保护压板、预告信号、接地刀闸、PT 遥信、远方就地等）分类定义变位描述，用户也可进行自定义描述。

系统可定义给出变电所综合自动化系统计算机节点的工作状态、网络运行状态、通道运行状态等虚拟遥信点。

2. 遥测

系统应具有完善的遥测量处理功能：

① 具有变电所各种电气量的采集功能：包括测量对象的相电压、线电压、电流、零序电流、直流电压、直流电流、杂散电流、牵变谐波、有功功率、无功功率、有功电度、无功电度、电源频率、功率因数、变压器温度等。

② 完成各种数据格式的转换：可将二进制数格式、BCD 码格式、浮点数格式等各种格式的模拟量统一转换为实时数据库支持的数据格式。

③ 超量程检查：系统对每个遥测信号要进行量程检查，超量程报警。

④ 零点嵌位（近零死区的处理）：可在数据库中设置一个近零死区，如果遥测值在近零死区范围内时可嵌位成零（下限值）。当采集点的绝对值在归零死区内时，视该点数据为零值。

⑤ 遥测信号的传送死区处理：对遥测量进行限值和死区检验，用于过滤不正常的采集量。

⑥ 电度表满刻度及换表处理：回零处理：满刻度正确填写后，程序自动解决电度表回零数据处理。换表处理：需人工参与，提供一程序界面进行电度数据处理。

3. SOE 事件记录

SOE（事件顺序）记录用于分辨事件发生的先后顺序（如故障跳闸的顺序）。系统可以以各种方式（按时间、按事故源对象等）查询、分析和打印 SOE 记录。

4. 故障录波数据读取

当供电系统发生故障，保护装置启动保护功能，使故障线路的开关设备事故跳闸的同时，保护装置自动进行故障录波，并以每次故障为单位将故障录波文件存放在当地保护装置中。变电所综合自动化系统能读取电力保护装置故障录波数据并能显示、储存。

（三）显示功能

1. 人机界面显示

人机界面是调度员日常监控、操作的主界面，由运行监控程序和其他辅助的模块组成。主要提供如下功能：

调度画面显示、调度员常用操作等功能。

人机操作接口提供了窗口管理、画面显示以及操作等功能。

在人机界面可进行相关程序启动操作。

系统可显示供电系统图、牵引网系统图、各变电所主接线图、停送电程控画面、报警/预告画面及其他画面等。

2. 趋势显示

系统可以显示模拟量的趋势曲线（包括平均值、最大值、最小值等）。当进行实时趋势曲线显示时，曲线按照一定周期自动刷新，刷新周期 1 h ~ 2 h 可调。

3. 变电所综合自动化系统运行状况显示

系统能实时显示本变电所综合自动化系统的运行状况。若发现系统设备发生故障能自动报警提示维护人员，并对运行设备的设备名称、设备所在车站、故障发生时间、恢复/更换时间进行自动记录。

（四）报警功能

系统设备发生故障或异常时，自动发出各类预告/事故报警信号。

1. 人机界面报警显示

供电系统设备或者变电所综合自动化系统发生故障时,在变电所人机界面上自动推出报警画面(画面可由用户自定义)。报警应该分为多级,不同级别的报警定义不同的显示方式,如:一般性报警信息在报警列表采用高亮度或醒目颜色显示,重要报警信息自动推出报警画面(画面可由用户自定义)。报警发生后,值班员必须通过界面上的确认按钮确认,否则,报警信息一直在列表顶端或者人机界面最前端。

2. 综控屏音响报警

综控屏配置电笛或者电铃等音响报警装置。当报警发生时,综控屏内的工作站驱动音响报警装置发出报警信号,报警声音分为事故、预告两种类型,两种类型的声音应该有明显区别。

报警音响可以通过控制中心或者变电所综控屏的人机界面复归、手动复归和自动复归(延时 15 s ~ 3 min 后自动停止报警,时间可调,调整步长 15 s)。用户可以选择其中一种或者多种复归方式。

综控屏设置报警设备投入/退出/测试转换开关。

(五)系统权限管理功能

1. 使用权限管理

系统的使用权限有多个级别:① 显示级;② 车站操作员级;③ 检修员级。

2. 控制权限管理

控制权管理方式可分为:中心控制和车站控制的控制权互斥;就地控制和远方控制(中心或车站)的控制权互斥。

用户可以通过"系统控制权限管理"界面进行控制权移交、控制权查询、控制权强制解除功能。

(六)冗余设备自动切换功能

双冗余设备及通信通道采用热备工作方式,主用设备发生故障时可自动切换到备用设备。两个设备或通信通道之间的切换也可以通过人机界面上手动操作来实现。

(七)系统自检

系统应具有自检功能。

系统能对变电所综合自动化系统设备实时监视。若检测到故障,均应通过人机界面和音响等设备发出报警提示,只有管理人员手动确认才可解除报警。

通过自检可以确定故障发生的部位,并对故障发生时间、恢复时间能自动记录。

(八)时钟同步

变电所综合自动化系统应具有对时功能,通过综合监控系统与控制中心对时,使变电所综合自动化系统与控制中心的时钟保持同步。并预留与车站通信二级母钟对时功能,当变电所综合自动化系统与综合监控通信长期中断时,作为备用对时方案。变电所综合自动化系统可对其监控的智能设备进行软件同步对时,同步对时间隔时间可调。对时精度为 1 ms。

(九)与便携式维护计算机通讯功能

变电所综合自动化系统应配置与便携式维护计算机进行通讯的接口,由便携式维护计算机实现监控及维护功能。

(十)智能设备接口功能

监控单元应该能够完成与各类智能设备(包括保护测控装置、智能采集装置等)的通讯连接。监控单元需预留与智能测控单元的接口。

(十一)开关柜内微机综合保护测控单元主要功能

微机综合保护测控单元作为变电所综合自动化系统的一部分,通过变电所光纤以太网络实现通信。

(1)接收控制信号屏站控主单元对开关设备的控制命令,结合已储存的开关位置信号,以及各种既定的联锁功能,进行逻辑判断,通过输出继电器发出开关的"合闸""分闸"命令。当地或远方控制方式的选择在当地进行。

(2)采集和显示开关设备的位置信号、柜内设备及整流机组、变压器等设备运行的事故、预告信号。

(3)对电流、电压、功率、电度等电气量采用直接采样,通过所内光纤以太监控网络传送到控制信号屏站控主单元。

(4)实现各开关之间的联动、联锁、闭锁等功能。

(5)具有断路器防跳闭锁功能,但优先采用断路器机构防跳功能。

(十二)自动装置功能

自动装置功能应能满足供电安全、可靠、灵活、高效的运行要求,相关自动装置应相互配合。

(1)35 kV 母联设置手动/自动投入装置。

(2)直流 1 500 V 馈线设置带有能判断故障性质的自动重合闸装置。

(3)0.4 kV 母联设置手动/自动投入装置。

(4)交流自用电系统设置母联自投,来电自复功能。

(5)直流自用电系统设置 0.4 kV 进线自投功能。

(十三)与邻站 PSCADA 数字通信功能

本站控制信号盘内的以太网交换机与邻站的以太网交换机搭建通信网络,传输站内/站外隔离开关及其接地刀闸、直流断路器的位置信息,可实现站间、站内直流开关、隔离开关、接地刀闸的闭锁功能以及中压环网数字通信电缆后备保护功能。

（十四）远程通信功能

通过通信系统提供的数据传输通道实现变电所与综合监控系统电力调度系统的数据交换。

知识点 3：供电复示系统

供电复示系统设置在供电检修车间，用于供电检修人员对供电系统实时监视，并可以通过此系统获取相关的检修信息，如开关跳闸次数、设备类型、设备生产厂家等。供电复示系统不具有对供电系统设备的控制权限。

（一）系统功能

供电复示工作站的功能与调度员工作站基本相同，但没有被授予控制权限。通过供电复示工作站可以实现以下功能。

1. 设备信息管理功能

所有设备可以图形的方式直观地显示在所属变电所的接线图画面上，该设备的管理信息都能方便地录入、修改、查询、统计和打印。管理信息中包括设备数据库信息、设备制造厂家信息、生产日期、保修期、额定电压、电流等用户需要了解的模板信息，也包括操作记录、缺陷记录、修试记录、巡视记录、事故异常记录、运行记事簿、开关跳闸记录、保护工作记录等设备运行记录。

2. 运行记录功能

供电复示系统能够对设备各种运行情况进行记录，具体如下：

① 操作记录，包括操作日期、操作人、操作内容。不同的用户登录设有不同的权限。普通用户只有添加权限，管理用户具有添加、删除、修改各项权限。

② 缺陷记录，包括日期、缺陷内容、缺陷编号、缺陷类别、发现人、报告时间、接受报告人、消除时间、工作负责人、验收人。缺陷编号由系统生成。缺陷类别根据管理制度分为Ⅰ、Ⅱ、Ⅲ类；消除时间、工作负责人、验收人的内容可以在登录修试记录时自动生成。缺陷内容的登录尽可能使用运行规程中的专用术语和名称。

③ 事故异常记录，包括日期时间、事件内容、现象与症状、保护及自动装置动作情况、调度员、有关领导、值班员、处理情况。

④ 巡视记录，包括日期、巡视类别、巡视内容、发现问题与结论、巡视人。

⑤ 修试记录，包括日期、工作票号、修试性质、设备名、所属单元、工作负责人、修试内容、存在问题与结论、验收意见、验收人和技术负责人等。

⑥ 开关跳闸记录，包括跳闸时间、开关号、跳闸原因、累计跳闸次数、跳闸停电时间、重合闸动作情况、记录人等。

3. 预防性维修提示功能

系统应允许具有相应权限的用户设置维修提示功能。提示条件可以由用户自行定义，比如运行时间和开关动作次数。当系统发现设备当前的累计运行时间超过了设定的安全运行时间或者开关动作次数超过了设定的开关动作次数，则产生一条设备维修报警，提醒维修人员应该对该设备进行设备维修或更换。

4. 工作票管理功能

系统应该具有开票（维修工程师）、审核与签发（维修调度）、状态跟踪（工作票的实时状态：计划、签发、开工许可、完工、延期、废票）、作废、打印、统计、查询（合格率统计）功能。

工作票一旦完结，仅能进行查询和统计，任何人不能修改。

系统应该提供工作票模板，维修工程师通过编辑修改操作票模板以生成新的工作票，同类工作票通过不同的工作票号加以区分。

工作票应该可以按设备对象进行存储和管理。查询条件可以是设备对象、设备所处车站、设备检修时间等。

（二）系统构成

如果电力监控系统集成于综合监控系统，供电复示系统可以由综合监控系统统一考虑，从综合监控系统维修管理系统内单独引出显示终端，此显示终端专门用于供电维修车间。综合监控系统可以通过权限管理功能，限制供电复示系统工作站的浏览权限。

如果电力监控系统独立建设，供电复示工作站应配置打印机、UPS、工作台及相应的通信接口设备等。

知识点4：主要设备监控点

以下各表列出了城轨供电系统典型监控对象的主要设备监控点（包括控制、测量与监视范围），可用于参考。具体到某个工程时，需结合各工程供电系统的实际情况与具体需求进行修改、补充，以满足电力调度的需要。

1. 66~110 kV设备

66~110 kV设备监控点见表6.2.1。

表6.2.1　66~110 kV设备监控点

设备	监控要求	监控类型
进线开关柜	断路器的合闸、分闸控制，保护复归控制	控制
	断路器的合、分状态	监视
	断路器手车的工作、试验和抽出位置	
	隔离开关闭合、打开和接地位置	
	带电显示信号	
	断路器故障跳闸	
	转换开关位置	
	接地隔离开关位置	
	进线电压	测量

续表

设备	监控要求	监控类型
进线开关柜	回路电流	测量
	进线功率因数	
	频率	
	避雷器动作次数	
	避雷器动作状态	
	SF$_6$ 气体低	
	脱扣电路状态	
	谐波电流	
主变压器馈出柜	断路器的合闸、分闸控制，保护复归控制	控制
	断路器的合、分状态	监视
	断路器手车的工作、试验和抽出位置	
	隔离开关闭合、打开和接地位置	
	带电显示信号	
	断路器故障跳闸	
	转换开关位置	
	接地隔离开关位置	
	回路电流	测量
	SF$_6$ 气体低	
	脱扣电路状态	
	有功功率	
	无功功率	
	有功电度	
	无功电度	

2. 主变压器

主变压器监控点见表 6.2.2。

表 6.2.2　主变压器监控点

设备	监控要求	监控类型
主变压器	油温	测量
	有载调压开关分接头位置	监视
	主变压器有载调压开关分接头位置的升、降、停	控制

3. 10~35 kV 设备

10~35 kV 设备监控点见表 6.2.3。

表 6.2.3　10~35 kV 设备监控点

设备	监控要求	监控类型
进线开关柜	断路器的合闸、分闸控制，保护复归控制	控制
	断路器的合、分状态	监视
	断路器手车的工作、试验和抽出位置	
	PT 手车的工作、试验、抽出位置	
	PT 断线信号	
	隔离开关闭合、打开和接地位置（适用于 35 kV）	
	带电显示信号	
	断路器故障跳闸	
	转换开关位置	
	接地隔离开关位置	
	进线电压	测量
	回路电流	
	回路有功功率	
	回路无功功率	
	进线功率因数	
	回路电量计量	
	避雷器动作次数	
	避雷器动作状态	
	SF_6 气体低（仅限于 SF_6 开关）	
	脱扣电路状态	
	谐波电流（仅限于电源开闭所）	
馈线开关柜	断路器的合闸、分闸控制，保护复归控制	控制
	断路器的合、分状态	监视
	断路器手车的工作、试验和抽出位置	
	隔离开关闭合、打开和接地位置（适用于 35 kV）	
	带电显示信号	
	断路器故障跳闸	
	转换开关位置	
	接地隔离开关位置	
	避雷器动作状态	
	脱扣电路状态	
	避雷器动作次数	测量
	回路电流	
	SF_6 气体低（仅限于 SF_6 开关）	

续表

设备	监控要求	监控类型
牵引变压器馈出柜	断路器的合闸、分闸控制，保护复归控制	控制
	断路器的合、分状态	监视
	断路器手车的工作、试验和抽出位置	
	隔离开关闭合、打开和接地位置（适用于35 kV）	
	带电显示信号	
	断路器故障跳闸	
	转换开关位置	
	接地隔离开关位置	
	脱扣电路状态	
	回路电流	测量
	回路有功功率	
	回路无功功率	
	回路电度计算	
	SF_6气体低（仅限于SF_6开关）	
配电变压器馈出柜	断路器的合闸、分闸控制，保护复归控制	控制
	断路器的合、分状态	监视
	断路器手车的工作、试验和抽出位置	
	隔离开关闭合、打开和接地位置（适用于35 kV）	
	带电显示信号	
	断路器故障跳闸	
	转换开关位置	
	接地隔离开关位置	
	脱扣电路状态	
	回路电流	测量
	SF_6气体低（仅限于SF_6开关）	
母线分段开关柜	断路器的合闸、分闸控制，保护复归控制	控制
	断路器的合、分状态	监视
	断路器手车的工作、试验和抽出位置	
	隔离开关闭合、打开和接地位置（适用于35 kV）	
	带电显示信号	
	断路器故障跳闸	
	转换开关位置	
	接地隔离开关位置	
	脱扣电路状态	

续表

设备	监控要求	监控类型
母线分段隔离柜	回路电流	测量
	SF$_6$气体低（仅限于SF$_6$开关）	
	接地隔离开关位置（适用于10 kV）	监视
	隔离开关闭合、打开和接地位置（适用于35 kV）	
	带电显示信号	

4. 直流1 500 V设备

直流1 500 V设备监控点见表6.2.4。

表6.2.4 直流1 500 V设备监控点

设备	监控要求	监控类型
牵引变压器馈出柜	牵引变压器过热报警	监视
	牵引变压器超温跳闸	
	硅整流器跳闸故障信号	
	硅整流器温度高	
	硅整流器单向导通装置故障	
直流进线柜	直流断路器的合闸、分闸控制，保护复归控制	控制
	直流断路器的合、分状态	监视
	直流断路器手车的工作、试验和抽出位置	
	断路器故障跳闸信号	
	直流母线电压	
	转换开关位置	
	脱扣电路状态	
	正负母线避雷器动作状态	
	母线避雷器动作状态	
	直流总闸电流	测量
	正负母线避雷器动作次数	
	母线避雷器动作次数	
直流负极柜	隔离开关合、分状态	监视
	直流设备框架保护动作	
直流馈线柜	直流断路器的合闸、分闸控制，保护复归控制	控制
	直流断路器的合、分状态	监视
	直流断路器手车的工作、试验和抽出位置	
	断路器故障跳闸信号	
	脱扣电路状态	
	转换开关位置	
	车辆段维修库紧急按钮跳闸(仅限于车辆段牵引变电所)	
	断路器闭锁信号	

续表

设备	监控要求	监控类型
直流馈线柜	自动重合闸失败	
	直流分闸电流	测量
直流隔离开关设备	电动隔离开关的合闸、分闸控制	控制
	纵联电动隔离开关的合闸、分闸控制	
	电动隔离开关的合、分状态	监视
	纵联电动隔离开关的合、分状态	
	转换开关位置	
	避雷器动作状态（仅限于地面或者高架工程）	
	手动隔离开关状态（根据工程需要选择配置）	
	避雷器动作次数（仅限于地面或者高架工程）	测量

5. 400 V 设备

400 V 设备监控点见表 6.2.5。

表 6.2.5　400 V 设备监控点

设备	监控要求	监控类型
进线柜	进线断路器的合闸、分闸	控制
	断路器的合、分状态	监视
	断路器的工作、试验、断开位	
	断路器故障跳闸信号	
	转换开关位置	
	进线电流	测量
	进线线电压	
	进线相电压	
	进线有功功率	
	进线无功功率	
	进线电度计量	
	进线功率因数	
馈出柜	馈出断路器合闸、分闸控制	控制
	三级负荷总开关合闸、分闸控制	
	馈出断路器合、分状态	监视
	馈出断路器工作、断开位置	
	转换开关位置	
	三级负荷总开关合、分状态	
	三级负荷总开关工作、断开位置	
	三级负荷总开关转换开关位置	

续表

设备	监控要求	监控类型
母线分段柜	母线分段断路器的合闸、分闸	控制
	母线分段断路器的合、分状态	监视
	母线分段断路器的工作、试验、断开位置	
	断路器故障跳闸信号	
	转换开关位置	
	母线分段断路器电流	测量

6. 配电变压器

配电变压器监控点见表6.2.6。

表6.2.6 配电变压器监控点

设备	监控要求	监控类型
配电变压器	变压器过热报警	监视
	变压器超温跳闸	

7. 交直流电源屏

交直流电源屏监控点见表6.2.7。

表6.2.7 交直流电源屏监控点

设备	监控要求	监控类型
交直流电源屏	直流输出欠压	监视
	直流输出过压	
	直流对地绝缘	
	交流进线开关状态	
	浮充失败	
	直流屏进线断路器合、分状态	
	馈出断路器合分状态	
	电源屏故障总信号	
	馈线电压	测量

8. 排流柜

排流柜监控点见表6.2.8。

表6.2.8 排流柜监控点

设备	监控要求	监控类型
排流柜	排流动作元件状态	监视
	排流电流	测量
	参比电极电压	

9. 轨道电位限制装置

轨道电位限制装置监控点见表 6.2.9。

表 6.2.9　轨道电位限制装置监控点

设备	监控要求	监控类型
轨道电位限制装置	接地动作元件状态	监视
	轨道对地电位	测量
	接地动作元件动作次数	

【任务实施】

第一步：分析牵引降压混合变电所的基本设备

牵引降压混合变电所主要包含 35 kV 开关柜、整流变压器、整流器、配电变压器、1 500 V 直流开关柜、1 500 V 接触网隔离开关、0.4 kV 开关柜、交直流屏、钢轨电位限制装置等基本设备。

第二步：分析变电所综合自动化系统的基本功能

变电所综合自动化系统主要实现对变电所内各种设备的控制、监视、联动、联锁、闭锁、电流、电压、功率、电度测量以及实现变电所自动装置的功能。

第三步：简述牵引降压混合变电所 SCADA 系统监控测量的基本内容

1. 控制范围

（1）控制开关范围。

包括对 35 kV 断路器、35 kV 隔离开关、1 500 V 断路器、1 500 V 接触网电动隔离开关、1 500 V 进线电动隔离开关、0.4 kV 进线断路器、母联断路器、三级负荷总开关、重合闸投切开关和自动装置投切开关等的控制。

（2）其他控制范围。

包括对继电保护整定组转换和全所信号复归的控制。

2. 监视范围

包括监视 0.4 kV 母线以上断路器、负荷开关（含三级负荷总开关）、隔离开关、接地开关位置信号与开关当地/远动操作位置信号；邻所 35 kV 与 1 500 V 断路器等位置信号；事故信号和预告信号、自动装置投入/撤除信号、交直流装置信号、钢轨电位限制装置信号、单向导通装置信号、机构故障信号与负荷变化信号等；35 kV 进出线与 35 kV 馈线保护、1 500 V 馈线保护及 1 500 V 框架保护动作信号；0.4 kV 进线、母联和三级负荷总开关保护动作信号等。

3. 测量范围

主要包括 35 kV 进线电流与进线（母线）电压；牵引整流机组 35 kV 侧电流、有功功率、有功电度；直流 1 500 V 母线电压与馈线电流；回流线电流；配电变压器 35 kV 侧电流、有功功率、有功电度；0.4 kV 进线电流、功率因数、有功功率、有功电度、无功功率、无功电度；0.4 kV 母线电压；直流屏直流母线电压等参数的测量。

【任务小结】

请简要小结本任务的学习要点、难点与困惑,写在下面的横线上!

_____

_____

_____

_____

_____

【格言语录】

"时间就像海绵里的水,只要你愿意挤,总还是有的。" ——鲁迅

当今时代,人们常常感慨工作、学习、生活节奏越来越快。日月如梭,时光飞逝。总觉得时间不够用,很多事情都还没来得及做,新的一天又开始了。大家都不知道时间去哪了?鲁迅先生给了我们答案,节奏越快,时间就越成点点滴滴的了,就像藏在海绵里的水一样,需要我们去挤。珍惜点滴时间,就是珍惜生命。

【拓展知识】

SCADA 系统主要技术指标

1. 主站监控系统技术指标

(1) 主、备机切换时间≤20 s(备机完全接管系统的时间);

(2) 控制响应时间<2 s;

(3) 信息响应时间<2 s;

(4) 遥测精度误差≤0.5%;

(5) 网络负荷率≤30%;

(6) 画面响应时间≤1 s;

(7) 站间事件分辨率≤15 ms;

(8) 传输速率≥10 Mbps;

(9) 控制中心与子站传输速率≥2 Mbps;

(10) 系统可用率不小于 99.98%;

(11) 系统平均无故障工作时间(MTBF)≥20 000 h;

(12) 装置平均无故障工作时间(MTBF)≥10 000 h。

2. 子站系统技术指标

(1) 冗余设备切换时间≤15 s;

(2) 控制响应时间<2 s;

(3) 信息响应时间<2 s;

(4) 遥测精度误差≤0.5%;

(5) 网络负荷率≤30%;

（6）画面响应时间≤1 s；

（7）站内事件分辨率≤2 ms；

（8）传输速率≥10 Mbps；

（9）控制中心与子站传输速率≥2 Mbps；

（10）装置平均无故障工作时间（MTBF）≥10 000 h。

【练习与评价】

选读某城市地铁供电图册，结合本任务所学知识，回答表 6.2.10 中的问题。

表 6.2.10　任务 6.2 完成情况评价表

序号	任务内容	完成记录	标准分	评分
1	SCADA 系统主站遥控功能有哪几种控制方式？		15	
2	变电所的设备可采用哪三级控制方式？		15	
3	变电所综合自动化系统包含哪几类数据采集与处理功能？		15	
4	地铁牵引变电所一般有哪几种自动装置功能？		20	
5	综合自动化系统主要对哪几类电参量进行实时采集？		15	
6	"任务小结"完成情况		20	
总体评价： 好　　较好　　一般　　较差　　差				

任务 6.3　数字化技术的应用与实践

任务导读

本任务主要简单介绍了数字化技术在城市轨道交通供电系统中的应用。主要介绍设备在线监测系统、变电所辅助监控系统、智能供电运维管理系统的系统构成及功能，还介绍了数字通信技术在保护与闭锁中的应用。

【学习目标】

1. 知识目标

（1）了解在线监测系统、辅助监控系统、智能运维系统构成及功能。
（2）掌握数字通信过电流保护原理。

2. 能力目标

（1）能说明城轨供电系统纵联差动保护与数字通信过电流保护之间的联系与区别。
（2）发生数字通信过电流保护跳闸时，能快速判别线路故障区段范围。

3. 素质目标

（1）养成在新环境中的好学习惯。
（2）养成坚持学习与勇于创新的职业精神。

【任务描述】

阅读"图6.3.1 电流选跳动作分析示意图"，C1、C2开关选跳保护动作，分析故障点在什么位置，故障电流经过哪几个开关。

【任务分析】

选跳保护的动作逻辑是若本侧无过流启动（OFF），而对侧装置有过流启动（ON），则经延时T后产生两侧保护动作；若两侧均有或均无过流启动，则闭锁动作。理解这一动作逻辑后可完成这一任务。

【基本知识】

为进一步提升电力电气自动化与智能化水平，保障电力系统安全稳定高效运行，电力系统特别注重引入先进的数字技术，实现电力系统的优化管控。

知识点1：城市轨道交通供电智能技术的应用

当今社会正进入产业数字化与数字产业化的变革时代，数字技术正越来越深入影响到各行各业的各个领域。城市轨道交通供电系统是城市轨道交通安全稳定运营的重要保障，伴随着轨道交通规模的不断扩大，供电系统设备体量和类型都不断在增加，网络结构、系统互通、资源共享方面的关联度也在不断加深，对故障原因诊断、系统状态掌握能力、维保作业统筹协调等方面都提出了更高要求，对数字技术的应用也显得尤为迫切。智能供电系统作为数字技术在供电系统中的综合应用，不仅是利用新工艺、应用新设备来提高供电系统可靠性，还利用变配电所辅助监控技术、大数据分析、物联网技术等实现变电所智能化，减少运维工作量，由计划修、故障修过渡到状态修，从而减少运维成本；为供电系统设备全生命周期健康状态、故障预测、状态决策、应急管理等提供科学依据。

（一）设备在线监测系统应用

变电所在线监测系统通过在供电系统一次设备上加装在线监测装置，并搭建以在线监测系统、状态评估系统、设备信息管理系统为主的系统框架，通过对设备核心状态量的在线数据获取、监测预警、分析诊断,实现对变电所内各类设备的自动巡检、自动预警、自动输出报表等功能,减少人员到现场巡视次数,及时发现设备隐患,为迅速排除故障,节省检修时间,为变电生产检修、运行、预试、调度、项目管理各业务的标准化、规范化管理提供有效的信息支撑平台,提高供电系统安全、稳定运行,提高设备的运行维护和管理水平,最终达到对设备的全寿命周期管理目标。

系统采用集中管理、分散布置的模式,分层、分布式系统结构。系统由中央管理层、站级管理层、过程层、网络通信层组成。覆盖范围包含各变电所、主变电所、车辆段、接触网。接触网在线监测车载部分由车辆专业统一考虑,本系统实现中央级分析功能。过程层设备由变电所专业统一考虑。

1. 中央层在线监测系统

中央层在线监测系统应具备的功能如下:

数据采集模块主要利用骨干通信网,实现从站控层中取得各类变电设备的在线监测数据,并作初步的生数据加工,同时将加工后的数据存储到中央层数据库中,以方便实时查看。采集模块同时负责主站与各智能监测装置控制指令与数据的转发。

中央层在线监测系统需要与资产管理系统(LMINS)系统做接口,将设备的台账、缺陷、试验、运行等方面静态和动态数据进行整合,为设备状态评价和风险评估等高级应用开发打下基础。

在中央层平台上,以列表、曲线和图谱等方式,全方位展示各类在线监测数据。通过数据整合,将在线监测装置的通信异常、运行异常信息,主设备的在线监测实时、历史数据,试验数据、台账缺陷等信息按照运行人员的实际运行需求进行展示。在线监测子系统将采集到的供电设备数据实时直观显示在HMI上;状态评价模块对反映设备健康状态的各指标项数据进行分析评价,并最终得出设备总体健康状态等级。实现自动触发和人工触发功能,对单个设备或多个设备进行评价。状态评估子系统对具备条件的供电设备进行多维度状态评估,相互进行校验,实现健康状态评估、剩余寿命评估、维修策略、故障统计等功能。在保证地铁供电系统可靠运行的基础上,利用供电设备的状态评价结果为地铁供电系统设备的维修策略提供可行性建议,并形成设备状态分析评估数据库。

对表征接触网(轨)运行过程的全维数据进行分析和处理,自动形成接触网(轨)系统及零部件的维修策略,全面提高维修效率,提升运行可靠性,降低维护成本,为构筑智能运营维护系统奠定基础。通过数据的评估、管理,将数据进行可视化展示,并进行零部件服役状态的判断,确定并上报故障种类、故障位置,做出维修决策与管理,以进行接触网(轨)的整体服役状态评估。对接触网(轨)监测参数进行集中显示、超限判断、超限编辑和统计分析;对弓网/靴轨受流原始数据重放及对监测的当前数据和历史数据实时连续对比分析;对弓网/靴轨运行工况视频进行高清拍摄并在指定里程范围内指定时间或空间间隔导出图像;测量接触线磨耗,并对接触线磨耗进行计算和分析;建立有接触网(轨)基础信息数据库。接触网评估系统主要是为了更加直观地了解接触网(轨)的技术状态、发现参数变化规律、有效地指导维修而设立的系统。其通过提供接触网(轨)监测装置接口,能够存储监测装置产生的海量数据,并能实现对数据的存储分析、整理、归类,坚持"重检慎修"原则,可及时发现潜在故障,在其发展为功能性故障前组织维修。另外,评估系统可对监测过程中发现的缺陷进行闭环管理，详细记录缺陷的识别、确认、审核、整改、消除全过程。

2. 站级在线监测系统

站级在线监测系统应具备的功能如下：

对站内在线监测装置、综合监测单元以及所采集的状态监测数据进行全局监视管理。站控层监测单元需要与站级 SCADA 系统做接口，将设备的运行数据进行整合，为设备状态评价和风险评估等高级应用开发打下基础。SCADA 数据主要分为两类：模拟量数据；状态量数据。

A：模拟量数据，包括线路电流（I_a）、线路电流（I_b）、线路电流（I_c）、母线电压（U_{ab}）、母线电压（U_{bc}）、母线电压（U_{ca}）、有功功率、无功功率、功率因素、有功正电度、有功负电度等。

B：状态量数据，包括报警总信号、断路器分闸闭锁、保护跳闸、就地/远方状态、断路器分/合闸状态、隔离开关分/合闸状态、接地开分/合闸状态、断路器储能异常、主变差动保护启动、主变差动保护动作、油面温度高跳闸、绕组温度高跳闸、油温高报警、绕组温度高报警等。

分布于变电站内的在线监测智能设备将各类监测数据通过标准的通信协议与站控层监测单元进行交互，汇总至子站控层监测单元中的实时数据库中，站控层监测单元对各种供电设备的各类状态监测数据进行综合加工处理、分析后将数据传送至中央层，并接受上层单元下传的下装分析模型、参数配置、数据召唤、对时、强制重启等控制命令。

监测预警模块实时监控状态量指标变化，对于超出状态评价导则和规程规定阈值范围的劣化指标，根据不同的类别和等级向平台（自动）传输预警信息，同时启动设备状态诊断模块，辅助分析故障位置和原因。

3. 在线监测装置功能

在线监测装置（传感器）安装在一次设备上或设备周边，能够自动、连续或周期性采集设备状态信息，监测结果可根据需要定期发至站端监测单元。

4. 变电所视频巡检功能

在变电所设备房内设置云台摄像机对运行设备进行实时直观的监控、定时巡检；云台控制支持巡查模式下连续工作，也可以按预定顺序或随机方式进行位置预设，并可实现设备跳闸、故障、告警的系统联动监视，并对故障自动报警的设备进行故障信息的识别、确认和图像采集。变电所云台摄像机由安防专业统一配置，并纳入供电设备在线监测系统的变电所视频巡检系统。主要功能如下：

① 日常巡检。

利用变电所摄像机巡检代替人工进行变电所日常巡检。系统通过读取安防专业变电所摄像机的影像资料，对设备状态、环境状况、温度等进行实时巡视和检测，并进行记录分析和异常报警处置等，实现全天的监控和管理。巡检任务内容包括巡检点位信息以及月、周、日、小时等不同时间维度的巡检周期，巡检类型包括例行巡检、熄灯巡检、专项巡检、自定义巡检等 4 类：例行巡检主要包括设备表计、状态指示、设备设施外观、变电站运行环境等巡检点位；熄灯巡检主要包括设备有无电晕、放电、接头有无过热等巡检点位；专项巡检主要包括 SF_6 压力表、位置状态识别等巡检任务；自定义巡检是指通过历史任务导入或自定义编制的方式，根据筛选条件、巡检点位信息自动生成巡检任务。

巡检任务执行方式主要有三种：手动巡检，选择巡检任务，立即开始本次巡检，并手动进行下一步切换；自动巡检，选择巡检任务，立即开始本次巡检，系统根据巡检项时间间隔，自动跳转下一步。定时执行，从日历选定巡检日期、时间，系统按要求自动执行巡检任务。

巡检报表含以下功能：巡检报表，巡检结束后可保存巡检报表，记录巡检时间、巡检内容、巡检结果等信息。巡检截图：巡检过程中可保存视频截图。巡检录像，巡检过程中可自动保存视频录像。

② 视频联动。

与变电所综合自动化系统、供电在线监测系统接口，实现事故报警、设备变位、环境变化等各种场景下的视频联动功能。本系统在选择设备或接收到站内各类报警信号时，摄像头可自动移动到相应预置位，并联动打开相应的视频画面、抓拍、录像等。

③ 视频分析。

对变电所重要电气设备进行智能分析，包括：设备分合状态分析、压板投退状态检测、指示灯状态判断等。

a. 物品遗留检测。

在变电站重点区域有可疑的遗留物，或有人故意弃置疑似爆炸物，可以主动分析可疑遗留物，发现设定区域内有可疑物品及时报警。

b. 开关/刀闸翻牌器状态检测。

对变电站断路器、隔离开关的分合指示牌状态进行图像分析，并将分析结果以【合闸】或【分闸】输出。

c. 设备运行指示灯状态检测。

分析检测设备运行指示灯的状态，并给出最终状态结果值（"0"或"1"）。

（二）变电所辅助监控系统应用

变电所辅助监控系统（所级）包含视频监控及巡检、安全防范及门禁、环境监测、火灾报警、动力照明控制、设备在线监测等子系统。系统采用分层架构，主要由间隔层、网络层和站控层设备组成，间隔层包括动环测控装置、视频服务器和前端辅助设备，站控层包括综合应用服务器、网络设备等。站控层部分主要完成各辅助子系统采集的设备信息汇总，同时对变电所的运行情况进行评估，智能分析判断预警设备异常运行问题，能与其他系统进行信息交互，纵向上与供电调度控制系统主站等进行信息交互。并按照既定处理规则进行联动执行，从而达到变电所辅助子系统间相互配合、协调联动的目标，然后及时向上级主站系统汇报预警及处理结果；间隔层部分则是将站控层的各种理论投入实践，具体包括配置的视频监控、安全防范、环境监测、火灾报警、动力控制、在线监测等所亭辅助生产子系统，并对各个部分进行数据集中、相互独立的模块化管理，使得智能化监视与控制得到全面的实施。主要功能如下：

1. 信息采集

系统能采集布置在所内的辅助设备信息，主要包括以下内容：

① 视频监控及巡检信息。

采集实时视频流数据、巡检照片、语音对话、自检信息、告警信息等。

② 安全防范信息。

采集所内人脸门禁、红外双鉴/三鉴、激光对射、电子围栏、玻璃破碎等告警信息、自检信息等。

③ 火灾报警信息。

采集火灾处理单元的火灾探测信息、手动报警信息、消防水池液位信号、消防管网压力开关、消防干管流量信号、消火栓启泵按钮、防火阀状态、防火门监控、电气火灾监控、消防电源监控等。

④ 环境监控信息。

a. 采集温、湿度传感器、水浸传感器、SF_6监测传感器、空调等设备运行信息、告警信息及自检信息；

b. 采集环境温度、湿度、风速、风向、气压、光辐射等气象信息。

⑤ 动力照明设备。

采集灯光控制器、空调、水泵、风机等动力照明设备的运行信息。

2. 视频监控及巡检

视频监控具有视频显示、图像存储与回放、视频控制、视频巡检、图像识别、红外热成像监测等功能。

① 视频设备控制。

备自动联动功能，当辅助监控系统或供电设备产生告警，或者对设备进行远程操作时，附近摄像机应自动对准报警点或相关设备，并进行录像。

② 视频巡检。

系统视频巡检主要包括以下内容：

a. 视频巡检应能实现对牵引变电所的远程智能巡视，可以模拟和替代人工巡视。

b. 视频巡检支持在固定时间自动启动，也可由操作员手动启动。

c. 具备巡检策略管理功能，可根据所内实际设备情况对巡视线路、巡视步骤、巡视对象、巡视项目等内容进行自定义。

d. 可设置每个摄像机的预置位置、停留时间、是否拍照。

e. 具有巡检对象的标准图谱数据库，利用智能图像识别技术，在自动巡视时判断设备运行是否正常，如果出现异常自动进行报警。

f. 具备巡检记录功能，巡检结束自动生成巡检记录表，并能按照巡检时期、巡检人员等条件进行历史记录查询。

g. 视频巡检采用固定摄像机或导轨式摄像机。

③ 智能图像识别。

系统智能图像识别主要包括以下内容：

a. 能对牵引变压器油位刻度进行智能识别和判断，在异常时进行报警。

b. 能对户外高压断路器的分/合指示牌进行智能识别，判断开关状态。

c. 能对隔离开关运行状态进行视频图像智能分析，实时判断隔离开关分合状态，并实现异常报警。

d. 能对户内高压开关柜分合指示牌、开关柜指示灯进行视频图像智能分析，实时判断开关状态。

e. 能对避雷器动作计数器进行智能图像识别。

f. 能对气压表等各类仪表的视频图像进行智能分析，实时判断仪表读数并智能报警。

g. 对安全防范系统上送的报警进行图像复核，确认是否为真实有效的报警，以解决传统周界防范等系统误报率高的问题。当相关报警信号产生时，应将摄像机对准报警发生地，并采集实时图像，进行智能识别，经图像复核实现智能报警。

h. 对巡检设备能进行智能识别，判断出设备以下状态：外观是否完好，是否倾斜，是否有破损。外观是否膨胀，是否有变形；设备是否漏油；设备是否冒烟，设备是否起火。

④ 红外热成像监测。

系统红外热成像监测主要包含以下内容：

a. 配置有红外测温摄像机的牵引变电所，应能对一次系统主导流设备进行红外温度监视。

b. 红外热像仪应能对变压器、互感器、避雷器、导线、线夹等设备的热像图谱进行分析。采集到设备的红外图像后，采取表面温度判断法、同类比较判断法、图像特征判断法等方法，来判断设备的状态，如果达到警戒值则进行报警。在户外进线侧、主变区域及馈线侧设置双光谱红外热成像摄像头，对避雷器、压互、隔离开关、流互、断路器及连接线夹等设备的温度情况进行监视。

3. 安全防范及门禁管理

系统安全防范及门禁管理主要包含以下内容：

① 通过各种探测和传感技术的综合应用，针对变电所周界场所，实现在入侵破坏前的预警作用。

② 对围墙、大门、窗户进行监视和入侵探测，对非法侵入进行提示警告，以保障变电所场地及周边环境的安全。

③ 实时展示安防设备的工作状态、告警状态，可对安防设备进行布防和撤防。

④ 门禁支持远方控制及音频、视频对话、权限设定等功能，并应能从内部手动解锁；门禁系统支持应急情况下的解锁功能。

4. 环境监测

能对站内的温度、湿度、风力、水浸、SF_6浓度等环境信息进行实时采集、处理和上传。可设置不同级别的环境信息告警值。

5. 高压电缆温度监测

在主所/牵引变电所设置高压电缆温度监测子系统，用于在线监测所内及室外高压电缆终端的温度。高压电缆在线监测装置主要由光纤光栅解调仪和光纤光栅传感器组成。通过多路光缆，将传感器连接起来构成电气设备温度监测网络，通过以太网连接设备将光栅解调仪、数据库服务器、上位机等构成温度监测预警管理系统，并可实现系统互联，温度数据实时共享的功能。监测装置的终端设在牵引变电所供电线高压电缆沿线、高压电缆终端等需要监测的地方。能显示传感器的各种实时状态和传感器的位置，当系统报警时，能直观显示故障点的位置及故障级别。

6. 接地及回流智能监测

辅助监控系统具有接地及回流智能监测子系统，用于变电所接地网状态、牵引变压器铁芯接地状态、回流电缆状态的实时监测。监测系统由现场监测单元和后台服务器组成。现场监测单元测量数据传输至后台服务器，后台服务器对数据进行存储和显示，并能根据设定的数据阈值触发报警。监测项目包括接地引下线电气完整性、接地网腐蚀电位、土壤腐蚀性三参数。变压器铁芯接地状态监测项目为铁芯接地电流波形、幅值。回流电缆状态监测项目为回流电缆波形、幅值及分配比例。通过对以上参数的实时监测，对接地网、主变压器、回流电缆故障进行报警。

7. 控制与联动控制

系统控制与联动控制主要包含以下内容：

① 能对照明、风机、水泵、空调、门禁、摄像头等设备进行远方控制。

② 当入侵行为触发报警时（围禁、门禁告警、私自破坏门禁设备等），相关摄像机自动凝视侵入目标并启动录像功能，启动声光报警器，夜间自动打开室外照明。

③ 室内温湿度越限时，监控界面自动给出报警信息，并启动风机或空调进行调节。

④ 发生火灾报警时，联动火灾发生区域的摄像机进行录像。

④ 开启相关应急灯具进行疏散引导，并启动声光报警；当水浸探测报警时，能自动启动水泵系统。

⑤ 当 SF_6 探测器报警时，能自动启动风机系统。

⑥ 与 SCADA 系统进行联动。在操作开关设备或发生事故跳闸时应能联动周围的摄像机，自动将摄像机对准到相关设备，实现多角度视频信息的实时监控，通过智能图像识别实现信息复核，并对整个操作过程进行全程录像。

⑦ 照明控制系统与视频监控及巡检系统、火灾报警系统、安全防范及门禁系统等多个系统应实现联动，实现夜间和光线照度不够时提供足够的光线亮度。

知识点 2：数字通信在城轨供电系统中的应用

（一）数字通信过电流选跳保护的应用

随着城市轨道交通线网的逐步扩大，在后续建设的城市轨道交通线路中，35 kV 供电系统已逐步开始采用大环网供电方式，传统的过流保护已无法满足其对保护级差的要求。数字通信过电流选跳保护的应用，正好弥补传统过流保护的这一缺点。在广州地铁 6 号线 35 kV 大环网供电系统中，采用美国通用公司数字通信保护技术，主要包括选跳保护母线保护和进出线后备保护等主要保护类型。

数字通信过电流选跳保护是近年来随着计算机技术和通信技术的快速发展，在传统电流保护基础上开发的一种新型速动过电流保护。各装置之间通过光纤进行通信，并对装置之间传递的信息进行比较和逻辑判断，克服了传统电流保护需要时间配合的缺点，具有类似于差动保护相同的效果，解决了传统定时限过电流保护选择性与速动性之间的矛盾。

1. 数字通信过电流保护原理

数字通信过电流保护应用综合保护测控一体化单元，装置设嵌入式光纤接口模块。同一线路、同一段母线两端相邻装置之间通过该光纤接口模块实现直接通信，用于传输相邻所间、同一段母线的保护联跳及闭锁信息、开关量信息、失灵保护联跳信息等。当环网线路或馈线发生短路故障时，相关联网的装置通过开关信号比选、逻辑判断，可快速判别线路故障区段，并且有选择地快速切除故障线路。

选跳保护目前主要应用在地铁供电系统环网电缆和所内母排保护，也可作为主保护与传统过流后备保护配合应用。在开关柜母线保护方面，受母线保护造价昂贵，相应规范并未要求配置母线保护等因素的影响，前期线路均不设置母线保护。实际运营经验证明，利用环网进出线开关过流后备保护切除母线或PT（电压互感器）故障，其动作时限过长在大环网系统中，尤其时间级差不满足要求的部位极有可能引起上级环网开关保护动作，从而造成较大危害。数字通信过电流母线保护利用各开关原有保护装置相互进行通信和逻辑判断，能很好地解决这类问题。通过数字通信方式实现进出线后备保护，有效避免了传统后备保护速动性与选择性之间的矛盾，若主保护失效，就能可靠切除故障线路。

2. 选跳保护特点

众所周知，无论是线路差动，还是主变差动保护，其基本原理均是通过比较被保护对象两端流过电流的大小和相位来实现的，是一种矢量保护。在这种差动保护中，由于要进行2个电流的矢量和计算，因此它涉及到设备两端电流互感器一次和二次接线的极性问题。极性必须依据保护装置的要求来确定。对于单个设备的差动保护，例如变压器，可以通过二次接线来实现；而对于距离较长的线路差动保护来说，由于线路本身损耗较大，因此，通常考虑利用站间光纤通信来解决。

选跳保护也是基于差动保护原理而实现的。不过，它与普通的差动保护还是有一定的区别。其具有以下两个特点：

① 选跳保护只与电的大小有关系，而与电流互感器的二次接线的极性无关。也就是说，该保护不是矢量保护。

② 各台开关保护之间通过光纤或二次硬接线只传输跳闸信号（或装置故障闭锁信号）并不传输电量信号。也就是说，装置本身并不对每台断路器的电流进行计算。

3. 选跳保护动作逻辑

数字通信选跳保护在各保护装置之间只传递ON或OFF信号，由装置判断光纤通信状态。光纤通信正常，若本侧无过流启动（OFF），而对侧装置有过流启动（ON），则经延时T后产生两侧保护动作；若两侧均有或均无过流启动，则闭锁动作。图6.3.1为典型电流选跳保护动作逻辑图。

以图6.3.1作为示例，在城市轨道交通环网系统中选取3个变电所，分析电流选跳保护动作原理。在图6.3.1中，正常状态下环网各保护装置均未采集到过流信号，则选跳保护不动作；若故障发生在B所出线环网电缆D1点，保护装置A1、A2、B1、B2均采集到过流，保护装置C1、C2无过流，供电方向由A—C，B2为环网最后一个有过流的开关，C1为环网第一个无过流的开关，根据图6.3.2动作逻辑，经延时T，B2、C1开关选跳保护动作；若故障发生在 C 所 PT 或母线 D2 点，保护装置 A1、A2、B1、B2、C1 均采集到过流，而 C2 无过流；则经延时 T，C1、C2 开关选跳保护动作。

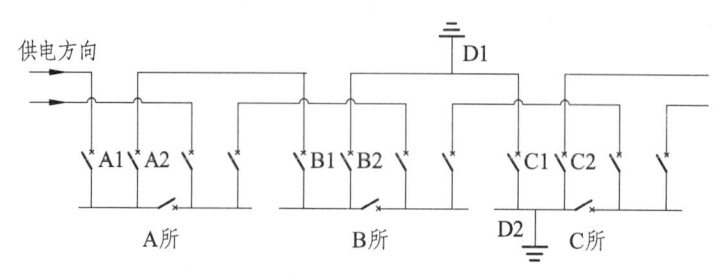

图 6.3.1 电流选跳动作分析示意图

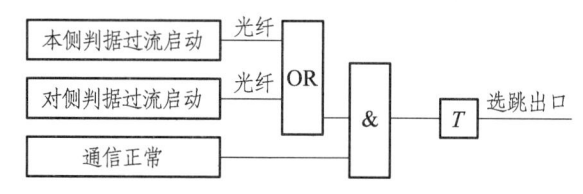

图 6.3.2 典型电流选跳保护动作逻辑图

（二）数字通信闭锁的应用

新建地铁线路设有可视化自动接地柜，用于自动挂接地线，实现接地过程可视化、遥控、遥信、闭锁和报表等功能，在保证安全可靠性的同时，减少接地作业时间，同时大大节省人力，实现保安全、高效率、低成本的运营目标。目前深圳三号线、广州四号线南延段、广州四号线一期加装接地柜改造、苏州一号线均设置了可视化接地柜，其中深圳三号线在 OCC 未做软件上的逻辑闭锁，其他三条线在 OCC 五防主站做了全线的软件逻辑闭锁，四条线均利用视频监视做辅助判断。当 OCC 通信故障或设备故障情况时，无法保证软件逻辑闭锁。为保证人身安全、简化人工确认程序，需增加站内、站间接地柜与隔离开关的闭锁功能，并提供以下两种方案：

1. 方案一：硬线闭锁方案

环网进出线开关采用传统的差动保护作为主保护，数字通信保护（利用差动光缆的备用芯）作为后备保护。直流双边联跳采用硬线实现。35 kV 开关设备差动保护装置、综保装置与 SCADA 交换机采用单口通信。

隔离开关与直流馈线开关保留原有的复杂硬线连接，增加如下硬线闭锁：接地开关合闸操作前要保证本供电分区隔离开关均分位，隔离开关合闸前要保证该供电分区所有接地开关分闸，需要在原方案基础上每个区间增加两根 14 芯控制电缆传闭锁信号。

优点：能保证完整的闭锁功能。

缺点：采用硬线闭锁，需增加中间继电器、很多二次接线，接线复杂，运营维护复杂，不便于运营查找故障点，并且硬线出故障时，闭锁会失效。区间闭锁二次电缆跨区间，长度较长，环境条件差，容易被其他信号干扰。

2. 方案二（推荐）：通信闭锁方案

环网进出线开关采用传统的差动保护作为主保护，数字通信保护（利用差动光缆的备用芯）作为后备保护。直流双边联跳采用硬线实现。35 kV 开关设备差动保护装置、综保装置与 SCADA 交换机采用双口通信。

目前电网普遍在采用和推行数字化变电站技术，并为简化二次系统接线，推荐采用通信闭锁方式，通过通信闭锁实现：隔离开关与直流馈线开关间的闭锁、接地开关与隔离开关的闭锁，并作为 35 kV 开关柜数字通信保护、双边联跳保护的后备保护。

PSCADA 交换机采用三层交换机，通过光缆将各车站 PSCADA 交换机串接起来，实现 PSCADA 站间通信，其结构示意如图 6.3.3 所示。本站隔离开关、接地柜刀闸、直流开关的状态接入 PSCADA，同时通过站间光缆接收引自邻站 PSCADA 的隔离开关、接地柜刀闸的状态，在 PSCADA 内进行逻辑闭锁，并由 PSCADA 下达闭锁信号至现场设备。

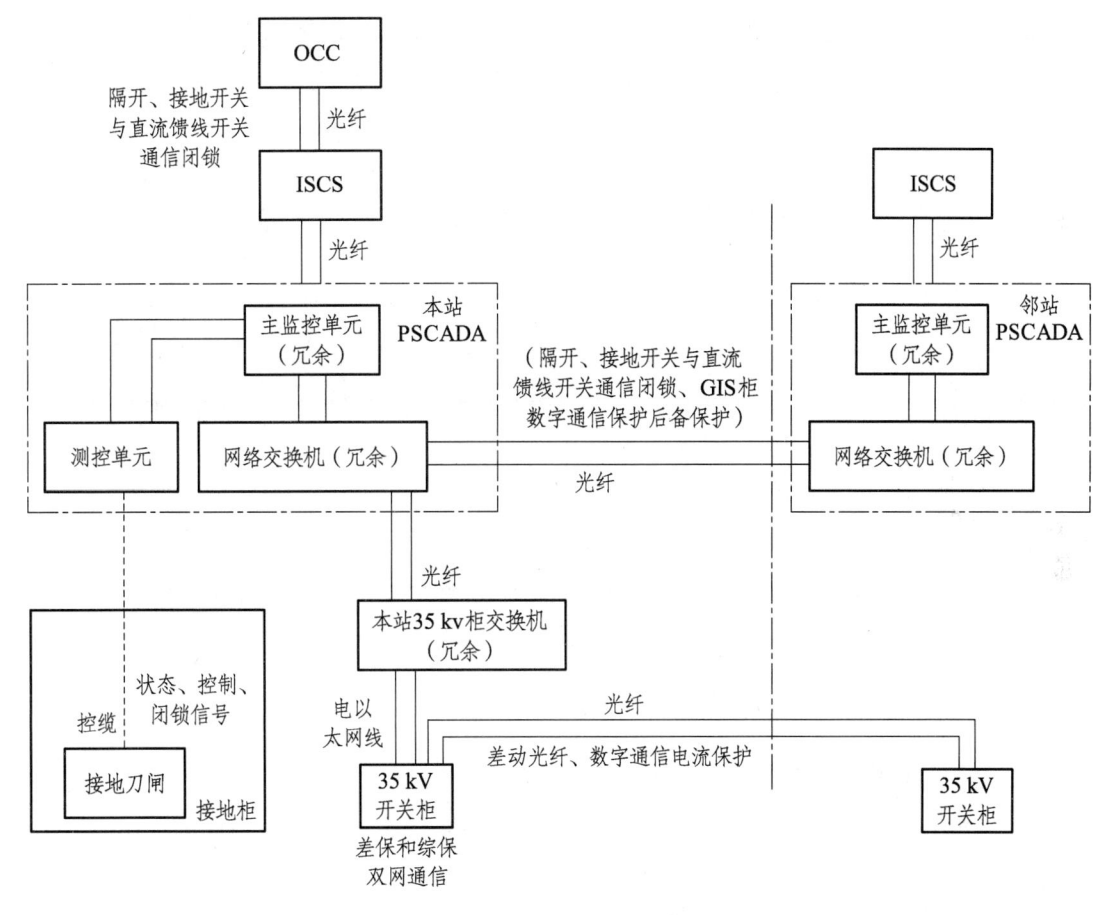

图 6.3.3 数字通信方案

可靠性分析：

（1）OCC 能实现全线的完整逻辑闭锁，PSCADA 能实现站内设备与站间设备的完整逻辑闭锁。OCC 出现故障情况下，因为站间通信存在，依旧能保证完全的逻辑闭锁。视频监视功能作为辅助确认。

（2）PSCADA 采用双机冗余配置，其通信管理器、网络交换机、通信网络都是冗余配置。当网络的任一个设备或通信光缆发生故障时，系统将自动切换到备用网络，保证了电力监控的可靠性。

（3）当差动保护光缆、数字通信保护、双边联跳保护的通信线或设备出现故障，由于PSCADA能实现站间通信，互传保护需要信息，实现可靠故障跳闸。

（4）站间通信采用光缆，传输光信号，非电信号，抗干扰能力强。

（5）35 kV开关设备差动保护装置、综保装置与SCADA交换机采用双口通信，通信更可靠。

（6）可视化接地柜的接入，与目前主流五防厂家沟通，均建议采用数字通信方案。

优点：能保证完整的闭锁功能，系统二次接线较少，在实现方案一可靠性基础上，能为其他保护闭锁提供后备保护，运营维护工作量少。在地铁属于新技术采用。

缺点：投资比方案一稍高。

表6.3.1 方案一与方案二性能对照表

比较内容	方案一	方案二（推荐）
系统可靠性	较高	高
系统先进性	一般	先进
工程可实施性	复杂	较高
系统调试	复杂	方便
系统运营维护方便性	复杂	方便
系统集成度	低	高
系统自动化水平	较低	高
投资	一般	稍高

【任务实施】

第一步：分析故障点位置

阅读"图6.3.1 电流选跳动作分析示意图"可知电源方向由A所至C所，C1、C2开关选跳保护动作，根据选跳保护逻辑"若本侧无过流启动（OFF），而对侧装置有过流启动（ON），则经延时T后产生两侧保护动作"，则可知C1为环网最后一个有过流的开关，C2为环网第一个无过流的开关，说明故障点发生在C所母线上。

第二步：分析故障电流经过的开关

故障点发生在C所母线上时，根据电源方向，则A1、A2、B1、B2、C1开关均有故障电流经过。

【任务小结】

请简要小结本任务的学习要点、难点与困惑，写在下面的横线上！

_____

_____

_____

_____

项目6 电力监控与数据采集系统

【格言语录】

"天将降大任于斯人也，必先苦其心志，劳其筋骨，饿其体肤，空乏其身，行拂乱其所为也，所以动心忍性，增益其所不能。"——《孟子》

大学毕业，面临就业选择时，不少同学首先考虑的是薪水高、工作条件好、工作舒适或不太辛苦的就业单位，把这些作为重要条件甚至是必要条件。而一听说工作环境不太好或工作比较累的单位，即使失业也不愿意去。其实，对刚刚步入职场的年轻学生来说，最需要的是锻炼与成长。平静的水面练不出精悍的水手。不经一番寒彻骨，怎得梅花扑鼻香。不经过一番艰苦的磨炼，又怎能"增益其所不能"呢？一旦你的才能出类拔萃，又怎会薪水不高、条件不好？经历艰苦是人生最重要的财富。

【拓展知识】

智能供电运维管理系统

智能供电运营维护管理系统是实现供电设施基础数据、检测监测、运行检修作业、设备状态评估与预测等全生命周期管理。它由一杆（台）一档子系统、6C综合数据处理中心子系统、变电所辅助监控控制中心系统、供电运行检修管理子系统、供电应急指挥子系统、供电大数据分析子系统组成。

智能供电运营维护管理系统以全生命周期的大数据，数字孪生为纽带，实现专业内的全方位、智能化协同管理；其总体架构图如图6.3.4、图6.3.5。

1. 一杆（台）一档

① 生命周期数据管理。

系统实现对一杆（台）一档信息的全景化展示，包括设备档案详情、历史记录、检修记录、缺陷信息、设备相关图纸资料等。可显示支柱（设备）各属性当前最新值，对于其中异常或超限的情况，会进行颜色标注提醒。

② 设备建模。

设备建模功能，支持设备的分类和属性存在改变的情况，无需更改程序，就能实现灵活地配置和扩展。建模功能使得系统具备更好的适应能力，应对将来千变万化的应用场景。

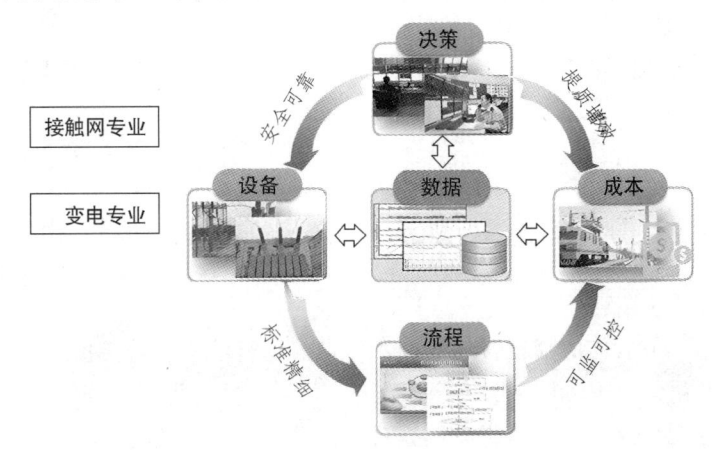

图6.3.4 智能供电运维管理结构图（1）

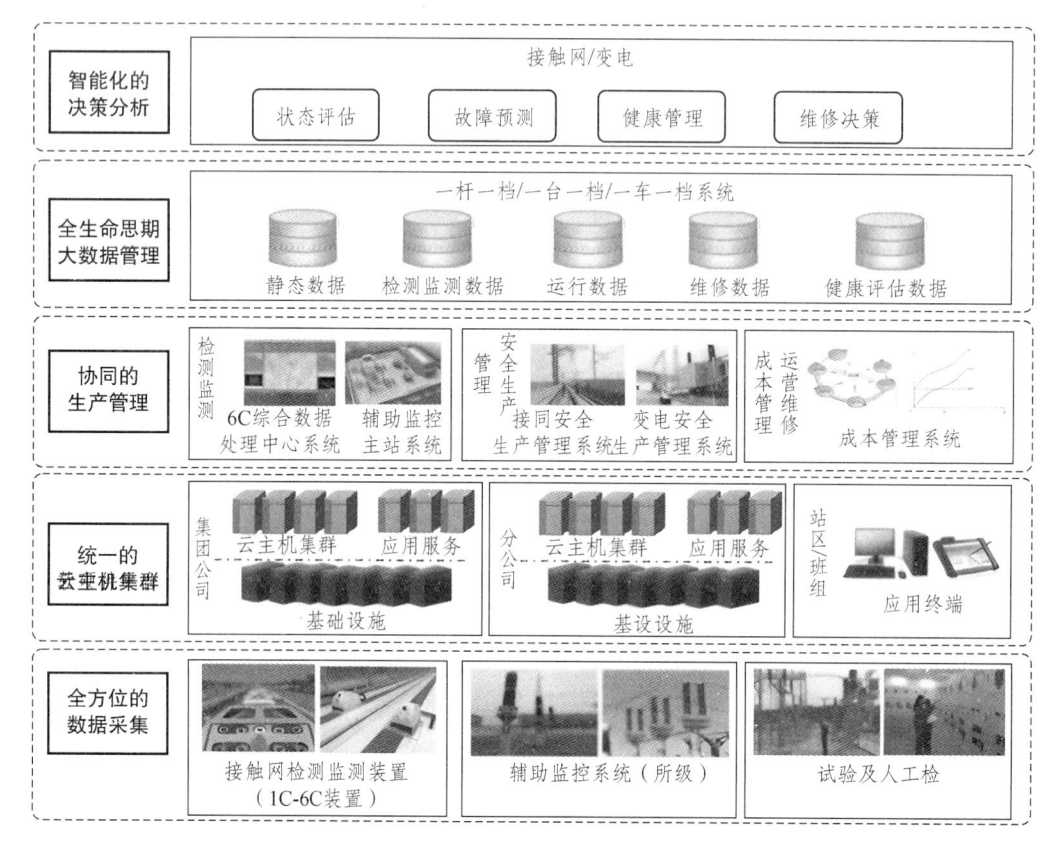

图 6.3.5 智能供电运维管理结构图（2）

2. 6C 综合数据处理中心

① 强大的数据采集能力。

兼容标准和非标准 6C 装置数据，具备不同 6C 装置厂家设备的接入能力。

② 全方位的综合分析能力。

可按时间、地域、线别、管理机构等条件统计分析设备缺陷数量和类型的分布特征，同时以饼状图、柱状图、折线图等直观形式进行展示。

③ 基于 GIS 地图的可视化管理。

提供基于 GIS 的实时报警展示及缺陷分布展示，可直接在 GIS 地图上进行报警信息查看和确认。

3. 变电所辅助监控控制中心

变电所辅助监控控制中心系统由全景监控、巡检管理、实时报警控制与设备联动四部分组成。

① 全景监控。

三维实景与虚拟方式实时展示设备的基本信息、运行状态、告警提示等。

② 巡检管理。

实现自定义巡视线路、巡视步骤、巡视对象、巡视点位、巡检时间。

③ 实时报警。

以文字、推图、闪烁、音响等方式对报警信息进行分级分类提示。

④ 控制与设备联动。

实现对辅助监控设备的远程控制及设备故障时的视频、动力环境等设备的自动联动。

4. 智能运行检修

① 智能计划。

系统结合周期修、状态修中出现的设备超期及缺陷情况，实现了计划的智能编排。基于一台（杆）一档的设备信息，实现了计划的精细化管理。基于智能化和精细化的系统特点，使得计划编制和执行更加科学和准确，使得接触网运行维修更加具有针对性，有效的防止了过度修和漏修情况的发生。

② 所见即所得。

系统通过所见即所得的手段，将工作票、分工表等设计成和纸质表一样的格式，实现了传统的电子表格向信息化系统的无缝衔接，大幅的降低了用户推广信息化系统过程中的使用、培训和学习成本。

③ 信息共享。

信息一处录入、多处共享。作业信息录入之后，就可在自动日报、日志中使用。

检修台账录入时，系统会自动判断是否超限，对于超限的数据自动纳入缺陷库，并通过颜色进行提醒。检修台账录入后，系统自动生成相关计划的完成情况。6C发现的缺陷经过运行维修系统处理后，相关的处理信息会自动发送给6C系统，实现了系统间信息的共通共享。

④ 可视化。

结合传统的静态分工图，通过可视化的方式，形成可视化分工，将作业分工直观形象的展示出来，使得作业人员对作业分工理解的更加清晰透彻。通过数字化的方式，实现接触网平面布置图与周期修、状态修的结合，既可以满足CAD图的查询，又实现了对设备状态管理，全面掌握设备的现状、历史缺陷及检修情况。

5. 供电应急指挥

① 利用GIS地理信息系统，通过卫星地图定位功能，查询管辖范围内的设备信息，实现智能定位、全面覆盖。如图6.3.6所示。

图6.3.6　GIS地理信息系统定位示意图

② 对接智能电力监理（PSACDA）主站系统，根据故标信息自动推送及时显示故障位置，

并通过声光报警提示。

决策指挥系统的建设,实现了故障位置的智能确定,打破了过去人为计算故障位置的工作模式。更利于调度及时掌握故障位置,第一时间通知相关单位出动。系统能够对故障报警位置附近的相关设备信息和环境信息进行智能推送,辅助应急小组判定故障原因。

6. 大数据分析

① 根据故障跳闸大数据分析,掌握故障发生规律,防患于未然。
② 掌握系统运行工况,指导安全、高效、经济的运行维护。

【练习与评价】

选读某城市地铁供电图册,结合本任务所学知识,回答表 6.3.2 中的问题。

表 6.3.2　任务 6.3 完成情况评价表

序号	任务内容	完成记录	标准分	评分
1	在线监测系统由哪几部分组成?		15	
2	说明数字选跳保护启动的逻辑。		15	
3	在线监测系统与电力监控系统有何相同点?		15	
4	简述变电所辅助监控系统的主要作用。		20	
5	简述数字通信闭锁与硬线闭锁各自的优缺点。		15	
6	"任务小结"完成情况		20	
总体评价:　好　　较好　　一般　　较差　　差				

项目7　城轨供电系统管理实践

项目导读

做好城轨供电系统的维修保养管理是保证运输安全畅通的重要前提。在供电系统设备的日常管理工作中,要始终以保障设备安全可靠运行、维修资源精准投放为目标,不断完善生产管理、安全管理、接口管理、故障处理等工作体系,做到"标准化、规范化、精细化"的管理要求,形成"管理有标准、操作有指引、计划有统筹、过程可追溯、结果可分析"的设备设施管理体系。学习这部分内容,要掌握如何在实践中开展城轨供电系统管理的工作思路和要求。这是本项目的主要任务,如图 7.0 所示。

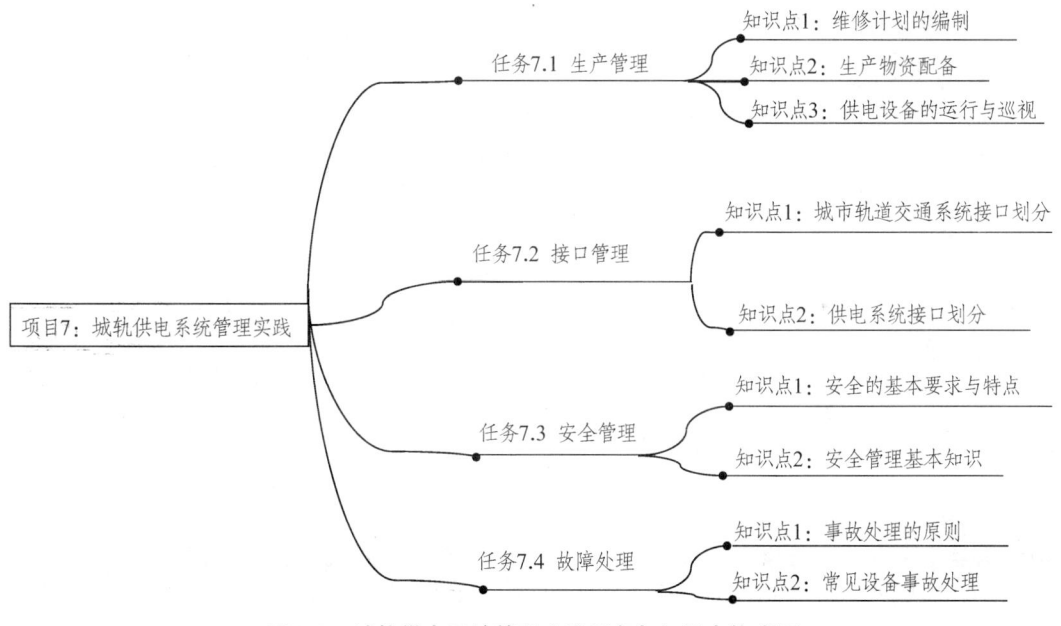

项目7:城轨供电系统管理实践
- 任务7.1　生产管理
  - 知识点1:维修计划的编制
  - 知识点2:生产物资配备
  - 知识点3:供电设备的运行与巡视
- 任务7.2　接口管理
  - 知识点1:城市轨道交通系统接口划分
  - 知识点2:供电系统接口划分
- 任务7.3　安全管理
  - 知识点1:安全的基本要求与特点
  - 知识点2:安全管理基本知识
- 任务7.4　故障处理
  - 知识点1:事故处理的原则
  - 知识点2:常见设备事故处理

图 7.0　城轨供电系统管理实践任务与知识点构成图

任务 7.1　生产管理

任务导读

城轨供电系统生产管理是通过对设备定期检测、分析诊断、质量评价和鉴定,并依据结果实施修理,恢复设备正常运行状态的循环管理过程。城轨供电系统检修的原则和任务是什么?如何编制维修计划与配备相应物资等?通过本任务的学习,可以了解这方面的知识。

【学习目标】

1. 知识目标

（1）了解设备检修的原则和等级及内容。
（2）了解维修计划的种类与编制要求。
（3）了解城轨供电系统生产物资的配备。
（4）了解供电设备运行与巡视相关内容。

2. 能力目标

（1）会使用不同的维修计划。
（2）会列举城轨供电系统生产物资的配备。
（3）会列举供电设备巡检的方法。

3. 素质目标

（1）养成爱岗敬业意识。
（2）树立管理创新意识。

【任务描述】

阅读某地铁公司供电系统生产管理相关制度办法，分析生产计划的组织实施与标准化作业流程等。

【任务分析】

通过本任务的学习，可以比较全面了解城轨供电系统维修计划的编制及特点、生产物资配备及设备运行巡视与检测的相关知识，在此基础上即可对地铁企业的相关制度办法进行分析。

【基本知识】

知识点1：维修计划的编制

供电系统设备的维修包括维护和检修，是确保设备安全、可靠、经济运行的重要措施。目前，供电设备主要实行以时间周期为主、设备状态为辅的计划预防修，维修工作形成制度化、规范化、标准化，做到精检细修，确保设备的运行质量。本知识点主要介绍供电系统的维修原则、维修类别，维修计划的制定以及维修发展趋势等内容进行了介绍。

（一）基本原则

如无法全面、实时、连续、有效地对供电系统设备状态进行完整性检测、监测的时候，应采用计划性预防修的维修策略。如果可以实现对其进行完整性检测、监测时，宜根据设备实际运行状态，在必要时才进行检修。

供电系统设备多采用定期维修制度，防止设备性能及精度劣化或降低，根据设备运转的周期和季节性等特点，按预先制定的设备检修周期与工作内容、技术要求和计划所进行的检修作业。主要有设备外观检查、清洁、紧固、功能检查、润滑、油漆、部件调整、部件加工处理、常规测量、常规试验、保护校验、局部部件更换、复杂电气试验、复杂拆装、全面部件更换、设备部件更新改造等工作。

对于计划性预防修必须制定相应的年度检修计划及月度检修计划，并根据计划进行安排和落实。在实际工作中，对设备的检修应遵循以下原则。

（1）检修与保养并重。计划检修与维护保养是相辅相成的。设备维护保养得当，操作使用得当，就会延长检修周期或减少检修工作量。检修做得好，维护保养也更容易。

（2）维修应为供电系统设备安全、可靠运行服务。安全、可靠、质量良好的供电，是供电系统管理部门的主要经营生产活动，在保证维修质量的前提下，尽量缩短设备停运时间。

（3）依据标准开展维修。供电系统设备的维修，应依据各个城市的轨道交通企业制定的供电系统设备维修规程开展，如规程中未列明相关设备的维修标准，应依据国家标准或行业标准开展相应项目并按照其所要求和建议开展维修和验收工作。

（二）维修等级与内容

虽然，各城市轨道交通运行管理的模式、组织架构、持证要求等有所不同，但维修等级与维修内容基本是一致的。如表 7.1.1 所示。

表 7.1.1 维修等级与基本内容

等级	维修类别	内容	完成者及复杂性说明
一级	日常保养	1.检查设备外观是否良好，基础是否稳固，螺丝是否紧固，箱体、加锁装置是否完好。 2.检查设备外部连接杆、件、管线是否完好，动作是否灵活，设备运行是否正常、平稳，有无噪声，温升是否正常等。 3.对设备运行状态、指示、表示进行监测、记录；检查指示是否超标，发现异常及时调校、排除。 4.对设备表面进行清洁，按要求加注润滑油，并保证设备周围环境良好	由运营操作人员（或其他操作人员）按照使用说明和保养规程进行。 人员应接受必要的技术培训，具有公司或国家有关部门颁发的专业上岗证书。 所需零配件的储备很少
二级	二级保养	1.对设备定期开盖、开箱检查，设备内、外部清洁，检查理顺引出（引入）线、接线端子。 2.测试送、受电端电压、电流，绝缘检查或测试。 3.对设备关键、主要部件进行测试、调整。 4.紧固动作部分杆件、塞钉、螺丝，清洗磁头、传感器等，定期更换保险，内部加注润滑油	由维修人员按维修说明书和保养规程在现场进行，操作人员作必要的配合。 需要便携式工具
三级	小修	1.对设备的机械特性与电气特性进行全面测试，及引入线对地绝缘的测量。 2.对设备主要、关键部位、部件进行分解、检查、调整，更换易损部件与零小配件。 3.对曾发生故障的设备进行重点诊断、分析，消除故障隐患。 4.对设备基础、箱体进行平整、调整、稳固，清理设备表面油蚀	由维修人员在现场或分部按照维修手册和维修规程进行。 需要专用工具和设备

续表

等级	维修类别	内容	完成者及复杂性说明
四级	中修	1.对现场可拆卸、替换的设备采用运回分部维修的方法进行维修;对不易拆卸、替换的设备采用现场集中维修的方法进行维修。 2.对设备进行全面分解、整修、补强、调整。 3.对关键、主要部件进行修复、更换,对淘汰的设备、器材进行更换。 4.对系统进行全面测试、调整,以保证设备的机械特性与电气特性符合原设计的技术要求	由专业技术管理人员带领维修队,在现场或分部进行。 需要专用测试仪器、工具和设备,以及全面详细的技术资料
五级	大修	1.在设备机械磨耗超限、强度不足,电气特性不合标准,电缆、配线老化,设备质量下降而不合格,系统设备不合格达一定比例时,应对系统设备进行大修。 2.设备大修应与改变设备制式、技术改造相结合进行。 3.大修设备应采用标准设计、标准定型器材,经大修的系统设备应在竣工验收完成后方可投入使用。 4.维修工程部目前对所辖各系统设备不具备大修能力。但在设备大修工作进行时,应按照公司的有关规定积极参与、配合大修工作的开展。 5.在设备大修工作进行时,应按照公司的有关规定积极参与、配合大修工作的开展	除有能力自行承担的项目外,一般请制造厂商或有相关资质的专业大修单位承担

（三）维修计划的编制

维修计划是设备维修的依据,其主要内容是确定计划期内设备维修的类别、时间、劳动量及停运时间等。在具体各项维修计划中,应明确规定应修设备名称、设备数量、维修日期、维修地点、维修工时、主要材料、主要备件等内容。维修计划一般按年度计划、月度计划、周计划进行编制,以日计划进行补充。

1. 年度维修计划

每年年底前,专业工程师根据各专业的维修规程,制订本专业第二年的年度维修计划,经生产和技术部门审核后,报请上级主管部门审批和发布。

在年度计划正式发布后,因特殊情况,需要对年度维修计划进行调整修改时,由专业工程师提出,经本级及上级审核后,由生产管理部门作补充,审批发布后执行。

表 7.1.2 年度维修计划表

序号	设备名称	设备数量	单位	上次维修时间	维修周期	计划时间（月）												工作地点	说明
						01	02	03	04	05	06	07	08	09	10	11	12		

2. 月度维修计划

在每月中旬，各专业工程师根据各专业的年度维修计划及设备运行情况后，制订本专业下月的月度维修计划，经上级生产管理部门审批发布执行。月度维修计划的编制要保证落实年度维修计划中该月的维修任务，同时根据具体情况补充与加强相应的维修内容。

在月度计划正式发布后，因特殊情况，需要对月度维修计划进行修改时，由专业工程师提出，经本级及上级审核后，由生产管理部门审批发布后执行。

表 7.1.3　月度维修计划表

日期	作业类别	时间	作业项目	作业区域	供电安排	申报人	防护措施	备注	专业	作业等级	作业人数	上次作业日期

3. 周维修计划

各生产班组根据近期计划性生产工作的安排，编制下一周的周维修作业计划，在作业开始前一周第一个工作日，向生产管理部门申报"周维修作业计划"。生产管理部门组织审核后，再于每周最后一个工作日，审批发布下一周维修计划。

表 7.1.4　周维修计划申报表

日期	类别	作业部门	时间	作业内容	作业区域	供电安排	申报人	防护措施	备注

4. 日维修计划

当有临时任务需要下达临时性生产任务时，由生产班组编制第 2 天的日维修计划，经供电维修部门技术管理人员审核后，当天交生产管理部门审核审批，在第 2 天按计划执行。

5. 临时维修计划

当有紧急情况时，如设备运行出现异常需尽快进行检查处理，则按临时维修计划执行，由生产班组编制当天的临时维修计划，经供电维修部门技术管理人员审核后，立即交生产管理部门审核审批，当天按计划执行。

（四）基于可靠性维修的管理

可靠性系统工程是面向各层次各类型产品，在其全寿命周期过程中同故障做斗争的科学体系。可靠性理论主要是研究故障发生与发展的规律、故障的恢复与预防的机理与规律、故障引发的事故发生与控制的机理与规律。可靠性基础理论是指标论证、设计分析、试验验证等各项可靠性工程技术的根本依据和理论支撑。目前，研究成熟并广泛应用的可靠性基础理论主要包括基于概率论和数理统计的基础理论与基于故障物理的基础理论，正在研究发展中的基础理论有基于裕量与不确定性量化的可靠性理论、公理可靠性理论等。

1. 设备可靠性

可靠性是指设备在一定使用条件下和运行时间内，达到额定性能的能力，包括设备固有可靠性和任务可靠性 2 部分。

① 固有可靠性。指设备在设计和制造时产生的，它是一种狭义上的设备可靠性。

② 任务可靠性。指设备在一定的运行条件下具有可靠性发挥的能力，它是一种广义上的设备可靠性。

2. 可靠性管理方法

设备的任务可靠性是在运营阶段得以最大程度的表现。因此，运营维护阶段，设备可靠性管理的重点在于如何合理地制定一套从设备状态监控→维修周期和方式决策→设备更新/改造计划制定的全流程设备维护方案，确保设备可靠性得到最大的表现。

针对设备维修维护方案的制定，目前工业发达国家提出了一些先进的设备可靠性维修管理理念，分别是以美国和英国的以设备可靠性为中心的维修（RCM），日本的全员设备管理（TMP）等。考虑目前我国企业的技术与经济条件，以可靠性为中心的维修算是一种最佳的选择。因为以可靠性为中心的维修是一种经济效益很好的系统维修方式，它并不是一种全新的维修方式，而是一种建立在故障模式、故障影响和故障后果分析的基础上，是一种将事后维修（CM）、定期维修（TBM）、状态维修（CBM）等结合起来的维修理论。

知识点 2：生产物资配备

为做好供电系统设备的运行管理，在管理部门及设备现场需配备一定的记录、技术资料、工具和备品件等。

（一）变电所运行管理常备物资

1. 运行检修记录

① 运行值班日志。

由值班人员填写当班期间变电所的运行情况，该表格格式可视本段各变电所接线及设备的具体情况自行设计。该日志应能反映系统运行方式及设备投运和停运的情况；设备检修时安全措施的布置；运行中继电保护、自动装置及仪表的运行状态；设备发生事故或异常时，事故的处理经过；设备的异常现象及发现的设备缺陷等。此外还应记录调度和上级关于运行的通知，受理工作票的情况；以及交接班的交班小结，与运行有关的其他事宜等。

② 倒闸操作命令记录。

用来记录电力调度员操作指令的发、受人姓名；操作命令编号；操作命令的内容、时间及执行操作完成的时间和内容。格式可参考表 7.1.5。

表 7.1.5 倒闸操作命令记录

_____年_____月_____日

发令时间	内容	变电所	卡片编号	发令人	受令人	命令编号	批准时间	完成时间（时 分）

③ 设备缺陷记录。

由发现缺陷的人员、处理缺陷的负责人及缺陷处理后进行验收的当班值班员分别分项填写有关内容。发现缺陷的人员包括参加设备巡视的各类人员、当班值班员、检修人员。变电所所长（分段负责人）每天（或每班）都要查看一次该记录，以便督促负责检修该设备的人员尽快处理。

缺陷内容包括日常运行中发现的缺陷和异常现象，检修过程中发现的但当时未能消除的缺陷，以及断路器故障跳闸超过规定次数等。格式可参考表7.1.6。

表 7.1.6　设备缺陷记录

发现缺陷日期	发现缺陷人员	缺陷设备名称及运行编号	缺陷内容	变电所负责人（签名）	处理措施	处理缺陷负责人	验收人	消除缺陷日期

④ 蓄电池记录。

由值班人员或检修人员填写蓄电池运行及充放电的情况记录。其中的运行方式一栏可按浮充、××A电流放电、××A电流充电来填写。根据使用的电池类型不同，可选用表7.1.7或表7.1.8。

表 7.1.7　阀控密封铅酸蓄电池记录

_____变电所　　测量时间_____年___月___日___时___分　　测量人_____

运行方式：		浮充电压（V）：		浮充电流（mA）：	
环境温度（℃）：		合闸母线电压（V）：		控制母线电压（V）：	
序号	电压	序号	电压	序号	电压	序号	电压

表 7.1.8　碱性蓄电池记录

_____变电所　　测量时间_____年___月___日___时___分　　测量人_____

运行方式：		浮充电压（V）：		浮充电流（mA）：	
环境温度（℃）：		合闸母线电压（V）：		控制母线电压（V）：	
最高密度（g/cm^3）		最低密度（g/cm^3）		一般密度（g/cm^3）	
序号	电压	序号	电压	序号	电压	序号	电压	序号	电压	序号	电压

⑤ 保护装置动作和断路器自动跳闸记录。

该记录由值班人员填写，内容为各种继电保护装置的动作及断路器自动跳闸的有关情况。格式可参考表7.1.9。

在其中的重合和强送情况一栏中，为了区分各种情况，一般可按"重合成功""重合不成功""重合闸拒动""重合闸撤除""强送""手动合闸"等填入。

"强送"是指不管故障原因查明与否，凡跳闸后根据电力调度的命令合闸送电的，均称"强送"。"手动合闸"乃指正常停电后的送电。以上两种情况根据自动装置的原理，重合闸均不应动作。

在该记录中的信号显示一栏里，如音响、闪光、各种信号灯（包括信号继电器的信号）显示均正确时，方可填写正常，否则应逐项填写未正常显示情况。

在跳闸原因一栏中，应写明故障性质、地点（包括区间和接触网杆号或定位），如系列车引起的故障跳闸，还应注明列车编号、列车车次。

复送时间一栏一般是指自动跳闸的断路器的复送时间，但为了尽快恢复供电而投入另一台主变压器或备用馈电线断路器时，则它们的投入时间即作为复送时间，这时应特别注明"送×××断路器"。

表 7.1.9　保护装置动作和断路器自动跳闸记录

跳闸时间	断路器运行编号	保护动作				跳闸原因	复送时间
		保护名称	重合和强送情况	信号显示情况	微机保护显示值		

⑥ 保护装置整定记录。

是原设计的保护整定值及其变更情况的记录。表中的整定值一栏即指设计值，应由变电所所长（分段负责人）统一填写。变更情况一栏则由变更整定值的工作领导人填写，当班值班员签认。格式可参考表 7.1.10。

表 7.1.10　保护装置整定记录

保护名称		变流比		整定值	
被保护的设备名称和运行编号		变压比			
变更时间	变更原因	变更后的整定值	变更整定值负责人	值班员	备注

⑦ 避雷器动作记录。

平常运行时由值班（巡视）人员填写，动作计数器试验后则应由试验人员填写试验后读数，这时的差数应记为零，且不累计到动作次数内。格式可参考表 7.1.11。

表 7.1.11 避雷器动作记录

避雷器型号				设备编号			
制造厂				运行编号			
读数	差数	动作次数	记录时间	读数	差数	动作次数	记录时间

⑧ 设备检修记录。

由检修工作领导人填写，当班值班员验收并签认。其中修前状况、修后结语栏均应记录有关的技术数据，例如对于隔离开关要记录分、合闸角度、止钉间隙、绝缘电阻、接地电阻等。修中措施栏除应注明是否按工艺检修外，尚应提出对修前不良状态的针对性处理措施。此外，修后结语栏还应记录存在的问题，并评定设备质量，即给出"合格"或"不合格"的结论。对变压器、断路器、互感器等设备，一般采用表 7.1.12 格式的检修记录。对隔离开关、蓄电池、回流线、电容器和交、直流电源系统等，一般采用表 7.1.13 格式的检修记录。

表 7.1.12 变电所设备检修记录（一）

设备名称		安装地点	
规格型号		本次修程	
运行编号		出厂编号	
制造工厂		制造年月	
检修时间	年 月 日至 年 月 日	工作票号	
修前状况			
修中措施及内容			
存在问题			
检修负责人		验收负责人	质量评定

表 7.1.13 变电所设备检修记录（二）

设备名称及设备编号		承修班组		检修时间	年 月 日至 年 月 日	
		检修人数		检修负责人		
安装地点及运行编号		修程		质量评定	自验评语	
		验收负责人				
修前状态		修中状态			修后状态	

⑨ 事故处理记录。

由所长（分段负责人）或指定的值班负责人填写所内发生的各种事故的有关情况（原因、处理情况及今后防止措施等）。格式可参考表 7.1.14。

表 7.1.14 事故处理记录

事故发生日期	当班人员	事故设备名称及运行编号	事故及其处理的详细情况	原因分析	今后防止措施	处理事故负责人	处理结束日期	变电所负责人（签名）

⑩ 安全用具、绝缘工具记录。

由所长（分段负责人）指定的专人（工具保管员或安全员）填写。应逐一记录所内安全用具及绝缘工具的名称、编号、试验日期和试验结果等有关情况。格式可参考表 7.1.15。

表 7.1.15 工具强度试验记录

工具名称	试验标准	试验日期	试验周期	试验结果	备注

以上各种记录所记载的内容是变电所运行中原始资料及数据，是变电所运行分析极其重要的数据来源，要求填写字迹工整、清晰，不得涂改、撕页，且要妥善保管。其中姓名应填写全名，时间应填年、月、日、时、分。此外，对于工班管理中还需建立有关安全和业务培训的相关记录，如《事故处理记录簿》记录事故发生的时间、事故简况、应采取的措施及处理步骤，还应记录今后需要采取的防止措施，以及参加事故处理人员的姓名等。

2. 变电所指示图表

为清晰明了系统地反映该变电所的概貌，方便紧急情况的处理等，一般还应配备以下图表。
① 系统模拟图板（主控制室）。
② 设备的主要运行参数。
③ 变电所紧急疏散图。
④ 变配电所月份维护工作计划。
⑤ 变配电所设备评级图表。
⑥ 有权发布调度操作命令人员名单（由主管部门发文明确）。
⑦ 有权签发工作票人员名单（由主管部门发文明确）。
⑧ 有权单独巡视高压设备人员名单（由主管部门发文明确切）。
⑨ 有权担当监护人员名单（由主管部门明确）。
⑩ 事故处理紧急使用电话表。
⑪ 定期巡视路线图。
⑫ 设备专责分工表。
⑬ 变电所相关运行制度。

3. 变电所技术资料

① 图纸。应备有主接线图、室内外设备平面布置图、配电装置断面图、保护装置及交、直流自用电系统图、二次接线展开图及安装图、各种屏、柜的背面接线图、电缆手册、防雷接地装置图。

② 规程。应备有变电所安全工作规程、变电所运行检修规程、供电事故管理规则及其他有关细则、补充规定、标准等。

③ 资料。应包括设备制造厂家及使用说明书；出厂试验记录；安装交接有关资料；设备改进、大中小修施工记录及竣工报告；历年大中修及定期预防性试验报告；设备事故、障碍及运行分析专题报告；设备发生的严重缺陷、移动情况及改造记录等。

4. 变电所应备的工具和备件

同时，为了在故障情况出现时快速处理问题，根据线路长度、响应时间要求的不同，除在供电部门的基地存放相关的工具、备件外，结合城市轨道交通变电所点多、分散的特点，一般还需在部分重要的变电所存放常用工具及备品。

7.1.1 变电所安全用具、绝缘工具一览表.pdf　　　　7.1.2 变电所常用工具、备品一览表.pdf

（二）接触网运行管理常备物资

1. 接触网班组应具备的记录

接触网班组运行记录一般分管理台帐和技术台帐。管理台帐和技术台帐的设置应根据工班管理的实际情况，以及所辖接触网设备情况而定。

① 管理记录。

a. 综合记录。

b. 业务学习记录。

c. 接触网值班日志。

d. 交接班记录。

e. 工器具管理记录。

② 技术记录。

a. 接触悬挂、定位支持装置维修、调整及状况记录。

b. 锚段关节维修记录。

c. 下锚及补偿器维修记录。

d. 接触悬挂线岔维修记录。

e. 隔离开关维修记录。

f. 避雷器维修记录。

g. 支柱维修记录。

h. 接触网巡视取流检查记录。

i. 受电弓状态检查记录。

j. 接触线磨耗和损伤记录。

k. 综合维修记录。

2. 接触网班组应备的技术资料

接触网班级应根据设备情况配备有关的技术资料，以便作为接触网设备维修和事故处理时的依据。接触网班组一般应配备以下技术资料：

① 全线供电分段图和模拟图。

② 接触网平面布置图，包括接触网区间平面布置图和折返线、车辆段的平面布置图，它是接触网工班掌握设备的基本资料。

③ 设备安装图（装配图）、断面图（数据表）、安装曲线图、接触线磨耗换算表。

④ 隔离开关、避雷器、绝缘器等大型设备出厂说明书。

⑤ 有关隐蔽工程记录。

⑥ 有关设备大修竣工报告。

⑦ 设备和工具的机械或电气试验记录。

⑧ 设备维修记录和管理台账。

⑨ 设备台账和技术履历。

⑩ 导线接头位置表。

3. 接触网应备的工具和备件

接触网在运行与维修过程中，必须要有些常用工具和常用备品，以维持维修工作正常地开展。

7.1.3 接触网常备工具表.pdf   7.1.4 接触网常备备品备件表.pdf

(三) 电力监控系统运行管理常备物资

1. 常用记录

① SCADA 软件修改记录表。

填写 SCADA 软件修改记录表的目的是追踪记录专业软件的版本升级、数据库的修改等情况。详见表 7.1.16。

序号用阿拉伯数字 1、2、3 等填写；设备名称填写分解到能更换的最小设备，如主控制盘（RTU）的 FSP 等；故障原因主要指发生故障的现象经过，如多次发生通道故障、PG 或 PC 显示颜色与实际开关位置不符合等；故障处理过程指实际操作过程，如更换故障模块等；故障处理时间如 2000 年 6 月 20 日表示为 2000，6，20；处理人员为故障处理过程中的实际操作人员；检查人员为故障处理时的具体操作人员之外的其他人员，当操作时只有一个 SCADA 人员在场，则检查人员为工班长；备注记录故障处理过程中发生的其他一些相关现象。

表 7.1.16 SCADA 软件修改记录表

修改人		确认人	
修改日期			
修改名称			
修改地点			
修改原因			
修改内容			
修改后运行情况			
备注			

② SCADA 设备维修记录表。

填写 SCADA 设备维修记录表目的是追踪记录设备故障原因、维修过程等情况。以便日后进行整理、分析，逐渐找出各种设备故障的规律及维修方法。详见表 7.1.17。

表 7.1.17 SCADA 设备维修记录表

序号	设备名称	故障原因	故障处理过程	发生故障时间	故障处理时间	处理人员	检查人员	备注

③ SCADA 设备更换记录表。

填写 SCADA 设备更换记录表的目的是追踪记录设备更换情况,对设备更换情况进行统计与归类,有利于判断 SCADA 系统可能发生故障的重点部件,从而为维修、保养等工作提供参考与帮助。详见表 7.1.18。

序号用阿拉伯数字 1、2、3 等填写;部件名称填写分解到能更换的最小单位的备件,如模拟屏 PLC 的 CPU 的 EPROM 等;部件编号为备件管理中所有备件或在线设备的部件编号,如 FSP-001 等;更换时间如 2000,6,20;更换前地点指部件发生故障时所在地,如某站 B 所;更换后地点指故障部件存放地点,一般为 OCC 备件房;新部件名称指代替故障部件的新部件名称,可以与故障部件相同,也可不同,如用交流 220 V 主控制盘(RTU)电源代替直流 110 V 主控制盘(RTU)电源,则该栏填交流 220 V 主控制盘(RTU)电源;新部件编号如 FSP-001;故障现象及原因如多次发生通道故障等;更换人员指具体操作人员;检查人员为更换操作时的具体操作人员之外的其他人员,当操作时只有一个 SCADA 人员在场,则检查人员为工班长;备注栏则记录更换过程中发生的其他一些情况、故障备件或新部件曾经在其他地点用过等。

表 7.1.18 SCADA 设备更换记录表

序号	部件名称	部件编号	更换时间	更换前地点	更换后地点	新部件名称及编号	故障现象及更换原因	更换人员	检查人员	备注

④ OCC 交接班记录。

当需要在 OCC 值班时,需在值班室设有交接班记录表。格式可参考表 7.1.19。

OCC 交接班记录的填写由交班人员和接班人员共同完成,在交接班前 15 min 内共同检查各设备、各记录以及各种表格等,并作好签名记录。

a. 主备机故障突然出现错误提示,需重新启动情况的填写格式为:若没有该类情况发生则不填;若有这种情况发生则用阿拉伯数字填写具体次数。

b. 主备机网络故障栏的填写格式为:若没有该类情况发生则不填;若有这种情况发生则用阿拉伯数字填写具体次数。

c. 正常操作中没有任何错误提示后重启动的填写格式为:若没有该类情况发生则不填;若有这种情况发生则用阿拉伯数字填写具体次数。

d. 电调错误操作格式为:若没有则不填;若有则指明出现错误操作的具体内容。

e. 主控制盘(RTU)自动复位的填写格式为:若没有则不填;若有则用阿拉伯数字填写具体次数。(若变电所没有电话通知 OCC 而出现主控制盘(RTU)复位情况则视为自动复位,反之为手动复位)

f. 主控制盘(RTU)手动复位的填写格式为:若没有则不填;若有则用阿拉伯数字填写具体次数。(若变电所没有电话通知 OCC 而出现主控制盘(RTU)复位情况则视为自动复位,

反之为手动复位）

g. 主控制盘（RTU）通讯错误的填写格式为：观察设备记录后若没有主控制盘（RTU）通讯错误则不填，若有则用阿拉伯数字填写具体次数。

h. 原因不明的填写格式为：故障处理设备正常后，找不到具体原因的情况；必须说明故障现象和具体解决办法。

i. 单个服务器自动复位的填写格式：查看设备记录，用阿拉伯数字记录其次数。

j. 单个服务器故障后须人工复位的填写格式：用阿拉伯数字记录其次数。

k. 两个服务器故障后须人工复位的填写格式：用阿拉伯数字记录其次数。

l. 两个服务器自动复位的填写格式：查看设备记录，用阿拉伯数字记录其次数。

m. 日报表是否及时生成的填写格式：填是或否（参考电调的意见）。

n. 电度值是否正常的填写格式：填是或否（参考电调的意见）。

o. 各种硬件设备情况分为良好、一般、差三种。记录时在相应等级下划√。其中设备各部件完全工作正常且清洁、整洁的则为良好；设备各部件完全工作正常且基本清洁、整洁的则为一般；设备各部件基本工作正常且清洁、整洁程度一般的则为差。

表 7.1.19 OCC 交接班记录

序号	检查项目		各种发生情况的次数				
1	P500 记录中的故障记录	主、备机故障	突然出现错误提示，需重新启动	网络故障（主、备机联系中断）	正常操作中没有任何错误提示后重启动	电调错误操作	其他
		主控制盘（RTU）故障	主控制盘（RTU）自动复位	主控制盘（RTU）人工复位	主控制盘（RTU）L2 错误	原因不明	其他
		PAK 故障	单个 PAK 自动复位	单个 PAK 故障后需人工复位	两个 PAK 故障后需人工复位	两个 PAK 自动复位	其他
2	归档程序		各种情况确认			备注	
			日报表是否及时生成	电度值是否正常	Transfer data 是否正常		
3	各种硬件设备情况		各种硬件情况确认			备注	
			良好	一般	差		
		打印机					
		主、备机					
		TCI					
		UPS					
		归档、信号、维护机					
		模拟屏					

交班人签名：　　　　接班人签名：　　　　　　　　日期：　　年　月　日

2. 技术资料

电力监控系统应备的技术资料至少包括以下内容：
① 《电力监控系统（SCADA）合同附件》。
② 《SCADA 部件操作手册》。
③ 《电力监控系统操作手册》。
④ 《电力监控系统应急预案》。
⑤ 《电力监控系统不间断电源柜维修手册》。
⑥ 《电力监控系统设备检修周期与工作内容》。

3. 电力监控系统应备的工具和备件

① 工具。电力监控系统应备的工器具分为专用工具、普通工具两类，详见表 7.1.20。

表 7.1.20　SCADA 应备的工器具

序号	名称	数量	备注
1	特殊接头指针万用表	1 个以上	
2	LIAN 接收线	1 条以上	监视通道情况时用
3	模拟屏安装器	1 个	
4	弱电接线工具箱	1 箱	
5	接线工具箱	1 箱	
6	FSP 参数线	2 条	修改参数时用
7	NML 参数线	2 条	修改参数时用
8	集成块起拔器	1 个以上	用于拔集成芯片
9	普通万用表	若干	每次巡检、作业、检修时必备
10	一字螺钉旋具	若干	
11	十字螺钉旋具	若干	
12	镊子	1 个以上	
13	手电筒	若干	
14	尖嘴钳	若干	
15	剥线钳	若干	
16	六角匙	若干	
17	钢丝钳	若干	
18	焊锡器	若干	

② 备件。电力监控系统应备的备件分为特殊备件、普通备件两类，详见表 7.1.21。

表 7.1.21　SCADA 备件一览表

序号	名称	数量	备注
1	工控机（带专用通信口）	1 台以上	专用备件
2	FSP 模块	1 个以上	专用备件

续表

序号	名称	数量	备注
3	模拟屏指示灯	1个以上	专用备件
4	主控制盘（RTU）电源模块	1个以上	专用备件
5	通信模块	1个以上	专用备件
6	时钟模块	1个以上	专用备件
7	以太网线	6米以上	普通备件
8	稳压器	1个以上	普通备件
9	打印机	1台以上	普通备件
10	显示器	1台以上	普通备件
11	计算机电源	1个以上	普通备件

知识点3：供电设备的运行与巡视

（一）变电所设备的运行与巡视

1. 巡视的一般要求

变电所设备运行中的巡视检查是维护设备正常运行、保证安全可靠供电的有效措施。通过巡视检查可以监视变电所设备的运行状态，及时发现缺陷，并采取相应的措施进行维护和检修，防止事故的发生和扩大。各种巡视后，巡视人员均应在运行日志上做好记录，发现的设备缺陷和异常现象应填入设备缺陷记录，并及时作出判断，采取临时处置措施，确保安全运行。变电所设备的巡视检查是变电所运行必要的一项制度，也是运行人员的主要职责，应满足以下基本要求。

① 巡视检查要按规定的线路进行。合理的巡视路线是巡视作业程序化、标准化的必要条件之一。巡视路线是根据电气设备的布置状况确定的，路径应尽量短且避免交叉和重复，路径内应包括应巡检的全部设备。

② 值班员巡视高压设备时，必须严格遵守《变电所安全工作规程》的规定。不论设备带电与否，人与带电部位的距离不应小于表7.1.22所示规定的安全距离。

表7.1.22　巡视人员与带电设备的安全距离

电压等级	无防护栅	有防护栅
110 kV	1 500 mm	1 000 mm
35 kV	1 000 mm	600 mm
DC 1 500 V 及以下	700 mm	350 mm

③ 巡视人员应做到人到、心到、位置到，且应看、听、嗅相结合。

④ 巡视周期：有人值班变电所每次交接班和每班中间各巡视一次；无人值班变电所，每日至少巡视一次或按具体规定进行。

⑤ 遇有恶劣天气，如大风、暴雨、大雾、冰雹、雪、霜时，对户外设备应进行特殊巡视，

其中包括:

重点检查绝缘件有无破损、裂纹和放电现象,基础、支柱、房屋有无下沉和倾斜,室外端子排、电缆沟和屋顶有无漏水和积水等。

雷电后应立即巡视,重点检查绝缘件有无破损、裂纹和放电现象,避雷针尖有无熔化现象,避雷器动作记录器是否动作等。

狂风后,需重点检查设备和母线上有无杂物悬挂及断线等情况。

当气温发生剧烈变化(骤热、骤冷)时,应加强巡视,重点检查充油设备油面有无渗、漏油;充气设备有无漏气,气压有无严重下降;各连接部有无松动、过热等情况。

⑥ 设备新安装或大修后,亦应进行特巡。特别是对变压器、断路器,在 24 小时内每 2 小时巡视 1 次。

⑦ 断路器自动跳闸后,应对有关设备进行全面巡视。

⑧ 当出现较大的电压波动、接地信号、过负荷运行或设备异常时,均应增加班中巡视。

⑨ 负荷高峰特别是超负荷和高温天气时,要特殊巡视。

2. 巡视检查的基本方法

电气设备检修试验时,为了判断其是否正常,我们使用了各种测试仪器仪表。但电气设备在运行中运行人员是不可能携带各种仪器仪表进行日常测量的,因而,利用眼、耳、鼻和手等感官仍然是主要的检查手段。

① 目测检查法。所谓目测检查法就是用眼睛来检查看得见的设备部位,通过设备的外观变化来发现异常情况。一般来说,破裂、变形(膨胀、收缩、弯曲)、松动、漏油、漏气、污秽、腐蚀、磨损、变色(烧焦、硅胶变色、油变黑)、冒烟、接头发热、产生火花、有杂质异物、不正常的动作等外观现象往往反映了设备的异常情况,因此,可通过目测观察作出初步分析判断。可以说,变电所的电气设备几乎均可采用目测法进行外观的巡视检查。所以,目测法是巡视检查中最常用的方法之一。

② 耳听判断法。虽然变电所的设备相对来说大多都是静止的,但许多的设备都会由于交流电的作用产生振动并会发出各种声音。这些声音是运行设备所特有的,也可以说是一种表示设备运行状态的特征。如果我们仔细倾听这种声音,并熟练掌握声音特点,就能通过它的高低节奏、音色变化、音量的强弱是否运行正常。为了能更准确地掌握设备发出的声音,有时要借助于器械,如听音棒等。

③ 鼻嗅判断法。人类嗅觉所能辨别的气味因人而异,千差万别,但电气设备的绝缘材料过热产生的气味大多数正常人都能嗅到并辨别。气味是自然而然被感觉到的,如果值班员和其他人员进入变电所检查设备,嗅到设备过热或绝缘材料被烧焦产生的气味时,值班人员应着手进行深入检查,检查是否有冒烟的地方,有无变色的部位,听一听是否有放电的声音等,直到查找出原因为止。嗅气味是对电气设备某些异常和缺陷的比较灵敏的一种方法。

④ 触试检查法。在巡视检查的整个过程中经常会用到手。用手触试检查是判断设备的部分缺陷和故障的一种必需的方法(但用手触试检查带电设备是绝对禁止的!)。运行中的变压器、消弧线圈的中性点接地装置,必须视为带电设备,在没有可靠的安全措施时,也禁止用手触试。但对不带电且外壳接地良好的设备及其附件等,检查其温度或温差需要用手触试时,应保持安全距离。对于二次设备(如继电器等)发热、振动等也可用手触试检查。

⑤ 用仪器检测的方法。目前，检测技术发展较快，测试仪器种类较多，使用这些测试仪器时，应认真阅读说明书，掌握测试要领和安全注意事项。

在电气设备事故中，由于绝缘物受热老化而引起的事故较多。因此，准确地掌握运行中的电气设备各部位的温度变化是非常重要的。设备的过热大部分在停电时表现不出来，只有在带电运行时才会出现，况且有些设备发热初期，不伴随出现变色、变形，也不产生异常声音和气味等，这种情况下，如果只依靠人的感觉来判断设备是否正常是比较困难的。为了尽早尽快地发现设备的过热，应尽可能地使用仪器仪表定期或不定期地测量运行中的设备的温度，尤其是高温天气、高峰负荷时是测温的重点。

常用的测温方法有：

a. 设备易发热的部位贴示温片。

b. 设备上涂示温漆或涂料。

c. 用红外线测温仪。

7.1.5 电气设备的最高允许温度参考值.pdf

前两种方法的优点是简便易行，但也存在一些缺点。它的主要缺点是不能和周围温度做比较；示温贴的时间长了易脱落；涂料和漆可长期使用，但受阳光照射会引起变色，变色后不易分辨清楚；不能发现设备发热初期的微热及温差等。

红外测温仪是一种高灵敏度的热敏感应辐射元件，检测由被测物发射出来的红外线而进行测温的仪表，能正确地测出运行设备的发热部位及发热程度。利用红外测温技术检查电气设备，它能够快速、准确、方便和安全地测量带电设备的温度，能够在设备故障初期阶段就能检测和诊断问题，使维护检修人员在故障发生前能够采用补救措施，且不需要停电，对生产影响小，越来越多地被推广应用。

（二）接触网设备运行巡检

1. 接触网的巡视检查

接触网巡视检查的目的是检查和发现接触网的不良处所，掌握接触网设备的运行状态，并对巡视中发现的不良情况及时地进行处理，以确保接触网可靠地运行。巡视检查的主要内容及要求如下。

① 巡视的基本要求。

接触网的巡视工作由工班长或安全等级不低于 3 级的接触网工进行。在巡视检查中，对危及安全的缺陷要及时处理，尤其是危及行车和供电的紧急情况，应及时报告电力调度员和工长，并采取应急措施，确保设备良好地运行和行车安全。每次巡视检查和缺陷处理的主要情况都要及时填写"接触网巡视和缺陷处理记录"，如表 7.1.23 所示，以备查阅。

表 7.1.23 接触网巡视和缺陷处理记录

区间（车站）

巡视日期	巡视方式	缺陷地点	缺陷内容	巡视人签名	处理措施、结果	处理日期	处理负责人	工班长签名	技术人员签名

② 巡视检查的内容。

接触网的巡视方式可分为步行巡视、乘车巡视、登乘巡视、热滑和动态检测等。

a. 步行巡视。

一般规定为车辆段柔性接触网设备巡视，每周不少于 2 次；区间正线刚性、柔性及第三轨接触网设备巡视，每月不少于 2 次；特殊区段巡视周期可视情况而定。

b. 乘车巡视。

乘车巡视是指乘坐接触网检修作业车对接触网设备进行巡视检查，主要在隧道线路上进行。一般规定为刚性接触网设备巡视，每月不少于 1 次；柔性接触网可适当加密周期；特殊区段巡视周期可视情况而定。

c. 登乘巡视。

登乘巡视是指在城市轨道正常运营的时候，巡视人员登乘电客车，在驾驶室对接触网设备的运行状况进行巡视检查。一般规定为每周 1 次，特殊情况可适当增加。

d. 不定期巡视。

根据电力调度的命令进行巡视。一般是在遇有异常气象（如：狂风、暴雨、大雪、大雾）；灾害（如：山洪、塌方等）或爆破作业等情况进行的有针对性的巡视。

7.1.6 接触网步行巡视内容.pdf　　7.1.7 接触网乘车巡视内容.pdf　　7.1.8 接触网登乘车巡视内容.pdf

2. 接触网的检测

接触网动态检测是通过安装在工程车或运行列车的动态检测系统，对接触网设备的动态技术参数进行测量，检查接触网状态，查找接触网缺陷故障，评定接触网设备动态质量，指导接触网维修的一种动态检测方式，其作用是通过检测了解和掌握接触网设备的动态质量，对接触网维修工作进行指导，实现接触网设备科学管理。

随着检测技术的发展，接触网检测技术从传感器接触式检测方式、基于激光雷达扫描的非接触式检测方式发展到现在的基于红外光与高速数字摄像系统组成的机器视觉非接触式检测方式。目前检测方式主要有：通过动态检测车在夜间运营列车停运时对刚性接触网、柔性接触网、接触轨进行动态检测；安装在运营列车上进行实时在线检测方式。

动态检测人员于当天整理接触网数据发至设备所属管理单位。在检测过程中发现缺陷项目，应根据相应的缺陷严重程度按规定启动相应处理等级。分级处理等级如下：

a. Ⅰ级缺陷由管辖设备分部根据自身情况，有计划安排处理，逐步整改。

b. Ⅱ级缺陷在检测后 10 天内处理，由管辖设备部门生产技术室负责跟踪整改。

c. 出现Ⅲ级及以上缺陷时，应紧急处理，由各设备归属单位调度跟踪整改。

d. 当网检过程中发现Ⅱ级及以上缺陷时，检测负责人在时间允许时应通知司机停车退回，并以前次相同的速度运行，重新检测一遍出现缺陷的地段并记录缺陷数值。

e. 当网检过程中确认发现Ⅲ级缺陷时，由检测负责人立即向检测管理单位调度汇报，调度立即通知相关 OCC，由相关 OCC 组织抢修，随车供电配合人员配合。整改后相关 OCC 向检测管理单位调度通报整改情况。

f. 复核、整改完毕，由 OCC 及时发出相关信息知会相关部门、设备归属部门、检测部门调度等，以消除影响。

7.1.9 接触网动态检测内容及范围.pdf　　　　7.1.10 接触网及接触轨动态检测评定标准.pdf

3. 牵引供电安全检测监测系统（以下简称 6C 系统）

城市轨道交通对供电系统安全性、可靠性的要求非常高，构建数字化、智能化牵引供电检测系统，及时和全面掌握供电设备的状态，是提高供电安全性、可靠性的有效措施。

牵引供电安全检测监测系统（以下简称 6C 系统）应用大数据、物联网、人工智能等先进技术，对城市轨道交通的牵引供电系统进行全方位、全覆盖的综合检测监测，主要功能包括对接触网状态参数和弓网运行参数的实时检测，对接触网悬挂、腕臂结构、附加线索和零部件的检测，对受电弓滑板状态及接触网特殊断面和地点的供电设备实时监测，对接触网运行环境实时监测等，并能通过综合数据分析，指导供电设备的运行维修，评价供电设备的运行质量。

牵引供电安全检测监测系统包括弓网综合检测装置、接触网安全巡检装置、车载接触网运行状态检测装置、接触网悬挂状态检测监测装置、受电弓滑板监测装置、接触网及供电设备地面监测装置和 6C 系统综合数据处理中心。6C 系统组成框图如图 7.1.1 所示。

```
牵引供电安全检测监测系统（6C 系统）
6C 系统综合数据处理中心
├─ 弓网综合检测装置（1C）
├─ 接触网安全巡检装置的（2C）
├─ 车载接触网运行状态检测装置（3C）
├─ 接触网悬挂状态检测监测装置（4C）
├─ 受电弓滑板监测装置（5C）
└─ 接触网及供电设备地面监测装置（6C）
```

图 7.1.1　6C 系统组成

6C 系统各装置的安装位置、应用条件、检测对象、检测周期各不相同，功能独立，互不替代。检测数据从不同角度反映接触网及供电设备的状态，通过对数据的关联分析、历史对比、趋势分析、综合分析，指导接触网及供电设备的运行维修。6C 系统功能分类见表 7.1.24。

表 7.1.24　6C 系统功能分类表

6C 系统	搭载平台	主要功能及用途
弓网综合检测装置（1C）	接触网检测车、作业车	对接触网参数和弓网运行状态进行线路实速动态检测，判定缺陷等级，评价接触网质量，为接触网运行维修提供依据。用于新建铁路联调联试和既有铁路动态检测
接触网安全巡检装置（2C）	临时安装在运营列车上的便携式设备	对接触网状态及外部环境进行巡视检测。用于接触网登乘巡视检查和非常规检查

续表

6C 系统	搭载平台	主要功能及用途
车载接触网运行状态检测装置（3C）	运营列车	对接触网及受电弓状态进行实时动态检测，监测预警异常状态。用于接触网实时动态检测和巡视检查
接触网悬挂状态检测监测装置（4C）	接触网检测车、作业车	对接触网的零部件实施成像检测，测量接触网的静态几何参数。用于接触网静态检测及全面检查
受电弓滑板监测装置（5C）	车站或出入段线等处	监测受电弓滑板技术状态。及时发现受电弓滑板的异常状态，缩短检查范围，指导接触网维修
接触网及供电设备地面监测装置（6C）	在接触网的特定位置	实时监测关键处所、特殊断面等供电设备的技术状态。及时发现接触网及供电设备的异常状态，指导接触网及供电设备维修
6C 综合数据处理中心	地面	6C 系统各装置所采集数据及相关基础数据的集中汇集处理与综合分析展示平台

对于 6C 装置检测分析发现的缺陷分一、二级实施管理。一级缺陷根据设备重要度、缺陷严重程度分为 A、B 类，一级 A 类缺陷：危及供电行车安全，须立即派员到现场驻守或立即处理的缺陷；一级 B 类缺陷：暂不危及供电行车安全，但存在极大的安全隐患，需尽快安排整治的问题。二级缺陷：暂不危及安全、需统筹安排整治的一般性问题，维修车间可纳入年度集中修计划进行处理。

对于 6C 系统各装置检测分析发现的缺陷，由检测部门下发缺陷整改通知书，设备整改部门在接到隐患信息后，必须逐条到现场核实、处理，形成闭环管理。对有疑义的隐患及时向检测部门反馈、沟通。复核、整改部门必须按时将复核、整改情况反馈至检测部门。检测部门对已下发缺陷整改通知书的问题，在下一周期的检测分析中要进行历史比对验证，确保缺陷问题整改到位。

1C 数据分析、缺陷反馈完成后，每月按线路编制检测报告。主要对接触网检测情况、检测数据、缺陷反馈情况进行综合分析、统计、总结，形成该线路的质量评价。

2C 应急检测结束后，由应急检测人员立即开展分析工作，到达前方车站后转乘返回，在分析过程中一旦发现缺陷立即报调度。

3C 检测应设专人不间断接收 3C 装置报警信息，即时分析确认，如危及行车安全的须立即按要求采取措施。3C 实时报警系统对重复出现三次及以上的缺陷，及时反馈车间，并通知相关部门技术人员现场复核。异常弓网信息应急分析应即时完成。

4C 检测数据：对于周期检测的数据，在定期检测工作完成后，一般 20 天内分析完毕；并将缺陷问题下发至相关车间、班组，同时做好相应的分析记录。

5C 检测数据：每天（节假日除外）对管辖范围内的 5C 装置进行全覆盖查询，了解装置数据接收是否正常，并实时分析 1-4 趟列车受电弓滑板情况。如发现异常立即通知相关部门检查确认，还应立即安排人员分析该趟受电弓滑板损伤列车 3C 检测数据（或受电弓视频监控数据），并组织人员及时进行分析和回放。接通知反映有受电弓滑板损伤、断裂、打弓等异常情况，立即组织检测人员查看、分析相应径路的 5C 监测数据，结合 6C 系统进行分析，确认受电弓故障之前的技术状态，缩小故障排查范围。

6C 检测数据：可根据 6C 装置具体安装配置情况分析数据。

（三）电力监控设备的运行与巡视

1. 主站设备日巡视

① 主站设备日巡视时必须依照各项相关的维修手册或操作手册的规定，对表《主站设备日巡视记录表》中的各项要求进行认真检查。

② 对于要进行设备更换或对整个系统有影响的巡检操作，必须事前知会电调并征得其同意，方可进行。

③ 主站各设备的日常巡视由维修专业人员每天进行 1 次。

④ 巡视检查主要内容：检查前置机柜外观及柜内每个模块的运行情况；检查 UPS 系统运行情况，蓄电池是否有漏液或膨胀的情况，在 LC 显示屏上读出蓄电池输出电压和逆变器输出电压等；检查模拟盘外观及模拟盘内各部件的工作情况；检查各主站操作站的运行情况，是否有非法操作；检查是否正常生成报表，归档数据是否完整。

2. 前置通信设备周巡视

① 每周按《前置通信设备周巡视记录表》的内容巡视 1 次。

② 对前置通信设备的巡视应遵守《前置通信设备维修手册》。如果有设备更换情况的，还须认真填写《设备更换记录》。

7.1.11 主站设备日巡视记录表.pdf   7.1.12 前置通信设备周巡视记录表.pdf

3. 大屏系统周巡视

① 每周按《大屏系统周巡视记录表》的内容巡视 1 次。

② 大屏系统的巡视应遵守《大屏系统维修手册》的规定进行，特别要注意整个大屏表面及内部的清洁卫生。如果有设备更换情况的，还须认真填写《设备更换记录》。

4. 服务器周巡视

① 每周按《服务器周巡视记录表》的内容巡视 1 次。

② 服务器的巡视应遵守《服务器维修手册》的规定进行，特别要注意服务器状态指示灯是否正常及设备硬件接口是否有松动。如果有设备更换情况的，还须认真填写《设备更换记录》。

7.1.13 大屏系统周巡视记录表.pdf

7.1.14 服务器周巡视记录表.pdf

7.1.15 UPS 系统、工作站设备月度巡视记录表.pdf

5. UPS 系统与工作站设备月度巡视

① 每月按《UPS 系统、工作站设备月度巡视记录表》的内容巡视 1 次，一般为月初进行。

② 对于 UPS 的巡视须遵守《UPS 维修手册》的规定，巡检时特别要注意 UPS 柜体及整个 UPS 房的清洁，对电流、电压等值进行记录。如果有设备更换情况的，还须认真填写《设备更换记录（UPS）》。

③ 对于工作站巡视应遵守《工作站维修手册》的规定。

【任务实施】

第一步：分析生产计划的组织实施

城市轨道交通供电系统普遍采用定期维修制度，即为了防止设备性能及精度劣化或降低，根据设备运转的周期和季节性等特点，按预先制定的设备维修周期与工作内容、技术要求和计划所进行的维修作业。对于计划性维修必须制定相应的年度维修计划及月度维修计划，并根据计划进行安排和落实。

通过学习各知识点，可知生产维修计划的组织实施是一件严肃的事情，要认真对待、坚决执行。主要应抓好以下几方面的工作。

（1）充分做好修前的技术准备。修前的准备包括维修工艺、工装、前次维修资料、各种记录及修前预测、预检准备等。

（2）充分做好修前的物资准备。及时准备好维修所需的材料、备品备件、工具等，并使其状态良好。

（3）做好维修人员的准备。合理安排人员的技术力量，提高技术水平，缩短劳动时间，以保证维修质量。

（4）修中尽量采用先进的维修方法，提倡改善型维修。即在保证质量的前提下，提高维修效率，降低维修成本，减少停运时间。

（5）严格实行维修计划执行情况检查和修后评定、验收工作。维修组织在执行中，推荐采用全面质量管理、网络计划技术等现代化手段指导工作，以使设备维修达到最佳的效果。

第二步：标准化生产作业实施流程

确定生产计划后，各项任务要成立维修作业组完成。维修作业组由工作领导人、安全员、作业组成员构成。工作领导人、安全员、作业组成员技能等级、安全等级符合相应要求。维修作业组要严格按照标准化生产作业实施流程开展具体的工作。标准化作业实施流程如图 7.1.2 所示。

```
准备阶段 → 确定作业项目 → 调查设备状况和环境安全状况 → 开展危险点分析、制定控制措施
         → 完成作业方案、安全措施上报、填写工作票 → 工作技术、材料准备 → 值班人员审票
         → 履行工作开工手续
作业阶段 → 进入工作现场交待安全措施 → 工作中落实安全措施执行检修工艺
         → 难题集体攻关 → 中间验收 → 完善作业现场清理
结束阶段 → 班组工作自检 → 现场工作验收 → 填写有关记录 → 结束工作票 → 工作总结会
```

图 7.1.2　标准化作业实施流程图

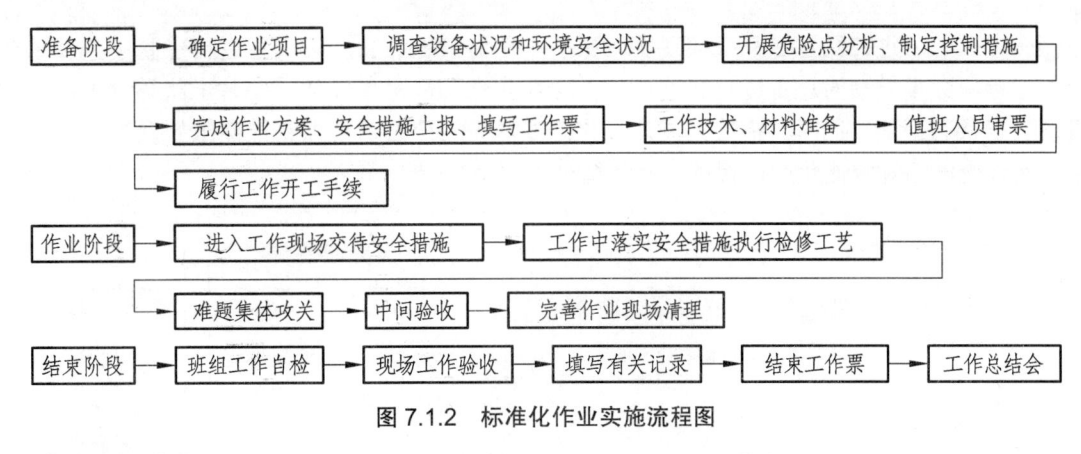

【任务小结】

请简要小结本任务的学习要点、难点与困惑，写在下面的横线上！

_____

_____

_____

【格言语录】

"生产必须安全，安全促进生产。"——企业安全文化

生产安全是人命关天的大事，当然也是企业永恒的主题，是一切工作的基础。没有安全，就没有稳定，更谈不上发展。只有保证安全，才能更好地促进生产，促进企业发展。所以，时刻要把安全置于企业生产的重中之重，首中之首，这也是"安全第一"方针的具体体现。

【拓展知识】

变电设备智能化运行管理

供电系统智能化运行管理是通过实时在线监测系统，实时监测设备运行情况。在线监测系统通过在待测对象处加装特定的传感采集装置，并运用信息化等集成技术实时采集所测对象的数据信息，分析其可能出现的故障及在故障发生前期能够进行及时预警并解除故障危险，使得管辖设备运行更加稳定、安全，同时为故障诊断、性能预测、维修决策等提供科学的依据，提升系统运行管理水平。

目前变电设备管理普遍依靠计划修，这种维修模式对设备状态实时情况的掌握欠佳：一方面，对故障预见性不足，通常导致维修工作缺少针对性，效率较低；另一方面，大量有价值数据未被采集和有效利用。由此带来以下问题：（1）设备的实际情况"不可视"，状态变化趋势未及时反映，无法预见故障，存在安全隐患；（2）何时该修、何处该修、哪个隐患最紧急等问题不明确，维修的针对性差，效率较低；（3）计划修模式，普遍例行式的检查、维修，人力、设备资源浪费。

变电设备智能化运行管理的总体思路是通过确定直接或间接表征变电设备健康状态的状态指标、建立状态评价标准，以"在线+带电+离线"相结合的方式采集数据并建立实时数据

库。一方面，通过在线监测系统实现实时报警和趋势分析；另一方面通过构建基于少量重要状态指标的数学模型对设备进行状态评估、寿命预估和故障率评估，并基于状态评价标准对设备进行状态评估。同时，搭建集成信息化的变电设备全寿命周期智能性维修及管理平台，逐步实现变电系统智能化运行管理。典型结构见图 7.1.3。

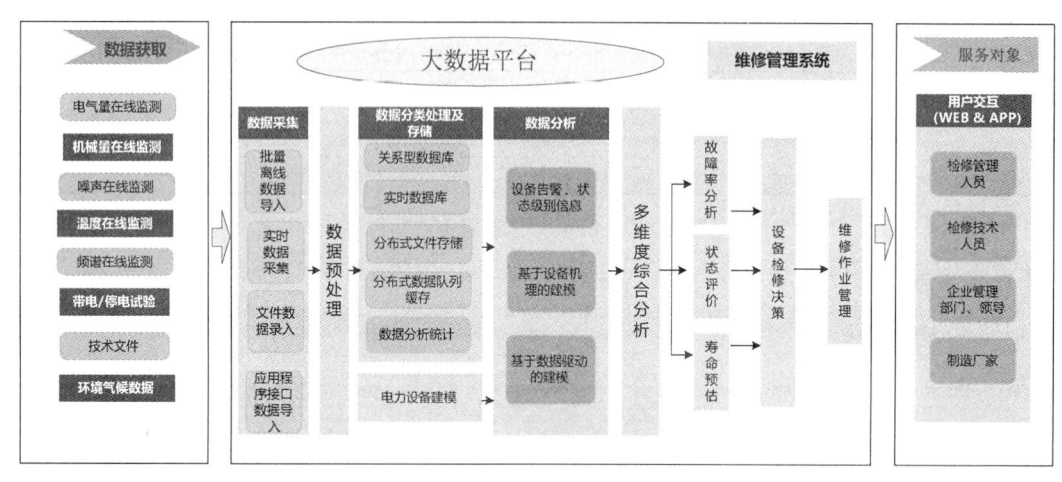

图 7.1.3　基于大数据的供电系统全寿命周期管理系统结构图

【练习与评价】

结合本任务所学知识，回答表 7.1.25 中的问题。

表 7.1.25　任务 7.1 完成情况评价表

序号	任务内容	完成记录	标准分	评分
1	维修计划有哪几种形式？什么情况下需要使用临时维修计划？		15	
2	变电所运行管理一般要配备哪些技术资料？		15	
3	接触网班组应配备哪些技术资料？		15	
4	变电所巡视检查有哪些常用方法？其中常用的测温方法有哪 3 种？		15	
5	接触网的巡视方式有哪几种？什么情况下进行不定期巡视？		15	
6	计划修存在哪些不足或问题？		10	
7	"任务小结"完成情况		15	
	总体评价：　□ 好　　□ 较好　　□ 一般　　□ 较差　　□ 差			

任务 7.2　接口管理

> **任务导读**
>
> 城轨交通工程是一个庞大的系统工程，涉及到众多子系统和专业，相互之间存在众多接口，做好接口的有序衔接与管理关系到整个系统的运行质量。本节以城轨交通系统的接口划分为基础上，重点介绍了城轨供电系统的接口设置及相关配合要求。

【学习目标】

1. 知识目标

（1）熟悉城轨供电系统接口划分的要求。
（2）掌握城轨供电系统接口划分的原则。

2. 能力目标

（1）会分析城轨供电系统能够接口划分的特点。
（2）会划分城轨供电系统的接口关系。

3. 素质目标

（1）养成爱岗敬业意识。
（2）养成系统思维与协同意识。

【任务描述】

查阅相关资料，分析城市轨道交通工程维修接口管理的划分原则，并举例之。

【任务分析】

城市轨道交通工程庞大、系统繁多，是一个完整的系统工程，各个系统之间、专业之间、设备之间、系统内部子系统间、设备间关系密切、相互关联、接口众多。各系统间的接口配合和接口衔接是否完善、合理，将直接影响整个系统的运行效率与运行质量。通过分析接口管理的划分原则，并举例之，可能更好地理解接口管理。

【基本知识】

知识点 1：城市轨道交通系统接口划分

城市轨道交通系统接口主要分为三大块：土建、机电和装修，再细分为土建工程内部接口、土建工程与机电设备系统接口、机电设备内部系统之间接口、装修工程内部接口、装修工程与机电设备系统接口、工程自身与外部（规划、市政、交通、环保等）接口，近 40 个专业。详细划分如图 7.2.1 所示。

各专业代码如表 7.2.1 所示。

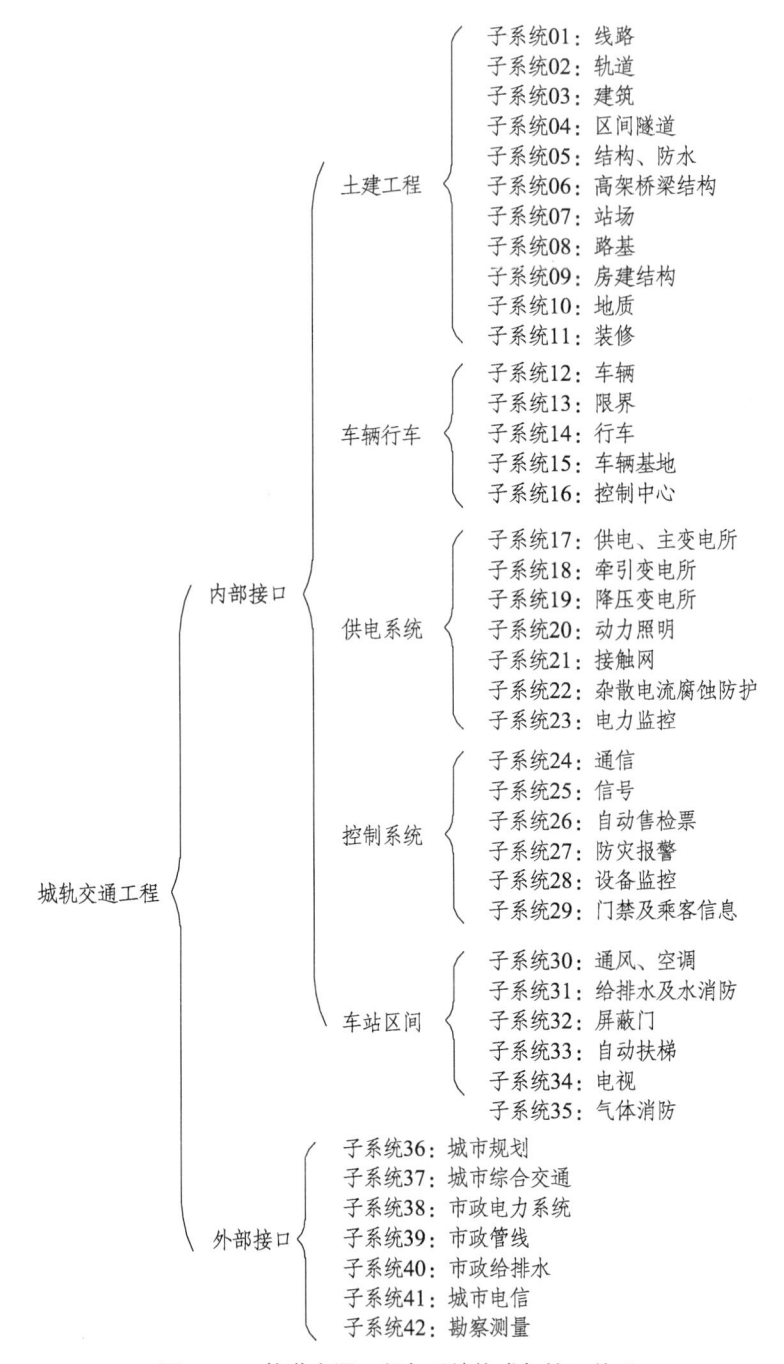

```
                                    ┌ 子系统01：线路
                                    │ 子系统02：轨道
                                    │ 子系统03：建筑
                                    │ 子系统04：区间隧道
                                    │ 子系统05：结构、防水
                          土建工程 ┤ 子系统06：高架桥梁结构
                                    │ 子系统07：站场
                                    │ 子系统08：路基
                                    │ 子系统09：房建结构
                                    │ 子系统10：地质
                                    └ 子系统11：装修

                                    ┌ 子系统12：车辆
                                    │ 子系统13：限界
                          车辆行车 ┤ 子系统14：行车
                                    │ 子系统15：车辆基地
                                    └ 子系统16：控制中心

                                    ┌ 子系统17：供电、主变电所
                                    │ 子系统18：牵引变电所
                                    │ 子系统19：降压变电所
                          供电系统 ┤ 子系统20：动力照明
                                    │ 子系统21：接触网
                                    │ 子系统22：杂散电流腐蚀防护
                                    └ 子系统23：电力监控
              内部接口 ┤
                                    ┌ 子系统24：通信
                                    │ 子系统25：信号
                                    │ 子系统26：自动售检票
                          控制系统 ┤ 子系统27：防灾报警
                                    │ 子系统28：设备监控
                                    └ 子系统29：门禁及乘客信息

                                    ┌ 子系统30：通风、空调
                                    │ 子系统31：给排水及水消防
                          车站区间 ┤ 子系统32：屏蔽门
                                    │ 子系统33：自动扶梯
                                    │ 子系统34：电视
城轨交通工程 ┤                         └ 子系统35：气体消防

                                    ┌ 子系统36：城市规划
                                    │ 子系统37：城市综合交通
              外部接口 ┤ 子系统38：市政电力系统
                                    │ 子系统39：市政管线
                                    │ 子系统40：市政给排水
                                    │ 子系统41：城市电信
                                    └ 子系统42：勘察测量
```

图 7.2.1　轨道交通工程各系统构成与接口关系

表 7.2.1　专业代码表

序号	专业名称	专业代码	序号	专业名称	专业代码
1	城市规划	CG	5	城市电信	CTX
2	城市电力系统	CDL	6	线路	XL
3	综合交通	ZJT	7	轨道	GD
4	城市管线	CGX	8	隧道	SD

续表

序号	专业名称	专业代码	序号	专业名称	专业代码
9	站场	ZC	30	电力（动力照明）	DL
10	结构、防水	JF	31	供电车间	DCJ
11	房建结构	FJ	32	通信	TX
12	高架桥梁	GQ	33	信号	XH
13	建筑	JZ	34	自动售检票	SP
14	路基	LJ	35	防灾报警	FZ
15	地质	DZ	36	设备监控	SK
16	行车组织	XC	37	综合监控	ZK
17	客流预测	KL	38	门禁及信息	MX
18	车辆段及综合基地	CLD	39	环控系统(通风与空调)	HK
19	控制中心	KZ	40	屏蔽门系统	PM
20	车辆	CL	41	扶梯、电梯	FT
21	限界	XJ	42	给排水及水消防	GS
22	主变电所	ZB	43	气体消防	QX
23	供电（计算）系统	DX	44	综合管线	GX
24	牵引变电所	QB	45	装修	ZX
25	接触网（牵引网）	CW	46	人防工程	RF
26	降压变电所	JB	47	环保及劳安卫	HB
27	变电所	BD	48	施工预算	SY
28	电力监控	DK	49	工程筹划	GC
29	杂散电流防护	ZS	50	项目总体	XZ

知识点2：供电系统接口划分

（一）供电系统接口概述

城市轨道交通工程是由很多个工种和系统共同组成的庞大而复杂的系统工程，供电系统是这个系统中的一个重要组成部分。供电系统给车辆和所有设备系统提供电能，它直接影响着城市轨道交通运行的安全与畅通，是整个轨道交通正常运营的基础。

牵引负荷与车辆、线路和运营组织有关，供电设备安装、接触网安装以及电缆敷设等均与车站和线路限界有关，电源又从城市电力系统引入，杂散电流防护措施的贯彻实施又需要土建、轨道、给排水等专业配合。因此供电系统除与机电设备系统有接口外，还与土建（车站、隧道）、线路、外部（电力系统、通信、环保等）具有接口，在工程设计和工程实施过程中与几乎所有专业都有接口。

接口可分为硬接口，即可见接口，如与结构、建筑、各系统设备之间等接口；有软接口，即隐形接口，如与各系统之间的技术参数匹配、规约一致等接口。这些必须在设计阶段标示清楚接口关系，划清接口界面，确定接口内容，提出接口要求，进行接口管理，如处理不好，会影响工程建设和设备稳定运行。如与电动车辆之间既有硬接口，也有软接口，硬接口就是架空接触网、接触轨；软接口是电压等级、列车编组、牵引变电所与电动车辆的保护配合等。

供电系统内部各设备间的接口包括牵引变电所、降压变电所、接触网系统、杂散电流防护间的接口等。供电系统与其他系统的接口，如与外电源、土建、线路、轨道、限界、行车组织等以及与车辆、通信、信号等专业的接口关系，必须在设计阶段明确，以使各专业和系统的建设与运营有序进行。

（二）供电系统接口划分

在实际工程中，城轨供电系统的设计和施工不可能由一个设计单位或施工单位单独完成。在实际运营管理中，城轨供电系统也涉及到很多专业与部门的分工配合。因此，必须进行适当的接口划分，以利于进行设计、施工和运营管理，一般按以下原则处理，如图 7.2.2 所示。

7.2.1 牵引供电系统接口概述.MP4

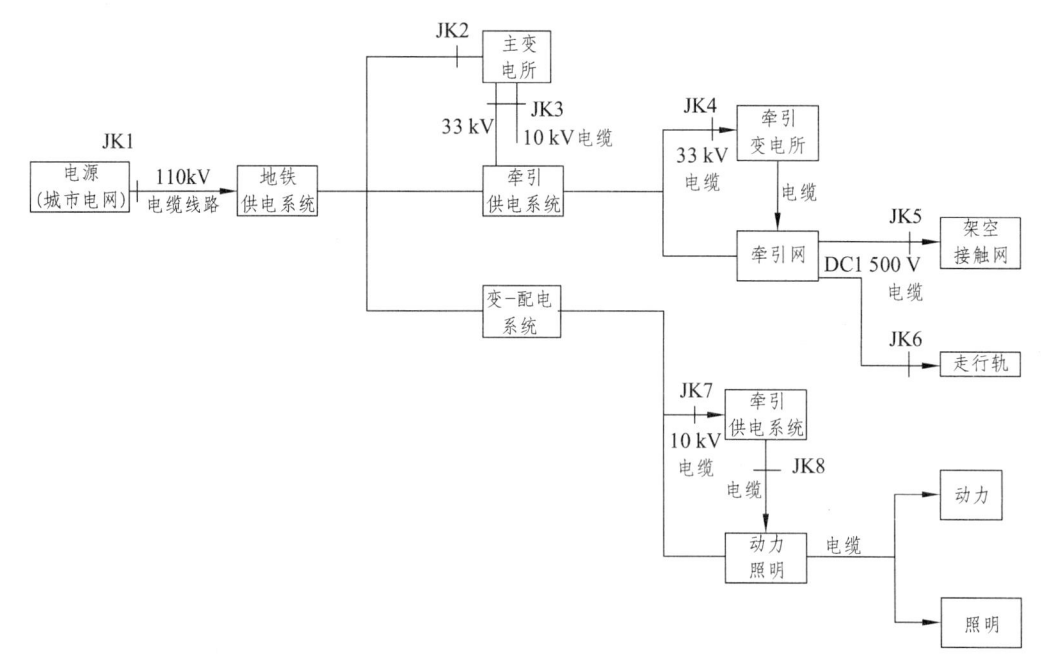

图 7.2.2　供电系统接口划分

1. 电源

由城市电源点至主变电所或牵引/降压变电所电源引入线的终端（JK1-JK2）。因为牵涉到与城市电网的连接，这一部分一般由城市供电部门完成。

2. 主变电所

由电源引入端至中压开关柜的引出端，JK2-JK3。由于主变电所需接入城市高压电网，一般由城市供电部门设计施工。

3. 中压网络

对集中式供电，由主变电所中压开关柜的引出端至网络末端牵引/降压变电所中压开关柜的引入端；对于分散式供电，由牵引/降压变电所中压开关柜的城市电源引入端至网络末端牵引/降压变电所中压开关柜的引入端。

4. 变电所

由中压电源引入端起，经变压、整流后，正极至接触网电动隔离开关的引入端；负极至走行轨回流排的引出端（JK4-JK5 和 JK6）。引入、引出的划分均以电流流通方向为准。

5. 牵引网

正极由接触网电动隔离开关引入端至负极回流排引出端（JK5-JK6）。

6. 降压变电所

由中压电源的引入端至低压开关柜的引出端（JK7-JK8）。

7. 动力照明

由降压变电所低压开关柜引出端至用电设备（JK8-用电设备），动力照明一般由土建设计单位设计。

【任务实施】

第一步：分析维修接口管理划分原则

效率优先原则：当多方同时具备相应维修能力时，按"谁维护，谁生产效率更高"原则划分维修接口；设备归属单位具备同等维修资源配置时，优先考虑由归属（使用）单位进行维修。

管理便利原则：对于跨中心使用的车辆段、换乘站、共用设备房内的设备设施，按"谁统筹，谁更好管理"原则划分维修接口。

属地维护原则：对于线网统一建设的设备设施、按需分配的设备设施，按"设备设施属地在谁，谁维护"原则划分维修接口；对于线网中央级的设备，由该设备所在区域的管辖中心承担该设备的维护维修，以线网至分线路的输出端划分维修接口。

资金归属原则：对于独立、自成系统的设备或设施，按"谁建设，谁维护"原则划分维修接口，即根据具体设备采购、建设所属线路决定设备的所属区域。

系统从属原则：对于在原系统设备中扩容、改造、新增的设备，按"接入到谁，谁维护"原则划分维修接口关系，即由原系统设备的归属中心负责新增部分设备的维修。

第二步：举例维修接口的划分

根据维修接口管理划分原则，开展设备接口划分工作。如表 7.2.2 所示。

表 7.2.2 设备接口关系表

序号	项目	接口关系					备注
		单位1	内容	单位2	内容	单位3	内容	
举例	低压配电、动力系统及附属设备设施	供电	各设备的定期检查、维修、故障处理	使用部门	负责所属建筑内低压配电系统的设备、操作使用、故障报告	XX	XX	1.车辆段内的低压配电、动力系统及附属设备设施除外 2.各设备维修部门负责各自消防责任区内照明灯管、灯泡更换，并各自申报备件、材料

【任务小结】

请简要小结本任务的学习要点、难点与困惑，写在下面的横线上！

___

___

___

___

【格言语录】

"文明其精神，野蛮其体魄。"——毛泽东

这句话的意思是，既要让人们的精神变得文明，也要让人们的身体变得更加强健。强健的身体，是创造文明、改变世界的前提。大学生活，既要努力学好科学文化，掌握专业技术，也要努力锻炼身体。只有身体好，学习好，毕业走入社会、进入职场才能工作好。因此，在大学，有三个地方应该常去：教室、图书馆和运动场。

【练习与评价】

结合本任务所学知识，回答表 7.2.3 中的问题。

表 7.2.3 任务 7.2 完成情况评价表

序号	任务内容	完成记录	标准分	评分
1	城市轨道交通系统接口主要分为几个部分？细分为什么内容？		15	
2	城轨供电系统的接口有什么特点？		15	

续表

序号	任务内容	完成记录	标准分	评分
3	城轨供电系统的接口是如何划分的？		15	
4	何为硬接口和软接口？		20	
5	接口划分的原则有哪些？		15	
6	"任务小结"完成情况		20	
总体评价： □好　　□较好　　□一般　　□较差　　□差				

任务 7.3　安全管理

任务导读

安全是人类生存与发展最基本的需求，没有安全一切都无从谈及，安全也是一个企业发展永恒的追求。同时，安全又是一项非常复杂的系统工程，如何有效地减少人的不安全行为与物的不安全状态，有效地控制环境的不安全因素，减少事故隐患，实现牵引供电系统安全生产有序可控目标，就需要了解牵引供电系统运行安全的基本要求与基本特点，理解安全生产管理的基本概念与基本方法，不断增强安全生产意识，不断完善安全生产管理的各项措施，才能不断提高牵引供电系统安全管理水平。

【学习目标】

1. 知识目标

（1）了解安全管理基本理论。
（2）熟悉牵引供电安全运行特点。
（3）熟悉牵引供电安全管理基本方法。

2. 能力目标

（1）会识别潜在危险与隐患。
（2）会安全生产管理基本方法。

3. 素质目标

（1）养成供电安全意识。

（2）养成精益求精的职业意识。

【任务描述】

以变电设备检修工作票为例，分析变电所设备检修应采取的安全措施。

【任务分析】

城轨供电系统的运行管理人员不仅要掌握相应的专业技术知识，同时也要掌握一些安全管理基本知识，二者结合才能更好地提升安全管理与控制能力。工作票作为重要的安全措施之一，正确完备地填写工作票就是安全管控能力的重要体现。

【基本知识】

知识点1：安全的基本要求与特点

（一）牵引供电系统运行安全的基本要求

安全，单从字面来理解，"安"是指不受威胁、没有危险，即"无危则安"；"全"是指齐全、完整，没有残缺、没有损坏等，即"无损则全"。因此，安全可以理解为是一种没有危险，没有伤害，没有损失的状态。

安全又是指"免除了不可接受的损害风险的状态"。"不可接受的损害风险"主要包括三个层面的含义：一是国家层面。以法律法规或国家强制性标准的形式明确或体现不可接受的损害风险，代表的是最广大人民对安全的共同要求，体现的是国家意志，具有最广泛的适应性，如《安全生产法》《刑法》《消防法》等法律法规就是从国家层面对相应的安全领域提出的要求，各行各业均必须遵守这些规定，必须满足这些要求；二是行业企业层面。以行业标准、企业标准或企业的安全质量目标等形式明确或体现各行业或各企业所不可接受的损害风险；三是个体层面，体现公众群体、员工群体或顾客群体对不可接受损害风险的程度。如果生产活动超出了这3项要求，均是不可接受的，因而也是不安全的。

牵引供电系统的产品是给电力机车提供电能，根据安全的上述定义，当牵引供电系统出现以下情形时，对以上3个层面都是不可接受的损害风险。

① 危及安全或构成事故。牵引供电设备状态异常，危及周围其他设备及人身安全，甚至构成行车事故或路内路外人身伤亡事故。

② 中断供电。供电中断→中断行车→列车晚点，铁路运输瘫痪，影响企业生产，影响人们出行等。

③ 降低供电能力与供电质量。如牵引变电所容量或牵引网载流容量偏小，造成牵引网末端工作电压水平偏低，致使列车运行速度降低；供电设备障碍，造成机车需降弓通过设备障碍地段，降低列车正常通过能力；牵引变电所故障供不出电而采取越区供电措施，大大降低了列车的运行对数；接触网状态不良，造成弓网打碰，受电弓拉弧严重；检修延误造成列车晚点等。

因此，对牵引供电系统运行安全的基本要求是安全、不间断地为电力机车或动车组提供优质的牵引电能。

（二）城轨供电系统运行安全的基本特点

1. 安全生产的一般特点

安全生产是随着生产的产生而产生，随着生产的发展而发展。"生产必须安全，安全促进生产"。安全生产的一般特点主要表现在：

① 安全的系统性。安全涉及到技术系统的各个方面，包括人员、设备、环境等因素，而这些因素又涉及经济、社会、科技、教育和管理许多方面，尤其对于轨道交通运输这样的开放系统，安全既受内部因素的制约，又受外部环境的干扰，一旦安全状况恶化，出现事故，不仅可能造成系统内部的损害，而且可能造成系统外部环境的损害，因此研究和解决安全问题应从系统出发，运用系统工程方法，进行综合治理，克服管理中的"头痛医头，脚痛医脚"的做法。

② 安全的相对性。凡是人类从事的生产活动，都有安全问题，所不同的只是发生事故的可能性有大有小，危害程度有轻有重而已。安全只是相对的，系统发生事故的可能性始终存在，要从这个意义上，建立预防事故、防患未然的思想。

③ 安全的依附性。由于安全不能脱离具体的生产过程而独立存在，这可能在实践中导致重生产、轻安全，而另一方面，安全又是生产的基础和保障，正常有序的生产同系统的安全运行和管理是不可分割的。

④ 安全的间接效益性。要保证生产安全必须在人员、设备、环境和管理方面有相应适时的安全投入，但安全投入所产生的经济和社会效益都是间接的、无形的，难以定量计算。因此，安全投入容易被忽视，必须认识到安全投入的必要性。事实上，安全的效益除了减少事故的直接和间接经济损失外，更重要的是在提高人员素质、改进设备性能、改善环境质量和加强生产管理等方面所创造的积极的经济效益和社会效益。

⑤ 安全的长期性。人们对安全的认识在时间上往往是滞后的，难以预先认识到系统存在和面临的各种危险和隐患，而且即使认识到了，有时也会由于技术条件所限而无法控制，随着技术进步和社会发展，旧的安全问题解决了，新的安全问题又会产生，抓安全确实需要长期不懈、始终如一地努力才行。

⑥ 安全的艰巨性。由于高技术总是伴随着高风险，随着现代科学技术的发展和系统复杂化程度的增加，事故后果越加严重，不允许通过事故重演来深化对安全的认识。此外，事故是一种小概率的随机偶发事件，仅仅利用事故资料不可能及时地多层次对系统的危险性进行分析。可见，安全工作的任务相当艰巨。

7.3.1 牵引供电系统运行安全的基本要求.MP4

2. 城轨供电系统运行安全的特点

城市轨道交通运输系统是由车、机、工、电、辆等多个系统共同组成的一个大联动机，城轨供电系统是城轨交通系统中的一个子系统，除具有上述一般特点外，同时还具有以下一些特点：

① 安全的动态性。城轨交通系统的产品是实现旅客安全快速位移，确保交通畅通与不间断供电是牵引供电系统安全运行的最基本要求。牵引供电系统与一般供电系统最大的区别是其负荷是高速移动的。移动供电是其与众不同的特点，也是实现安全运行的难点，一系列的安全问题都是因为接触网与电动列车受电弓的高速滑行接触运动

7.3.2 牵引供电系统运行安全的基本特点.MP4

而引起的。

② 安全对管理的依赖性。城轨交通系统是一个大联动机，内部接口众多，联系密切，相互影响，衔接不好就可能影响供电系统的安全运行。牵引供电系统不仅要做到自身状态良好，同时还要与机务、工务、电务、车务等多工种联合作业、多部门紧密协作，经过多个环节才能完成，涉及设备数量庞大、种类繁多，是复杂的人机动态系统。这样庞大的人机动态系统的安全运行，在很大程度上依赖于管理的有效性。

③ 安全的复杂性。城轨供电系统很多设备尤其像接触网设备没有备用，呈线状布置，点多线长，置身于城市复杂的地下与地面环境中，接口众多，对供电系统安全运行都将产生影响。

④ 安全的高风险性。生产环境具有"三高"特点，即作业人员作业时将置身于高空、高电压和高速行车的环境中，具有作业人员安全风险高，管理难度大。

⑤ 安全管理的规范性。轨道交通具有"高（度集中）、大（联动机）、半（军事化）"特点，是一个法律法规与行业规范规程较多的行业。安全运行与管理需要遵守一系列的规章并严格执行标准化作业等。

⑥ 事故后果的严重性。城市轨道交通被誉为"城市交通的主动脉"，一旦发生事故将会严重波及整个城市的正常生产与生活秩序，直接影响一个城市各项功能的正常发挥，也直接影响到人们的日常生活，甚至还会造成巨大的财产损失、人员伤亡和环境破坏，后果严重。因此，城轨供电系统作为城轨交通安全畅通的重要保证，其安全运行将更加备受人们的关注。

城轨供电系统运行安全一般分为人身安全、行车安全、设备安全、环境安全等类型。

知识点2：安全管理基本知识

安全管理是按照安全的客观规律，通过计划、组织、指挥、协调与控制，合理地组织保证安全活动中的人力、财力、物力和信息等资源，逐步提高职工队伍素质，提高设备水平，提高规章制度的有效性，从而达到杜绝和减少事故的目的。

安全依赖于管理。安全管理的目标是：减少和控制危害，减少和控制事故，尽量避免生产过程中由于事故所造成的人身伤害、财产损失、环境污染及其他损失。安全生产管理包括安全生产法制管理、行政管理、监督检查、工艺技术管理、设备设施管理、作业环境和条件管理等。

安全管理的基本对象是企业的员工，同时还涉及企业中的设备设施、物料、环境、财务、信息等各个方面。安全生产管理的内容包括：安全生产管理机构的设置与运作、安全生产责任制、安全生产管理制度、安全生产策划、安全培训教育、安全生产档案等。

（一）安全管理的几个重要术语

1. 事故

事故是指在生产活动过程中，由于人们受到科学知识和技术力量的限制，或者由于认识上的局限，当前还不能防止，或能防止但未能有效控制而发生的违背人们意愿的事件。它的发生，可能迫使系统暂时或较长时间地中断运行，也可导致人员伤亡或财产损失，或二者同时出现。

"违背人们意愿的事件"可以指迫使正常运行的系统暂时或较长时间地中断运行,也可指造成人员伤亡、职业病、财产损失、设备损坏、环境破坏或其他损失的意外事件。事故具有以下基本属性:

① 事故具有危害性。据相关文献资料,在世界范围内每年有 400 余万人死于各种意外事故,其中有 200 万人死于工伤和职业病,近百万人死于交通事故。意外事故如同"无形的战争",成为除自然死亡以外威胁人类生产、生活的第一杀手。事故发生可能造成的结果有:人受到伤害,物受到损失;人受到伤害,物未受到损失;人未受到伤害,物受到损失;人、物均未受到伤害或损失。对铁路运输系统,将凡是造成系统运行中断的事件均归入事故的范畴,虽然系统运行中断不一定会造成直接的财产损失或人员伤害,但却严重干扰了系统的正常运行秩序,从而将带来难以估量的间接损失。

② 事故具有因果性。事故的发生都是有原因的,这些原因就是潜伏的危险因素,有的已经认识,有的尚未认识,有的可以预防,有的还无能为力。事故的因果性表明事故的原因是多层次的,有的原因与事故直接有关,有的则为间接联系。一般不会是某个单一的原因造成事故,而往往是诸多不利因素相互作用发生系列连锁反应的结果。

③ 事故具有随机性。导致事故发生的原因非常复杂,往往是由许多偶然因素造成的,因而事故具有随机性。事故发生的时间、空间和严重程度在发生前往往是不确定的。但是,这种随机性又蕴藏着必然性,必然性是通过偶然事件表现出来的。

根据事故造成的人员伤亡或直接经济损失的严重程度,事故一般分为特别重大事故、重大事故、较大事故和一般事故四级。

2. 事故隐患

事故隐患是指组织或个人违反安全生产法律、法规、规章、标准、规程和安全生产管理制度的规定,通常表现为人的不安全行为、物的不安全状态与管理缺陷等。综合事故性质分类和行业分类,考虑事故起因,可将事故隐患归纳为 21 类,即火灾、爆炸、中毒和窒息、水害、坍塌、滑坡、泄漏、腐蚀、触电、坠落、机械伤害、煤与瓦斯突出、公路设施伤害、公路车辆伤害、铁路设施伤害、铁路车辆伤害、水上运输伤害、港口码头伤害、空中运输伤害、航空港伤害和其他类隐患。

隐患一旦在外部条件下被触发,就可能导致事故,造成人员伤亡、设备损坏、财产损失或环境破坏等,所以为"患";同时又因为它具有很强的隐蔽性,易被忽视,难以被发现,隐患作为一种潜在的危险,其造成的后果具有很大的不确定性和难以预测性。因此,对待事故隐患要坚持"隐患险于明火,防范胜于救灾"的原则,高度重视对各类隐患的排查,及时消除隐患。

3. 危险

危险是指可能导致伤害的潜在根源与可能导致事故的状态。危险事件出现的概率和严重程度的综合,就是危险的表征,称为风险。所有的风险都是由危险导致的,危险是风险的前提。一般用风险度来表示危险的程度。在安全生产管理中,风险度用生产系统中事故发生的可能性与严重性的结合来表示。即:

$$R = f(F, C)$$

式中　　R——风险；

F——发生事故的可能性；

C——发生事故的严重性。

危险与安全是相对的概念，按照系统安全工程的观点，无论安全还是危险都是相对的，安全性与危险性互为补数。

4. 危险源

危险源是指可能导致伤害或疾病、财产损失、作业环境破坏或这些情况组合的根源或状态。根源是指能量和有害物质的存在；状态是指能量和有害物质的失控。一般而言是指系统潜在的危险。更通俗地说，危险源包括一切对人-机-环系统带来损害的不安全因素，是事故发生的必要条件。危险源既可能是人的不安全行为，也可能是设备与环境的不安全状态，还可能是二者的结合。因此，预防事故要从危险源的认识和分析入手，才能有的放矢。

广义的危险源可分为两大类：

① 第一类危险源。

将存在于系统中、可能发生意外释放的能量物质及其载体称为第一类危险源，也称为第一类危险。一般来说，能量具有做功的本领，但能量又是无形的，只有在其做功时才能显露出来。因此，在实际工作中往往将产生能量的物质或其载体作为第一类危险源来处理。例如行驶的车辆、带电的导体等。常见的危险源有：

a. 提供能量的设备和设施，即为能量源，诸如变电所、供热锅炉等。

b. 能量载体，即拥有能量的人或物，诸如运行中的车辆、机械的运动部件、带电的导体等。

c. 使人体或物体具有较高势能的设备、设施和场所，诸如起重机、提升设备、高差较大的场所等。

d. 一旦失控可能产生巨大能量的设备、设施和场所，例如具有强烈放热反应的化工装置、充满爆炸性气体的空间等。

e. 一旦失控可能发生能量蓄积或突然释放的设备、设施和场所，例如各种压力容器、受压设备、容易发生静电蓄积的装置等。

f. 各种危险物质，除了干扰人体与外界能量交换的有害物质以外，也包括具有化学能的有害物质，诸如各种有毒、易燃和易爆的物质等。

g. 生产、加工和储存危险物质的设备、设施和场所，这些物质可能起火、爆炸或泄漏，例如炸药的生产加工和储存设施、石油化工生产装置等。

h. 人体一旦与之接触，则会导致人体能量意外释放的物体，诸如物体的棱角、工件的毛刺、锋利的刃边等，一旦运动的人体与之接触，则会造成人体动能意外释放而遭受伤害。

由上可见，第一类危险（危险源）都是实体，大多指物质、设备、设施和场所等，它们具有的能量越多，发生事故的后果可能越严重，它们包含的有害物质越多，其危险性越大。

② 第二类危险源。

第一类危险源是指系统中的危险物质、设备、设施和场所，如果这类危险源的状态保持在安全限度以内，即危险物质（易燃品、易爆品和有毒物等）的

7.3.3 事故、事故隐患与危险源.MP4

状态（如温度、压力和毒性等）保持在临界值（燃点、引爆点和规定的毒性等）以内；设备、设施具有很高的可靠性；操作人员的行为正确，没有误操作等。也就是说，不具有诱发事故的危险因素，则第一类危险源一般不会导致事故。可见，危险源导致事故除了有第一类危险源以外，还必须具有使危险物质及其能量受到约束、限制的措施失效或破坏的因素（简称危险因素），称为第二类危险源，也称为第二类危险。第二类危险源通常包括人、物、环境和管理四方面。

a. 人为因素。这里指的人为因素主要是指"人的不安全行为"，是指人的行为偏离了预定的标准。人的不安全行为可能直接破坏对第一类危险（即危险源）的控制，导致能量或危险物质的意外释放。例如，合错了开关，使正在检修的线路带电；误开阀门，使有毒气体泄放等。人的不安全行为也可能造成物的故障，进而导致事故。例如，超载起吊重物，造成钢丝绳断裂，引发重物坠落事故等。

b. 物的因素。物的因素可以概括为物的故障，是指物的性能下降，不能实现预定的功能。物的不安全状态可以看成是一种故障状态，它可能直接使约束、限制能量或危险物质的措施失效而发生事故。例如，电线绝缘损坏发生漏电；管路破裂使其中有害物质泄漏等。有时，一种物质的故障可能导致另一种物质的意外释放。例如，压力容器的泄压装置故障，使容器内的介质压力升高，最终导致容器破裂。物的故障有时也会诱发人的不安全行为；人的不安全行为有时也会造成物的故障。

c. 环境因素。环境因素主要是指系统运行的自然环境与工作环境，包括环境温度、压力、湿度、照明、粉尘、通风换气、噪声、振动等物理环境。不良的物理环境会引起物的故障或人的不安全行为。例如，潮湿的环境会加速金属腐蚀，而降低结构或容器的强度；工作场所的强烈噪声会影响人的情绪，分散人的注意力，而引发人的不安全行为。

d. 管理因素。显然，管理因素也是导致事故的重要因素，企业管理制度、人际关系或社会、企业环境等管理因素都可能影响人的不安全行为和物的不安全状态。管理因素包括安全的组织机构、管理的规章制度、安全资源的投入、安全文化的建设等。

（二）安全管理基本方法

国家安全生产管理的基本方针是"安全第一，预防为主"。牵引供电系统属高风险行业，不管发生人身事故，还是行车事故或设备事故，都会给国家和人民生命财产带来很大损失，严重影响企业的社会声誉。安全第一，既是以人为本的重要体现，也是一个企业赖以生存和发展的基础。安全风险是无法完全消除的，但却可以通过有效的安全管理，消除人的不安全行为，控制好物的不安全状态和环境的不安全因素，将安全风险降至最低，实现安全有序可控。因此，安全管理是企业管理的重中之重，首中之首，如图7.3.1所示为安全管理的基本方法。

1. 危险识别

危险识别是建立安全管理体系的重要基础。预防事故，要从危险源的认识和分析入手，才能有的放矢。随着系统安全工程的兴起，逐渐采用系统安全分析方法进行危险识别，即从安全的角度进行系统分析，通过揭示系统中可能导致系统故障或事故的各种危险源和危险因素来辨识系统中的危险。系统越复杂，越需要利用系统安全分析方法辨识危险。

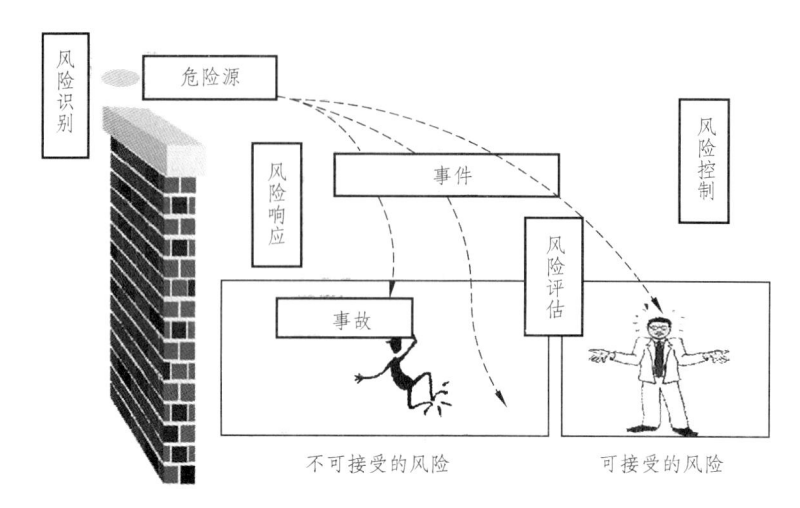

图 7.3.1　安全管理基本方法

进行危险（源）的识别，通常要注意做好以下两点：

① 应关注的三种状态。

a. 常规状态。正常生产过程中危险源的存在方式。

b. 非常规状态。非常规状态可以分成以下三种情况：异于常规、周期性的或临时性的作业、活动；偶尔出现、频率不固定，但可预计出现的状态；由于外部的原因（如天气）导致的非常规状态，如启动、关闭、试车、停车、清洗、维修、保养等。

c. 潜在的紧急情况。比如往往不可预见其后果的情况；后果是灾难性的，不可控制的情况，如火灾、爆炸、严重的泄漏、碰撞及事故。

② 识别危险（源）的步骤。

a. 识别准备。确定分工；收集识别范围内的资料；列出识别范围内的活动或流程涉及的所有方面。

b. 分类识别危险源。从厂址、厂区平面布局、建（构）筑物、生产工艺过程、生产设备、装置、作业环境及管理措施六个方面进行分类识别。

c. 划分识别单元。识别单元是分类识别危险源的细化，可以按照工艺、设备、物料、过程来细化；同类的过程或设备可以划为一类识别对象；识别对象不宜过粗或过细。

d. 危险源的识别。先找出可能的事故伤害方式，再找出其原因。

e. 填写危险源登记表。

2. 风险评价

风险评价是评价危险源和危险因素导致事故、造成人员伤亡或财产损失的危险程度，主要包括导致事故的可能性和事故后果严重程度两个方面。

在系统中，危险的存在是绝对的，任何工业生产系统中都存在许多危险源。受实际人力、物力等方面因素的限制，不可能彻底消除或完全控制危险源，只能集中有限的人力、物力消除或控制危险性较大的危险源。当危险源的危险性很小可以被忽略时，不必采取控制措施。在风险评价的基础上，按其危险性的大小将危险源排序，为确定采取控制措施的优先次序提供依据。

风险评价主要是对危险源进行评价，主要评价以下几个方面。

① 能量或危险物质的量。危险源具有的能量越高，一旦发生事故时其后果也越严重；反之，危险源拥有的能量越低，对人或物的危害越小，危险源处于低能量状态时比较安全。同样，危险源具有的危险物质越多，干扰人的功能越严重，其危险性也越大。因此，危险源导致事故的后果严重程度，主要取决于事故时意外释放的能量或危险物质的多少，它们是风险评价中最重要的指标。

② 能量或危险物质意外释放的强度。能量或危险物质意外释放的强度是指事故发生时单位时间内释放的能量。在意外释放的能量或危险物质总量相同的情况下，释放强度越大，则能量或危险物质对人员或物体的作用越强烈，造成的后果也越严重。

③ 能量的种类和危险物质的危险性质。不同种类的能量造成人员伤害、财物破坏的机理不同，其后果严重程度也很不一样。危险物质的危险性主要取决于自身的物理、化学性质。燃烧爆炸性物质的物理、化学性质决定其导致火灾、爆炸事故的难易程度及事故后果的严重程度；工业毒物的危险性主要取决于自身的毒性大小，在引起急性中毒的场合，常用半数致死剂量评价其自身的毒性。

④ 能量或危险物质的影响范围。事故发生时意外释放的能量或危险物质的影响范围越大，遭受其作用的人或物越多，则事故造成的损失越大。

评价危险源危险性，可以通过系统安全分析技术进行详细的分析，计算意外释放的能量、危险物质造成的人员伤害和财物损失，定量地评价危险源的危险性。系统安全分析中的定量方法需要较多的数据，准确度较高的数学模型，计算比较复杂，一般仅用于危险性特别大的重大危险源的危险性评价。而通常的风险评价方法是将系统划分为不同风险等级进行比较的一种方法，它简单易行，因而得到了广泛应用。风险评价是一种相对的评价方法，通过比较危险源的危险性，人为地划分出一些风险等级来区分不同危险源的危险性，为采取危险源控制措施或进行更详细的危险性评价提供依据。

通过对各种危险源逐一进行风险评价，即对各种危险源触发事件的后果进行评估，判定风险等级。一般可将危险源划分为5个风险等级：1级风险为不可容许风险；2级风险为重大风险；3级风险为中度危险；4级风险为一般风险或可容许风险；5级风险为可忽略风险。1级风险为最高等级风险，一般说来，风险等级越高，危险性越大。根据对牵引供电系统生产过程的分析与危险源的识别及风险评价，主要存在如7.3.1所示的重大危险源。

表 7.3.1　城轨供电系统主要重大危险源一览表

序号	重大危险源	原因分析
1	作业车冒进、冲突、脱轨	1. 作业车超速运行。 2. 作业车司机违章操作。 3. 制动机使用不当。 4. 监控装置数据错误
2	调车冲挤脱	1. 调车违章作业不能及时发现与防范。 2. 调车监控文件分析不到位。 3. 调车出站作业监控显示失控。 4. 司机违章，盲目蛮干。 5. 司机精神不好，精力不集中，中断瞭望

续表

序号	重大危险源	原因分析
3	因触电伤害造成作业人员群死群伤	1. 误送电。 2. 机车带电进入停电区。 3. 作业人员误进入有电设备范围。 4. 安全绝缘距离不够。 5. 感应电伤害。 6. 穿越电流伤害
4	列车伤害	1. 作业人员身体侵入行车限界。 2. 作业人员所持机具材料侵入行车限界。 3. 作业车平台向未封锁线路旋转
5	高空坠落	1. 高空作业不系安全带。 2. 抛掷传递工具、零部件。 3. 安全带系在未受力件上或受力件存在隐患等
6	设备失修	1. 超过检修周期未检修。 2. 未超过检修周期但检修不到位。 3. 牵引供电设备周围设施侵入安全距离
7	工具材料状态不良	1. 工具材料存在隐患，机械强度减弱未能及时发现。 2. 绝缘强度超过检测周期未检测等
8	员工状态不良	1. 员工业务不熟。 2. 员工身体不适。 3. 员工违章蛮干等

3. 风险控制

根据风险等级的不同，采取相应的风险控制措施，预防和控制危险源，完全控制危险源或降低风险使之至可接受的程度。如表7.3.2所示。对于潜在的紧急风险情况，应制定应急准备和响应控制程序，按程序进行管理。

表7.3.2 风险控制策划表

风险等级	风险控制要求
1级（不可容许的风险）	只有当风险已降低时，才能开始或继续工作。如果无限的资源投入也不能降低风险，就必须禁止工作
2级（重大风险）	直至风险降低后才能开始工作。为降低风险有时必须配给大量资源。当风险涉及正在进行中的工作时，就应采取应急措施
3级（中度风险）	应努力降低风险，但应仔细测定并限定预防成本，并应在规定时间期限内实施降低风险措施。在中度风险与严重伤害后果相关的场合，必须进行进一步的评价，以更准确地确定伤害的可能性，以确定是否需要改进控制措施
4级（一般风险）	不需要另外的控制措施，应考虑投资效果更佳的解决方案或不增加额外成本的改进措施，需要监测来确保控制措施得以维持
5级（可忽略风险）	不需采取措施且不必保留文件记录

风险控制一般应从以下几方面加强控制。

① 防止人为失误的能力。必须能够防止在装配、安装、检修或操作过程中发生可能导致严重后果的人为失误，如单向阀门应不易装反，三线电源插头不能插错等。

② 对人为失误后果的控制能力。一旦人为失误可能引起事故时，应能控制相关部件或元件的运行，以及与其他部件或元件的相互作用。例如，在按 A 钮起动之前，如按 B 钮就可能引起事故，则应实行联锁，使之先按 B 钮也没有危险。

7.3.4 安全管理的基本方法.MP4

③ 防止故障传递能力。应防止一个部件或元件的故障会引起其他部件或元件的故障，从而避免事故。例如，电动机电路短路时保险丝熔断，防止烧毁电动机。

④ 控制失误或故障导致事故的难易程度。如果发生一次失误或故障，就会直接导致事故，这样的设计、设备或工艺过程是不安全的。应保证至少有两次相互独立的失误或故障（或一次失误与一次故障）同时发生才能引起事故。对于那些一旦发生事故将带来严重后果的设备、工艺必须保证同时发生两次以上的失误或故障才能引起事故。

⑤ 承受能量释放的能力。运行过程中偶尔可能产生高于正常水平的能量释放，相关的部件或元件应能承受这种高能量释放。例如，通常在压力罐上装有减压阀，可以把罐内压力降低到安全压力，但如果减压阀故障，则超过正常值的压力将强加于管路。为使管路能承受高压，必须增加管路的强度，或在管路上增设减压阀。

⑥ 防止能量蓄积的能力。能量蓄积的结果将导致意外的能量释放，因此应有防止能量蓄积的措施。如安全阀、破裂膜、可熔（断、滑动）连接等。

采取了危险源控制措施后再进行风险评价，可以查明危险源控制措施的效果是否达到了预定要求。如果采取了控制措施后危险性仍然很高，则需要进一步研究对策，采取更有效的措施降低危险性。牵引供电系统的复杂性带来运行风险的多变性。因此，运行风险管理必须要常抓不懈，不断进行自我纠正，为广大职工和乘客提供良好的安全运营大环境。

4. 应急预案

从风险理论出发，降低和控制风险的策略可以分为两种类型：一是降低事件、事故发生的可能性，需要采取预测、监测、预警、控制等预防性措施，这也是"安全第一，预防为主"方针的重要体现，属事前控制；二是减轻事件、事故的严重程度，需要采取应急救援措施，属事后控制。

7.3.5 应急预案.MP4

由于生产安全事故的发生具有复杂性和随机性，而且有的事故超出人类现有的认识与能力范围，虽然采取事前预防性控制措施，但并不能完全杜绝事故的发生。"凡事预则立，不预则废。"生产安全事故又具有突发性与紧迫性的特点，如果不事先做好充分的应急准备，很难在短时间内组织起有效的抢救，以防止事故扩大、减少人员伤亡和财产损失。因此，做好应急预案也是安全生产管理另一个重要内容。

应急预案是应急救援准备工作的核心内容，又称应急计划，是针对可能的重大事故（件）或灾害，为保证迅速、有序、有效地开展应急救援行动而预先制定的有关计划或方案。它是在辨识和评估潜在的重大危险、事故类型、发生的可能性及发生过程、事故后果及影响程度的基础上,为应急机构、人员、技术、装备、设施(备)、行动方案以及救援行动的指挥与协调等方面预先做出的具体安排,它明确了在突发事件发生之前、发生过程中以及刚结束之后,谁负责做什么、何时做以及相应的策略和资源准备等。一般应包括以下内容:

① 识别潜在的事故和紧急情况。
② 确定应急期间的负责人。
③ 所有人员在应急期间的职责。
④ 在应急期间起特殊作用的人员(例如,消防员、急救人员、核泄漏或毒物泄漏专家等)的职责、权限和义务。
⑤ 针对具体应急情况的应急措施。
⑥ 重要记录和设备的保护。
⑦ 应配备的应急设备等。

【任务实施】

第一步:确定作业地点及内容

图 7.3.2 为变电所典型主接线图,现在需要对 RCT1、RCT2 整流机组进行停电维护。通过对前述知识的学习,请编写工作票来落实相应的安全措施。

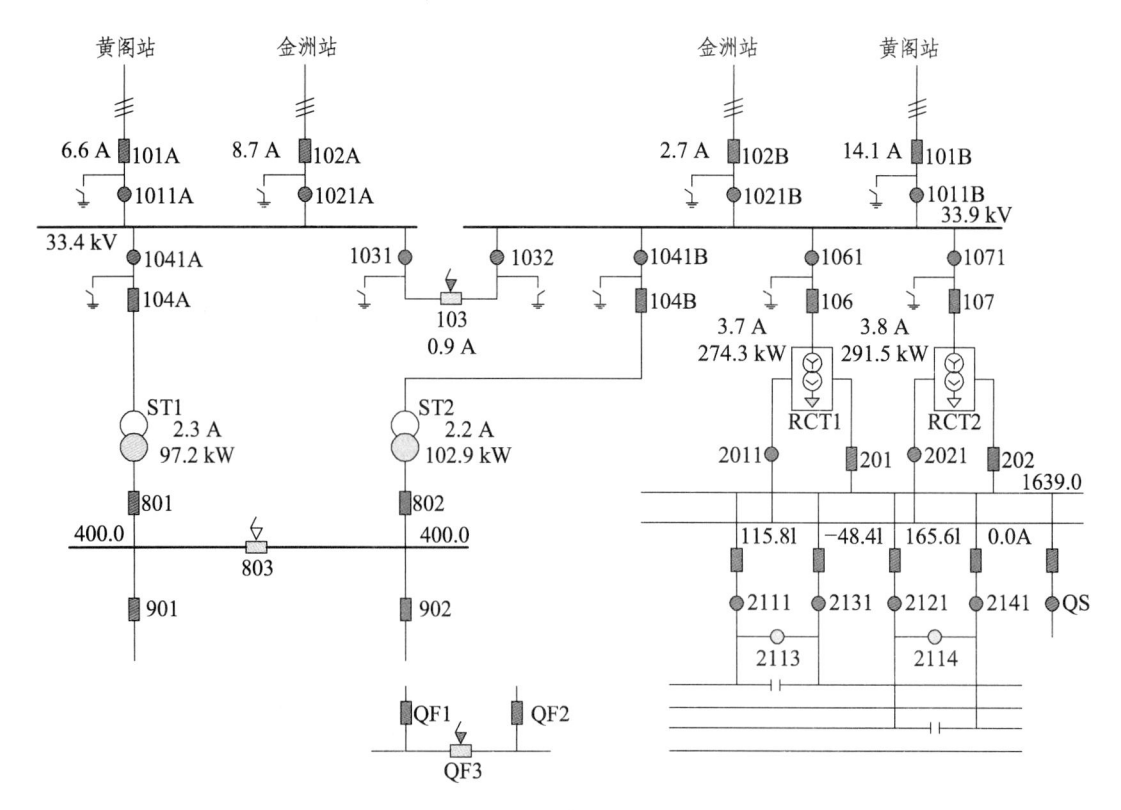

图 7.3.2 城轨供电系统变电所典型主接线图

(1)作业地点及内容。

整流变室,直流开关室 RCT1、RCT2 整流机组维护。

（2）工作时间。

自××年××月×日00时30分至××年××月×日04时30分止。

第二步：确定应断开（或合上）的断路器和隔离开关

① 断开：201、202（DC 1 500 V 进线）开关 106、107（RCT1、RCT2 整流变进线）开关。

② 拉开：2011、2021、1061、1071 刀闸。

③ 拉出：201、202 小车至隔离位。

第三步：确定安装接地线（或接地刀闸）的位置

① 在 106、107 开关馈出线端分别验明无电后，合上 1061E、1071E 地刀，合上 106、107 开关，确认合位。

② 在 RCT1、RCT2 整流变压器高低压侧分别验明无电后，分别在高压侧挂一组临时三相交流接地线，低压侧各挂两组临时三相交流接地线

③ 在 RCT1、RCT2 整流器正负极验明无电后，各挂两组临时直流接地线。

④ 共挂六组临时三相交流接地线，四组临时直流接地线。

第四步：装设防护栅、悬挂标示牌的位置

① 分别在 106、107、201、202、2011、2021 刀闸操作把手上挂"禁止操作，有人工作"标示牌。

② 分别在 RCT1、RCT2 整流变及 RCT1、RCT2 整流器柜上挂"在此工作"标示牌。

③ 用隔离带将有电区域与无电区域隔开。

第五步：作业地点附近有电的设备

① DC 1 500 V 馈线开关柜及母排有电。

② 二次回路有电。

第六步：其他安全措施

① 勿走错间隔。

② 作业前断开整流器，整流变二次回路电源。

③ 作业前、必须对设备验明无电并充分放电后方可开始工作。

④ 作业完毕注意出清现场并恢复送电。

【任务小结】

请简要小结本任务的学习要点、难点与困惑，写在下面的横线上！

【格言语录】

"居安思危，思则有备，有备无患。"——《左传·襄公十一年》

安全是相对的，当你放松警惕之时，也就是危险来临之际，危险时时处处都可能出现。故常需居安思危！意识到了可能的危险，还需采取相应的防范与应急措施。一要防止危险的发生，二要针对危险万一失控而做好应急准备。这样才能有效地减少可能的隐患，避免可能的伤害与损失。故安全之弦分秒不能放松。

【拓展知识】

供电运行安全生产管理系统

1. 系统概述

随着科学技术的不断进步，为解决供电系统作业过程中的安全问题和提高工作效率，基于信息化管理和计算机操作平台的供电运行安全生产管理系统也应运而生。系统涵盖了可视化安全联锁、地线管理、操作票、工作票等几个子系统，从供电运行安全管理范围来看，主要涵盖 OCC 电调操作控制中心、沿线各车站及正线接触网、车辆段 DCC 检调中心及列检库等各个地点。

供电运行生产安全管理系统可与轨道交通规章制度相配套，建立一套程序化、网络化、可视化、标准化的供电运行安全生产管理系统，保障供电安全生产，提升供电运行安全生产水平，提高工作效率、降低运行成本，实现保安全、高效率、低成本的运营目标。

2. 可视化接地系统

可视化接地系统将安全联锁操作与视频监护相结合，实现操作全过程的可视化，并对接地线进行强制闭锁和规范化管理，防止接地线的漏挂、漏拆，保障接地线使用的安全性，提高检修作业效率，实现接触网（轨）挂接地线强制验电，保证接地操作安全。系统还能实现工作票和操作票开票过程电子化、流程审批网络化、开票联锁一体化，从技术上保障现场操作符合两票流程和内容，减少人为因素，提高操作可靠性和安全性，如图 7.3.3 所示。

3. 集控防误操作系统

按照电力自动化技术的要求，集控方式实现了变电站集中控制、统一调度的运行需求。集控防误操作系统具有集中控制、统一调度、统一维护、统一检修的特点，其功能完备、操作灵活方便，能够满足各变电所、OCC 局部集中实现微机防误的要求。

同时，集控防误操作系统包含一套智能锁具管理系统，对变电站和接触网的非五防类设备锁具提供集中式管理，使得用户对锁具的管理更简单，操作更安全。

集控防误操作系统以集控中心层为主，下辖防误一级站层、防误二级站层、防误子站层。其中防误一级层、防误二级层与防误子站的区别在于所管辖的站的范围不同，防误一级层、防误二级层管辖多个站，防误子站只管辖一个变电所。通过监控中心层集中管理，集控中心层、防误一级站层、防误二级站层、防误子站层均可进行微机防误操作，系统组成结构图如图 7.3.4 所示。

图 7.3.3 可视化接地系统图

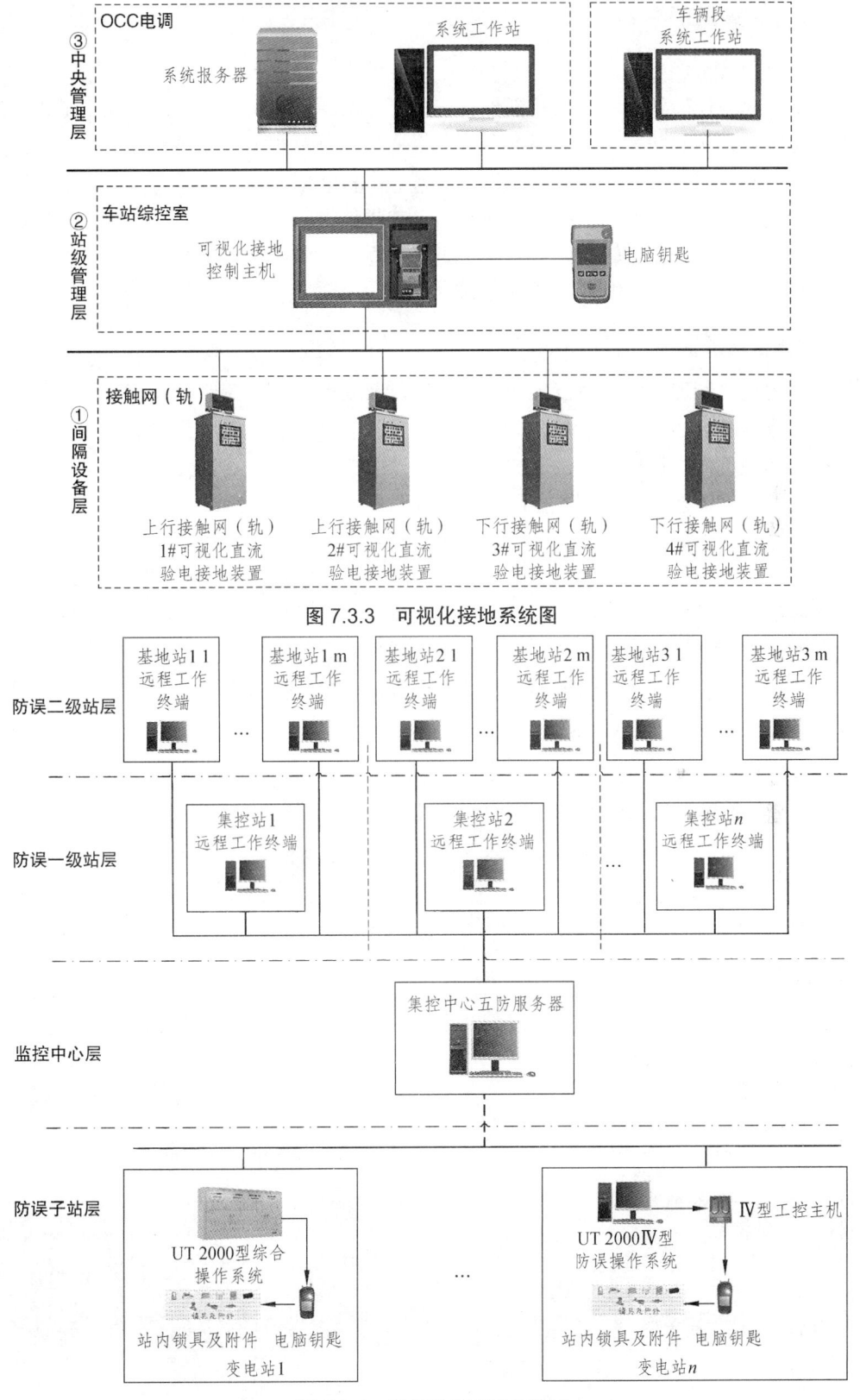

图 7.3.4 集控防误系统结构图

4. 两票系统

两票系统包含工作票系统和操作票系统，传统的工作票、操作票靠人工手写开票，未实现开票的电子化、流转的网络化以及管理的信息化。两票系统实现了开票过程电子化、流程管理网络化、开票防误一体化。能根据作业令生成工作票及相关的操作票，实现网络开票，规范工作票填写，亦可支持图形开票、手工开票等多种开票方式，可以进行工作票流转、查询、统计功能，执行工作票安全措施逻辑判断，工作地点示意图的自动生成及编辑等功能。实现电子化开票和网络化流转功能，相对于人工手写开票来说，开票及票的签发、审核、许可流转时间可大幅度缩短，提高了工作效率。

5. 地线管理系统

变电站的地线管理系统由微机防误闭锁系统以及安全工具室的地线管理控制器、安全工器具柜、接地线闭锁桩、接地插头及接地线构成。微机防误闭锁系统是整个地线管理系统的指挥中枢，由微机以及运行在微机上的接地线管理图形软件组成。微机防误闭锁系统主要任务是通过接地线管理控制器查询并显示地线存放和使用的相关信息，根据微机防误闭锁系统的命令向接地线管理控制器发出解锁或闭锁接地插头的指令。地线管理控制器是该系统的现场控制单元。主要功能是接收系统下达开放地线的命令，并将命令下达到接地线闭锁桩，并通过接地线闭锁桩实现对地线的开放控制。同时接地线闭锁桩实时检测地线的存放状态，并把检测到的实际存放情况向微机防误闭锁系统汇报。安全工器具柜是用于对所有的地线进行合理的分类存放管理。接地线闭锁桩主要是完成解锁、闭锁接地线和检测接地线的存放情况两项任务，接地线闭锁桩的操作要求简单、方便、可靠性高。

【练习与评价】

结合本任务所学知识，回答表 7.3.3 中的问题。

表 7.3.3　任务 7.3 完成情况评价表

序号	任务内容	完成记录	标准分	评分
1	安全生产具有哪些基本特点？		15	
2	城轨供电系统安全运行除具有安全生产的一般特点外，还具有哪些特点？		15	
3	阐述安全管理的基本方法。		15	
4	事故具有哪些基本属性？为什么说隐患险于明火？		20	

续表

序号	任务内容	完成记录	标准分	评分
5	什么是第一类危险源？第二类危险源包括哪4个方面？		15	
6	"任务小结"完成情况		20	
总体评价： □ 好　　□ 较好　　□ 一般　　□ 较差　　□ 差					

任务7.4　事故处理

任务导读

供电系统中，凡由于工作失误、设备状态不良或自然灾害引起供电设备破损、中断供电，以及严重威胁供电安全的，均列为供电事故。供电系统的事故可分为电气设备事故和系统事故两大类。电气设备事故可能发展为系统事故，影响整个系统的稳定性；而系统性事故又能使某些电气设备损坏。因此，运行人员的主要任务是保证设备正常运行，尽量减少和避免事故的发生。而一旦发生事故，应以最快的速度处理，尽可能地保留送电范围，做到"先通后复"和"先通一线"。

【学习目标】

1. 知识目标

（1）熟悉供电设备事故处理的基本原则。
（2）了解供电设备故障（事故）处理流程。
（3）了解建立事故应急机制的主要内容。
（4）了解常见设备事故处理的原则。

2. 能力目标

（1）会解释事故处理的原则。
（2）会简单的事故分析。
（3）会阐述简单事故的处理步骤和关键注意事项。

3. 素质目标

（1）养成安全第一的思想。
（2）养成系统意识与大局意识。

【任务描述】

某地铁线路电力调度主控发现 C 站牵引混合变电所发生电流型框架保护动作，106、107、201、202、211、212、213、214 开关跳闸；A 站 213、214 开关，B 站 211、212、213、214 开关，D 站 211、212 开关均跳闸，造成正线 5 个供电区失电。受故障影响，列车出现 2～3 分钟的延误。请查阅相关资料，并分析原因制订改进措施。

【任务分析】

学习本任务相关知识，可了解城轨供电设备处理的一般原则和具体流程，以此为指导，结合故障的具体实际及本教材前面所学的知识，完成本任务。

【基本知识】

知识点 1：事故处理的原则

（一）事故处理原则

在事故处理中必须牢固树立"安全第一"的思想，贯彻"高度集中，统一指挥，逐级负责"的原则，杜绝"多头指挥"和"无人指挥"。当值电力调度员是供电系统事故（故障）的指挥人，值班员或事故发现人应及时将事故表征和处理情况向其汇报，并及时执行调度命令，采取应急措施，尽快恢复对用户的供电，特别是牵引供电。在事故处理后，应将事故发生及处理经过详尽如实地记录下来，及时组织相关人员分析事故原因，讨论处理措施是否得当，同时制定出预防措施等。

供电设备事故处理的基本原则为：

（1）当发现供电设备故障时，现场值班员或事故发现人除按照规定进行现场防护外，在力所能及的范围内采取措施，防止事故蔓延和扩大，减少事故损失，同时尽快地报告电力调度。

（2）供电设备事故的抢修要遵循"先通后复"和"先通一线"的原则。"先通后复"，就是以最快的速度设法先行恢复供电，恢复通车，必要时采取迂回供电、越区供电等措施，尽量缩短停电和中断行车时间。之后再尽快安排时间处理遗留工作，使供电设备及早恢复正常运行状态。"先通一线"，就是在双线区段，除按上述"先通后复"的原则确定抢修方案外，要集中力量以最快的速度设法使一条线路先开通，尽快疏通列车。

事故范围较小，抢修时间不长，无需分层作业时，应抓紧时间一次抢修完毕，恢复供电和行车。

（3）在事故抢修中电力调度须与控制中心值班主任密切配合，严格掌握供电和行车的基本标准条件，根据设备的技术条件和现场具体情况，采取有效措施，适当调整运行方式，尽可能减少对行车的影响，及时安排抢修和处理时间，尽快恢复对接触网的供电和正常行车秩序，在允许的条件下保证设备的运行，保证城市轨道交通的服务质量。

（4）事故抢修可以不要工作票，但必须有电力调度的命令，并按规定办理作业手续，以及做好安全措施。

（5）事故抢修的工作领导人即是现场抢修工作的指挥者。当有几个作业组同时进行抢修作业时，必须指定 1 人担当总指挥，负责各作业组之间的协调配合，同时必须指定专人与电力调度时刻保持联系，及时汇报抢修工作进度、情况等，并将电力调度和上级指示、命令迅速传达给事故抢修的指挥者。

（6）对于事故停电的电气设备，在未断开有关断路器和隔离开关并按规定做好安全措施前，不得进入相关的设备区，且不得触摸该设备，以防突然来电。对于无人值班变电所，电力调度员应注意，在已派出人员到现场巡查后，在未与现场人员取得联系前，无论何种理由，都不得对停电设备重新送电。

（7）在下列情况下，当值人员可不经电力调度员许可先行操作，结束后再汇报：

① 对威胁人身和设备安全的设备停电。

② 对已损坏的设备隔离。

③ 恢复所用电。

（二）事故抢修的组织指挥和事故分析

1. 事故处理流程

城市轨道交通的员工，无论任何时候发现接触网事故和异状，均应立即设法报告控制中心电力调度或行车调度（若行车调度接到报告，应立即通知电力调度），并应尽可能详细说明范围和破坏情况，必要时在事故地点设置防护措施。

控制中心电力调度得知发生的事故信息后，要通过各种方式、渠道，迅速判明事故地点和情况，尽可能详细地掌握设备损坏程度，并立即通知设备部门立即启动事故处理程序，组织对事故点的定位查找和抢修工作，以最快的速度修复设备，保证运营。

供电设备故障（事故）处理流程见图7.4.1。

2. 事故抢修的组织

① 抢修人员的组织。

抢修人员接到抢修命令后，立即紧急集合当班的所有人员，组成抢修组，并按内部分工，分头带好、带足机具（夜间出动时必需携带照明发电装置及灯具）和材料等，在规定的时间内迅速赶到事故现场。

如果事故范围较大，设备损坏较严重，需技术和人力支援时，应及时调动相关技术人员赶赴现场。事故现场要有相关领导组织指挥抢修，及时解决存在的问题。对需要连续作业较长的事故进行抢修时，需调动足够的人员进行替换作业。

② 现场抢修前的准备工作。

抢修人员到达事故现场，工作领导人（或事故抢修总指挥）要组织人员全面了解事故范围和设备损坏情况，按照"先通后复"和"先通一线"的抢修原则，果断、快速确定抢修方案，并尽快报告电力调度。同时，根据掌握的事故范围和设备损坏情况，做好以下几方面的工作：

a. 确定抢修人员的分工、作业项目与次序、相互配合的环节等。

b. 预制、预配部分零部件。

c. 检查有关抢修作业机具和材料的技术状态，并清点数量。

d. 如果事故范围较大，则根据设备损坏情况及人员、机具情况，将事故范围划分几个作业区并分派人员。

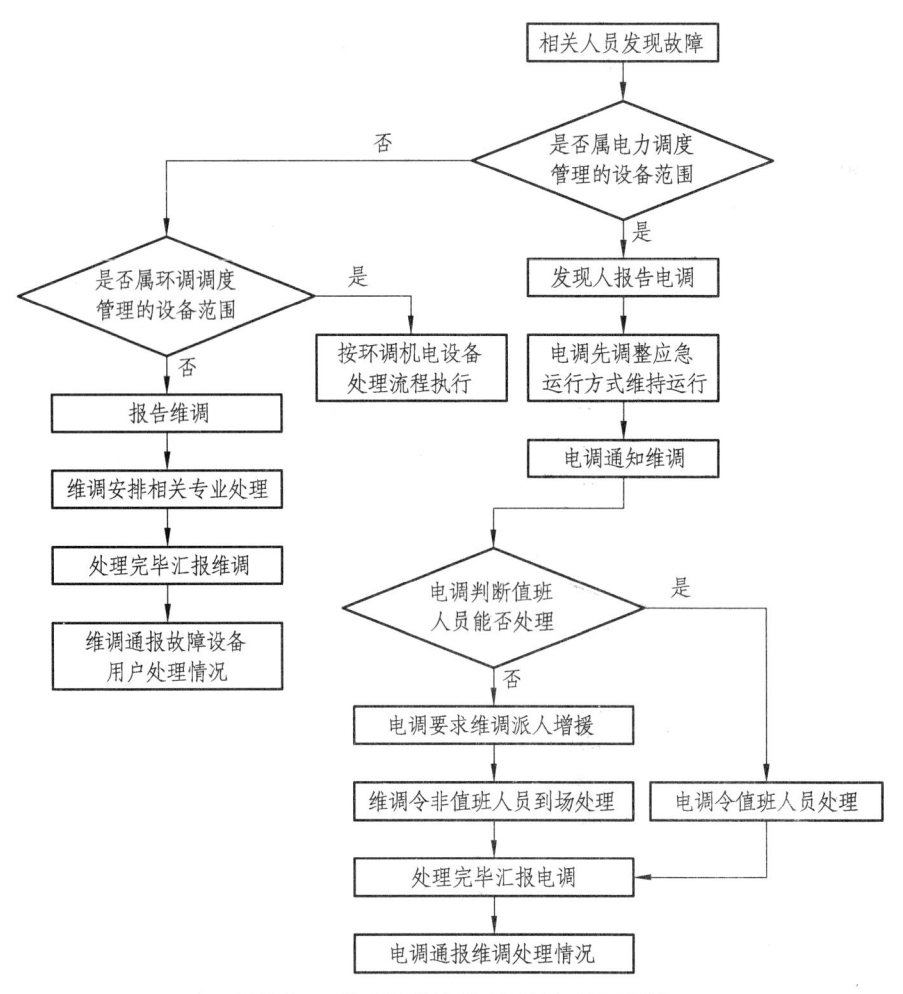

图 7.4.1　供电设备故障（事故）处理流程

抢修人员到达事故现场后，要充分利用电力调度员下达准许作业命令并验电接地前的这段时间，进行好抢修作业的有关准备工作。待电力调度员下达准许作业命令后，验电接地并设好行车防护即可全部展开抢修作业。

3. 现场指挥

供电设备事故抢修速度的快慢，特别是接触网事故抢修，很大程度上取决于事故抢修的指挥是否得力，即取决于指挥人员的判断、决策、对人员的分工安排及调配、作业次序的安排、各作业环节进行配合时机的掌握等。事故抢修的指挥者（即工作领导人或事故抢修总指挥）要根据事故情况，沉着冷静、稳而不乱，抓住整个抢修工作的主要矛盾，机智果断，争取主动。对于大型事故的抢修能够两个或几个组同时进行的作业，一定要安排同时展开，以争取时间。

为了尽快恢复运营，在事故抢修中，根据事故情况及抢修作业进展情况，在确保供电及行车安全的情况下，往往采取一些必要的临时开通技术措施，以达到"先通后复"之目的。如接触网抢修中可将吊弦间距增大一倍、一些损坏的零部件可暂不更换、接触悬挂的某些部分可暂不固定、绝缘锚段关节可暂按非绝缘锚段关节调整等，这些均需根据事故情况及抢修情况灵活运用。

所有参加现场抢修的人员都必须服从抢修工作领导人（或事故抢修总指挥）的指挥，任何人不得干扰。各级领导的指示也应通过电力调度下达，由抢修工作领导人（或事故抢修总指挥）集中组织实施。

遇到大型综合性的事故，如同时伴随线路、信号、电缆及机电设备等的综合性的事故，在事故处理时，要有大局观念，服从事故处理领导小组的统一指挥，同时与其他专业抢修组加强联系，密切配合。

4. 事故分析

① 原始资料的收集保存。

在事故抢修过程中，工作领导人（或事故抢修总指挥）除了组织抢修，尽快恢复运行外，要指定专人写实时事故及其修复的情况，包括必要的照片，有条件时可进行录像。收集并妥善保管事故破坏的物证，以便进行事故分析。特别是对于因事故拉断或烧断的线头、损坏的零部件等，应尽量保持原样不得任意改动。对典型事故的照片、报告、损坏的线头、零部件，应作为档案长期保存。

② 事故的调查分析。

事故发生后要及时分析，对每一件供电事故都要按照"四不放过"（即"事故原因、分析不清不放过，事故责任者和群众没有受到教育不放过，没有防范措施不放过"）和"四查"（查思想、查纪律、查制度、查领导）的要求，认真组织调查，弄清原因，确定责任者，制定出有效的防范措施。

在进行事故调查分析时，除弄清事故原因、查明责任、制定防范措施、按规定填写事故（故障）报告向有关部门上报外，同时还要总结抢修工作的经验教训。对抢修中采用的先进方法、机具等应及时推广。对存在的问题要认真研究制定改进措施，不断完善抢修的组织和方法，提高抢修工作效率。

（三）建立健全事故应急机制

1. 建立健全抢修组织

为了加强供电设备事故抢修工作的领导，做到指挥得当、有条不紊，同时做好事故的预防、分析及抢修队伍的培训教育，必需建立健全各级责任制。各级事故抢修领导必须贯彻执行有关规章制度，并按规定检查管内有关各项工作，不断提高素质和技术业务水平。

① 事故抢修工作的领导。

a. 供电设备主管部门成立设备事故领导小组，由指定的负责人任组长，组员包括技术、安全、材料及部门调度。

b. 各工班建立抢修组，抢修组应由熟练的技工为骨干组成，组长由工长担当。组内应明确分工，有准备材料、工具的人员、防护人员、座台联系人、网上作业人员和地面作业人员等。抢修时各成员应佩戴明显的标志，各司其职、各负其责。

② 事故抢修的实施。

事故抢修的具体工作由工班（抢修组）承担。

2. 抢修机具、材料的配备和管理

为了保证事故发生后抢修人员能够迅速出动，供电管理部门必须做好以下事项。

① 抢修车辆（含接触网轨道作业车和抢修汽车）必须保证状态良好，随时能出动。对于接触网的抢修，最好能配备专用的接触网抢修车辆，并做到专车专用。相应各级调度必须随时掌握抢修车辆（含接触网轨道作业车和抢修汽车）的停放地点和车辆状况。

② 供电部门的维修基地、轨道交通沿线各值班或监察点、接触网轨道作业车上，均应按规定配齐抢修用料、作业工具、备品和安全防护用品等，并随时注意补充。

③ 城市轨道交通沿线各站应配备应急抢险用的接触网梯车、地线及验电器。特别是对于线路在地下隧道的系统，当发生事故影响运营时，其他车辆（包括梯车）几乎没法到达现场，长大的机具也难以顺利搬运到现场。

④ 抢修用料、用具应尽量组装成套，并与日常维修用料分开造册登记、分库存放，做到专料专用，由专人管理，定期对抢修用具进行维护保养，交接班时交接清楚。值班室应有材料库的钥匙，以便随时取出抢修用料、用具。抢修工作结束后，工作领导人（或材料员）负责将工具和剩余材料及时放回原处，并将消耗的材料和零部件列出清单，及时补充。

⑤ 供电管理部门的主管、专业工程师及安全员、工班长，要按规定对抢修用料和机具进行检查和抽查，发现问题及时解决并处理。

3. 人员培训

供电设备的事故处理要做到"两齐""两快"和"应对自如"，即人员齐、工具材料齐；出动快、修复快；事故发生时沉着冷静、应对自如。为了达到上述要求和提高各级人员在发生设备事故时应变能力，使每个人都掌握各类事故的抢修方法，就要做好事故抢修的日常演练工作，并开展事故预想。各工班要充分利用工余时间，发挥老工人传、帮、带的作用，经常进行各类事故抢修方法的训练，供电管理部门应不定期举行事故的模拟演练，以检验供电各级人员事故抢险和应变能力的效果，并针对模拟演练中发现的问题进行整改和培训，共同提高实战能力及应变能力。

事故抢修指挥人员是抢修作业中的核心人物，要定期组织各级抢修领导小组成员、工班抢修组组长（即抢修工作领导人）进行轮训，讲解事故抢修知识，学习有关规章和命令，分析典型案例，总结经验教训，研究制定改进措施，不断提高其组织、指挥事故抢修的能力。

4. 事故的预防

实践证明，为了减少事故的发生，必须重视事故的预防工作。从事供电工作的广大员工必须树立为运营服务的思想，贯彻执行"修养并重，预防为主"的方针，不断提高维修质量；建立健全群众性的安全生产组织，定期进行安全检查，尽快消除事故隐患。

为了防止和杜绝事故的发生，需要做好以下几方面的工作：

① 贯彻落实"三定、四化、记名维修"精神，抓好各项基础工作。要科学地组织设备运行和维修的各个环节，建立严密而协调的生产秩序，不断提高供电工作质量。

② 牢固树立"安全是生命线"和"安全生产一票否决权"的思想，严格执行各项规章制度，遵守安全操作规程，一丝不苟地按照维修工艺和技术标准维修设备，质量良好地完成设备维修任务。

③积极采用新技术和新材料,提高设备性能,改进不合理的设备结构。充分利用先进的维修和检测设备,不断完善维修手段和技术。

④完善并落实各项安全技术教育和考核制度,充分利用现代化教学手段和设施,不断提高职工素质和技术业务水平。经常组织和开展技术比武、事故预想和演练,提高员工的实作能力和应变能力。

⑤重视其他部门(如车务、信号、线路、车辆等)的意见和反馈来的信息,加强与相关部门密切协作,共同做好供电设备事故的预防。

⑥加强关键地区(如隧道口附近、岔群区、坡度变化较大的区段的接触网等)和重要设备(如隔离开关、分段绝缘器、避雷器等)的监控工作。注意季节变换给供电设备带来的变化(如防洪、防雷及防高温等);重视日常维护维修工作中发现的问题,无论问题大小,都要及时处理,消除隐患。

知识点2：常见设备事故处理

（一）断路器自动跳闸后的处理原则

断路器自动跳闸后,应全面检查断路器本体及所相关设备,查明原因,采取措施尽快恢复供电。无论是什么原因造成跳闸,现场人员均应按以下程序进行检查和处理。

（1）确认跳闸断路器及各种保护跳闸信息,复归信号,确认跳闸时间、波形图、跳闸时电流、电压。

①根据保护动作类型、跳闸波形、跳闸时的各电气参数初步判断故障范围,属于开关本体、负荷侧、一次主回路故障、二次回路或保护装置。

②非一次主回路故障,执行先通后复的原则,确认或排除二次回路故障不至于危及安全运行后组织尽快恢复供电。

③若为一次主回路故障,采用设备设计冗余结构,通过切换运行方式、自投入、越区供电、单边等供电方式恢复跳闸断路器负荷供电。

（2）按确认和复归信号的顺序,向电力调度员汇报跳闸情况,其内容为：

①依次汇报跳闸时间、跳闸断路器的运行编号。

②保护动作名称、动作电流、自动装置动作情况。

（3）检查跳闸断路器一次主回路重点为：

①检查断路器的状态,触头有无严重烧伤;绝缘部件有无破损和放电;操作机构是否正,电缆连接处是否有熏黑拉弧现象。

②检查断路器负荷设备,如电缆、变压器、整流器等是否存在故障

③如发生明火或大量烟雾导致喷气、部件爆裂以及电弧放电的设备和部件,按照规定做好安全措施方可进入设备房检查设备。

（4）根据电力调度员的命令进行必要的倒闸操作。

（5）做好记录。在向电力调度员汇报及处理故障后,应分别将跳闸情况和发现的设备异状及处理经过,记录在运行日志、断路器跳闸及保护动作记录、故障缺陷记录及事故处理记录簿上。

（二）变电所全所失压的处理原则

变电所全所失压是指各级电压母线均无电压。

1. 现象

① 交流照明全部熄灭，仅有蓄电池所供的事故照明灯亮。
② 各母线电压表、电流表、功率表等均无指示。
③ 继电保护发"交流电压断线"信号。
④ 运行中的变压器无声音。
⑤ 车站电扶梯、广告照明、空调、冷水机组等失压

全所失压事故，若属所内设备发生一次回路故障，一般是明显可见的，如拉弧熏黑、短路时的响声、冒烟、起火、绝缘损坏甚至爆炸声等现象。

2. 失压原因

① 一路电源维修停电另一路出现临时故障。
② 一路故障情况下设备自投过程扩大故障导致两路失压。
③ 因雷击等自然因素造成主所两路电源进线停电。
④ 本变电所开关保护定值设置或设计不合理不能满足运营负荷需求，一路电源故障情况下自投过程扩大停电范围。

3. 处理原则

① 当发现供电设备故障时，现场值班员或事故发现人除按照规定进行现场防护外，在力所能及的范围内采取措施，防止事故蔓延和扩大，减少事故损失，同时尽快地报告电调，保护有否动作情况、所内一次设备情况。

② 供电设备事故的抢修要遵循"先通后复"和"先通一线"的原则。"先通后复"，就是以最快的速度设法先行恢复供电，必要时采取迂回供电措施，尽量缩短停电时间。"先通一线"，除按上述"先通后复"的原则确定抢修方案外，要集中力量以最快的速度保证一路电源送电，尽快恢复所内供电，若故障非主回路故障造成，尽快检查二次回路或保护装置尽快恢复供电。

③ 故障发生在白天地铁运营期间且半小时内不能恢复供电，则采取应急发电机保证低压 0.4 kV 一类负荷供电，直流牵引部分采取越区供电方式供电。

④ 在事故抢修中电调须与行调、环调密切配合，严格掌握供电和行车、环控的基本标准条件，根据设备的技术条件和现场具体情况，采取有效措施，适当调整运行方式，尽可能减少对行车的影响，及时安排抢修和处理时间，尽快恢复对接触网的供电和正常行车秩序，在允许的条件下保证环控设备的运行，保证城市轨道交通的服务质量。

⑤ 事故抢修可以不要工作票，但必须有电调的命令，并按规定办理作业手续，以及做好安全措施。

⑥ 事故抢修的工作领导人即是现场抢修工作的指挥者。当有几个作业组同时进行抢修作业时，必须指定 1 人担当总指挥，负责各作业组之间的协调配合，同时必须指定专人与电调时刻保持联系，及时汇报抢修工作进度、情况等，并将电调和上级指示、命令迅速传达给事故抢修的指挥者。

⑦ 若确定是变电所内设备故障引起全所失压，则按电力调度员的指示或现场规程处理。

⑧ 全所失压时，若伴有通信故障，不能使用常规的通信手段，则此时应利用诸如电信电话或移动电话等与电力调度员取得联系。

⑨ 若确定不是变电所内故障引起，则等候来电，此时注意，未经电力调度员许可，不得在设备上进行工作，因此时随时都有可能来电。

（三）二次回路故障处理原则

变电所二次回路如果出现故障，有可能引起继电保护和自动装置以及断路器的误动或拒动，也可能引起各种信号显示、表计指示失常，从而难以监视一次设备的运行情况。显然，在出现二次回路故障后，应尽快查找，经过处理使其恢复正常工作状态。当然，前述直流接地的故障也会造成上述异常现象，因而在具体回路故障查找时应予综合分析。

二次回路故障处理应遵守以下一般原则。

（1）根据故障现象、事故及预告信号显示情况、有关指示情况等进行综合分析，以确定故障范围。

例如断路器拒绝合闸时，若给出"控制回路断线"预告信号，可确定是控制回路故障；若未给出任何预告信号，而位置信号显示又正常，且合闸接触器已动作时，可确定是合闸回路故障。

在断路器动作发生异常时，可通过继电保护及自动装置动作情况等来判断是这些装置故障还是断路器的操作或控制回路故障。

与中央信号装置有关的信号出现异常时，应先试验对应的中央信号是否正常，以确定是中央信号装置故障，还是发出动作信号的二次回路故障。

若发现二次回路或设备冒烟、有异味以及熔断器熔断等现象时，一般可认为该二次回路发生了短路。这时应首先进行外观检查，以判断有无元件或触点烧损或熔接等。发现有烧损时，要进一步检查该元件所在回路的各种设备，如未发现故障点，应对每一支路进行检查，直到发现故障点为止。若对所有支路检查完毕，仍未发现故障，则应考虑是否不同回路之间，或正、负极之间有直接的短路。通过外观检查不能确认元件的绝缘是否损坏时，可在断开电源后用兆欧表进行测量，以判断短路地点和范围。

（2）各种回路的故障兼而有之时，应分清主次，从主要回路入手。

例如断路器拒绝跳闸的同时，又未给出事故音响信号时，应先查找断路器拒绝跳闸的原因，后查找事故音响信号回路的问题。又如断路器拒绝合闸的同时，信号显示也不正常时，应按合闸、控制、信号的顺序查找各回路。

（3）查找某一具体回路故障时，应首先检查并排除电源部分的故障。具体来说就是先检查直流母线电压及熔断器等，然后再检查容易发生故障的元件。

由于二次回路故障的种类较多而且隐蔽，仅靠外观检查往往难以发现，故通常应用万用表、试电笔等进行检查。若使用万用表查找故障，在有电回路检查时可选用电压挡，对取下熔断器或分开二次回路小开关的回路检查时可用电阻挡。查找继电保护和自动装置回路的故障时可进行模拟事故的整组试验，以检查回路的正确性及各继电器的动作情况。

（4）查找二次回路故障的注意事项

在二次回路中查找故障时，必须遵守《变电所安全工作规程》和现场规程中有关规定，同时应注意以下问题：

① 工作时必须有符合实际的图纸。

② 在电压互感器二次回路上查找故障时，必须考虑对继电保护及自动装置的影响，防止因失去交流电压而使保护误动作。

③ 拔直流电源熔断器时，应同时拔下负极熔断器，以利于分析查找。

④ 带电用表计测量方法查找回路故障时，必须使用高内阻电压表（如万用表），防止误动跳闸，禁止使用灯泡法查找故障。

⑤ 防止电流互感器二次回路开路和电压互感器二次回路短路及接地。

⑥ 使用工具应合格且绝缘良好，尽量使必须外露的金属部分减少（可包绝缘），防止发生接地或短路及人身触电。

⑦ 拆动二次接线端子时，应先核对图纸及端子标号，作好记录和明显标记，及时恢复所拆接线并核对无误，检查接触是否良好。

7.4.1 二次回路开路故障查找方法.pdf　　　　7.4.2 二次回路短路故障查找方法.pdf

（四）接触网设备事故处理

接触网设备故障或事故处理，除应执行本任务知识点 1 中有关事故处理的一般原则外，还应注意以下几点。

（1）接触网事故抢修作业和配合行车事故救援作业必须办理停电作业命令、验电接地和采取针对性的、有效的安全防护措施后，方准开始作业，并要严格遵守《接触网安全工作规则》和有关规定。

（2）抢修作业工作领导人（或事故抢修总指挥）在抢修作业前要向作业人员宣布停电范围，划清设备带电界限。对可能来电的关键部位和抢修作业地段，要按规定设置足够的接地线。

（3）在进行攀杆、攀梯和车顶高空作业时，除按有关规定执行外，要特别强调在接触网上整个作业过程中必须系好安全带和戴好安全帽。

（4）在拆除接触网作业（如配合行车事故救援、抢修接触网支柱事故、更换损坏的腕臂等）时，要防止支柱倾斜、线索断线、脱落等。在抢修恢复作业中，对安装的零部件特别是受力件要紧固牢靠，防止松脱、断线引起事故扩大。

（5）在事故抢修过程中，要注意保持与电力调度的联系，及时接受电力调度的相关指令和把现场的相关信息及要求及时报告给电力调度，以便于事故领导小组的正确决策和指挥。

（6）接触网修复过程中，对关键部件要严格把关，确认符合行车条件后方准申请送电。送电后要观察 1~2 趟列车，确认运行正常后抢修作业人员方准撤离。

（7）申请送电时要向电力调度说明列车运行情况及应注意的事项，电力调度要及时通知行车调度，必要时向司机和有关人员发布命令通知。

（8）按规定对抢修用料和机具进行检查和抽查，发现问题及时解决并处理。

【任务实施】

第一步：收集故障有关资料

收集 C 站所处的供电分区示意图，如图 7.4.2 所示。故障点 C 站电流型框架保护动作，106、107、201、202、211、212、213、214 开关均跳闸，并发送联跳信号至 D 站 211、212 开关和 B 站 213、214 开关，开关跳闸情况见图 7.4.2 所示。故障发生时刻相邻变电所开关保护动作情况如下：

（1）D 站（距 C 站 3 272 m）211、212 开关 △I 保护动作。

（2）B 站（距 C 站 2 434 m）213、214 开关 △I 保护动作，B 站 211、212 开关分别被 A 站 213、214 开关联跳。

（3）A 站（距 C 站 5 423 m）213、214 开关 Di/Dt 保护动作。

（4）E 站（距 C 站 6 557 m），距离较远，故障时刻 E 站 211、212 开关未达到保护启动条件。

抢修人员到达 C 站检查设备，确认直流开关柜内有明显的烧焦味，负极柜框架保护动作指示灯亮，106、107、201、202、211、212、213、214 开关均跳闸，轨电位无动作，PSCADA 报文与现场设备信息一致。现场解除 211、212、213、214 开关联跳发送及接收功能，并复归框架保护信号。

现场做好安全措施后，打开直流开关柜进行详细检查，发现 214 开关柜后正极母线与框架之间有一只烧焦的老鼠，继续打开整流器柜、负极柜进行检查，未发现其他明显异常。当晚清理烧焦的老鼠，对母排及框架烧损位置进行打磨、清洁，对直流开关柜、整流器柜、负极柜的电缆孔洞加强封堵，并在电缆层放置老鼠药，杜绝鼠患。

第二步：故障原因及分析

综合现场检查、试验、故障电流等设备检查及数据分析情况，故障原因及分析如下：

变电所内直流牵引系统设备（包括直流开关柜、负极回流柜、整流器柜）的外壳通过电缆接在一起（简称为框架），然后连到负极柜，再经过电流检测元件（分流器或电流继电器）接到大地。当电流元件检测到框架对地泄漏电流达到设定数值时（故障所定值为 35A），电流型框架保护动作，负极柜 PLC 通过继电器发送跳闸信号到本所 33 kV 开关 106、107，直流进线柜 201、202 及馈线柜 211、212、213、214 开关，同时联跳邻所对应的直流馈线开关，并闭锁上述跳闸开关。框架保护原理如图 7.4.3 所示。

现场检查发现 C 站 214 开关柜后母排与框架之间有一只烧焦的老鼠，结合各变电所直流开关保护动作情况及 C 站负极柜框架报警信息，可判断本次故障原因是老鼠使火车站直流开关柜后正极母排对框架短路，引起火车站电流型框架保护动作。

第三步：制定改进措施

（1）本次故障原因为直流开关柜孔洞封堵失效，异物侵入柜内，导致故障发生，后续需加强开关柜孔洞封堵，严防异物侵入柜内引发故障。

（2）日常检修注意孔洞封堵情况检查，发现封堵物松动或劣化的要及时更换封堵物。

（3）开关柜各电缆孔洞尺寸较大的，需增加绝缘挡板以缩小孔洞，降低外部异物侵入开关柜内的概率。

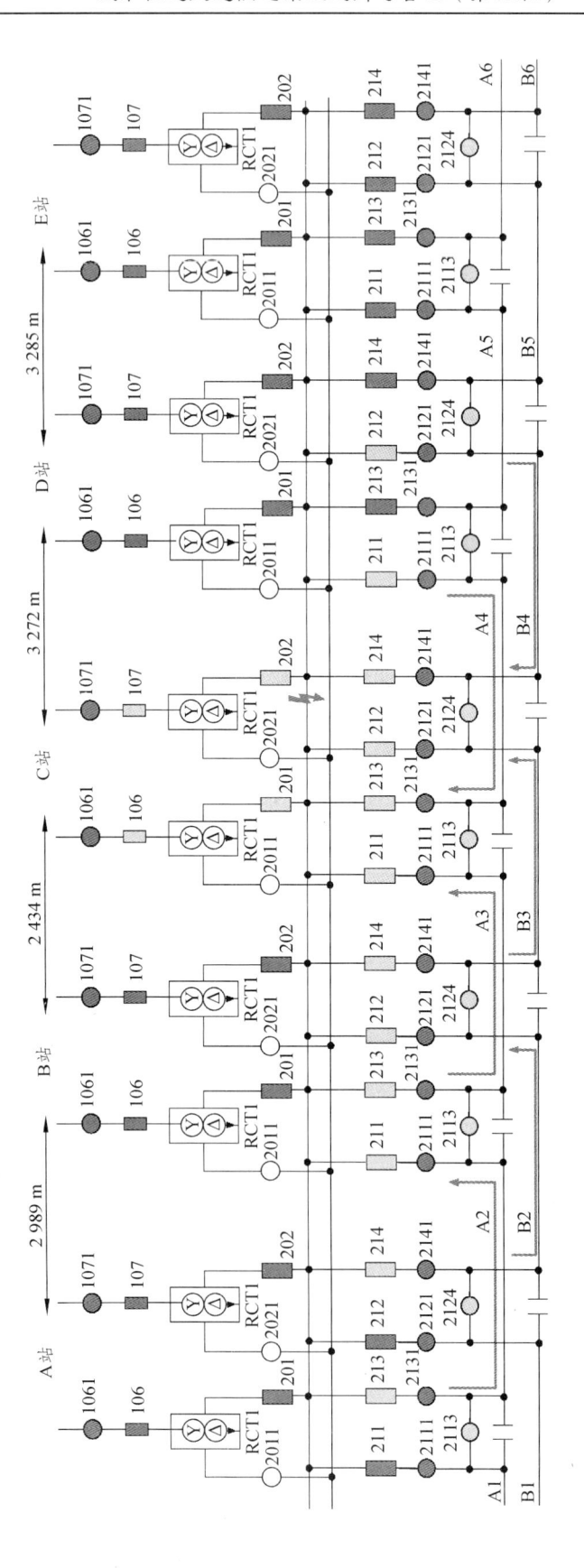

图 7.4.2　A 站-E 站供电分区图

【任务小结】

请简要小结本任务的学习要点、难点与困惑，写在下面的横线上！

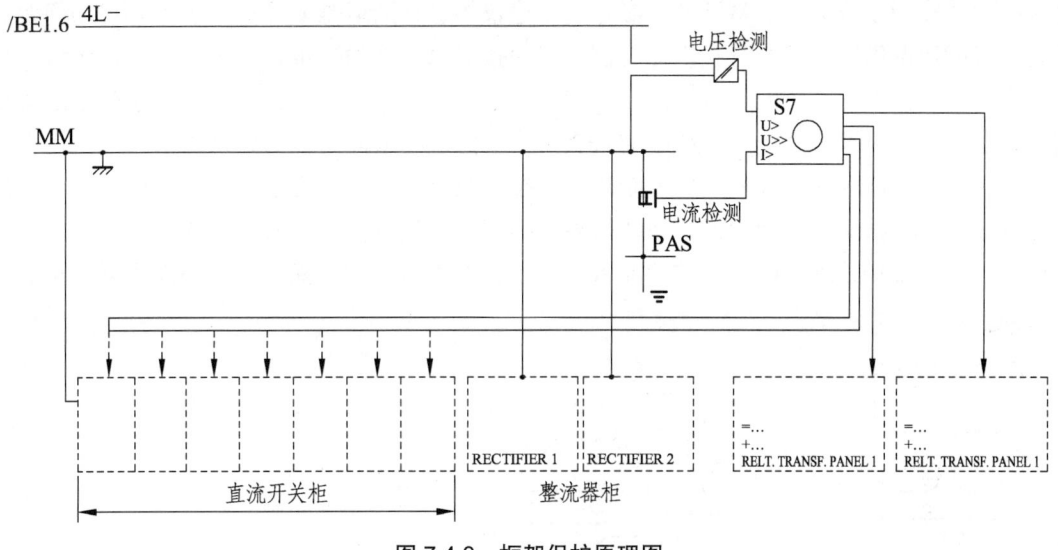

图 7.4.3　框架保护原理图

_____
_____
_____
_____
_____

【格言语录】

"不要抱怨不公平，一切皆因努力不够。"——[美国]加州理工学院校训

大学毕业步入职场前，首先要经过择业这一关。当遇到择业不顺时，我们有没有问问自己，大学生涯的学业成绩单、专业排名、综合测评、体能测试成绩如何？获得了哪些成果、奖励或荣誉，掌握了哪些专业技能或具备了哪些特长？如果这些都没有，你都没有付出努力，又怎能抱怨企业或社会对你不公呢？如果你从进入大学开始就努力，相信你就会择业无忧。

【拓展知识】

城轨智能变电技术简介

未来城轨供电系统智能变电所的建设围绕"运行更可靠、管理更便捷、维护更高效、成本更节省"四大核心需求进行，具有信息数字化、通信平台网络化、信息共享标准化、系统一体化等特征，可自动完成变电所全景数据的采集、处理、存储和展示。最终可实现变电所"正常运行无人参与，异常情况提前告警，发生故障自动处理"的智能化目标。

智能变电所技术将实现供电系统的自我诊断、自我恢复、互联性功能，在无需或仅需少量人为干预的情况下，在故障发生时能够快速进行故障诊断、自动隔离故障、自我恢复，将故障影响降至最小。当供电系统发生故障时，故障变电所运维子站会将经过运维系统智能判断的故障简报发送到运维监控中心站点及专业运维人员的移动终端。故障简报内容包括：故障时间、故障录波数据、故障类型、参考处理建议等，帮助运维人员进一步了解现场问题。同时，智能运维供电系统的自我恢复功能可以通过专家系统的决策自动定位出故障区域，进行隔离，并根据供电系统的运行情况自动操作相应的开关，恢复运营供电。对于简单的故障情况，运维人员根据运营经验、故障简报就可以确定现场故障情况与处理办法，在不用去现场的情况下解决问题。当故障比较复杂时，运维人员可以在监控终端甚至移动终端远程调用故障录波、故障报文、视频画面、在线监测数据等信息进行故障分析，完成故障信息的收集与分析，为到现场处理故障所需的专业人员、仪器及工器具情况提前做出精准决策，从而大大提高故障处理的效率。

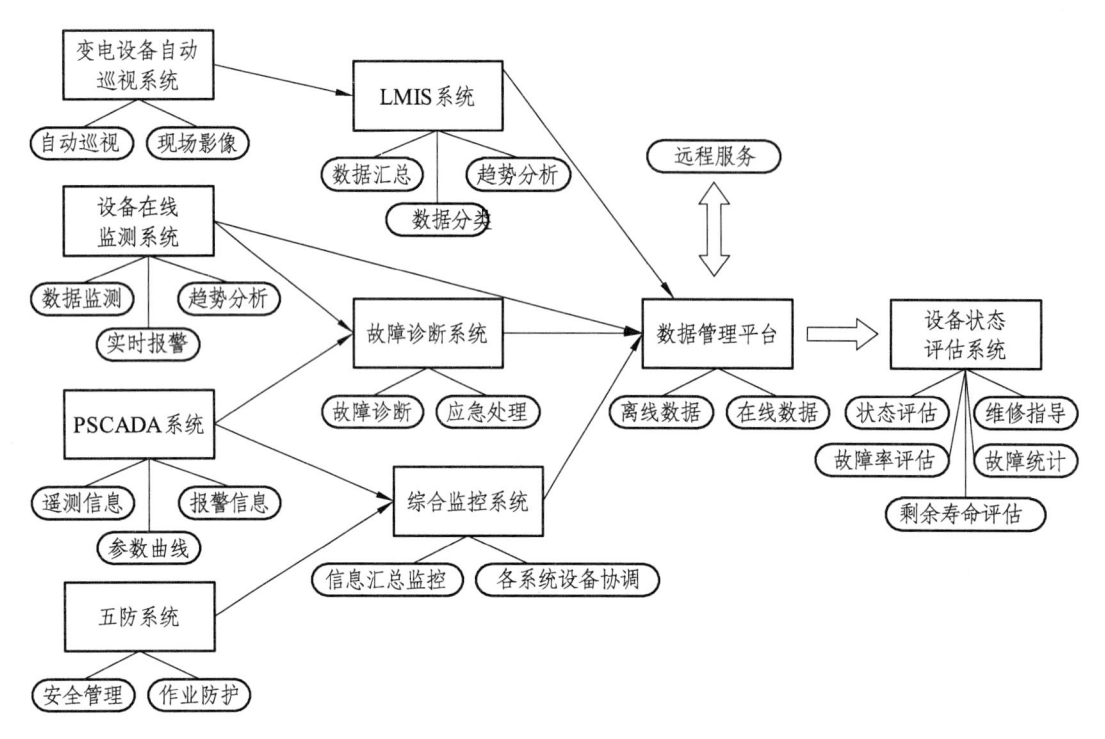

图 7.4.4　城轨变电所智慧运维解决方案框架图

【练习与评价】

结合本任务所学知识，回答表 7.4.1 中的问题。

表 7.4.1　任务 7.4 完成情况评价表

序号	任务内容	完成记录	标准分	评分
1	供电设备事故的抢修要遵循什么原则？为什么？		15	
2	哪些情况下当值人员可不经电力调度员许可先行操作？		15	

续表

序号	任务内容	完成记录	标准分	评分
3	建立事故应急机制包括哪几个方面？		15	
4	事故分析的要求与目标是什么？		20	
5	事故抢修组织指挥包含哪几个方面内容？		15	
6	"任务小结"完成情况		20	
总体评价： □ 好　　□ 较好　　□ 一般　　□ 较差　　□ 差				

参考文献

[1] 于松伟，杨兴山，韩连祥，张巍. 城市轨道交通供电系统设计原理与应用[M]. 成都：西南交通大学出版社，2008.

[2] 王靖满，黄书明. 城市轨道交通供电系统技术[M]. 上海：上海科学普及出版社，2011.

[3] 黄德胜，张巍. 地下铁道供电[M]. 北京：中国电力出版社，2010.

[4] 何宗华，汪松滋，何其光. 城市轨道交通供电系统运行与维修[M].北京：中国建筑工业出版社，2005.

[5] 刘让雄. 电气化铁路供电系统运行与管理Ⅱ[M]. 北京：中国铁道出版社，2023.

[6] 宋奇吼，李学武. 城市轨道交通供电[M]. 3版. 北京：中国铁道出版社，2012.

[7] 张莹，陶艳. 城市轨道交通供电技术[M]. 北京：人民交通出版社，2010.

[8] 杨建国. 城市轨道交通供电工程施工技术手册[M]. 北京：中国铁道出版社，2013.

[9] 刘文正. 城市轨道交通牵引电气化概论[M]. 北京：北京交通大学出版社，2012.

[10] 人力资源和社会保障部教材办公室，广州市地下铁道总公司. 城市轨道交通概论[M]. 北京：中国劳动社会保障出版社，2009.

[11] 人力资源和社会保障部教材办公室，广州市地下铁道总公司. 城市轨道交通运营安全[M]. 北京：中国劳动社会保障出版社，2008.

[12] 上海申通地铁集团有限公司. 城市轨道交通变配电技术[M].北京：中国铁道出版社，2012.

[13] 王晓茹，高仕斌. 电力系统分析[M]. 北京：高等教育出版社，2011.

[14] 中华人民共和国建设部. 城市公共交通分类标准（CJJ/T 114—2007）[S]. 北京：中国建筑工业出版社，2007.

[15] 中华人民共和国住房和城乡建设部，中华人民共和国国家质量监督检验检疫总局. 地铁设计规范（GB 50157—2013）[S]. 北京：中国建筑工业出版社，2013.

[16] 中华人民共和国国家质量监督检验检疫总局，中国国家标准化管理委员会. 城市轨道交通直流牵引供电系统（GB/T 10411—2005）[S]. 北京：中国标准出版社，2005.

[17] 中华人民共和国住房和城乡建设部. 地铁杂散电流腐蚀防护技术标准（CJJ/T 49—2020）[S]. 北京：中国建筑工业出版社，2020.

[18] 国家市场监督管理总局，国家标准化管理委员会. 标准电压（GB/T 156—2017）[S]. 北京：中国标准出版社，2017.

[19] 国家市场监督管理总局，中国国家标准化管理委员会. 质量管理体系 要求（GB/T 19001—2016）[S]. 北京：中国质检出版社，2017.

[20] 国家市场监督管理总局，中国国家标准化管理委员会. 职业健康安全管理体系　要求及使用指南（GB/T 45001—2020）[S]. 北京：中国标准出版社，2020.

[21] 国家市场监督管理总局，中国国家标准化管理委员会. 环境管理体系　要求及使用指南（GB/T24001—2016）[S]. 北京：中国标准出版社，2017.

[22] 国家市场监督管理总局，国家标准化管理委员会. 标准电压（GB/T 156—2017）[M]. 北京：中国标准出版社，2017.